2017年校史研究专项课题重点项目（项目编号：2017XJJ061813）
安徽师范大学校史研究中心菁华助研基金项目（项目编号：2019XJH06）
安徽省高校档案协会基金研究重点项目（项目编号：2021Izd01）

安徽师范大学校史研究资料选编

（第一辑）

主　编　陈孔祥
副主编　侯　彤　吴冬冬
编　委　彭　劲　朱　力　薛　芳　杜　勇
张　蓓　鲁春玲　郝绵永

安徽师范大学出版社
ANHUI NORMAL UNIVERSITY PRESS
·芜湖·

图书在版编目(CIP)数据

安徽师范大学校史研究资料选编.第一辑/陈孔祥主编.—芜湖:安徽师范大学出版社,2021.2

ISBN 978-7-5676-4244-7

Ⅰ.①安… Ⅱ.①陈… Ⅲ.①安徽师范大学-校史-史料-汇编 Ⅳ.①G649.285.4

中国版本图书馆CIP数据核字(2020)第082085号

ANHUI SHIFAN DAXUE XIAOSHI YANJIU ZILIAO XUANBIAN (DI-YIJI)

安徽师范大学校史研究资料选编(第一辑)

陈孔祥　主编

责任编辑:胡志恒　　责任校对:胡志立

装帧设计:张　玲　　责任印制:桑国磊

出版发行:安徽师范大学出版社

芜湖市北京东路1号安徽师范大学赭山校区

网　　址:http://www.ahnupress.com/

发 行 部:0553-3883578　5910327　5910310(传真)

印　　刷:江苏凤凰数码印务有限公司

版　　次:2021年2月第1版

印　　次:2021年6月第2次印刷

规　　格:700 mm × 1000 mm　1/16

印　　张:27

字　　数:442千

书　　号:ISBN 978-7-5676-4244-7

定　　价:78.00元

《安徽师范大学校史研究资料选编》(第一辑)

凡　例

一、为满足安徽师范大学校史研究和安徽近现代高等教育研究的资料需要,拟编辑出版《安徽师范大学校史研究资料选编》(第一辑),待条件成熟后,陆续推出其余各辑。

二、本书记述了一九二八年之前安徽省内多所具有代表性的学校,借以理清它们与省立安徽大学、国立安徽大学之间的关系。涉及学校的名称,均用历史名,凡在书中出现的均记全称。

三、全书分为九个部分,分别是敬敷书院、求是学堂、安徽师范学堂、安徽省立存古学堂、安徽公立法政学堂、安徽武备学堂和安徽私立农工学堂、安徽大学堂和安徽高等学堂、安徽省立专门法政学校、安徽省立甲种农业学校。

四、视实际需要,各部分下分设若干标题,以现有资料所反映的主要问题为依据设定。资料主要采自中国国家图书馆、第二历史档案馆、第一历史档案馆、安徽省档案馆、安庆市档案馆、芜湖市档案馆、安徽师范大学档案馆等馆藏档案。

五、选用资料均注明资料来源,包括原文发表刊物与日期等,供读者参考研究。收录的图表均随文编排。

六、为保持历史档案的原貌,编者在编校过程中未对选用的资料进行调整,也未删改或添加内容,原文没有标点的段落一仍如旧。对原资料字迹模糊、难以辨认的字,以"□"代替。

七、安徽师范大学馆藏敬敷书院、求是学堂、安徽师范学堂等学校档案缺失现象严重,我们也曾试图查找补齐,使其能够完整展现,但由于各种原因未能如愿,缺失部分只好暂付阙如。

八、收录论文一篇,起提要、总摄作用。

前　言

安徽师范大学的历史发展，从最早前身省立安徽大学的创建到现在已经有九十多年的时间，共经历省立安徽大学、省立安徽学院、国立安徽大学、安徽大学、安徽师范学院、皖南大学、安徽工农大学、安徽师范大学等八个办学阶段。

省立安徽大学在1928年创建于当时安徽省会所在之地安庆。省立安徽大学的创建，同清末民初安庆地区悠久厚重的文化积淀，以及创建于安庆的众多学校有密不可分的关系。1928年之前的30多年间，安庆在兴学方面发生了巨大变化，在基础教育取得明显进步的同时，中等专业教育和职业教育也得到迅速发展。敬敷书院、求是学堂、安徽师范学堂、安徽省立存古学堂、安徽公立法政学堂、安徽武备学堂、安徽私立农工学堂、安徽大学堂、安徽高等学堂、安徽省立法政专门学校、安徽甲种农业学校等先后创办，成为开创安徽历史先河的省立安徽大学建立的基础。

如果说当时安庆学校教育的不断发展，是使得省立安徽大学得以创建的间接原因，那么，来自上述十一所学校的影响则是重要的直接因素。30多年间，这几所学校于各自的办学期间在取得办学成就的同时，也为后来省立安徽大学的建立奠定了扎实的专业、学科、师资基础。

实际上，近些年来，安徽省内一些高校就已经将这些学校纳入了校史研究的范畴中，一些高校甚至确认了这些学校之间，以及这些学校与省立安徽大学之间存在的传承关系。如《安庆师范大学百年史稿》："1897年，清代安徽办学规模最大、办学时间最长的省学'敬敷书院'移建于学校菱湖校区内，揭开了百年育人的序幕。1901年，敬敷书院与求是学堂合并成立安徽大学堂，后更名为安徽高等学堂。1902年，改为安徽大学堂。其后这里先后为安徽武备学堂、安徽陆军学堂、安徽省公立法政专门学校、省立安徽大学、国立安徽大学。”

另外,《安徽师范大学校史》(1928—2008),也将诸如敬敷书院、求是学堂、安徽师范学堂、安徽省立存古学堂、安徽公立法政学堂、安徽武备学堂、安徽私立农工学堂、安徽大学堂、安徽高等学堂、安徽省公立法政专门学校、安徽省立甲种农业学校等列为省立安徽大学建立的基础组成内容。

安徽师范大学校史研究尽管已处在发展阶段,但还需要深入开展。因此,将上述提及的十一所学校以及江淮大学等分散在不同之处的资料汇编成册,对于安徽师范大学校史研究乃至安徽近现代高等教育史研究都非常重要。

多年来,在安徽师范大学校史研究中,始终存在着一种资料困境,就是如何将分散在不同之处的资料合成,以满足安徽师范大学校史研究的资料需求。为此,安徽师范大学档案馆、校史研究中心在校史资料编研规划中,提出了一个校史资料整理计划,编辑出版安徽师范大学校史研究资料丛书。其中第一本是《安徽师范大学校史研究资料选编》(第一辑)。

《安徽师范大学校史研究资料选编》(第一辑)的出版,在大大有益于安徽师范大学、安徽近现代高等教育研究的同时,对安徽师范大学历史起始时间和安徽高校的源头的讨论与思考也有积极的参考价值。

目　录

第一编　敬敷书院

一、概述

敬敷书院

敬敷书院原名培原书院，旧在府学东旧魁星楼址。清顺治九年（一六五二）操抚李培原（日芃），捐赀二千余金建立。正门三楹，中构讲堂五楹，曰礼让堂，处师席。堂后，树楼五楹，曰经正阁，贮经史。堂两翼东西各七楹为号舍，东曰敬业，西曰乐峰。楼后东西各七楹为六斋，处诸生。楼后为宗衙祠五楹，祀宋五子。祠后列二楹为培原先生与诸生讲学处。墨石为山，庭章交翠，闲则与诸生游息。复置学田，供诸生四时廪饩。

康熙十年（一六七一），巡抚靳辅檄府县，集诸生入号舍读书，每月朔望，程课二次，汇卷评定甲乙，选其优卷付梓，名书院会艺。每试日，远近毕集，其供应卷纸，取给于学租。

康熙十五年（一六七六），方伯徐国相，捐俸三百二十金，合郡守刘櫄修葺书院，并增饩士田。徐公旋秩楚抚，刘公以其金复屋十五楹，增置监生管浚田，捐俸以足之。其后巡抚薛柱斗、叶九思，先后莅皖，振兴文教，遴取生童，读书其中，日给廪饩。九思易培原之名曰修永，旋复故。

雍正十一年（一七三三），清政府敕各省建立书院，发帑千金，巡抚徐本为之经理修葺，购置田亩。

乾隆初，始改名敬敷。乾隆十七年（一七五二）巡抚准泰定为内课二十四名，人给膏火每月一两八钱。外课二十四名，人给膏火每月六钱。附课无膏火，亦无定额。乾隆五十八年（一七九三）巡抚朱珪布政司周樽各增内外课十六名为四十名。嘉庆二十四年（一八一九）巡抚姚祖同，又增外课二十名为六十名。自巡抚以至郡守，皆输转为月课。每月十八日为山长课。间亦有于每月正课外加增一课者。其等第以超特一为次，超等奖赏五钱，特等三钱，或于超等前数名，特加奖赏，多寡无一定。凡巡抚上任之初，必按试书院，每年二月升降内外附课之士，名曰甄别。或一任一甄别，或一岁一甄别，考入内课者即终岁薪水有赖,列外课者,亦稍资笔扎。咸丰三年(一八五三)毁于兵。

同治初,总督曾国藩移建姚家口。月提厘局征收银为诸生膏火之费,改为随课予夺。亦由巡抚至郡守轮转月课。超等约三十名,特等一百名,一等一二百名不等。超等每名银三两,特等每名银二两,一等前十名银一两。超等另有各宪捐廉给奖有差。

光绪元年(一八七五)署布政司孙衣言,详请巡抚裕禄,命有司大加修建,容生徒百余人。又倡捐书籍存院以便补习。敬敷书院之藏书,自此益富。二十四年(一八九八)布政司于荫霖,按察司赵尔巽,移建于集贤门百子桥,后改为武备学堂。

山长之著称者,有刘大魁王宽吾全祖望姚鼐诸经师。经费计山长每岁束修薪水暨一切供应约六百金,合一岁书院经费,通须二千余金。向虽有租穀,不足敷用,仰给外州县敷贴,催取或不时至,诸生膏火不能按月给焉。道光二年(一八二二)巡抚陶澍率属捐廉,买桐邑新生洲一所,岁课足钱一千贯,由桐城县解送,永为膏火之资,经费由是裕如。

光绪廿七年,清廷下令改全国书院为学堂,本院遂改为安徽高等学堂,后高等学堂停办,改为省立中学,学租及藏书俱移入安徽省立图书馆。

——《安徽书院志》(一),吴景贤,连载于《学风》1932年2卷4至8期,第6—7页.

敬敷书院,原名培原书院,乾隆年间,改今名,在府儒学内。自文庙明伦堂以东,皆其地也。

国朝顺治九年,操抚李日芃创建。颜曰"培原书院"。康熙十年,巡抚靳辅饬知府姚琅兴复书院,以教授庄名弼课士其中。

附:记

书院之设,何昉乎?盖不忘乎洙泗之意,而宗仰之不衰也。然历稽往牒,创不一其人,建不一其地,于以一道同风扶进学业,非不有赖而豫章为最著。盖文成事业在天壤,文章本理学,而最有功于道统者,则莫如提倡良知二字。夫知或由于生,或由于困,或由于学,而其终则归功于格致。乃《格物》一篇,已失其传。而所补之章,先儒犹有彻上彻下之论。则继夫子而言知者,诚莫如子舆氏之言，良知为最当矣。虽然《大学》一书，言诚，言正，言明德；《中庸》一书，言率性，言尽性，言择善，非皆求知之良乎！非皆同功而一贯乎！何以子舆氏独尊良知，而文成公独提倡之也。《书》云：惟天地万物父母，惟人万物之灵，命之之谓性，率之之谓道。所以道原于天，知本于性。试向庸人而语之曰：某也，若何忠？某也，若何孝？则闻者必征于色，发于声，而喜某为忠臣孝子也。又语之曰：某也，若何不忠？某也，若何不孝？则闻者又必征于色，发于声，而怒其不忠不孝也。夫闻忠孝而喜，闻不忠不孝而怒，皆知也，皆知之最良者也。其意亦莫不诚也，其心亦莫不正也。则其德亦莫不明也，其善亦莫不至也。推此知而一贯，无不贯也。推此知而家国天下，亦莫不齐治平也。古人云不忘君，谓之大臣不忘。世不忘道，谓之大臣不忘。世不忘道，谓之大儒，亦皆谓知之不容已也。昔刘元城登进士，不即就选，乃受学于司马温公，后乃得存诚之道。所谓物物各具一实理，人人各具一实心者，即此良知是也。惟实固良，惟良必实耳。皖城东旧有书院，是操抚李君培原所起也。凡讲堂、斋舍、门庑、号房，规制亦宏整，乃沿习既久，旷废不振。予自下车以来，每恐不能体朝廷兴贤育才之意，爰于簿书之暇，召集生徒，月有课，日有讲，告之七郡三州，亦莫不举行。亦既骎骎乎文会辅仁矣！然衡文之际，每励师儒以伦常之道，切实之义，而推原于诚意、正心，以引发其良知，爰更著其说，以示多士。则虽谓广其说于天下，而独先伸其说于所及也，亦何不可，是为记。（靳辅）

二十年，巡抚徐国相；二十三年，巡抚薛柱斗，先后增修，集郡邑生讲学。四十八年，巡抚叶九思重修，改曰修永书院。雍正七年，知府徐士林重修礼让堂及东首斋舍九间，复集诸生肄业。十年，奉建立书院，大加茸治。前建碑亭，中为礼让堂，左右增置号舍。

帑金一千两，置腴田一百一十一亩，益以历任抚按捐置，各属学田共计三十五顷六十亩有奇，额租谷麦一千七百一十五石有奇，额银三百四十八两有奇，悉归书院，为膏火资。又知府徐士林于升任时，捐银六十两。怀宁县李元祥为置民田额租谷一十一石，地课一两六钱，并佐书院膏火。

附：记

钦惟我皇上继天立极，文德诞敷，声教暨讫。无远弗居。癸丑春，敕天下省会于学校外建立书院，为兴贤育才地，各赐帑千金。又念士子敬业乐群，膏火之资不继,命督抚筹画支给。睿虑周详,湛恩汪涉。海内德造之选,闻风慕义,争自濯磨,甚盛典也。本奉命来抚上江,恭承谕旨,檄安藩发帑金如数,饬皖守怀令备置附郭膏腴田一百一十一亩,即以怀令掌其租赋,资书院诸生膏火,垂之久远。皖城旧有书院,在府泮之左,面江流,枕龙岳,实据一城之胜。于是亲为相度形势,门庑斋堂,深广爽垲,因年远倾废,鸠工葺治栋宇,较斫垣墉涂茨,堂左右各七楹为号舍,东西各九楹为六斋。又于堂东隙地增改号舍数十间,宽敞可容百余人。按皖江历任抚按尝捐置各属学田,共计三十五顷六十亩有奇,额租谷麦一千七百十五石有奇,额银三百四十八两有奇,向虽为赈恤贫士之需,而实饱吏胥之腹。本莅任后,毕力清厘,杜其溢滥,赈恤贫士之外,余俱节贮郡库,修葺书院,治办器具,皆取给焉。岁之所入,自雍正十一年,始悉归书院,以佐膏火之不足。奏入报,可爰卜吉洒扫,延名师,择各属有志行之士充入之,相与讲明实学。以上答圣天子兴行礼让。棫朴作人之雅化焉。自昔书院之制,以石鼓、岳麓、白鹿、睢阳四者为盛。盖当时庠序之教未修士,因择地为群居讲习之所。朝廷略一崇奖之而已。今天下学校之盛,孰厉名实,礼陶乐淑,犹荷殊恩,加意于此。为之养其德性,闲其身心,恤其口体日用,吾知风气之隆,人才之盛,必有极乎前古之所未有者矣。敬刻石恭纪圣恩,并叙田亩院宇之制,物料工价之由,俾后之有事于斯土者,永以为则云。(徐本)

道光二年,巡抚陶澍率属捐廉置桐邑新生洲一所,岁课银八百两,由桐城县解送,永为膏火之资。

附:新生洲改名崇文洲公牍

桐城之扫帚沟保新生洲,官产也,奉部召变久无承买者,惟有县派官佃承管。每岁缴租息银九百两于县,批解司库报部拨用。然洲民数百户皆仰食于洲,往往官佃以一人之力不能驾驭,反为所制。至有倾家荡产而讦讼无休者,公私两损多所未便。道光二年,巡抚陶澍命桐城县知县廖大闻,倡率桐城绅士、翰林张万年等,集资公买,每收租息以充桐城培文书院膏火之用。旋据署怀宁县知县朱士达禀称省城敬敷书院亦缺膏火,请以洲一半归桐绅承买,而以洲一半由通省各州县捐廉公买,岁收租息以充省城敬敷书院膏火之用。陶澍允行,首自倡捐,共得银二千余两,合之廖大闻及桐绅所捐银为四千余两,批解司库。改洲名为“崇文”。报部时桐城正在派佃之际，适值大水未派，租息无出。四年间，廖大闻以租息之多寡固在官佃之能否，亦在洲户之与否。以官佃管洲，不如即用洲户承管之为善也。因自往洲，将洲分段派与各洲户，分领耕种，而注其姓名于册。每岁按册收息，以充书院膏火之用。又以岁缴银九百两为数，较少劝令加增，各洲户皆乐输。每岁共缴大钱二千千文于县，以一千千文留县，充培文书院膏火；以一千千文解省，充敬敷书院膏火。各洲户等又谓于桐城有桑梓之谊，且承买官洲各项公用并非各州县捐廉所出，皆桐绅捐资也。愿于二千千文之外，又每岁另缴大钱一百六十千文，充培文书院诸生花红之用，值廖大闻卸事，后任照案详准。今桐城于每岁解银八百两入省，充敬敷书院膏火之资，即一千缗所易也。

乾隆三年，议准查各学政举荐书院优生到部，其作何奖励之处，向来未有成例。今据安徽学政郑江将敬敷书院内生员陶敬信、江有龙二名举荐具题，应照学政汇题通省优生之例，廪增生准作岁贡附生，准作监生，俱到监肄业等，因奉旨依议陶敬信、江有龙仍著送部引见。

——[清]邓廷桢修，李振庸、韩玫纂，《安徽通志》(道光)，卷七十一，学校志，合肥：黄山书社，2015年3月版，第1004—1007页.

培原书院，顺治壬辰年，操抚李日芃创。芃号培原，因名。在府学东，旧魁星楼并风宪行台基地为之。大门三楹，东向。扁曰“培原书院”。进而南向为中门。扁曰“圣域贤关”。内为堂，五楹。扁曰“礼让堂”。堂两翼各七楹，为书舍。东曰“敬业”，西曰“乐群”。堂后为过门。外扁曰“入室堂”，内扁曰“升堂”。后为楼五楹。扁曰“经正阁”，贮书其上。楼后为宗儒祠，五楹。中立木主，祀周、程、张、朱。祠前东西各九楹，为六斋。东曰“怀德”“潜心”“宿学”；西曰“同文”“太和”“望道”，从六邑得名。惟“同文”扁阙，且于桐邑字面未当，巡抚靳辅易以“桐瑞”，置扁。祠后为誉髦堂。为培原讲学处。知府李士祯暨七学师生，公立木主祀之。年久倾颓，知府刘檺捐俸重修。讲堂东设义学二所，共十楹。廷廪生刘嘉言、董永吉，教里人子弟，月给膳米五斗。康熙壬子，巡抚靳辅兴复书院，申饬义学，每年给穀三十六石。巡抚徐国相增给鸭池渔课一十五两。巡抚薛柱斗、叶九思,先后莅皖,遴取生童读书其中,日给廪饩,且不时亲临考课,文教聿兴。康熙五十三年,知府张楷,复举义学六处,每处于额给学租外,更捐束修三十六两。五十八年,巡抚李公成龙,于岁暮捐给膏火,以示奖劝。后仓五楹。贮书院租穀,因年久倾圮,且仓穀无多,教授庄名弼,申请改建仓屋三间,典守仓稻;缮夫住屋三间。院东外号舍。二十四间。仪门东西为膳夫房。原募膳夫十名,以供使令,月给穀每名一石。楼左右及讲堂旁俱有厨。礼让堂,年久忽圮。康熙六十年,知府张楷重建,并修头门、仪门、经正阁,复置"培原书院"匾额。康熙十年岁在辛亥夏四月,七学师生公呈赴府,请兴复书院以为肄业地。知府姚琅,即具文申请,巡抚靳辅随批允申饬义学,条列周详。仍命府学教授庄名弼经理,勤课生童,讲贯理学。每月朔望,课文二次。后改为初三、十八日。届期或亲临讲学,拈题面试,汇卷评第甲乙,选其优卷付梓,名"书院会艺"。力崇正学,鼓舞人才,自皖郡始。复通行各属,共树风声。一时士习还醇,文风丕振。其初二、十六日,学官集义学师生,会讲于礼让堂。每试日,远近毕集。其供应卷纸,取给于学租内。教授庄名弼主其事,县学教谕王云龙副之。

贮书:徽州知府祖建衡置漆柜二

《资治通鉴纲目》一部。计六十九本。(《资治通鉴纲目》:底本作"资治纲目",今据康熙怀宁等校改。)

《六臣文选》一部。计三十本。《朱子语类大全》一部。计四十本。

《朱子文集大全》一部,计三十二本。(大全:原缺,今据康熙姚志书、康熙《怀宁志》校补。)

《朱子奏议》一部。计八本。

《朱子经济文衡类编》一部。计八本。(类编:原缺,今据康熙《怀宁志》校补。)

《朱子学的》一部。计二本。《朱子年谱》一部。计二本。

《文公家礼》一部。计五本。

《朱子注解小学》一部。计二本。(朱子:原缺,今据康熙《怀宁志》及下文校补)

《宋名臣言行录》一部。计七本。

《楚辞全集》一部。一套三本。(《楚辞全集》一部一套三本:原缺,今据康熙

《怀宁志》校补。）

《双溪文集》一部。计五本。

《胡云峰文集》一部。计二本。

《大明会典》一部。计九十七本。

以上书籍，付府学教授收贮，升任时交付新任。李院颁发书籍，原贮经正楼上，于顺治十六年，前任训导解诜署印时，因海寇猖獗，营兵借住书院，失去《大明会典》七本、《六臣文选》一部、《楚辞全集》一套、《朱子注解小学》一套、《文公家礼》一套。训导陈新芝接管印务，于顺治十八年五月二十四日，申详本府，奉司李黄批照在案。

操抚李日芃置田。并清查田。

买城内练树湾田一十四亩。垦旧箭场四亩。

买潜山田一百零一亩一分四厘。在北乡黄山脚。

高河埠田一百四十四亩，怀宁里民张斗云义捐。

生员韩升孙献田二十七亩八分。在磨山杨塘梢、侯家塥二处。

清查东冶塘学田五十三亩。原系学院项下学田，操抚李查归书院。每年仍解学道项下额租银五两。

清查乱石堆学田三十七亩。原系学院项下学田，操抚李查归书院。每年仍解学道项下额租银一十二两二钱。

清查斋人铺学田一十三亩三分。原系学院项下学田，操抚李查归书院。每年仍解学道项下额租银一两五钱。

清查把门山学田二十四亩五分。

详归义学纳租塘一口。在正观门外，名鸭儿塘。原系推官菜池，附近居民承佃取鱼纳课。因推官奉裁，知府姚琅于康熙十二年详巡抚靳辅批归义学，以资膏火。

新垦阴河湾学田。二十九亩五分八厘。康熙八年，教授庄名弼募佃开垦，巡抚靳批归书院。

——[清]张楷修，《安庆府志》卷之七，学校志，北京：中华书局，2009年11月版，第247—249页.

敬敷书院在府学东魁星楼旧址(今市一中东)。清顺治九年(1652),操江巡抚李日芃(号培原)创办,初名培原书院。康熙十年(1671)集府县诸生入号舍读书,月课2次,为初一、十五,后改为初三、十八。四十八年(1709),巡抚叶九思主持重修,易名修永书院,后恢复原名。乾隆初改名敬敷书院。十七年(1752)定内、外、附3课,内、外课有定额,每人每月给予津贴,附课无定额无津贴。每月初三由巡抚、知府等轮流主讲,十八为山长课。诸生按超、特、一等级给予奖赏,奖银1~3两。每岁经费银约2000两,其中山长薪俸及一切供应约600两。以官府拨置的学田额租为主要来源。道光后,经费收入有所增加。咸丰三年(1853)兵毁。同治初,两江总督曾国藩移建姚家口街(在今行署广播电视局址)。月提厘局征收银为诸生奖赏津贴经费。光绪元年(1875),藩司孙衣言扩修,可容诸生百数十人,并倡捐书籍存院。二十四年巡抚邓华熙奏办求是学堂,改此为藏书楼。是年,藩司于荫霖、臬司赵尔巽移建柏子桥。山长由巡抚聘定,除讲学外,总领院务。历任山长有刘大櫆、王宽吾、全祖望、姚鼐等。二十七年改建武备学堂(次年武备学堂迁入)。三十二年,改为安徽陆军小学堂。民国六年(1917),改设女子蚕桑讲习所。10年省立法政专门学校迁入。17年利用其址创办安徽大学。

——安庆市地方志编纂委员会,《安庆市志》,卷五十二,北京:方志出版社,1997年8月版,第1414—1415页.

敬敷书院:最初由安徽巡抚叶九思于1709年在培原书院旧址上建造的,命名修永书院。乾隆初改名敬敷书院,太平天国战争中毁去。1862年,曾国藩改旧都司衙门建为敬敷书院(位于今安庆电视台)。1894年废科举、兴学堂后,书院遂不存。

敬敷书院是安徽首府的书院,先后任山长的颇多学者、通人,如桐城文派刘大櫆、姚鼐均曾任过山长,姚鼐曾出任过两任。此外,据已知的有王灼(字明甫,一字宾麓,号悔生,枞阳人,乾隆举人,早年曾从刘大櫆问学,著有《悔生诗文钞》)、王璪(字鲁园,道光时进士,曾任湖南宝应府知府,著有《息庐遗稿》)、汪宗沂(字仲伊,歙县人,光绪进士)以及赵畇(字芸谱,号岵存,太湖人,清翰林,曾六度出任主考官)均曾任过山长。赵畇也曾任过两任,第一任自1842年—1843年,第二任自1868年—1877年,共达十年之久。

——安庆市政协文史资料委员会《安庆文史资料》编辑部编,《安庆文史资料》,教育史料专辑,安庆:安庆市同济经贸印刷公司印刷,2000年4月版,第2页.

《敬敷书院记》清安徽巡抚徐本撰,载光绪《安徽通志》卷九十二。叙作者于清雍正十一年(1733)奉清廷诏赐帑银1000两,令各省建省会书院之旨,就安庆府城敬敷书院大加修葺,增建碑亭、礼让堂、号舍、斋房、置腴田111亩,又将历任巡按捐置之学田“毕力清厘.杜其溢滥”,又佐膏火,延名师,择各属有志之士肄习其中,“讲明实学”,“养其德性,恤其口体日用”,以答“圣天子兴行礼让,棫朴作人之雅意”。徐特撰记记其始末,“俾后之有事于斯土者,永以为则”。

——季啸风编,《中国书院辞典》,杭州:浙江教育出版社,1996年版,第652页.

二、经费

正文:乾隆年间改今名,道光二年巡抚陶澍率属捐廉置桐邑新生洲一所,岁课银八百两由桐城县解送永为膏火之资。〔附〕新生洲改名崇文洲公牍(桐城之扫帚沟保新生洲,官产也,奉部召变久无承买者,惟由县派官佃承管。每岁缴租息银九百两于县,批解司库报部拨用。然洲民数百户皆仰食于洲,往往官佃以一人之力不能驾驭,反为所制。至有倾家荡产而讦讼无休者,公私两损多所未便。道光二年,巡抚陶澍命桐城县知县廖大闻,倡率桐城绅士、翰林张万年等,集资公买,每收租息以充桐城培文书院膏火之用。旋据署怀宁县知县朱士达禀称省城敬敷书院亦缺膏火,请以洲一半归桐绅承买,以洲一半由通省各州县捐廉公买,岁收租息以充省城敬敷书院膏火之用。陶澍允行首,自倡捐共得银二千余两,合之廖大闻及桐绅所捐银为四千余两,批解司库。改洲名为"崇文"。报部时桐城正在派佃之际,适值大水未派,租息无出。四年间,廖大闻以租息之多寡固在官佃之能否,亦在洲户之与否。以官佃管洲,不如即用洲户承管之为善也。因自往洲,将洲分段派与各洲户,分领耕种,而注其姓名于册。每岁按册收息,以充书院膏火之用。又以岁缴银九百两为数,较少劝令加增,各洲户皆乐输。每岁共缴大钱二千千文于县。以一千千文留县,充培文书院膏火;以一千千文解省,充敬敷书院膏火。各洲户等又谓于桐城有桑梓之谊,且承买官洲各项公用并非各州县捐廉所出,皆桐绅捐资也。愿于二千千文之外,又每岁另缴大钱一百六十千文,充培文书院诸生花红之用,值廖大闻卸事,后任照案详准。今桐城于每岁解银八百两入省,充敬敷书院膏火之资,即一千缗所易也。)

——史部集成·历史地理与方志·方志典籍·通志总志·清·何绍基·重修安徽通志(光绪刻本)·卷九十二·学校志·书院〔义学附〕.

安慶府義學在敬敷書院東操江巡撫李日芃建遴取生員教里人子弟月給膳米五斗後巡撫靳輔每年增給穀三十六石又增給鴨兒塘魚課康熙五十三年知府張楷復舉義學六處每歲於額給學租外更給束修銀三十六兩
徽州府紫陽書院在府城外紫陽山麓自宋淳祐六年郡守韓補始建於城南門外理宗賜額曰紫陽書院元至元間遷於南門內改江東道院爲之延祐二年又還於南門外故址之左後燬於兵明洪武初邑人重建於歙縣學右成宏正嘉間知府王勤彭澤熊桂知縣林騰蛟戴東閔先後修葺然歷年既久僅存朱子像而已紫陽山麓之書院則正德時知府張芹創建嘉靖間知府何東序修葺集七學之士講讀其中 附汪道昆記 郡中特建紫陽書院事徽國文公其地屢遷遷有興廢其一在縣儒學之右文公裳衣在焉建自國初西向成化庚子郡丞張公改而南
重修安徽通志 卷九十二 學校志 書院 七

正文：安庆府义学在敬敷书院东，操江巡抚李日芃建，遴取生员，教里人子弟，月给膳米五斗。后巡抚靳辅每年增给谷三十六石，又增给鸭儿塘鱼课。康熙五十三年，知府张楷复举义学六处，每岁于额给学租外，更给束修银三十六两。

——史部集成·历史地理与方志·方志典籍·通志总志·清·何绍基·重修安徽通志(光绪刻本)·卷九十二·学校志·书院〔义学附〕.

头品顶戴安徽巡抚臣沈秉成跪奏为安徽省城书院筹捐经费添课经古并创设孝廉堂以励实学恭摺仰祈圣鉴事窃维国家储才之道首重学校而秀良所聚涵育薰陶以为学校之辅者则赖书院各大省会或二三处或三四处分科设教士气奋兴体用兼备之才大都出于其内安徽省城向惟设一敬敷书院咸丰初年毁于粤匪匪平以后择地重建经费不充规模狭隘巡抚及藩臬道府轮流考课肄业者惟生监而举人不与焉专习者惟时文试帖而经义古学罕讲焉臣莅任之初循查月课察知士多寒苦根柢之学未深因将月课考取前列诸生在臣署中添设内课于应制文字之外试以经史论说词章杂文捐廉加奖又增孝廉课专考各属举人优其礼貌厚其膏火士有慕学发愤之机而窃虑无以持久也光绪十八年间学政臣吴鲁按试安庆与臣共论造士之法亟宜整顿扩充当议别营讲舍添聘名师选士之才俊而有志者引之以治经稽古立孝廉堂于其中以课乡举之英藉为后进之导冀其观摩获益有以昌其学而成其才祗以物

力艰难费无所出臣与学臣各先捐廉银二千两并函知所识皖省搢绅之族为大吏于各省者恳其相助大学士直隶督臣李鸿章首为之倡各处闻声相应陆续先后集捐银一万四千余两若照部议先建讲舍分此款以应工需则于士林转鲜实惠自以先行开课为宜而课试所需如但就款开支亦复虑其易竭遂交藩司发典生息一面订立章程于敬敷常课之外就该书院每月添经古一次各作经解策论诗赋定额五十名并在院内创设孝廉堂亦定月试之期膏奖均量为加厚其校阅课卷则添延淹雅之师相与讲求实学定章以后举行数次课艺颇有可观由此循名责实行之久远人文蔚兴不仅以专工制艺弋取科名为能庶几仰副圣朝作人之化于万一所有掌教束修士子膏火即量岁收息款以备供支并不动用本银冀堪经久规画粗定相应奏明立案至于建置斋舍蒐集买书籍一时力未能及尚待续筹次第兴办所有筹捐书院经费添课经古并创设孝廉堂缘由谨会同安徽学臣吴鲁恭摺具陈伏乞皇上圣鉴谨奏奉硃批知道了钦此

——《申报》,瀚堂近代报刊,光绪朝,(1894.fulltext)·Jul.19,1894,Num.7630,光绪二十年六月初七日京报全录.

卢士杰片再安徽省城旧有敬敷书院凡隶皖籍者皆得与考自兵燹后重行兴复诸生得资观摩而童生曾未之及怀宁县为皖省首邑人文蔚起视昔为盛经邑绅议于城内南隅添建凤鸣书院专课本邑生童估需工料钱六于串就地劝捐办理据报于光绪二年二月开工次年三月工竣定期开课并详拨洲租以资膏火近因该书院投考生童较多经费时虑不敷有邑绅陕西布政使叶伯英捐助银二千二百两江苏候补道汪福安捐银五百两前署直隶南皮县知县徐尔秦捐银一百两现任直隶枣强县知县吴传绂捐银二百两总共曹平银三千两解送来皖发典以周年一分行息闰月不计此项息银专为本邑凤鸣书院月课膏火之需不得擅动本款请奏咨立案并勒石书院以垂久远由署藩司张端卿核明转详前来臣查该绅等情殷桑梓惠及士林慷慨解囊以成善举均堪嘉尚所请奏咨立案之处系为慎重公款起见除咨户、礼二部查照外谨会同两江总督臣曾国荃安徽学政臣徐郙附片陈明伏乞圣鉴勅部立案谨奏军机大臣奉旨该部知道钦此

——瀚堂近代报刊·S.厶(尸)·申报·光绪朝·申报(1885.Fulltext.新闻)·Jan.18,1885,Num.4229·⑩·光绪十年十一月十四日京报全录.

三、课程

是年夏，姚鼐作《汉庐江、九江二郡沿革考》。此属纯考据之作。其文末写道“曩者鼐在京师，与休宁戴东原言：‘世之方志，言古城邑，苦不考求四面地形远近，堪容置否？是以所举多不实。欲以汉县与今地相较为表，而贯他沿革于其中，纵不能无失，犹差翔实，愈于俗之所为地理书也。’东原曰：‘善’。今夏无事，遂取乡里所近汉二郡一国为《沿革考》一卷。多病废学，不能求博，东原既丧，无以闻之。设有如鼐此例，尽考汉之郡国，勒为一书，以裨学者，则将以俟夫世之君子也。乾隆四十五年，桐城姚鼐记。”由此可见：(1)姚鼐即使在辞去四库馆职后，也未放弃考据，若说姚鼐“从考据移回到早年溺爱的词章”，不如说他是从仕途回到专门从事辞章研究和写作的文人之路，更有事实根据；(2)姚鼐与戴震虽有学术分歧，但他俩的私人关系未必不好。“东原既丧，无以闻之”，此二句足见他为失去戴震这样的师友而深感惋惜无助之情。(3)汉学既以考据为特征，姚鼐自己又从事考据，怎么能说他“回归辞章，隐含着对抗汉学的深刻意向”呢？姚鼐所写的“辞章”大部分与宋学无关，如《登泰山记》等诸多名篇，皆有考据隐含其中，不但不是“对抗汉学”，而且是深受汉学的影响。因此，笔者认为，我们不必也不应把姚鼐事事都置于汉学的对立面。

是年冬，姚鼐编选成《敬敷书院课读四书文》，共二百五十一篇。并作《敬敷书院课读四书文序目》，指出：“读四书文者，欲知行文之气格及因题立义、因义遣辞之法，故无取乎多。若失于行气，说理、造句、设色一皆求之古人，徒读四书文多而终身不能过人也。”当时在扬州朱子颖盐运使司作幕宾的吴殿麟，为之作《姚姬传先生时文序》：“桐城姚姬传先生邃于经史，沉酣于诸子百家，不为八比之文溺没者也。昌黎有言，为文必有诸其中，是故君子慎其实；实之美恶，其发也不掩，先生以其中之所有者于今文发之，故其文宛然如取诸圣人之怀，而声律皆与古会，有前明正德、嘉靖诸君子之遗风。”后来陈用光在《重订姚先生四书文选》中说：“士子猎其末而忘其本，乃仅取得科第之文，以转相摹仿”。“姚姬传先生主讲敬敷书院时，尝病乎是，因为选四书文，自隆万以及国朝约二百余首，以为士子读是足矣，不必更求附益，但当进求之经史，以深其蕴蓄。此诚荀卿子所谓接人用枻之苦心也。用光奉命来视浙学，乃重订是选，以与浙中士子相讲习。盖近人亦多言穷经矣，然惟考订字句训诂之异同，而不求大义。”可见此书对于纠正不良学风、文风，有其深远影响。

著名学者钱大昕(1728—1804)的《与姚姬传书》，对其《庐江、九江二郡沿革考》提出不同意见，说：“先生当代宗师，一言之出，当为后世征信。敢献所疑，幸明以示我。”值得重视的是，他称姚鼐为“当代宗师”，可见其地位之显赫。那种以“非桐城系统的六种选本”，或“将方苞、刘大櫆、姚鼐之作全部芟除”，或“只留下方苞，而剔掉刘大櫆、姚鼐”，或“一概将其推入无名作者堆里”，或把“刘、姚放入二流”，来否认其在当时已具“宗师”地位，未必可信。

是年正月十二日至五月九日，乾隆帝第五次南巡。

——周中明著，《姚鼐研究》，合肥：安徽大学出版社，2013年5月版，第150—151页.

姚鼐主讲安庆敬敷书院。是冬，选万隆、天崇及国朝四书文二百五十一首，授敬敷书院诸生课读，以钦定四书文为主，而增后来名家及小题文(《敬敷书院课读四书文序目》，见郑《谱》)，并加以自序。

按：自庚子至丁未。姚鼐主讲敬敷书院凡八年。

王文治赴江夏，舟行至怀宁阻风，访姚鼐作三日之聚。

鲁九皋自江西渡江来安庆问学，又传之陈用光，且使用光见姚鼐。此后，新城古文之学日益隆盛。

按：《夏县知县新城鲁君墓志铭并序》曰：“君尝渡江至怀宁，见鼐而有问焉。君古文虽本梅崖，而自傅以已之所得，持论尤中正。里居授其学于子弟及乡之儁才，又授于其甥陈用光，且使用光见鼐。益新城数年中古文之学日盛矣，其源自君也。”《惜抱轩文集》(卷一三)

王昶丁忧归里。

谢振定中进士，授编修。

曾燠中进士，改庶吉士，派往翰林院研习国书。

许矿中举人，官会同县知县。

按:许矿,生卒年不详。字文英,号问皂,安徽桐城人。"私淑刘大櫆、姚鼐,以之为程式,为文如夙构。"(刘声木《桐城文学渊源考》卷三)著有《种鳞书屋文集》、《种鳞书屋诗集》。

金荣镐中举人。

按:金荣镐,生卒年不详。字帝京,号芑汀,福建建宁人。"朱仕琇倡学濉溪,荣镐师事最早,称高第弟子。其为文,己不懈而及于古,立说喜与先儒异,能发前人所未发。撰《芑汀古今文》□卷、《遗诗》□卷、杂著三种。""主讲本邑书院。撰《芑汀文集》□□卷。"(刘声木《桐城文学渊源考》卷一二)另著有《芑汀制义》、《读易偶录》5卷、《读诗偶录》4卷、《读大学偶录》1卷等。

按:谢代壎,生卒年不详。福建建宁人。"师事金荣镐,受古文法,潜心《易》义,亲承指授,心悦神怡,以为有益后学。"(刘声木《桐城文学渊源考》)

——俞樟华著,胡吉省编,《桐城派编年》(上),北京:人民文学出版社,2015年版,第264页.

安省敬敷书院按月轮流应课六月二十四日应轮升任藩宪王介艇方伯命题因方伯接任之时公忙无暇于七月初八日补行课试其题曰吾闻用夏变夷者未闻变于夷者也诸生卷齐方伯亲自较阅评定甲乙发房缮案矣

——申报馆:方伯补课,《申报》,1895年9月22日,第2版,第8055期.

皖省敬敷书院每月官师二课均应在考棚扃试以杜弊端本月二十二日轮应藩宪汤方伯举行一课试因考棚驻有兵勇遂令诸生领题回寓限即日戌分交卷逾限不收

——申报馆:官师两科考试地点,《申报》,1900年07月24日,第2版,第9795期.

安庆采访友人云敬敷书院每月分官师两课木月初二日为甄别之期十八日由黄山长举行师课文题居是□也事其大夫之贤者友其士之仁者诗题赋得燕语莺啼春事半得春字

——申报馆:官师两课,《申报》,1897年04月29日,第2版,第8631期.

敬敷书院为通省书院之冠规制崇闳房廊宽敞士之肄业其中者率系一时之俊现经陈中丞于正月二十四日甄别除住院各生由首府给卷投考诸生试卷自行备办每本给钱十六文交卷后每名奖赏蛋糕四两由委员散放□寿春镇宋朝儒车门于正月廿三日行抵省城因贺抚宪新禧且陈要公也

——申报馆:奖赏,《申报》,1887年02月25日,第2版,第4976期.

本月初二日乃敬敷书院藩宪课期是日黎明于方伯亲莅考棚应课诸生携筐负笈群聚听点由府尊及监院官点名给卷随即扃门命题文题知耻近乎勇策题问自强宜以何者为基本诗题赋得所愿弦歌闻十室得闻字五言八韵同日孝廉课文题斯民也三代之所以直道而行也赋题陆机二十作文赋以题为韵诗题赋得士先器识得先字五言八韵

——申报馆:考试安排,《申报》,1897年04月15日,第3版,第8617期.

敬敷书院由陈大中丞示期正月二十四扃门甄别先期经首府联仙蘅太守晓谕诸生略谓上届在院诸生由府备办课卷其馀投考生等自备课卷届期衣冠整肃鱼贯接领课卷不准拥挤其投考者课卷仍由府每本给钱十六文缴卷时每人赏给蛋糕四两仰见中丞培植人材之至意

——申报馆:课卷安排,《申报》,1888年03月22日,第2版,第5358期.

安省敬敷书院每月各宪轮流应课每届月之二十四日出题次月中旬评定甲乙悬榜奖赏今岁闰月经抚宪福少农中丞添试孝廉一课录取各属举人第一名鲁泮林奖银八两第二名徐荧奖银六两第三名余受之奖银五两其馀四两三两二两一两至五钱四钱为止共取三十三名又录取各属廪贡生员取超等三十名特等一百名一等三百七十三名之多录取诸生无不同声感颂惟六月二十四日课期应轮升任藩宪王方伯命题府署礼房预先告白云本届应轮藩宪之课适逢接任公事繁多须俟接任后再为定期及今多日尚未悬示而握毛锥以砚耕为业者无不引颈而望

——申报馆:课期未定,申报馆,1895年9月2日,第2版,第8035期.

安徽敬敷书院正月二十四日乃藩宪课期因是日府讯怀□□场故改期二月初二日今将予方伯所命课题照录于左题云　息邪说义于辨诗题旧学商量加邃密得量字五言八韵　又孝廉试题见贤思齐焉见不贤而内自省也赋得杏花消息雨声中得花字五言八韵二月十八日课案发出计超等三十名特等一百名一等百七十名　超等　朱宏煐陈懋棠郭万英胡国荣汪凤黑杨大鈊喻九一何球朱乾李可发王绍阳杨仁铎王景奇喻汝谐金修愚刘时两萨炳储浴刘灼郝承斗吴邵庚方干汪端六孙良辅李炳抚江桂山余震金铭王廷槐杨昆甫　特等前十名鲁壮猷杜敬亭王泽杨守训王仲梓方士坤翼寅青陶载赓冯汝箴李训诰　又各属孝廉录取三十名第一名李德星奖银八两第二名金翊运奖银六两第三名姚中林奖银五两其余由四两递至一两又有五钱四钱者　又敬敷书院除每月轮课外每年分四季考取经古去年因冬季未考今于二月十八日补行试题　释易昝音　汉重太守论　清厘隐田议拟曰香山赋赋以立意又文兼综并举乌韵　赋得长江绕郭知鱼美得江字五言八韵　甯波辨志精舍乙未冬季课奏　汉学超等　唐继盛张藩王亨兆孙振麒曾士瀛汪开祉江乙孙玉缙秦钟濠　特等施世盃江起驾汪成教王亨彦汪鸣凤余宏淦李槐张茂炯陈尔查孙海环　宋学超等　秦钟濠王崇瑛王亭彦王雅三张汝蘅戴廷识　特等童景熙姜庄临于梦金许克劝朱念圣孙世熊管绍铬戴鸿钧王亭兆黄家襄　史学超等戴姜福吴佐清冯华春冯成动孙国仁李凤祥乐靖冗林曾安　特等蒋元庆吴兆麒乐以成李宝铸秦钟濠黄詠之耿觐文范登瀚算学超等　王体陈其虎范敬铭冯征土汝成王莹案伟棫　特等张光烈周光廉张晋鉴王汝祥李藩程之骏　舆地超等　郑永喜孙国仁范章秦镡豪　特等张德容许文蔚郑志选戴鸿钧□词　章超等冯善徵陆秉章郑永喜冯玉崑费有容王德坤特等华鼎恽福临江起鹏俞鉴土捷等董渊汉学超等第三第八名被人撕破无从伊银

——申报馆：书院汇访，《申报》，1896年04月28日，第9版，第8270期.

安省敬敷书院每月官斋两课于本月十六日为赵山长斋课之期题列于后高明所以覆物也悠久所以成物也　律中蕤宾赋以仲夏之月律中蕤实为韵　诗题赋得程表朱里得融字又经古课题　宾载手仇室人入又申毛郑义　直庇推向疵

利发申许郑义　田畴管甯诸葛亮论　公沙与荀□割席赋以爽违初约仕至司空为韵　读昌黎获麟解柳州观八骏图说　拟昌黎读东方朔杂专诗　□十八日悬题限二十日酉戌时交卷逾限不收

——申报馆：书院课，《申报》，1896年07月06日，第3版，第8339期.

皖省敬敷书院按月轮流应课上月二十四日系藩宪课期题为　趋造于朝我不识匪至否乎诗题　□□推有□分别离得离字。

——申报馆：书院课题，《申报》，1896年01月19日，第9版，第8174期.

皖省敬敷书院每月除斋课外各宪轮流官课一次兹三月分应轮臬宪月之初二日赵廉访命题录左 文题子贡问曰何如斯可谓之士矣子曰行已有耻 论题　学者为气所胜习所夺只可贵志 诗题　赋得学然后知不足得知字五言八韵

——申报馆：书院月课，《申报》，1896年05月22日，第2版，第8294期.

安庆访事友人来函云皖省敬数书院每月官斋□课今届丁酉正科秋间与课诸生均须赴省应试故府尊方太守轸连出示晓谕将四五六七等月官斋两课提前考试所有四月十六日山长斋课提前四月十二日举行五月初二日应轮道宪官课提前四月二十二日举行五月十六日山长斋课提前五月初二日举行六月初二日轮应府尊官课提前五月十二日举行六月十六日山长斋课提前五月二十二日举行七月初二日轮应抚宪官课提前六月初二日举行七月十六日山长斋课提前六月十二日举行至八月官斋两课归九十两月补试本府官课照章投考一次以后不准投考 本月初二日敬敷书院应轮臬宪官课之期是日赵廉访亲莅点名给卷其题录左孟子曰尊贤使能俊杰在位全□□雄论赋得山深四月始□□得深字五言八韵

——申报馆：提前考试安排，《申报》，1897年05月10日，第3版，第8642期.

安庆访事人来函云省垣敬敷书院每月除官师两课外又有四季加课例由抚宪

命题兹将冬季经古课题录左释界磁鍼所指之北极与地球之北极有少差其理安在椭圆太小径求周说问国语内政可仿行否书汉书游侠传后又本月二十一日敬敷书院首府课题孟子曰舜之居深山之中三章赋得深丛见孤罴得丛字五言八韵

——申报馆:皖江课士,《申报》,1899年01月11日,第9版,第9249期.

敬敷书院向例每年由抚宪甄别一次取列前茅者准留院肄业本月初二日安徽巡抚邓小赤大中丞循例举行文题人人亲其亲长其长而天下平诗题赋得雷乃发声得声字五言八韵

——申报馆:巡抚出题,《申报》,1900年03月17日,第3版,第9666期.

安庆采访友人云省垣敬敷书院每月官斋两课本月某日轮应斋课山长黄漱兰大银台命题云秦誓日若有一个臣赋得铜琶铁板唱大江东去限韵未详

——申报馆:银台课士,《申报》,1897年11月18日,第9版,第8834期.

安省敬敷书院向例每月官师两课本月初二日为署臬宪郑廉访课期题为子曰君子和而不同小人同而不和至乡人皆恶之如何子曰未可也赋得共荷发生同雨露得生字

——申报馆:月课师两课试题,《申报》,1898年10月27日,第3版,第9173期.

安庆访事人云敬敷书院按月一课每年由抚宪甄别后藩臬道府各宪挨次轮课本月初二日为抚宪邓中丞甄别之期辰刻诸生齐赴考棚应名接卷衣冠楚楚鱼贯而入俄闻喧闹声如鼎沸询之知因人数过多所备试卷不敷散给未领卷者恐不得肆其且夫尝思之才以博膏奖于是所谓无哗战士衔枚勇下笔春蚕食叶声者乃先反其意而用之为载号载呶之咏幸经某廪贡面禀监院及府尊杨太守饬礼房赶紧补卷诸生始各归坐摇头闭目伊唔构思是日文题能尽其性六句诗题赋得运甓习勤得勤字

——申报馆:月课试题,《申报》,1897年03月12日,第3版,第8583期.

安省敬敷书院每月官师二课本月初二日为藩宪汤小秋方伯课士之期题为有所不足不敢不勉至不愿乎其位赋得暮春之初得初字五言八韵

——申报馆:月课试题,《申报》,1900年04月17日,第2版,第9697期.

四、人事

复陈心泉观察

叶云岩参将来甯接手书并敬敷书院课艺二十部收到而正月杪尊函亦于三月二十三始到驿站迟延比已饬司查究书院二月课期已过相距路远俟七八月再由敝处出题一课可也新举人李魁第王钟会试川资各三十两当饬金陵善后局觅便寄至尊处转给该家属具领弟在安庆多年愧未与书院士子讲求修身力学之事并未至院招进诸生诲晤一二次而来示谬以相许大序亦归美鄙人读之秪增惭悚刻艺略观十数首大抵说理欲精审题欲细犹存先正风格前明及国朝诸老工制艺者皆以说理审题为重故作文与作人之道不分为二事自后风会屡变此调久已不弹而阁下与璞庵兄独笃守而不渝又得雨农兄崇尚雅正殷殷化导遂令此编独标清真典型未坠涵濡日久皖中当有学道之儒喟然兴起跂望何穷弟顷赴下游巡视瓜洲一带江防并勘盐务改栈情形比已旋省沿途二麦茂美据云可望十分收成皖境之麦计亦可卜丰收尤为殷盼豫捻已入齐境折而南趋徐邳里下河俱形喫重先经札调镇防之树字六营前赴清江六安之铭盛等军移防徐州淮扬水师亦经扼驻淮浦当可遏御寇氛闽中之贼经各路援军东南北三面会剿该逆将由西路窜入粤边贵省防务当可日松粤境毗连江楚犹多后虑耳

——[清]曾国藩著,李鸿章编,《曾文正公书札》,卷二十九,清光绪二年传忠书局刻增修本.

复朱久香学使

顷诵惠书敬谂按试盱眙兴居康胜二世兄奉旨留馆罗世兄亦得庶常阁下与

椒生大农师生皆为当代名卿皆有喆嗣接武蓬瀛亦佳话也侍初八日行柸清江本拟步队到齐即赴徐郡叠闻留防皖南各军索饷滋闹力筹拨银镇抚又闻发捻麇集皖北雉河蒙亳一片贼气十分危急飞檄刘铭传由济甯周盛波由徐州先后南援并调黄军门翼升亲率水师驶赴临淮国藩亦于廿三日自清江启行由洪湖进驻临淮俟皖事稍纾再赴徐州言战言守须数月后规画大定乃有把握前此航海北援者系贵门下藩道鼎新一军比因直隶兵力尽敷分布奏调该军回驻济甯矣马队将领颇难得人少荃之弟幼泉似堪胜训练之任其带队冲锋者尚须另选骁将容徐谋之陈镇国瑞虽无异志然毁者十七誉者十三言人人殊赓堂方伯书来称其可用因奏明归于河南调遣少村中丞又奏释回张学醇以监护之或可一收其用张牧应翔谨已存记凡阁下奖许之人类多佳士计芾村顷已携之同来惟倪豹岑以祖母笃老未克从来侍思所以位置而不可得欲荐主敬敷书院一席不知尊见以为可否皖中尚多先达而鲁翁重听槐翁语似于讲席不甚相宜岵存服阕当可出山此外辈行稍近者俱不深知如豹岑足孚乡望即当与阁下合函推荐

——[清]曾国藩著，李鸿章编，《曾文正公书札》，卷二十九，清光绪二年传忠书局刻增修本.

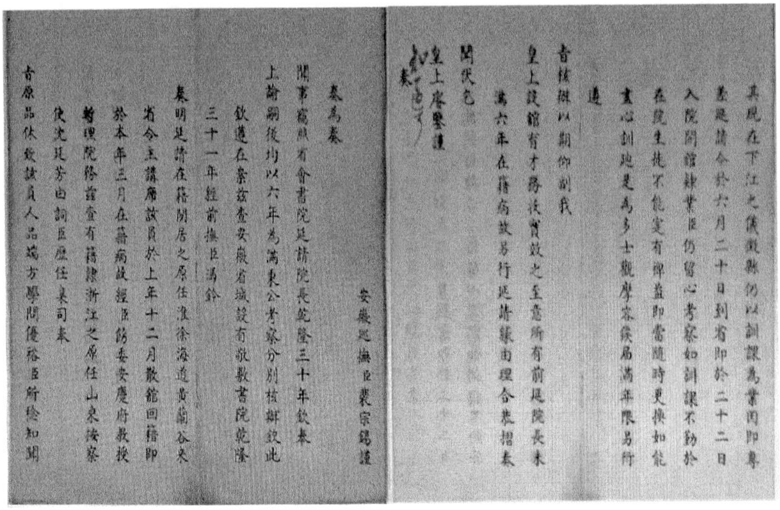
安徽巡撫臣裴宗錫謹
奏為奏
聞事竊照省會書院延請院長乾隆三十年欽奉
上諭嗣後均以六年為滿秉公考察分別核擬欽此
欽遵在案茲查安徽省城設有敬敷書院乾隆
三十一年經前撫臣馮鈐
奏明延請在籍閑居之原任淮徐海道黄蘭谷來
省令主講席該員於上年十二月散館回籍即
於本年三月在籍病故經臣飭委安慶府教授
暫理院務茲查有籍隸浙江之原任山東按察
使沈廷芳由詞臣歷任臬司奉
旨原品休致該員人品端方學問優裕臣所稔知
其現在下江之候[illegible]仍以訓課為業因即專
差延請令於六月二十日到省即於二十二日
入院開館肄業臣仍留心考察如訓課不勤於
在院生徒不能實有裨益即當隨時更換如能
盡心訓迪足為多士觀摩容俟屆滿年限另行
遵
旨核擬以期仰副我
皇上設館育才務敦實效之至意所有前延院長未
滿六年在籍病故另行延請緣由理合恭摺奏
聞伏乞
皇上睿鑒謹
奏

正文：

奏安徽巡抚臣裴宗锡谨奏

为奏闻事窃照省会书院延请院长乾隆三十年钦奉上谕嗣后均以六年为满秉公考察分别核办钦此钦遵在案兹查安徽省城设有敬敷书院乾隆三十一年经前抚臣冯钤奏明延请在籍闲居之原任淮徐海道黄兰谷来省令主讲席该员于上年十二月散馆回籍即于本年三月在籍病故经臣饬委安庆府教授暂理院务兹查有籍隶浙江之原任山东按察使沉廷芳由词臣历任臬司奉旨原品休致该员人品端方学问优裕臣所稔知闻其现在下江之仪徵县仍以训课为业因即专差延请令于六月二十日到省即于二十二日入院开馆肄业臣仍留心考察如训课不勤于在院生徒不能寔有裨益即当随时更换如能尽心训迪是为多士观摩容俟届满年限另行遵旨核办以期仰副我皇上设馆育才务收实效之至意所有前延院长未满六年在籍病故另行延请缘由理合恭折奏闻伏乞皇上睿鉴谨奏

——第一历史档案馆，档案号:04-01-38-0138-034，安徽巡抚裴宗锡，乾隆三十六年七月初二日，《奏为安省敬敷书院院长黄兰谷在籍病故另延山东臬司沈廷芳充任事》.

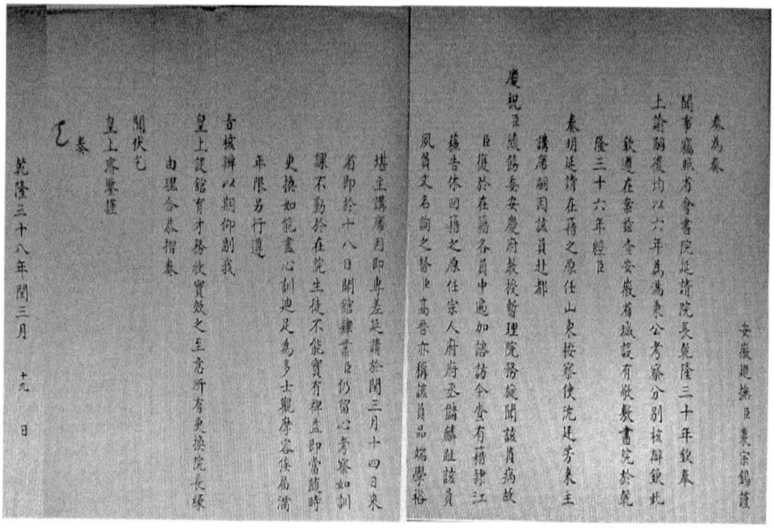
安徽巡撫臣裴宗錫謹
奏為奏
聞事竊照省會書院延請院長乾隆三十年欽奉
上諭嗣後均以六年為滿秉公考察分別核辦欽此
欽遵在案茲查安徽省城設有敬敷書院於乾
隆三十六年經臣
奏明延請在籍之原任山東按察使沈廷芳來主
講席嗣因該員赴都
慶祝臣隨飭委安慶府教授暫理院務旋聞該員病故
臣復於在籍各員中逾加諮訪今查有籍隸江
蘇告休回籍之原任宗人府府丞儲麟趾該員
夙負文名詢之督臣高晉亦稱該員品端學裕
堪主講席因即專差延請於閏三月十四日來
省即於十八日開館肄業臣仍留心考察如訓
課不勤於在院生徒不能實有裨益即當隨時
更換如能盡心訓迪足為多士觀摩容俟屆滿
年限另行遵
旨核辦以期仰副我
皇上設館育才務收實效之至意所有更換院長緣
由理合恭摺奏
聞伏乞
皇上睿鑒謹
奏
乾隆三十八年閏三月 十九 日

正文：

安徽巡抚臣裴宗锡谨奏

为奏闻事窃照省会书院延请院长乾隆三十年钦奉上谕嗣后均以六年为满

秉公考察分别核办钦此钦遵在案兹查安徽省诚设有敬敷书院于乾隆三十六年经臣奏明延请在籍之原任山东按察使沈廷芳来主讲席嗣因该员赴都庆祝臣随饬委安庆府教授暂理院务旋闻该员病故臣复于在籍各员中遍加谘访今查有籍隶江苏告休回籍之原任宗人府府丞储麟趾该员夙负文名询之督臣高晋亦称该员品端学裕堪主讲席因即专差延请于闰三月十四日来省即于十八日开馆肄业臣仍留心考察如训课不勤于在院生徒不能实有裨益即当随时更换如能尽心训迪足为多士观摩容俟届满年限另行遵旨核办以期仰副我皇上设馆育才务收实效之至意所有更换院长缘由理合恭折奏闻伏乞皇上睿鉴谨奏

乾隆三十八年闰三月十九日

——第一历史档案馆，档案号：04-01-12-0157-015，安徽巡抚裴宗锡，乾隆三十八年闰月三月十九日，《奏为省城敬敷书院延请原宗人府府丞储麟趾为主讲席事》。

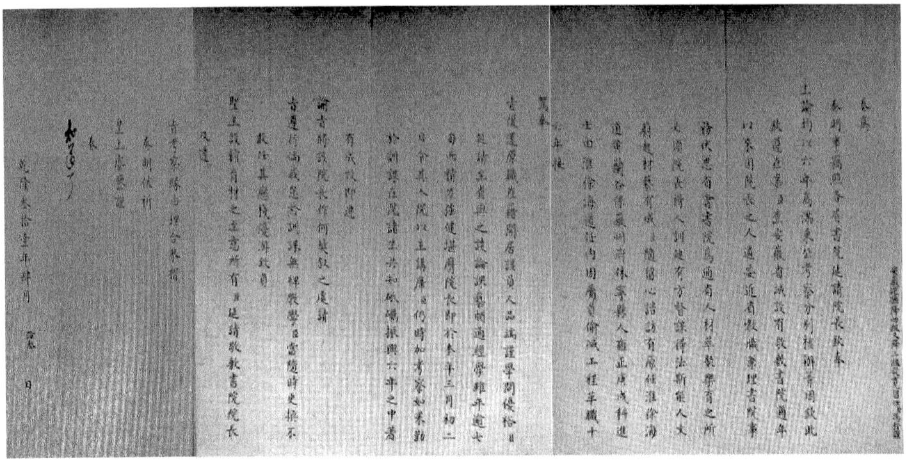

正文：

安徽巡抚降四级又降三级从宽留任臣冯钤谨奏

为奏明事窃照各省书院延请院长钦奉上谕均以六年为满秉公考察分别核办等因钦此钦遵在案臣查安徽省城设有敬敷书院迩年以来因院长乏人遴委近省教职兼理书院事务伏思省会书院为通省人才萃聚乐育之所必须院长得人训迪有方督课得法斯能人文蔚起材艺有成臣随留心谘访有原任淮徐海道黄兰谷

系徽州府休宁县人雍正庚戌科进士由淮徐海道任内因属员偷减工程革职十六年接驾奉旨复还原职在籍闲居该员人品端谨学问优裕臣延请至省与之谈论课艺颇通经学虽年逾七旬而精力强健堪膺院长即于本年三月初二日令其入院以主讲席臣仍时加考察如果勤于训课在院诸生共知砥砺振兴六年之中著有成效即遵谕旨将该院长作何奖叙之处请旨遵行倘或怠于训课无裨教学臣当随时更换不敢任其恋栈优游致负圣主设馆育材之至意所有臣延请敬敷书院院长及遵旨考察缘由理合恭折奏明伏祈皇上睿鉴谨奏

——第一历史档案馆，档案号：04-01-12-0118-086 安徽巡抚冯钤乾隆三十一年四月十三日。《奏为延请黄兰谷入主敬敷书院院长及遵旨考察事》.

李秉衡片再臣维国家之治乱紧乎人心而风俗之转移关乎教化士大夫不知崇礼义重廉耻则习尚波靡驯至无礼无学而祸乱以兴其有本身作则卓然为方正有道之望者宜崇奖之以励薄俗兹查有三品封职前刑部学习主事安徽宿松县知县孙葆田、山东荣成县进士由主事改就知县历任合肥县知县抑强扶弱有两汉循吏风规光绪十五年乞假修墓开缺回籍前抚臣张曜延聘主讲尚志书院已越六年躬行仁义不求闻达其教士以立身为本不规词章之末出具门者率多尊闻行知有所表见于世以之振浮式靡师表人偷洵无愧色相应吁恳恩施以示优异查有五品衔前直隶枣强县知县方宗诚经安徽学政臣贵恒保奏奉旨赏加五品卿衔又安徽敬敷书院山长庶吉士崔澄由安徽巡抚臣沈秉成保奏奉旨赏加五品卿衔在案今孙葆田已得有三品封职应如何优加奖叙以资观感之处出自逾格鸿慈非臣下所敢擅请谨附片具奏伏乞圣鉴训示谨奏奉硃批另有旨钦此

——申报馆：光绪二十一年五月初二日京报全录，《申报》，1895年6月2日，第7版，第7943期.

皖垣敬敷书院定例无论客籍本籍举贡生监皆准报名与考昔时每月所取前列者俱准住院读书后因名次日增院中出息甚微不敷膏火遂重定章程每年正月分由抚宪课、二月分由藩宪课、三月分由臬宪课轮至府课后复归抚宪课试额定二百名若正月未能录取者以后皆不收考甄别时按名发给蛋糕四两钱十四文宪

恩不可谓不优矣今正开考诸生共八百馀名某书经收课卷所有蛋糕钱文一律吞没饬人送返已家诸生向之阻止某书不肯诸生遂将其饱以老拳并撳入污泥之内书无奈哀泣求饶始释之去

——申报馆：书吏被窘，《申报》，1886年3月11日，第2版，第4632期．

被参有由　庐州府方太守连轸与合肥县县丞余肇度为聂中丞奏参一并革职查太守绾安庆府篆几及五载其幕友如段云轩孝廉宾客如周漱泉广文皆极一时之选惟敬敷书院肄业生朱某凤阳人素行不端夤缘入幕专与周段诸君为仇及至庐州其禀揭合肥县之处皆由朱某一人作祟以致累及太守云

——大公报馆：中外近事·安徽，《大公报》（天津版），1902年8月17日，第3版，第62期．

五、人物

诏公酌保皖抚。安庆复后，公至省城，招徕士人，修葺敬敷书院，每月按期课试，校阅文艺，其优等者捐廉以奖之。于嘉惠寒士之中，寓识拔才俊之意。皖中人士，莫不感奋。公札司道设立善后局，安抚遗黎，清查保甲，刊发《劝诫浅语》十六条。分设谷米局及制造火药子弹各局，委员司之。又设内军械所，制造洋枪洋炮，广储军实。委员查核民田，分别荒熟。其已垦者，暂令按亩出钱四百文，以助军饷，谓之抵征。除日，派忠义局委员协同街团绅士施放钱米，以赈饥民。

——［清］黎庶昌修，曾文正公年谱，卷七「辛酉」咸丰十一年，公五十一岁．

被其裁成者甚衆年五十後親歿赴京就中書職僅四年[illegible]
[illegible]皖撫陶公澍與玫雅故創脩安徽通志聘玫纂脩並請主
講敬敷書院時全椒縣志失脩久玫先爲搜采文獻成書若
干卷惜刊版未竟經粵亂原本失傳邑有故家子金某幼時
羈棲道院貧甚玫一見奇之卒延譽而教誨成名家居年八
十重遊泮水逾數年卒所著詩文多散失春燈謎詞曲至今
士人猶傳誦之
薛金臺字近泉嘉慶間舉人邃于經史與弟耀鑫同治三[illegible]
[illegible]老弗倦著有周官注疏撮要近泉詩稿子泰雞字虞尊[illegible]
生亦能文尤精天文推步之學

精博三校順天鄉闈薦拔多成名臣著有北䜩詩文集文正
公嘗爲序以行世
王承序字振裘嘉慶間舉人善讀書周禮爾雅皆有評點著
有詩文駢體各集同時副榜郭士松字雙峰工文詞才名[illegible]
甚著有雙峰文鈔貢生馮科掄著有煮字軒詩鈔又朱沛[illegible]
句容訓導以詩名陽湖洪亮吉傷知己賦極稱之
韓玫字文玉號春泉本黟縣人先世以避仇寓全椒久遂[illegible]
籍年方逾冠文譽播東南嘉慶間成進士授內閣中書乞[illegible]
歸性至孝親病瀝指血書佛經數卷祈禱卻病四方邀入[illegible]
賓者幣聘頻至皆不赴省黟縣祖墓主其地講席數年後[illegible]

正文:

韩玫字文玉号春泉本黟县人先世以避仇寓全椒久遂注籍年方逾冠文誉播东南嘉庆间成进士授内阁中书乞养归性至孝亲病沥指血书佛经数卷祈祷却病四方邀入幕宾者币(聘)频至皆不赴省黟县祖墓主其地讲席数年后进被其裁成者甚众年五十后亲殁赴京就中书职仅四年即归皖抚陶公澍与玫雅故创修安徽通志聘玫纂修并请主讲敬敷书院时全椒县志失修久玫先为搜采文献成书若干卷惜刊版未竟经粤乱原本失传邑有故家子金某幼时羁栖道院贫甚玫一见奇之卒延誉而教诲成名家居年八十重游泮水逾数年卒所著诗文多散失春灯谜词曲至今士人犹传诵之

——史部集成·历史地理与方志·方志典籍·各地县志·安徽·全椒县志(成文影民国九年刻本)·卷十·人物志一·文苑.

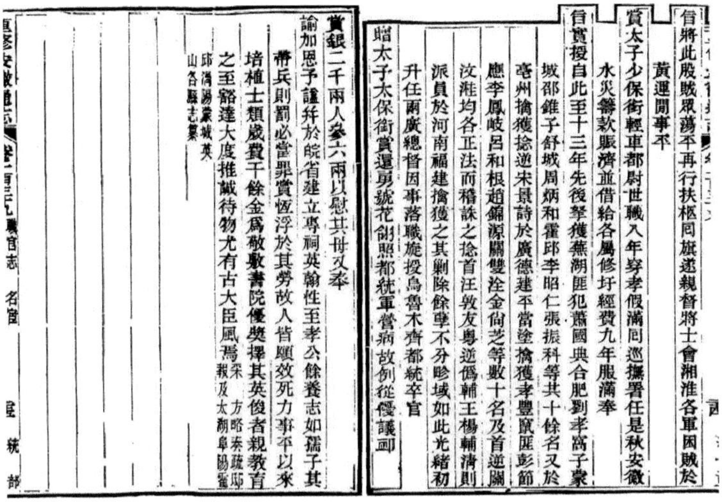
旨將此股賊衆蕩平再行扶柩回旗遂親督將士會湘淮各軍困賊於
黃運閒事平
賞太子少保銜輕車都尉世職八年穿孝假滿回巡撫署任是秋安徽
水災籌款賑濟並借給各屬修圩經費九年服滿奉
旨實授自此至十三年先後拏獲蕪湖匪犯蕭國典合肥劉孝窩子蒙
城邵錐子舒城周炳和霍邱李昭仁張振科等共十餘名又於
亳州擒獲捻逆宋景詩於廣德建平當塗擒獲孝豐竄匪彭節
應李鳳岐呂和根趙錦源關雙泉金尚芝等數十名及首逆關
汶淮均各正法而稽誅之捻首汪敦友粵逆僞輔王楊輔清則
派員於河南福建擒獲之其剷除餘孽不分畛域如此光緒初
升任兩廣總督因事落職旋授烏魯木齊都統卒官
贈太子太保銜賞還勇號花翎照都統軍營病故例從優議卹
賞銀二千兩人參六兩以慰其母又奉
諭加恩予諡并於皖省建立專祠英翰性至孝公餘養志如孺子其
帶兵則罰必當罪賞恆浮於其勞故人皆願效死力事平以來
培植士類歲費千餘金爲敬敷書院優獎擇其英俊者親教育
之至豁達大度推誠待物尤有古大臣風焉采方略奏疏邸報及太湖阜陽霍邱渦陽蒙城英山各縣志纂

正文：

旨将此股贼众荡平再行扶柩回旗遂亲督将士会湘淮各军困贼于黄运闲事平赏太子少保衔轻车都尉世职八年穿孝假满回巡抚署任是秋安徽水灾筹款赈济并借给各属修圩经费九年服满奉旨实授自此至十三年先后拿获芜湖匪犯萧国典合肥刘孝窝子蒙城邵锥子舒城周炳和霍邱李昭仁张振科等共十馀名又于亳州擒获捻逆宋景诗于广德建平当涂擒获孝丰窜匪彭节应李凤岐吕和根赵锦源关双泉金尚芝等数十名及首逆关汶淮均各正法而稽诛之捻首汪敦友粤逆伪辅王杨辅清则派员于河南福建擒获之其剷除余孽不分畛域如此光绪初升任两广总督因事落职旋授乌鲁木齐都统卒官赠太子太保衔赏还勇号花翎照都统军营病故例从优议恤赏银二千两人参六两以慰其母又奉谕加恩予谥并于皖自建立专祠英翰性至孝公余养志如孺子其带兵则罚必当罪赏恒浮于其劳故人皆愿效死力事平以来培植士(类)岁费千余金为敬敷书院优奖择其英俊者亲教育之至豁达大度推诚待物尤有古大臣风焉〔采方略奏疏邸报及太湖阜阳霍邱涡阳蒙城英山各县志纂〕

——史部集成·历史地理与方志·方志典籍·通志总志·清·何绍基·重修安徽通志(光绪刻本)·卷一百三十九·职官志·名宦〔三〕·统部.

因粵匪之亂輯經武彙纂書成而卒望江縣志
江爾維字季持懷甯舉人工詩爲桐城姚鼐所賞陳世鎔取其
七峯詩稿二卷及汪之順梅湖集余鵬飛歙江光閣詩鈔合刻
之爲皖江三家爾維有兄六人四曰景綬字復齋六曰景紱字
學圃皆有文名懷甯縣志
姚漣字錦堂桐城增生嘗拾遺劵百金還其人著有經義拾遺
及古文漱泉詩草桐城縣志
趙文元字殿南太湖舉人家貧耆學古文出入李翱孫樵兩家
詩以唐賢爲根柢著有峼瞻詩文集太湖縣志
李振鏞字樅亭太湖進士授編修嘉慶二十三年
仁宗再詣
盛京祇謁
重修安徽通志 卷二百二十三人物志 文苑 七 安慶府

正文：

李振庸字枞亭太湖进士授编修嘉庆二十三年

仁宗再诣盛京祗谒祖陵礼成振庸重排千字文为千言颂以献上嘉赏之历御史给事中中书向无俸米以振庸条奏得食半俸道光中乞假归主讲敬敷书院后进多所裁成《太湖县志》

——史部集成·历史地理与方志·方志典籍·通志总志·清·何绍基·重修安徽通志(光绪刻本)·卷二百二十三·人物志·文苑〔二〕·安庆府.

夜巡行園土中聽鐘動始返冰索索滿身也所讞爰書
當於法而止以念母請假歸環堵依然饘粥不繼海上
富人有喪持五百金請往護視吉士笑不應其人持金
去曉家人曰吾豈不知留金可佐衣食顧三百年來世
守遺訓不可一日辱先人之名其操履如此性孝友母
疾露禱北辰兄弟同居至老彌篤學者稱爲孝潔先生
婁志
唐班字晚野上海人居四竈雍正二年進士選山東鄒
平縣以母老呈改教職選鳳陽教授時泰安相國趙公
撫皖延主敬敷書院遵朱子白鹿遺規訓士士風翕然

正文：

唐班字晚野上海人居四灶雍正二年进士选山东邹平县以母老呈改教职选凤阳教授时泰安相国赵公抚皖延主敬敷书院遵朱子白鹿遗规训士士风翕然终养服阕补池州教授两届计典以卓异荐力辞旋告归颜其斋曰诵耘处键户授经从游者不下四五百人学者称螟溪先生卒年八十一子曰驭字羲伯邑增生次承华季芬自有传《南汇志》

——史部集成·历史地理与方志·方志典籍·州志府志·松江府志(嘉庆二十二年明伦堂刻本)·卷五十九·古今人传十一·国朝.

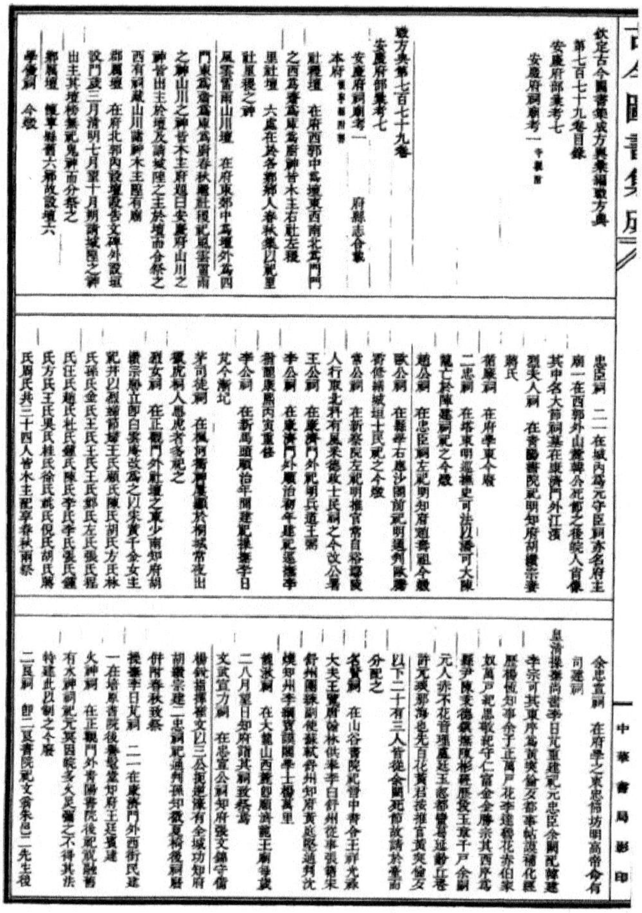
欽定古今圖書集成方輿彙編職方典
第七百七十九卷目錄
安慶府部彙考七
安慶府祠廟考一
職方典第七百七十九卷
安慶府部彙考七
安慶府祠廟考一　府縣志合載
本府
社稷壇　在府西郭中爲壇東西南北爲門門之西爲齋爲庫爲廚神皆木主右社左稷
里社壇　六處在懷各鄉鄉人春秋集以祀里社里稷之神
風雲雷雨山川壇　在府東郭中爲壇外爲四門東爲齋爲庫爲廚春秋繼社稷祀風雲雷雨之神山川之神皆木主府題曰安慶府山川之神皆出主於壇及請城隍之主於壇而合祭之西有祠藏山川諸神木主臨有廟
郡厲壇　在府北郭內設壇設告文碑外設垣設門歲三月清明七月望十月朔請城隍之神出主其壇祭無祀鬼神而分祭之
邑厲壇　懷寧縣有六鄉故設壇六
學會祠　今廢

正文:

操抚李日芃祠　二一在康济门外西街民建一在培原书院后誉髦堂知府王廷宾建

——子部集成·类书集成·古今图书集成·方舆彙编·职方典·第七百七十九卷·安庆府部汇考七·安庆府祠庙考一◇府县志合载.

正文:

光绪朝,于荫霖为皖藩时,省城敬敷书院为寒士肄业之所。于集诸生于堂前,娓娓陈说,多身心性命语,并命诸生于读书馀暇,作杂志、日记各一本。定期赴堂校阅,按簿翻览,无一遗者。某生日记簿内,有"时已夕阳在山"等语,斥其过文，谓宜以时刻为记。又有某生杂志簿内，于宋儒语录，登记颇详，于极嘉尚，提作高才生。突问之曰：“‘明德’二字作何解？”某生迟疑不能对。于详为解说，至千馀言。

——子部集成·类书集成·清稗类钞·清·徐珂(1869—1928)·清稗类钞(zhbc.1984)·教育类，标题：于荫霖演讲于敬敷书院.

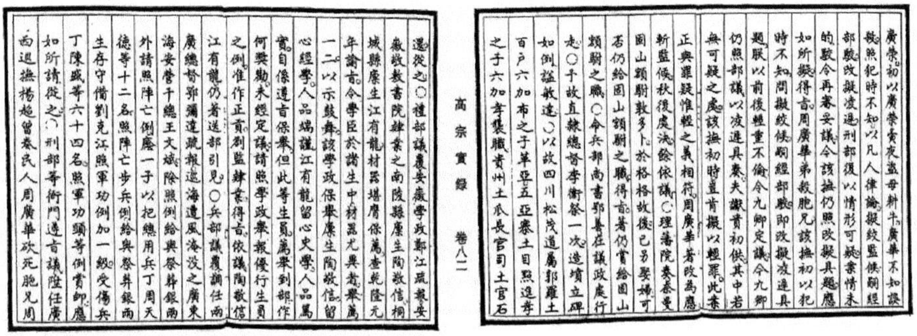
還從之○禮部議覆安徽學政鄭江疏報安
徽敬敷書院肄業之南陵縣廩生陶敬信桐
城縣廩生江有龍材器堪膺保薦查乾隆元
年諭旨令學臣於諸生中材器尤異者舉薦
一二以示鼓舞該學政保舉廩生陶敬信留
心經學人品端謹江有龍留心史學人品篤
實自係遵旨保舉但此等生員薦舉到部作
何獎勸未經定議請照學政舉報優行生員
之例准作正貢劄監肄業得旨依議陶敬信
江有龍仍著送部引見○兵部議覆調任兩
廣總督鄂彌達疏報巡海遭風淹沒之廣東
海安營千總王文斌除照例給與祭葬銀兩
外請照陣亡例廕一子以把總用兵丁周天
德等十二名照陣亡步兵例給與祭葬銀兩
生存守備劉克江照軍功例加一級受傷兵
丁陳盛等六十四名照軍功頭等例賞卹應
如所請從之○刑部等衙門遵旨議陞任廣
西巡撫楊超曾奏民人周廣華砍死胞兄周

高宗實錄　卷八二

廣榮初以廣榮黄夜盜母耕牛廣華不知誤
毆照犯時不知以凡人律論擬絞監候嗣經
部駁改擬凌遲刑部復以情形可疑案情未
的駁令再審妥議令該撫仍照改擬具題應
如所擬得旨周廣華弟毆胞兄該撫初以犯
時不知問擬絞候嗣經部駁即改擬凌遲具
題朕以前後輕重不倫令九卿定議今九卿
仍照部議以凌遲具奏夫讞貴初供其中若
無可疑之處該撫初時豈肯擬以輕罪此案
正與罪疑惟輕之義相符周廣華著改為應
斬監候秋後處決餘依議○理藩院奏恭受
圖山額駙敦多卜於格格故後已另娶婦可
否仍給圖山額駙之職得旨著仍賞給圖山
額駙之職○命兵部尚書鄂善在議政處行
走○予故直隸總督李衛祭一次造墳立碑
如例謚敏達○以故四川松茂道屬郭羅土
百戶六加布之子革亞五亞寨土目點進孝
之子六加孝襲職貴州土爪長官司土官石

二九四

正文：

礼部议覆安徽学政郑江疏报。安徽敬敷书院肄业之南陵县廪生陶敬信，桐城县廪生江有龙，材器堪膺保荐。查乾隆元年谕旨，令学臣于诸生中，材器尤异者，举荐一二，以示鼓舞。该学政保举廪生陶敬信，留心经学，人品端谨；江有龙留心史学，人品笃实。自系遵旨保举，但此等生员，荐举到部作何奖劝，未经定议。请照学政举报优行生员之例，准作正贡，札监肄业。得旨，依议。陶敬信、江有龙，仍著送部引见。

——史部集成·编年通鉴·清·清实录·高宗纯皇帝实录(乾隆实录影本.zhbc.1985)·卷之八十二.

乾隆三年議准查各學政舉薦書院優生到部其作何獎勵之
處向來未有成例今據安徽學政鄭江將敬敷書院內生員陶
敬信江有龍二名舉薦具題應照學政彙題通省優生之例廪
增生准作歲貢附生准作監生俱到監肄業等因奉
旨依議陶敬信江有龍仍著送部引見
靑陽書院在懷甯縣余忠宣公廟內祀元余闕昔忠宣戰守之
暇率諸生講性命之學戰士揖甲以聽故建今廟猶存

正文:

乾隆三年议准查各学政举荐书院优生到部其作何奖励之处向来未有成例今据安徽学政郑江将敬敷书院内生员陶敬信江有龙二名举荐具题应照学政汇题通省优生之例廪增生准作岁贡附生准作监生俱到监肄业等因奉旨依议陶敬信江有龙仍著送部引见

——史部集成·历史地理与方志·方志典籍·通志总志·清·何绍基·重修安徽通志(光绪刻本)·卷九十二·学校志·书院〔义学附〕.

沈秉成片再据调署安庆府知府王汝详该府属绅士赵鸿等联名禀□翰林院庶吉士崔澄系安徽太湖县人品行端方学问渊粹平时取与不苟处家庭间出以至诚乡党称其孝友读书融会大意期裨实用抱道自重淡泊为怀由光绪内子科进士改庶吉士后乞假回籍未考散馆志在陶冶后生掌教安庆省城敬敷书院于今五年课士论文以发明经训为主肄业诸生受其益而膺乡榜者不下数十人其为教尤先器识重伦常崇官黜华允足为士林楷范禀由该府详请奏奖前来臣维振兴学术责在师儒士习民风转移攸□崔澄躬主讲席学粹品端诱掖有方裁成后进臣所闻见实与所禀相符核其笃行清修洵为士民所矜式似宜予以甄叙为观感兴起之资合

无仰恳天恩俯准将在籍翰林院庶吉士崔澄给予五品卿衔以示优异而昭激劝臣为风世□□起儿谨会同两江总督臣刘坤一安徽学政臣吴鲁附片具陈伏乞圣鉴训示谨奏奉硃批著照所请该部知道钦此

——申报馆：光绪十八年二月廿二日京报全录，《申报》，1892年03月30日，第14版，第6800期.

前通政使司浙江瑞安县人黄漱兰大银台现经皖省大宪聘定明年主讲省垣敬敷书院并将院宇加大以便春风化雨宏奖通儒月前大银台特从珂里泛棹来皖相度规制旋由于方伯荫霖札调现当芜湖关查船委员娄午峰少尹回省监造袁观察以少尹现办查船事务不能立刻委员庖代是以禀请稍缓月余将经手事宜一一清理然后给咨催返省垣九月十八日大银台由皖省附招商局江孚轮船言旋珂里道经鸠水观察亲诣轮舟拜会畅叙移时

——申报馆：皖省教育，《申报》，1896年11月10日，第3版，第8466期.

六、旧址

旧址部分照片

全国重点文物保护单位
安徽大学红楼
及敬敷书院旧址
国务院二〇一三年三月公布
安徽省人民政府立

敬敷書院

七、文艺

陈文肃公事略

公讳大受字占咸号可斋湖南祁阳人父彩好施与屡出粟赈饥梦神授绯衣儿遂生公儿时行仆市中逸马群至止焉人以为异性沈敏强记初授内则即退习其仪既长家益贫躬耕山麓同舍渔者每夜出捕鱼公为候门读书不辍雍正七年以拔贡举顺天乡试十一年成进士选庶吉士乾隆元年授编修二年上御乾清宫亲试翰詹诸臣日午御座以待公章最先成奏焉上喜列第一迁侍读累擢左庶子侍读学士晋少詹事三年迁内阁学士典试浙江四年授吏部右侍郎充经筵讲官三礼馆副总裁寻授安徽巡抚初视事剖决疑案老吏骇其精敏庐凤颍等府素称盗薮地方吏多讳匿或事主隐忍不报致蠹役表里为奸公抵任后勒限严缉一月中获盗五十人得旨褒美会淮南北存饥发仓谷赈之谷且盖乃令于麦熟地买麦又分籴于江广且发且储六年寿宿水无麦乃食民以所买籴者时连岁饥民多窃米麦以食有司以盗论公哀其情奏原六十余人高阜斜坡不宜稻麦前总督郝公玉麟携闽产早稻一种曰畲粟性宜燥无烦浸灌公教民试种有秋因遣购数十石分给各属化无用之田为有用事闻手敕报曰诸凡如此留心甚慰朕怀虞山陈进士祖范邃经学公延主敬敷书院且疏荐得旨加司业衔异数也是年调抚江苏常镇太水灾公粜仓谷疏沟渠筑圩岸修庐舍殣饿殍请缓今年征水退恐遗蝗种乃募民先冬掘之官为收买疏入上嘉奖传谕直隶总督高公斌照所奏办理七年淮海徐下田积水不可以麦民有草食者公按□各假二月粮上命截江广漕米七万石赈之句容之黄堰坝灌田八千亩郭西塘灌数百顷岁久尽淤乃贷社谷俾民以工就食水利复而民不饥秋河决古沟再决石林高宝兴泰徐州罹其患公疏闻上命截漕米协济银谷至数百万乃多备牾至是调云贵督抚公疏言云贵极边重任二臣恐不能和衷请切加训饬上韪其言十六年请裁广东肇高学政从之疏言海康遂溪等县堤遇坍塌应抢修刻不容缓若必待详占事已无及不若令民随时自修遇重工另奏官办报闻八月以病乞解任温诏慰留术几薨年五十遗疏入谕称其才品优长精明勤滇命入祀贤良祠以奖贤劳予三代封诰荫一子赐祭二坛谥文肃公器宇端严每正视眉目皆上起丰髯有威朝廷倚为重

臣清节见推海内微时极贫父母生母皆不及養故虽贵愈自刻苦俭约如布衣时事长兄尽恭能曲承其意与人既合则不爱其力而于亲故尤甚性坦夷无城府不为矫激之行亦不淟涊随俗尝及方侍郎之门望溪集中多与公往还尺牍所言皆吏疵民痴深以汤文正期公谓足继其武公尝言历事多而利害明则受病即在此望溪叹为名论谓可为庸庸者之药石云子辉祖由任子累官广西湖北河南巡抚擢浙闽总督兼管浙江巡抚事坐籍没王亶望任所资财以银易金且隐匿玉器逮问赐自尽

——[清]李元度《国朝先正事略》卷十七清同治刻本.

池春堂赋藁自序

咸丰壬子之春超万自闽南引疾归一年矣逢蒋慰亭中丞李蔼如方伯张玉田廉访同年嘉会士林增课经古以超万为识涂老马招入敬敷书院不敢以荒芜辞回思少壮砚耕教人时艺之法必以次第为先经古何独不然赋者古诗之流文选以此居首其次第有脉络可寻也窃谓为学无次第则本末倒置施政无次第则缓急失宜行军无次第则少出奇之谋而无破竹之势凡有措画胥莫能违而文章顿挫抑扬之神开合变化之妙全在乎此爰搜旧稿并伯仲联床之作得赋二十四首同人怂恿付梓非敢为多士式亦与共质云尔

——[清]桂超万《惇裕堂文集》卷二清同治五年刻惇裕堂全集本.

创建培原书院碑

吕崇烈

粤稽昊天生民。若有恒性，而繁庶不无气禀之拘，赖克绥。厥犹之明哲助上帝以启迪。唐虞专咨司徒契以修五品，而礼乐分。咨夷夔九官之命，教居其三，即皋陶司刑，亦日弼教诲训，谆复不倦。中有出类之材，又为群萃而养育。三代盛时率遵斯典，是故大道之明也，千载有真儒，而大道之行也，百世多善治。周衰陵替，宣尼躬上圣之资删述炳然。秦汉以降，绝学榛芜。有宋五纬集于奎壁，濂、洛、关、闽之儒出。倡明正学而书院蔚兴，四海景从。嗣是元儒赵俊、姚枢、许衡、吴澄表正于朝;许谦、黄泽、何基、金履祥修明于下。而道脉浸,昌明兴。薛河东有推陷廓清之功,新会,馀姚继起阐微,而敬斋、心斋、近溪、龙溪、甘泉,念庵诸君子切劘不倦。斯时士习淳古,民风丕变。自明季以来,科举之习炽。学者沉溺于功利,泛滥于辞章。甚至高明之流,剽二氏以自诩。顽钝鲜耻之徒,诋道学为迂儒。虽庠序如林,而圣人格致、诚正、穷理、尽性之业,毕世罕见,无惑乎人心日底于漓,而世道迭趋于乱也!

培原李公以蒙杰无待之器,际国家景运方新之时,奉圣天子简命,控制江左,建牙皖国。军旅之际,嘉惠儒林者,如建学场诸类,未可更仆数焉!每于虎帐中韬钤与六籍同研。慨然念圣人仁义中正之理若大路,然而多士不务讲,贯日习雕虫之技,以希进身,是假正谊明道之日,而实行计功谋利之私也。良以离索寡陋学之不讲故耳。爰是进有司谋曰:"书缺简落,大道湮郁,吾甚悯焉!昔蜀、粤推鲁地,文翁、韩愈一风厉即为彬郁,况兹皖方正博闻者济济,吾欲设燕间,访求儒雅,劝学讲义,为我成之。"即相与卜度于上庠之东隙,背枕龙岳、面襟江流,特建培原书院。乃资二千余金,聚材鸠工,绳直黾正。乃作正门三楹。厥门端正严丽。中构讲堂五楹,厥堂深广爽垲,名曰"礼让",位师席,列钟鼓,备俎豆千戚之容。后竖楼五楹,厥楼四望远厂,名曰"经正",贮经史以备宏览。堂左右东西各七楹,为号舍。楼后东西各九楹,为六斋,翼翼绵绵,俾诸士息静温习于其间。楼后,为祠五楹,名曰"宗儒",中立木主,祀濂溪、明道、伊川、横渠、紫阳五先生,以皖理学名宦及皖诸名儒配焉。祠后列二楹,实培原先生与诸士鼓箧横经辩志观摩地,累石为山,庭草交翠,间则与诸士游艺任天。复置学田,如买怀宁生员汪之顺、潜山生员玉自锐等田。其诸生四时禀饩区划周详尽制无余。方落成,适余奉使东粤,还星轺过皖,顾瞻斯院,深庆吾道主盟之有人也。

郡邑属余以纪,余一言以正告皖多士曰:"大司马中丞立书院教尔等,意可云厚矣!彼为王朝九列元臣将鳃鳃焉,冀尔等朝夕勤文,谓仅致身通显乎,抑欲尔等学颜子之所学,志伊尹之所志乎?江河行地,日月经天,此心此理炯然万古如一日。诸士能入孝出悌,格物致知,见性知天,忘言断虑,秉朱程之规矩,尊孔孟之芳模。慎独以收治平,中和以臻位育,良知昭彻体用合源,再见希天希圣之学。庶不负大司马中丞教育之至意。诸士勖哉!

是役也,协理经营者,郡伯王讳廷宾,而董其成者,则司理黄讳敬玑,怀邑侯贾讳庄。并列贞珉,以示来学。

注:辑自清康熙六十年《安庆府志》,民国《怀宁县志》亦有记。培原书院为清顺治时操江巡抚都御史李日芃(音朋)捐款所建。因李日芃号培原,故以其号命之。后改名为敬敷书院。是安庆城书院历史最长、影响最大的书院。碑不存。

吕崇烈,清代安邑(属山西,治所在今运城东北安邑城)人。宇伯。明进士,清初任翰林弘文院检讨,升礼部左侍郎,兼秘书院侍读。少从曹养继讲学,以程朱理学为己任。在自己书房门上写有"庆见"二字,学者称见斋先生。

——安庆市地方志编纂委员会编,《安庆市志》,北京:方志出版社,1997版,第1904—1905页.

方望豁先生与陈文肃公手简跋

右望豁先生致陈文肃公手札九通又附鄂刚烈公二札文肃公相高庙为时名臣扬历中外尊主庇民勋猷烜赫在人耳目抚皖时两值水灾仓贮米九十余万石赈恤用之殆尽民忘其洪流之方割也既而垦硗确濬沟渠储粟大饶肃清江盗延陈见复司业主讲敬敷书院士知治经皆政之大者移抚江苏厘正斛口官吏不能浮?又严革奢侈之习抚闽则禁开上竿塘十四岛使利归贫民裁台湾拨运虚额定官庄租数至今利赖余吴人而承乏皖闽两省虽相去已七八十载而询及前事人犹有能言之者按鄂为公会试座主而望豁先生则公所师事也今观诸札师弟之间谆谆以道义相勗犹见道南上蔡遗风使人肃然起敬公曾孙练江大令属题其后先君子出德大宗伯文庄公门文庄为公干隆丁巳所得士余出相国朱文正公门文正为公干隆戊辰所得士两世渊源尤以附名卷末为幸练江今日所尹者公之故治所抚字者公之遗民也憬瞻先烈能勿勉旃

——[清]孙尔准《泰云堂集》卷二,清道光刻本.

诰封朝议大夫王涵斋先生墓志铭

乾隆庚戌余主会试榜发得无锡王生寰廷试引见分发江西以知县用生来谒曰寰有父年九十余矣寰将乞终养又曰寰有叔父年八十与吾父杖几相从乡人皆

称仁山斋两先生岿然二老也是秋余奉命抚皖时则寰之从兄侍御宽方主讲敬敷书院相得甚欢及冬侍御告归余留之嘅然曰吾弟舍禄仕而归养安有违八旬老父而馆于千里之外者哉吾将授徒乡里以娱二老可矣余以其辞义甚正不可固留惘然送之行又羡其两世孝友不可及也今年夏侍御来皖请铭乃叹老成先后凋谢尤可感也案状公讳千仞字启丹晚号涵斋先世本江西裘姓明初有名升字思裘者后于王始迁无锡遂为王氏世家考讳绳曾雍正庚戌进士历扬州江宁二府儒学教授配顾恭人生二子长仁山先生公其仲也为诸生有声诸钜公皆待以国士以经义教授弟子尤长于诗所著有诗比义述若干卷与伯兄齐名老于南北闱者三十年及侍御昆季先后成进士人以为二老穷经绩学之报也侍御官甘肃公就养吟咏尤富及配秦恭人先逝归而与仁山先生为乡社耆宿常羊于古华梁溪闲者十余年嘉庆二年丁巳十一月十七日夜半无疾而逝年八十有九生于康熙四十八年己丑正月二十二日丑时诰封朝议大夫兵部职方司郎中加一级配秦封恭人子宽干隆丙戌进士历官兵部武选司主事员外郎职方司郎中浙江道监察御史武库司主事己亥科广西副考官甘肃狄道州知州调署秦州女一适同邑诸生秦震清孙三保谟殇保训保诚女孙二曾孙二令仪德华卜于嘉庆三年十月七日合葬于景云乡祖墓之右铭曰经之锄厥子畬古华二皓相友于壶中橘中脱屣俱千秋翀鹤盘松榆

——[清]朱珪《知足斋集》卷第五,清嘉庆刻增修本.

敬敷书院值雪

空庭残雪尚飘萧,时有栖鸦语寂寥。
久坐不知身世处,起登高阁见江潮。

——[清]姚鼐著,《惜抱轩全集》,北京:中国书社,1991年版,第422页.

刊刻敬敷书院课艺序代

安庆一府据古皖桐舒黄诸国地昔在周汉屈宋景差唐勒楚词淮南王安群臣赋无名氏庐江小吏诗文字之奇艳称千古者率出其邻郡而兹地无闻焉其文士著名史

传者宋李公麟辈数人而已地僻隘化导无人虽有奇士末由而自振也及我朝奄有区夏分安徽别为一省而以安庆府治为省城抚部藩臬首郡之太守皆驻焉其后又建立敬敷书院召诸生肄业其中延贤士大夫退居林下者为山长以主之四大吏合山长月二课抚部岁一甄别皆用意不视为文饰具由是安庆文才日迈乎前代世言我朝古文桐城有三家怀宁则诗人辈出篆隶有先秦东汉风至若帖括经义应试之辞故宜人人能之而工者不可悉数也化导有方人材遂曰盛天下风俗亦何地不可转移哉予自奉命抚安徽尤留意书院试之日辄集诸生于院署手评其文面教焉诸生既乐奉予教久之请曰书院之文不刻者七十年请公用他省例许刻而为序之予曰诺观诸生应试之辞则既已工矣其于科第可操券获矣虽然犹有进安庆东接江东孔子传易弟子曰江东轩臂子弓或曰矫子庸疵亦江东人其东南过一郡曰徽州实宋朱文公故里之二者文之源也应试之辞所从出也诸生今日盖知以屈宋景唐淮南群臣自勖矣吾愿更有志希此两邻郡先贤焉则敬敷书院者其盛岂止如今哉虽与缁林鹿洞齐名可也

——[清]管同《因寄轩文集》补遗,清道光十三年管氏刻本.

当涂顾明府之荚用许丁卯姑孰官舍诗韵作七十自述诗索京师故人和之次韵奉寄

京居鲜暇又园居一岁无因再致书自寿方知君七十尘劳应恕我粗疏宦情闲静陶彭泽家法清严华子鱼化得州民尽能咏诵声时出野人庐　官衙潇洒似家居斋榜曾教秉烛书眄柯轩额钺所书也列坐门生新闲旧上窗槐影密还疏于时设帐方惭马时主讲敬敷书院不意投竿又羡鱼一自青山挥手别清班三载玷周庐

名贤自昔此邦居往事牵连可并书瑞竹堂深人简率秀江亭古树扶疏腰支袅娜虽无伎溪水肥甘尚有鱼见山谷姑溪图跋放翁入蜀记合与使君持献寿蹉跎悔未返蓬庐

——[清]黄钺《壹斋集》卷十七,古今体诗三十七首,清咸丰九年许文深刻本.

送刘孟涂南归序

孟涂与用光同出姬传先生之门嘉庆癸亥余自里北行过安庆谒先生时往六

安未得见见孟涂留数日纵论古今意气伟然可畏时重九雨中孟涂治具邀余登大观亭还憩敬敷书院树木萧飒秋声翛然与言身世事多可感者既别去十年不相见闻孟涂游江西粤东诗古文日益进名日益盛则益以慕且畏焉今年孟涂来应京兆试落解将南旋为予言曰家贫不能不客游游则恐妨其所学今且当陟嵩华登衡岳循楚而归东揽西湖天目之秀而息影敝庐以终习先生之所传者科名之得失姑听之不介吾意也余闻其言虽悲其不遇而弥壮其志之不懈也往戊辰年余从姚伯昂编修处得先生与海峰先生书言将乞假归养益缮治古文学以诲诱后进盖先生四十三岁而乞归此其前一年书也以先生之学居京师犹患不得究心于学归数十年而始就韩欧之业若用光者其学识何敢望先生之万一而汩没于车尘马足间虽日讽文史间亦尝有所论著而以言学以致道其有愧于居肆之百工者多矣然则身累之难遣而有志之士天之爱之而卒使能成其业者其亦有数存乎其间耶或者曰古人即事即学若必绝人事而冥心息虑以求其所为道非儒者之学也是固然虽然用志不纷乃凝于神出见纷华而悦入闻道义而亦悦则子夏以为病与人事为缘而慎其所靡则固无异于居肆也余固用志纷而未能战胜者因孟涂之乐习静乃述其言以送其行既以自警且以坚孟涂之意云

——[清]陈用光《太乙舟文集》卷七,清道光二十三年孝友堂刻本.

遂园诗钞

太湖赵岵存观察畇介山先生之季子先公司铎太湖观察方为诸生以文为贽先公一见称赏刀与其兄晋生茂才俊同授业焉故事诸生举优行必岁试前先公于科试时请于学使破例补举之遂以道光辛卯贡成均乙未售京兆辛丑成进士入翰林屡司文枋侍直上书房外任知府历官广东高廉道署惠潮嘉道复署广东臬司丁内艰归服阕不出晚年主讲敬敷书院年七十卒文章经济未竟厥施可惜也观察长子子方继元与予为己酉同年庚戌朝试在都观察适充实录馆总纂辰入酉归然间一二日必抽暇至凤阳会馆视予呼予以弟所以奖掖之者颇厚不作寻常交态盖笃于师门如此予匣中存观察诗文最多其和先公消夏八律年甫二十三岁用殿试卷庄楷书之至今犹在而遂园诗钞中已删去不存遂园诗为观察自订稿取去颇严如题先分藕榭书声图本

二首今仅存一首也观察诗不名一体古作力摹李杜亦染指坡谷近体则雍容华贵风雅兼擅道旁苦李行芦包厂栈道行诸作皆语有包孕亦史亦箴太白酒楼歌奇气勃勃纸上直可把臂青莲五言如春阴云暗雷盘远势凉雨阁微阴避雨道旁僧寺云佛闲如笑客僧野不迎人送侄南归云气盛休陵物才多总累身阅天宝遗事云一红花姊妹五季葬江山藩镇之祸迄于五季皆安史肇其衅也东阿道中云乱山争返照远树带残秋郎岱山行云众泉争曲壑远树让斜阳七言如月下登大观亭云天风到树和檐铎山气留寒湿梵钟泊燕子矶云峭壁月明危石动平沙水落大江滨落花云风雨不禁缘脆质繁华太过近收场偶成云还家梦逐花胡蝶得仆人呼郭橐驼读陶隐居传云白云有幸栖真逸黄阁无才惜少微归舟望海幢寺云幢经难觅阿罗汉铃语惟闻替戾冈李邺侯云误我神仙缘富贵保人骨肉是功名寓楼望月云域中兵气销难尽乱后人才出已多剑关驿怀古云主孱甘作降王长天险轻抛蜀道难登昆明大观楼云托地愈高天更近入秋已半水先寒并超脱可诵至其题子箴家兄诗集云哀丝豪竹中年感录酒红灯旧梦过则的是名场耆旧语读之喟然矣

——[清]方濬师《蕉轩续录》卷二，清光绪刻本.

温鲁存观察七十寿序

观察鲁存温公旬宣中州之四年豫之士庶请於其邑令郡守谓公之德泽旁施民众所感悦出乎中诚而无由纪公之深仁歌咏其膏泽今年冬十一月公寿七十当以文为颂以志不忘届期称觥诸太守率属以请不谋而孚公固辞余曰君子之存心莅政其不敢自信者天理也人不见也至人之感被於(于)心不容已则人情也虽君子不能禁也余游於(于)此与公交既有年其为道义之合有不悉者乎凡公之居朝莅官其循声著迹于远近者有不悉者乎公以名进士历兵部武选职方主政常被首荐得旨以御史记名出知海州及高邮滁州事其在滁修清流关兴水利建义学至今传其继欧阳子而起者滁人言之也迁安庆太守摄安徽道芜湖关税两摄廉使篆在安庆通商慎刑爱民育才敬敷书院之士被公之风教文章品谊潜移翕起登科第者扳其群至今传其继游定夫黄山谷而起者皖人言之也况乎所任者重而被泽远如中州人士之戴公者哉僚属之请何多让焉夫余之游于此所日与聚者诸生也凡十郡之士皆择其秀而升之书院而公於(于)政事之余时与讲论古人之立身劝学念其寒者与之膏火扴炎暑棚以

荫之民之愚被公之德而不能言问其士可知士不得悉至於(于)公之侧观于诸君子今日之请可知公之德立而寿徵天穵之也理固可信也若夫被公之德而愿公寿人穵之也人情则未有穷矣诗云乐只君子遐不眉寿正谓此欤抑余闻之美成在久故君子既髦而不弛其勤即公今日谦让之谓也以公之德圣天子不次之知当必有远裨于世者余虽老当继此而为之言

——[清]陈浩《生香书屋文集》卷三,清乾隆三多斋刻本.

吴春麓先生集序

道光五年春麓先生主讲敬敷书院余以事至安庆先生召居院中出诗文数百篇属与校定时湖南邓湘皋以修志书同居三人朝夕纵言唱酬尽欢先生携两孙俱每听余议论喜而忘夜未几自闽中归里又将入都过先生家门庭肃然子孙恂恂有礼景仰前徽不能无感嗣子迪先录先生诗古文成若干卷以示展卷间昔年情景恍然在目呜呼风雅之道犹未衰也吾桐自明以来士大夫多朴厚号为守礼逮夫通学鸿才后先间出莫不尚气节敦廉耻故海内之望翕然今俗稍陵夷后进迷所趋向先生风节自持动中礼法立言陈义无不根柢先儒而尤汲汲以风俗人心为急今往矣子弟称能守其家法者必首先生家然则士大夫负文章之望将率其子弟以无败于礼度者读先生斯集其必有合也夫

——[清]姚莹《东溟文集》卷二,清中复堂全集本.

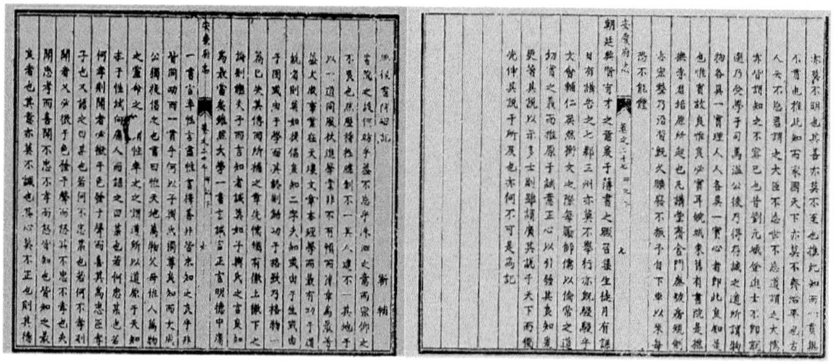

——[清]张楷纂修《安庆府志》(三十二卷),卷二十七,艺文志,四碑记下,清康熙六十年[1721]刻本.

雨中卧病时转应敬敷书院聘

漫浪闲愁不可芟醒都付枕中缄疏帘清簟卧听雨酒酽鱼肥病忍馋时有以惠泉酒醉鲥鱼远饷者事量移留代替身如匏系合空嵌三日不食会须倚杖迎江寺极目长风送远帆

——[清]黄钺《壹斋集》卷十四,古今体诗六十首,清咸丰九年许文深刻本.

再答性农书

六月间曾作覆书以家弟子敦赴辰州道路穹远因循未寄冬月初旬复得九月二十三日书无任主臣前接端州家弟子严来书知足下亦与之通问方今海内作者寥寥吾辈声应气求争相砥砺弗以山川间阻而致伤离索兹读吊姚孝廉文以素不识面之人因览遗集伟其文而悲其遇挽之以骚足下用情可谓深且至已东南坛坫微君孰与主持贱子恨不能执鞭弭以相从也梦渔客冬归广陵过从甚密兼为其太夫人作墓志春间代筹资谷俾得北上到京后时有书至迄今尚未补缺其冷况可想而知琴西竟擢方伯昨有公牍为敬敷书院征求淮南书局新刻书籍嘉惠士林令人倾倒惟曾王两中丞先后俱归道山封疆大吏此其铮铮者天胡厄之不留以撑持大局耶息柯困处永州闻之更为于邑十年老盐官卜居肥上欲归不得近则诗癖之外更有文癖前云二百余首今又倍之去年所箸梦园丛说内篇先已刊成乞大雅指疵是幸凌子与久闻其名暇当访之昨王益吾太史典试江右过此句留旬日云有续编东华录之举将以活字板印行传世亟从臾之其诗笔亦颇近杜苏跳脱奔放不堕庸俗贵同年俞荫甫侨居吴门著作日富今年尺一往还曾为作书曲园记后并小浮梅记此亦当代通儒也未审足下与两君交谊何若重劳垂注用布前函再缀数行敬讯起居不具

——[清]方濬颐《二知轩文存》卷十八,清光绪四年刻本.

赠敬敷书院掌教喻太史澂湖同年二首

途中花鸟笑人忙百子山前又谢装春色江城浑似画兰言风雨极难忘昨宵幸接将军幕今日重登大雅堂握手更谆文字约啼莺求友在垂杨

悠然风度擅西清多士祁祁绛帐盈玉尺量才标四术槐阴成市驻双旌时常大中丞临院课士披云自愧风尘色入座还叨翰墨荣春雨皖公山色里公门桃李更峥嵘

——[清]项樟《玉山诗钞》卷四,清乾隆二十六年项成龙等刻本.

赠赵岵存前辈

皖公山下拥皋比君主讲敬敷书院道貌丰腴老不衰悬腕夜窗书细字踏歌江岸有新诗婿乡共仰沙堤筑谓李少泉爵相子舍荣刀金匮司谓喆嗣子芳吉士天与优游闲岁月叩门来补祝厘词君今年六十有一　身无仙骨堕尘凡何日重携白木镵顾我迁延犹上坂羡君勇退早回帆驯鸥本已忘机虑驽马终须脱辔衔且喜残年风雪里笋香足解渭川馋君一见即订二十三日招饮

——[清]方濬颐《二知轩诗续钞》卷七,清同治刻本.

重订姚先生四书文选

学莫先于穷经四子书穷经者之所首务也国家取士沿前朝旧制以四书文觇学者之蕴蓄其初为之者阐经训之旨归参儒先之讲贯上则可以成一家言与前朝之作者相抗次亦铿锵陶冶时时见古人之情状而行之既久习尚渐替士子猎其末而忘其本乃仅取得科第之文以转相摹仿其有能进求先辈之义法而不囿于卑近者已翘然负其异于众矣若更由是而进求于经史之贯串将以穷经为致用之本其才固未易数数觏也姚姬传先生主讲敬敷书院时尝病乎是因为选四书文自隆万以及国朝约二百余首以为士子读是足矣不必更求附益但当进求之经史以深其蕴蓄此诚荀卿子所谓接人用枻之苦心也用光奉命来视浙学乃重订是选以与浙中士子相讲习盖近人亦多言穷经矣然惟考订字句训诂之异同而不求大义学使

者之训士又往往刊行试牍以示之趋向昔孙文定总理成均时诲学者云学求心得将以明体而达用若胪举先儒之成说虽五经纷纶不足以言穷经也以试牍训士又与取得科第之文以为摹仿者无异余不乐为是故视学闽中亦惟刊行陆清献公一隅集而不刊试牍今之为此刻亦犹是刊一隅集之意也姚先生所以训士与清献同条而共贯学者苟以是为蒿矢而进求之经史百家之言则为人为学由博返约之功可渐以次第语之矣刻既成乃申其说以为之序云

——[清]陈用光《太乙舟文集》卷六,清道光二十三年孝友堂刻本.

主讲敬敷书院重登大观亭

卅年回旧梦高会聚文星陶文毅公聘修通志鹤发饶谁黑龙山为我青江流黄石捍皖国白门屏所愿长安堵从容讲六经时楚氛告警皖有戒心

——[清]桂超万《养浩斋诗稿》续稿卷三,清同治五年刻惇裕堂全集本.

安庆敬敷书院按月各宪轮流月课外每年由抚宪考取四季经古本月十五日抚宪福中丞补行上年冬季经古题照禄于后陆剑南夜读了翁遗文有感赋以吾曹千载世论百年为韵赋得梦中夺得松亭关得关字五言八韵李二曲顾亭林学术异同论三朝北盟会编书后

——申报馆:皖水涛声,《申报》,1895年6月22日,第2版,第7963期.

八、变迁

纪安庆学堂　聂仲芳中丞与司道议定以省城求是书院改为大学堂以敬敷书院改为武备学堂因前建之武备学堂逼近抚署规模狭隘不足以容名士也大学堂总理总教习闻已延定孙稚筠观察传杍孙少鼎主政传奭主政已先来皖该堂提调王大令健所定章程所用员司主政均不谓然遂托词他故揣回里门而各府州县

挑送之高才生皆旅居客邸托钵无门学堂迄无开课的期奈何

——大公报馆:中外近事·安徽,《大公报》(天津版),1902年6月21日,第3版,第5期.

附设农业学堂　日前有翰林院编修赵曾重等禀准聂抚将红门栅从前敬敷书院旧址建造大学堂而于现在省学堂内附设农工商医实业学堂规模既可完备经费亦较节省惟尚需耗费四万七八千两之钜

前禀并未议及聂中丞已谕两司及总办刘道赶速筹款

——大公报馆:中外近事·安徽,《大公报》(天津版),1903年7月12日,第2版,第379期.

安庆访事人云皖省大宪自奉振兴学堂之谕　除将求是学堂改为大学堂外复于今春就敬敷书院故址建造高等学堂委员督同都料匠估计经费银四万八千两经营数月迄未告竣而欵已一扫而空因禀乞抚宪诚果泉中丞筹拨数千金俾赶紧将工告竣

——申报馆:安庆访事人云,《申报》,1904年11月25日,第2版,第11355期.

书院落成　安省本有敬敷书院因基址狭隘于北门外重为改建时越一载工程始竣计正房二进及东西两廊有房一百余间每房床铺掉凳器具皆备以为诸生肄业之所山长亦休息于中据云此次工程约费一万六千余金从此比舍弦歌讲求中西有用之学数年以后必有魁奇特达之士以副国家造就人才之望矣

——申报馆:书院落成,《申报》,1897年9月5日,第1版,第8760期.

学堂迁地　安庆访事人云安徽省垣北门外敬敷书院前由大宪改为皖申大学堂迩者抚宪聂仲芳大中丞以其地离城太远考察难周特饬提调某君将学生归并东门内求是学堂而以大学堂改为武备学堂旧时武备学堂则改为皖省商务局

——申报馆:学堂迁地,《申报》,1902年7月31日,第2版,第10518期.

第二编　求是学堂

一、概述

求是学堂　1897年，安徽巡抚邓华熙向清政府呈请创办学堂，拟名为求是学堂。次年在鹭鸶桥原敬敷书院旧址开办，共招收正课生、附课生93名，3年毕业。它是安徽第一所近代学堂。1901年秋，改求是学堂为求是大学堂，由各县选送2名学生共100名为正课生，另设附课生120名。此为安徽高等教育之始。1902年，又改名为安徽高等学堂。1906年，聘著名学者严复任监督（校长）。1912年停办。先后毕业的预科、本科、补习班、师范班学生约400人。

——安徽文史资料全书编委会编，《安徽文史资料全书·安庆卷》，合肥：安徽人民出版社，2007年版，第486页．

安徽巡抚邓华熙迫于形势，锐意改革教育。光绪二十三年（1897年），邓抚在呈请开办学堂的奏札中说："熟权时势，今之宜讲求西学，以造就人才。"其具体的理由：一是旧有书院担不起发展西学的重责；二是京、津、沪已有头等学堂，要保证他们的学生来源，各省宜办二等学堂；三是要改变当时对于西学的敷衍不实之风，必须实事求是，以使教育能够切实。他在奏札上还报定学堂名为"求是学堂"，并强调学堂既重西学的学习，尤重圣贤义理的熏陶。这很合清政府的意旨，所以他得到了"与泛言设学者有别，自应准如所请"的批复。次年，于安庆鹭鸶桥正式创办求是学堂，招收了正课生67名，附课生26名，这是安徽省兴办学校的开始，也是安庆有学校以来第一批学生。

光绪二十七年（1901年），清政府命各省成立大学堂。次年，安徽成立高等学堂，利用原求是学堂为校址（今安庆茶厂），是安徽省第一所高等学堂，比清政府正式颁布学堂章程早4年，为安庆最早的高等学堂。

光绪三十一年（1905年），废除科举，开办新学，设立学部。同年，高等学堂迁入府学宫敬敷书院旧址，由中国宣传资产阶级民主思想的先驱严复（几道）任监督（校长，后为洪思亮）；姚叔节为教务长；刘文川为学监，徐铁华（经纶，石台人）为国文教习；刘彦遐（怀宁人）为英文教习；解小云（扬州人）为算学教习；

并聘一外籍教师教音乐。设有博物、历史、地理、图画等课。在校任教的还有苏子谷(玄瑛,号曼殊,广东香山人,居士)、胡渊如(远濬)、邓绳侯(艺孙)、洪朗斋(思亮)。

求是学堂和高等学堂均设有师范班,高等学堂的东院并附设有师范讲习所。辛亥革命后,以上学堂全部停办。

——《安庆地区教育志》编辑委员会,《安庆地区教育志》,安庆:安庆市教育委员会,1996年版,第231页.

求是学堂　近代安徽第一所学校。光绪二十三年(1897),巡抚邓华熙奏设,建于鹭鸶桥(在今人民路、锡麟街交汇处)。次年开学。招正课生、附课生93人,学制3年。二十七年二月,首届学生毕业。经巡抚王之春主试,择优录取英法文学生13人,奏奖监生和八品翻译官。十月,改名大学堂。以布政使、按察使为总办。全省每县选送学生2人,计100人,为正课生。附课生120人,由原求是学堂肄业生充之,作为师范生。经费由省支应局每月支付银700两。二十八年改名安徽高等学堂,并在府学东敬敷书院旧址别建校舍,三十一年一月迁入。正课生渐扩至300人。原以藩臬两司为总办,至此另聘专职监督(校长)。三十二年(1906)严复任监督时,改为高等预科,将预科生编为5班。另设补习班,除补习中学各科课外,增开教育学等,1年毕业,三十三年从预科5班中挑选师范1班,添招预科6班。三十四年停招预科生,特设补习1班。将原招预科6班并为4班,计170余人。宣统元年(1909)始办本科1班,计12人。民国元年(1912)停办。在校本科生12人转入北京大学续读。先后毕业的预科、本科、补习班、师范班生约400余人,在堂任教的还有洪思亮、姚永概、姚永朴、胡渊如、徐铁华、刘彦遐、解小云等学者。

——安庆市地方志编纂委员会编,《安庆市志》,北京:方志出版社,1997年版,第1415—1416页.

初，巡抚邓华熙应诏陈言，请令各直省建设二等学堂，时京师、上海已设大学，由户部拨款充费并钦派大臣管理，是为头等学堂。总理衙门奏准通行，因就敬敷书院屋宇开办，并将书院书籍、产业、经费归并，名曰求是学堂，于光绪二十四年闰三月开学，是为皖省兴学之始。二十七年三月，学堂届毕业之期，经巡抚王之春考验，取英文、法文学生十三名，奏奖监生及八品翻译官，保升教习，官阶有差，一切均照原奏章程办理。

——[清]冯煦著，陈师礼总纂，《皖政辑要》，合肥：黄山书社，2005年版，第488页.

二、教务

片复吏部安徽求是学堂教员德昆不合请奖定章文(光绪三十三年正月二十七日)学部为片复事准吏部片开内阁钞出安徽巡抚恩奏求是学堂教习德昆请奖一片光绪三十二年十二月十九日奉朱批该部知道钦此钦遵到部查前政务处奏定各省学堂教员每届五年准保一次今该教习德昆是否准其请奖希即查明见复等因前来查学堂保奖教员应限定五年且以学生成就人数为衡经政务处准历经遵办在案该员德昆充当求是学堂教员兼充洋务差使三年期满经前巡保以直隶州知州遇缺即选系在新章未定以前嗣因二次三年期满递保知府因与新章不符议驳兹据咨称五年届满核与定章相符等语查定章教员请奖不但扣足五年并以学生成就人数为衡安徽求是学堂未据咨报学生毕业人数与定章年限人数兼权办法未合难以照奖至该员兼充洋务差使应否给奖由外务部核议相应先行片覆查照办理可也须至片者

——学部：片复吏部安徽求是学堂德昆不合请奖定章文，《学部官报》，1907年，第16期，第92页.

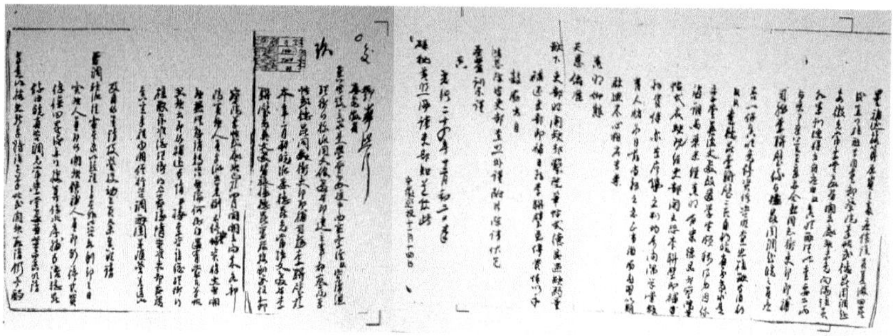

——第一历史档案馆馆藏，档案号：03-7210-021　安徽巡抚 邓华熙　光绪二十四年十一月十四日，标题：奏为都察院笔帖式德昆李联璧到皖省分充求是学堂英法教习请旨免开缺停俸事.

宫门抄

邓华熙片再安徽省会奏准设立求是学堂教授中西实学经臣咨请总理衙门拣派同文馆教习即选主事都察院笔帖式德昆同知衔吏部即补司务李联璧于本年二月到皖派委德昆充当法文教习李联璧充英文教习旋据德昆禀称接到家信知都察院笔帖式底缺已于四月间开去向史各部院实缺人员奉派出差例不停扣资俸更无开缺条理恳请转咨无论何衙门遇有蒙古笔帖式缺出即行补还等情臣据禀咨请总理衙门核办兹准总理衙门咨覆据情咨准吏部覆称奏定章程内开仅行咨调办团并随营差遣以及自行呈请投营投効之员凡未奏明请旨调往派往者在京以起程之日在外以咨文到部之日实缺人员即行开缺候补人员即行停其资俸俟回署后再行接□俸次序补等语德昆系由皖省咨调充当学堂教习并未奏明请旨是以按照新章将该员笔帖式开缺所请仍子酌量补还接算原咨之处应俟该员差满回署后再行核办等囚查都察院笔帖式德昆因调赴安徽充当学堂教习开去底缺未免向隅该员如果训迪得力自应由臣奏明办理以重要公而与吏部奏定之章亦合至同知衔吏部即补司务李联璧系与德昆同调赴皖之员应否一并奏明免停资俸咨明查照核办等因臣查德昆李联璧二员自到皖者分充求是学堂英法文教启发学生颇称得力因系咨调而来未经奏明有案德昆都察院笔帖式底缺既经吏部开去恐李联璧即补司务资俸亦在应停之列均属向隅学堂教育人材为目前当务之急正当激励教习以期启迪尽心相应专案奏明仰恳天恩俯准勅下吏部

将开缺都察院笔帖式德昆遇缺酌量补还吏部即补司务李联璧免停资俸以示鼓励出自鸿慈除咨吏部查照外谨附片陈请伏乞圣鉴训示谨奏奉原批著照所请吏部知道钦此

——申报馆:京报全录,《申报》,1899年02月26日,第12版,第9289期.

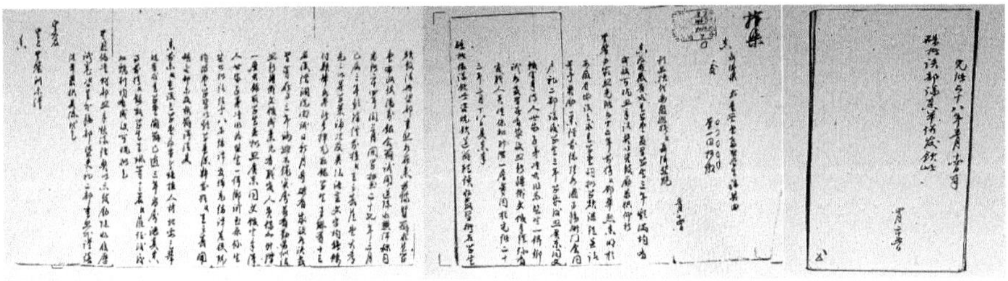

——第一历史档案馆馆藏,档案号:03-7212-007　安徽巡抚聂缉规光绪二十八年四月二十五日,标题:奏为求是学堂三年期满照章拟保教习学生请奖事.

宫门抄

头品顶戴安徽巡抚臣聂缉规跪奏为安徽省求是学堂教习学生三年期满均有成效可观照章请奖以资鼓励恭折仰祈

圣鉴事窃照光绪二十二年前换臣邓华熙奏明于安徽省城设立求是学堂酌拟学额课程并请量予奖励一案经前总理各国事务衙门会同户礼二部议覆学生三年学成后照广东同文馆定章汉人世家子弟准其作为监生一体乡试各教习著有成效照新疆俄文馆成案系有官职人员准保加升阶一层等因于光绪二十三年二月十八日具奏奉

硃批依议钦此咨皖钦遵办理续将教习衔名学生额数清册咨部查照各在案兹据督办求是学堂布政使汤寿铭会办试用道陈永懋详称自光绪二十四年闰三月开学扣至二十七年三月已届三年期满经前抚臣王之春莅堂大考先之以算学策论次及英法语言文字均能条对类举各尽所长择优取录学生王琳等十三名复经调院面试日新月异确有成效各该教习等在事三年诲迪不倦实属著有勤劳拟请照新疆俄文馆成案凡有职官人员保加升阶一层其录取学生并拟照广东同文

馆定章汉人世家子弟准作为监生一体乡试至原系生监者拟请给予八品翻译官备充翻译差使现均留堂学习以期学益深梓前抚臣王之春开缺交卸未及核办详请具奏前来臣查设立学堂为当今培植人材切要之举皖省求是学堂开办已逾三年尚属认真其事前抚臣录取学生王琳等十三名臣莅任后覆加甄别均有成效可观拟乞

圣恩俯准饬部照章核议给奖以示鼓励除将履历试卷咨呈外务部暨吏礼二部查照外谨缮清单恭折具陈伏乞

皇太后

皇上圣鉴训示谨奏奉

硃批该部议奏单并发钦此

——申报馆:光绪二十八年五月二十三日京报全录,《申报》,1902年07月12日,第12版,第10499期.

诚勳片　再安徽省求是学堂经前抚臣邓华熙于光绪二十二年　奏准设立二十四年闰三月开学参酌中西教法严定章程延聘教习分班课授并咨请前总理衙门由同文馆拣派英文正教习李联璧法文正教习德昆来皖派充教习以资臂助均于二十四年二月到皖旋即入堂任差由前抚臣督饬该教习等实心授课训迪多才于二十七年三月三年期满业经前抚臣聂缉规援照奏定章程分别奏请奖叙在案嗣由二十七年四月起加至三十年三日止又届第二次三年期满虽求是已归并高等学堂而先后授课究无二致兹据布政使联魁详请　奏奖前来奴才查骸员由京奏调来皖训课六年成效昭著堂中优等学生派往各州县充当学堂教习并由外省调翻译委员者颇不乏人自前年春季求是学堂归并高等学堂加增学生额数所授功课较前愈繁不无微劳足录合无仰恳　天恩俯准将候选同知李联璧请以知府不论双单月尽先前选用试用直隶州知州德昆请以知府仍留原省归候补班前先补用如蒙　俞允出自　逾格鸿施除钞片分咨外务部吏部查核外理合附片具陈伏乞　圣鉴训示谨奏奉朱批该部议奏钦此

——申报馆:恩准将候选同知李联璧以知府尽先前选用试用直隶州知州德昆以知府归候补班前选用片,申报,1904年09月17日,第14版,第11286期.

安庆访事人云本月初八日云贵总督崧制军附招商局江永轮船过境新任安徽巡抚王芍棠中丞命驾出南关至招商局码头寄请　圣安文武各官亦次第衣冠迎迓　本月初九日南门外江干泊有一日本兵舰次日舰中统带某君赴抚署谒见王中丞并赴各当道处拜会少选中丞即赴江干答拜　抚宪王中丞到任后讲求吏治凡前抚所委各项差委员弁勤慎从公者均加札留办求是学堂提调刘太守沛然武备学堂提调杨太守奎绶委办和州厘卡兼保甲王直刺懋勋招商文报局兼趸船总办史别驾悠祺均加札留办以资熟手日内各员已诣辕禀谢矣　本月十二日之夜钦命巡阅长江水师大臣李鉴堂星使乘某轮船莅皖抚宪王中丞及藩臬两司以下文武员弁均赴江干迎迓次晨星使命驾入城答拜随即鼓轮下驶各官致送如仪　当涂县典史杨少尉病故遗缺上宪委候补巡检陈少尹师曾署理　前月某日凤台县阚疃司巡检陈玉峰少尹因病逝世上宪札委本任蒙城县典史俞少尉寿署理　宿松县学训导欧阳广文鏟陈请终养遗缺经藩宪汤小秋方伯委试用训导龙广文春辉署理

——申报馆:皖省官场纪事,《申报》,1900年05月25日,第2版,第9735期.

安徽巡抚邓小赤大中丞度地省垣天台里起建求是学堂招□颖子弟入堂肄业此已纪诸报章者也兹得安庆采访友人来函云中丞示期三月初四日起至十二日止每日考试学生二十名旋录取三十名又据怀宁等县申送诸生示期二十日起至二十四日止每日仍考试二十名当点名时亲叩年岁籍贯令各□坐次□以茶点然　命题作文

——申报馆:续考学生,《申报》,1898年04月21日,第2版,第8984期.

三、旧址

安徽访事人来函云皖省抚宪邓大中丞以时局艰难非培植人才终难为自强之计于是在省垣先建求是学堂招生肄业嗣又在抚署东首建造武备学堂自八月

初起鸠工它材经营不暇现已一律工竣规模闳敞足壮观瞻中丞于本月初三日亲历箭道勘视一周闻已札委韩军门大武由各营拣选壮兵一千名入堂操演技艺并由南洋武备学堂内挑选学生十名以为教习闻此项兵丁所练专以跳沟踰墙等事凡入堂之兵每名加饷五钱

——申报馆:培植人才,《申报》,1898年11月25日,第2版,第9202期.

初二日署桐城县王从礼到候补知县郭集馨到由皖北牙厘局差遣回陈宗谟知奉委解甘肃饷徐景镛知交代清楚　初三日候补通到陆承镐委发审局帮审府经江祖湘巡检顾民岩唐韶典史龚思沂顾文丙以上均知奉府委秋审差　初四日望江县何恩煌□安庆卫赵匡知解漕项津贴银赴江甯　初五初六日望江县何恩煌辞即用县邓士芬候补县王懋清均销秋审点名差蓝桐光谢酌委一次曹文境销验收求是学堂工竣差刘筹销验收芜湖桥工回　初七日花翎特用知府黄家杰到引　见回委署定远县汪承祖辞指分安徽新海防试用州吏目徐兆麟到江苏人　初八初九日委办石牌厘卡府经黄应珂到指分安徽试用府经吴继珍到江苏人凤颍道请领火药委员巡检郡瑞龄到何庆云辞奉县委查桐怀圩工典史张西城谢禀行知请补铜陵县典史

——申报馆:学堂工竣,《申报》,1901年05月30日,第9版,第10097期.

三月二十七八日同知衔拣选知县梁昌骏指分安徽试用巡检邓均到湖南人蓝和光到由合肥阅卷回直隶州同薛念祖辞赴太平府阅卷府经王槐森到解有河饷回　二十九日皖南营务处乔联宾辞行芜湖升平保甲巡检徐之□辞候补知县陈守先辞委解饷银赴行在府经孙毓嵩知接查东门内街道差　四月初一日委署怀远县汪大奎署建德县张廷权均辞候补知县曹文□知奉抚宪委验收求是学堂工竣吏目福荫奉宪详咨过班遇缺先补用

——申报馆:皖省官报,《申报》,1901年05月28日,第9版,第10095期.

第三编　安徽师范学堂

一、概述

安徽省立师范学堂　清光绪三十二年(1906)安徽巡抚恩铭遵照学部命令,于安庆府试院创办。次年3月开学,学生皆由各县输送,经甄试,录取270名,分6个班。按提学使沈增植意见,挑选3个好班为优级师范预科,并分班学习史地科、物化科、博物科,2年毕业,为中学教师;其余3班改为简易科,计划1年毕业,改任小学教师(后改为2年毕业)。另附有尚志中学和高等小学,作为学生教学实习学堂。1909年改名为安徽优级师范学堂,时称"龙门师范"。1911年监督(校长)为桐城姚永概,聘有日本学者西山荣久、正植太郎,主讲教育学、心理学和理化课程。1926年秋停办。次年合并到省立第一中学。

——陈基余、赵培根主编,《安徽大辞典》,上海:上海辞书出版社,1992年版,第341页.

安徽全省师范学堂　光绪三十二年(1906)秋,巡抚恩铭奉学部令就安庆试院改建。三十三年二月开学。首批学生由各县选送,录取272人。分6班,其中初级简易科3班,1年毕业;优级选科预备科3班,2年毕业。后因省高等学堂师范班毕业百余人,缓解各校师资短缺,简易科亦改2年毕业。次年冬,6班同时毕业。简易科毕业生分任小学教员。预科毕业生升入历史地理、物理化学、博物3选科继续学习,学制2年。宣统三年(1911)改名安徽优级师范学堂,学生160人,监督姚永概,并聘日本学者西山荣久、正植太郎任教。先后毕业生近千人。附设学堂2所:一是高等小学堂,一是藏书楼的尚志学堂。民国元年(1912)改为省立第一师范学校。

女子师范学堂　宣统元年(1909)吴季白创办,设风节井街西(今行署西)。民国元年(1912)迁址百花亭巡警学堂旧址。同年秋,改为省立第一女子师范学校。

——安庆市地方志编集委员会编,《安庆市志》,北京:方志出版社,1997年版,第1417页.

省立师范学堂：1906年秋就安庆府原有试院改建。由提学使沈曾植从全省生员中择优录取新生，次年2月正式开学。初办时设优级选科预备班、简易科，学生272名，共6个班，学制2年。简易科毕业后派往小学任教，预备班学生按各自程度，分别进入选科继续深造。1911年改为省立优级师范学堂，世称“龙门师范”。1926年秋停办，次年合并到省立第一中学。

——安庆市政协文史资料委员会，安庆文史资料编辑部编，《安庆文史资料·教育史料专辑》，北京：中国文史出版社，2000年版，第4页．

《师范学堂定章》分优、初两级。优级以造就初级师范及中学堂之教员、管理员为宗旨。学科分三节：曰公共科，凡初入学之学生均须学习，一年毕业；曰分类科，科分四类，三年毕业；曰加习科，分类科毕业而自愿留堂一年者习焉。此外，并得审察各地中学堂何项教员缺乏，酌设选科及专修科。其选科学科二：一预料，一年毕业；一本科，二年毕业。初级师范拟派充小学堂教员者入之，以习普通学外并讲明教授管理之法为宗旨。毕业年限完全科五年，简易科一年或二年。省城公共师范学堂光绪三十三年始行开办，视上下两江，此为后矣。当三十二年巡抚恩铭准学部电开：方今振兴教育，以小学堂为基础，而教员亟须养成，故师范尤要，应即迅将省城师范名额尽力推广，等因。于是有克日兴设之议，就安庆府原有试院改建校舍，开办及常年经费由土药项下拨支，当饬办理。学务处布政使冯煦悉心筹议，以为师范学堂例应招考中学毕业生升人肄业，惟现在中学毕业尚无其人，惟有通行各属出示招考，并暂定简章、招考格式。正在经营缔造间，适署提学使沈曾植履任，该堂落成，爰就各属送考各生甄留二百七十二名，于是年二月开学。又以各属小学次第设立，欲图教育普及，非迅速养成师资不为功。如概设优级学科，毕业须时，实有缓不济急之势。议定学生分六班，以三班入初级简易科，以三班入优级选科之预备简易科，期以一年毕业。旋因高等学堂挑习师范生先后毕业计一百余人，足资急用，简易科改定二年毕业，与预科同，庶造诣益深而教才益备。三十四年六班同时毕业，其简易科毕业诸生陆续派往各属充当小学教员，至预科毕业诸生则按其程度与某学科相近者分别升入第二、第三、第四类选科，二年毕业。嗣后接办优级完全师范，并将四类一律设齐，初级师范初级简易科责成各府直隶州、各州县筹办，不另设。所有学堂中一切组织列表如左。

<table>
<tr><td colspan="2">校地及建筑</td><td>就省城内龙门口地方安庆府试院改造，一切布置均系新绘图式，校址面积工部尺1320平方丈</td></tr>
<tr><td colspan="2">创立年月及毕业期</td><td>光绪三十三年二月开学，分简易科、预科、选科，均定四学期毕业</td></tr>
<tr><td rowspan="7">课目及每星期钟点</td><td>学生名额</td><td>300</td></tr>
<tr><td>简易科</td><td>伦理1　国文1　算术8　地理4　历史4　物理2　化学2　博物2　图画1　英文6　音乐1　体操3</td></tr>
<tr><td>预科</td><td>伦理1　国文1　算术8　地理4　历史4　物理2　化学2　博物2　图画1　英文6　音乐1　体操3</td></tr>
<tr><td>选科（本科通习）</td><td>伦理2　心理2　论理1　英文6　体操2</td></tr>
<tr><td>历史、地理科</td><td>历史9　地理8　法制经济2</td></tr>
<tr><td>物理、化学科</td><td>化学7　数学15　图画1</td></tr>
<tr><td>博物科</td><td>动物5　植物5　地质矿物2　实验4　图画1　物理2　化学2　数学2</td></tr>
<tr><td colspan="2">经费</td><td>每年42000两由土药项下支领</td></tr>
</table>

附说：

右表据光绪三十四年《学务杂志》列入每科仅有科目，授业时间未及备载。爰取该堂宣统元年《一览表》补之，时日微有不同，课程或无大异。至《优级师范定章》应设附属学堂，该堂附属学堂二：一尚志中学，一高级小学，以资学生实事练习于此。

附录　巡抚恩铭遵办省城师范学堂原奏

窃维要政莫重于学堂，而学堂先资乎师范。皖省师范未立前，办理学务处藩司冯煦正拟添设，上年抵任，适准学部电开：方今振兴教育，以小学堂为基础，而教员须亟养成，故师范尤要，应即迅将省城师范名额尽力推广，等因。当饬该司仍就原议之安庆府考棚即日改修，在于土药项下拨款兴造，并每年筹拨银四万二千两作为长年经费。旋据省绅公举拣选知县姚永概为监督，将所有工程经费、办法并暂定简章、招考格式，议订详明，一面鸠工庀材，一面通行各属出示招考。冬间署提学使沈曾植履任，又复饬令督催于本年正月中旬工程一律完竣。各属送考各生亦已次第到省，该提学使即于二月初旬分场考试，认真剔选，计共录取学生二百七十二名，诹吉于二月十七日开学。亲莅该堂逐加察视，屋宇整齐，教科完备，各学生恂恂于规矩之中，复面加训饬，勖以讲求根柢，贯通中西，俾可养成全才，楷模后进，借以仰副朝廷作育人材之至意。据该监学将现行章程、教授学科、各员履历及各项册式图表呈由该学司详送前来，除咨部查照外，所有师范学堂工竣开学缘由理合会同两江总督臣端方恭折具奏。

——[清]冯煦，《皖政辑要》，合肥：黄山书社 2005年版，第497—501页.

安徽优级师范学堂

光绪三十二年（1906年），安徽巡抚恩铭根据清廷学部电令，将原安庆府试院改建为安徽省立师范学堂，由省提学使沈曾植在各县选送考生中录取272名，设初级简易科3个班、优级选科预科3个班.均两年毕业。优级选科预科班毕业后，则按其程度分别升入历史地理、物理化学、博物3个选科班继续学习，四年毕业。宣统三年（1911年），省立师范学堂改为安徽省优级师范学堂，同时附设高等小学和附属中学各1所，以资学生实习。辛亥革命后，民国接办。民国15年（1926年）秋，本省军阀政府下令停办。

——安庆市地方志编纂委员会编，《安庆地区志》，合肥：黄山书社，1995年版，第929页.

清末安徽师范学堂

师范学堂系根据清政府颁布的《奏定学堂章程》设置的一种师范教育机构。1903年（光绪二十九年）至1911年（宣统三年）安徽设有省立（优级）师范学堂、徽州府紫阳师范学堂、宿州公立志成师范学堂、安庆女子师范学堂等11所。此外，各府、州、县还遵章设有简易师范科、师范传习所、实业教员讲习所、小学师范讲习所、临时小学教员养成所等师资培训机构。各师范学堂依主管和隶属关系，分省立、府立、州立、县立；按学堂和经费筹集渠道，又分官立、公立、私立(民立)。优级师范学堂培养初级师范学堂和中学堂教员，初级师范学堂培养高、初两等小学堂教员。学生入学后，享受官费待遇。学堂的正、副教员是按照规定的资格，一般由政府选派或学堂自行选聘。

安徽省立师范学堂　清末安徽培训中小学师资的学堂。1906年(光绪三十二年)就安庆府原有试院改建。同年3月开学，初办时设优级选科预备班、简易科，学生272名，共6个班，学制2年。简易科毕业后派往各属小学任教，预备班学生进入选科继续深造。附设尚志中学和1所高等小学，供教学实验。1910年(宣统二年)，改为安徽省优级师范学堂，世称“龙门师范”。1926年秋停办，次年合并到省立第一中学。

——《安徽近现代史辞典》编委会编，《安徽近现代史辞典》，北京：中国文史出版社，1990年版，第266页.

二、教务

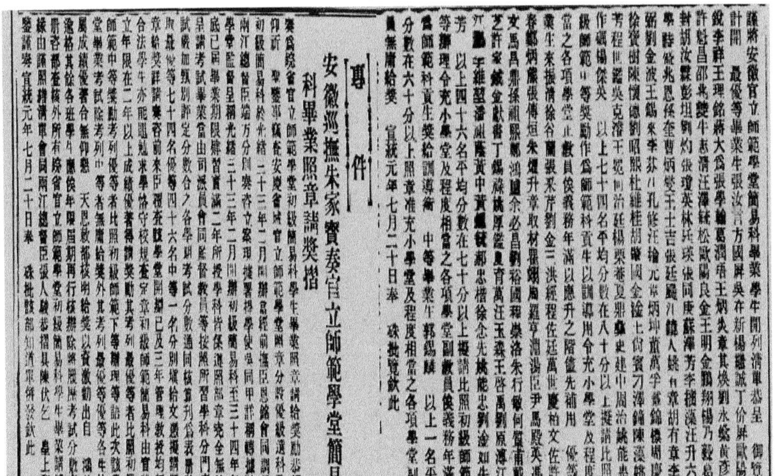

謹將安徽官立師範學堂簡易科畢業學生開列清單恭呈 御覽
計開 最優等畢業生張汝言方國屏吳存新楊繼誠丁价屏歐陽孔銳李祥王理銘蔣大爲張學綸葛潤帝王炳奐章其煥劉永燊黃彥邦許魁昌邵典璁牛志清汪澤銊松歐陽良金王明金鵬翔楊乃穀葛琴封胡汝霖彭坦劉灼張瓊英林兵琰張同庚蘇澤芳李樹藻汪升六徐學詩徐兆恩孫奎曹炳燮王士吉張廷鑾孔鏞人姚有章胡有章李五鋁劉金波王錫來李芬孔修汪綸元常炳坤蕭燕华鄭錦儀周慶餘徐寶樹陳懷德劉昭熙杜維桂胡肇國金銓七尚寶刀澤鑄陳藻姚培芳程世鑑吳克濬王鋆同治廷楊栗華夏鼎彝史建中周治姚能忠余作礪楊傑英 以上七十四名平均分數在八十分以上擬請比照初級師範中等獎勵作爲師範科貢生以訓導用令充小學堂及程度相當之各項學堂正教員俟義務年滿以應升之階儘先補用 優等畢業生朱振清徐谷蘭張釆芹劉金三洪經程佐廷萬世慶柏文佐許守春鄭炳燦張傳垣朱烜升章取材瞿炳煦羅寶淵湯臣尹馬殿英馮錦文馬昌鼎孫祖熙鄭鴻璽余必昌劉裕國程燮洛朱行敏何世甫戴睿芝許家鹹金獻書丁錫祿姚厚鑑良育萬汪玉森王啓禹劉原濤江毓沂鮑子維潘鳳藻黃中黃鑑銳鄭忠楷徐念先姚能忠劉淦如牛璐芳 以上四十六名平均分數在七十分以上擬請比照初級師範下等辦理令充小學堂及程度相當之各項學堂副教員俟義務年滿作爲師範科貢生獎給訓導銜 中等畢業生郭錫麟 以上一名平均分數在六十分以上照章准充小學堂及程度相當之各項學堂副教員無庸給獎 宣統元年七月二十日奉 硃批覽欽此

專件

安徽巡撫朱家寶奏官立師範學堂簡易科畢業照章請獎摺

奏爲皖省官立師範學堂初級簡易科學生畢業照章請給獎勵恭摺仰祈 聖鑒事竊查安慶省城官立師範學堂照章分設優級選科及初級簡易科於光緒三十二年二月開辦嗣經前撫臣恩銘會同調任兩江總督臣端方分別奏咨立案現據署提學使吳同甲詳稱據該學堂監督呈稱光緒三十三年二月開辦初級簡易科至三十四年年底已屆畢業期限肄習實滿二年所授學科皆係遵照部章毫無缺略請考試畢業當由司派員會同監督教員等按照所習學科分門考試幾加甄別評定分數合之各學期考試分數通同核算列爲表冊計取最優等七十四名優等四十六名中等一名分別填給文憑擬請照章給獎詳請奏咨前來臣覆查該學堂開辦已及三年督飭教授均稱合法學生亦能黽勉求學恪守校規查定章初級師範簡易科由官設立年限在二年以上成績優者得請獎勵其考列最優等者比照初級師範中等獎勵考列優等者比照初級師範下等辦理等語此次該學堂畢業考試除考列中等者無庸給獎外其考列最優優等各生均屬成績優者合無仰懇 天恩敕部核明給獎以資激勸出自 鴻施逾格其餘各班學生應俟年限屆期再行核辦除將履歷考試分數表冊咨部查核外所有皖省官立師範學堂初級簡易科學生畢業請獎緣由謹照繕清單會同兩江總督臣張人駿恭摺具陳伏乞 皇上聖鑒謹奏 宣統元年七月二十日奉 硃批該部知道單併發欽此

——新闻报社：安徽巡抚朱家宝奏官立师范学堂简易科毕业照章请奖摺，《新闻报》，1909年9月19日版，第26期.

复安徽巡抚赶办师范学堂电(光绪三十二年七月初八日)

安徽抚台鉴冬电悉师范为教育根本师范迟办一日中小学校教育之振兴亦迟一日亟宜从速开办一面租借房屋定期开学一面赶办工程是为至要学部庚

——学部:覆安徽巡抚赶办师范学堂电,《学部官报》,1906年,第4期,第39页.

一级目录:交涉科·卷三·合同一

师范学堂聘定日教员西山荣九合同

第一条 教授心理学、伦理学、教育学、教育史、教育制度、教授法、管理法、西史、历史、地理等科主任。

第二条 教授时间每日共五小时。

第三条 薪水每月龙洋一百六十圆,每年以十二个月计算,自贵讲师到任之月送起。

第四条 贵讲师兼任讲席翻译,用汉语教授汉文、编讲义,每月加送薪水龙洋一百圆。

第五条 贵讲师能通汉语,可免传译,故加送薪金。万一到任后内地学生初听不能明白,临时必须用助教传译,则每日时间应增为六小时,每月应于加送薪水内扣四十圆以为助教传译之费,至学生能直接听讲之时为断。

第六条 第一次到华川资送日币一百圆。所定年限满后,回国川资送日币一百圆。

第七条 贵讲师地位应遵守北京学部定章,隶属于本省提学使及本校监督、教务长之下。至任事权限及责任,惟在教授主任之学科。

第八条 约定教授时间不得无故缺席,若因疾病及其他万不得已事故,必须先得监督、教务长之认可乃可临时休讲,仍于例休日应按缺少时间出席补讲。

第九条 贵讲师因疾病及其他万不得已事故不能出席,延迟半月以上学课时,定须由贵讲师嘱托他人,由本校监督,教务长承认者代理。若贵讲师无嘱托之人,即由本校延聘他人代理亦可,但代理讲师薪水由贵讲师自行筹给,本校不另送。

第十条　贵讲师应住宿校内，在校一应供给与本国讲师得受同一之款待。其余在任医药及一切零用均归自备。

第十一条　贵讲师如携眷偕来，不得住居校内，须另自租屋舍，及器具饮食一应自备。

第十二条　合同所定年限以内，每年寒暑假休业时，贵讲师回国旅行，均可听便。但离任之日须在本校例假以后，回任之日须在本校例假以前。至川资一切，悉由贵讲师自行筹备，本校不另送。

第十三条　于约定教授学科时间，以本校监督、教务长得就约定主任学科时间随时增减分配。

第十四条　于约定时间以内，如在校授业有余时间，本校监督随时得指定他校商请拨往授业。贵讲师定须出席，不另送修。如两校距离太远，由所请之校酌送舆费。

第十五条　合同时间以外，如贵讲师欲兼任他处教授，必得本校监督、教务长之认可，乃能承应。

第十六条　合同所定年限以内，本校自应处以对于一般讲师之敬礼。贵讲师自宜热心教务，期得最良之结果，两方均不得无故辞退。

第十七条　两方如中途各有不测事变，虽在合同所定年限以内，万不得不离任时，除薪水以离任之月致送外，由本校辞退者，仍照合同年限满后回日本例，送川资日币一百圆。由讲师辞职者，不送川资。

第十八条　合同年限以内，如贵讲师有不测事变，除薪水按月截止外，再加送一月薪水以为抚恤。

第十九条　本合同限期自光绪三十三年正月起，至十二月止，共一年间。

——[清]冯煦著，《皖政辑要》，合肥：黄山书社，2005年版，第241页.

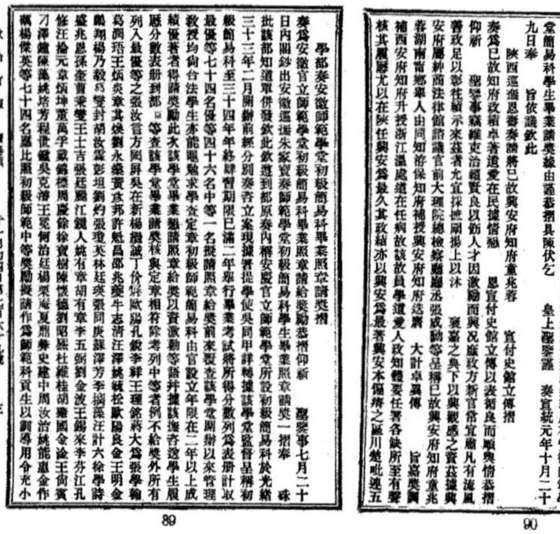

學部奏安徽師範學堂初級簡易科畢業照章請獎摺

——奏设政治官报27,台北:文海出版社,1965年版,第89—90页.

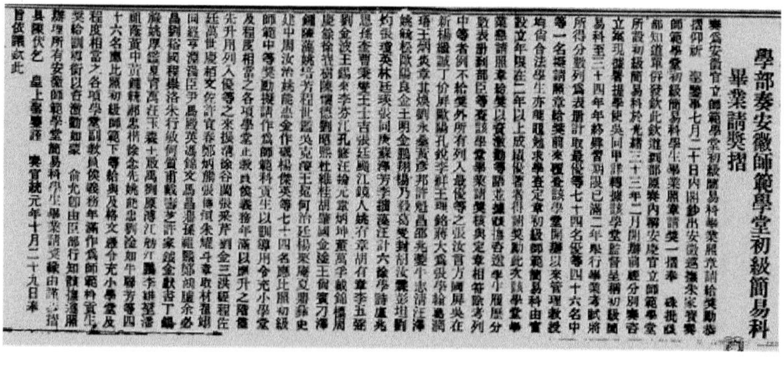

學部奏安徽師範學堂初級簡易科畢業請獎摺

奏爲安徽官立師範學堂初級簡易科畢業照章請給獎勵恭摺仰祈

——新闻报社:学部奏安徽师范学堂初级简易科毕业请奖摺,《新闻报》,1909年12月31日,第4张第1页.

咨皖抚饬司改定师范学堂选科简易科试验分数章程并规划优级初级完全科办法文(光绪三十三年七月初八日)学部为咨复事准前抚咨开本部院于光绪三十三年四月二十二日会奏师范学堂开学日期章程图表咨部立案一折钞折咨请查照等因并附送章程表册建筑图前来查该省师范学堂设选科简易科两科简易科二年毕业选科但置历史地理物理化学博物三科分预科本科四年毕业招收学生试习一学期择其年龄学力合格者入选科余入简易科是该学堂以优级选科

与初级简易科并设为养成教员以应急需起见办法自甚切要各科课程较定章加详详细课目亦尚明备惟学绩试验章程所开分数程格与本部奏定考试章程所定分数程格略有歧异应即照章改定又学绩试验章程有不及格者不得升级之文查学堂办法必逐年收取学生始有年级之可言该学堂是否逐年收取学生未经声叙而一览表所载各科学生名额都计不及三百人以目前一学堂情形论三百生徒固不为少以将来全省中小学偏设所需教员之数计之则非多为储备不能应用应由该堂预定计划并为将来递办优级初级完全科地步逐渐扩充庶有以规久远而裕师资建筑图系就考棚改修尚无不合之处相应咨复查照并转行提学使司可也须至咨者

——学部：咨皖抚饬改定师范学堂选科简易科试验分数章程并规划优级完全科办法文，《学部官报》，1907年，第30期，第161—162页.

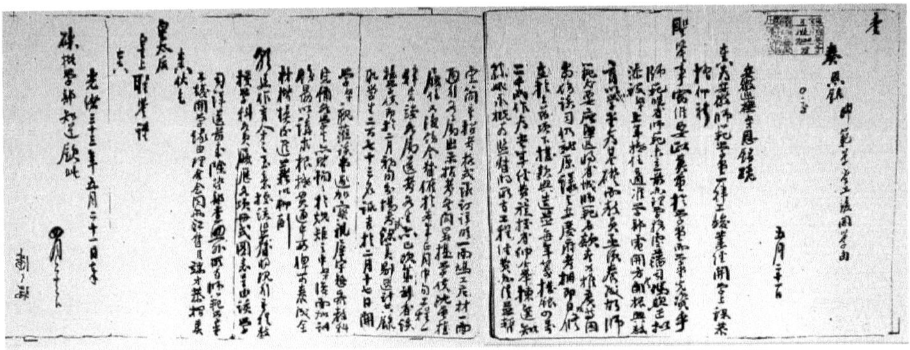

——第一历史档案馆馆藏，档案号：03-7220-078　安徽巡抚 恩铭　光绪三十二年四月二十二日，标题：奏报安徽师范学堂工竣并开学日期事.

三、人物

戴钧衡，一生致力于整理桐城前贤诗文，创办桐乡书院并亲自主持校政，登堂讲学。书院教学得人，管理有方，成绩卓著。桐舒两地士子负笈来游的有数百人。

方宗诚,年二十四,授经于友人方召卿之家。年四十一入山东布政使吴竹如之幕,讲授经学,并主讲于商河书院。后任枣强县令,治理枣强十年,设乡塾,创建敬义书院,一时枣强文风昌盛。

吴汝纶,在各地任职期间,以教育为先,锐意兴学,后曾主政莲池书院十多年,校誉日隆,四方学子纷至沓来,连日本学子中岛裁之、野口多内等人"亦踔海来请业"。他在完善传统课程教学外,还开办了东西两学堂,以传授外文及科学知识。其著名弟子有贺涛、姚永朴、姚永概、马其昶、中岛裁之、野口多内。

马其昶,1895年,授经于安庆;1897年,主讲庐江潜川书院;1902年,授经合肥李仲仙家。1904年,任桐城县公立中学堂总理八年,秉承学校创始人吴汝纶先生办学宗旨,以"养成济世人材"为己任。1908年,任安徽学部主事。民国初年,曾主安庆高等学堂。越三年,赴北京主京师法政学堂教务,民国十五年(1926)病痹还桐城。

姚永朴,年二十一,授经于湖口;年二十六,执教于天津;年三十二,执教于旅顺。光绪二十七年(1901),客游广东信宜县,受聘为起风书院山长。光绪二十九年(1903),受聘为山东高等学堂教习,后皖省高等学堂监督聘先生为伦理教习。宣统元年(1909),清学部大臣荐先生(指姚永朴)为学部咨议官;京师法政学堂监督聘先生为国文教习。1914年,先生应北京大学聘,任文科教授。1921年,先生南归,旋职掌秋浦周氏宏毅学舍教务三年。1926年秋,赴南京教授东南大学。1928年初,皖省筹建安徽大学,同年秋,聘其为教授。先生执教大学时,危坐诵说,光彩照人。诸生受其讲授,课业无不豁然贯通,造就成才者不可胜数。先生一生孜孜教学,著作也极丰富。

姚永概,1903年,桐城中学堂成立,姚永概为总监之一,又被聘为安徽高等学堂总教习。1906年,被公推为安徽师范学堂监督(校长)。1907年受命赴日本考察学制,归国后积极提倡教育革新。民国成立,严复任北京大学校长,邀姚永概任北大文科学长,1918年,徐树铮在北京创办正志学校,聘姚永概为教务长。1922年,因病南归,次年病卒。

——吴功华著,《桐城地域文化研究》,芜湖:安徽师范大学出版社,2014年版,第126—127页.

第四编　安徽省立存古学堂

一、概述

安徽存古學堂

——清末安徽新教育中之一節——

高正方

安徽存古學堂，倡議於光緒三十一年（一九〇五），並擬延中書馮其飛爲監督，後以兵變，未及實現。光緒三十四年（一九〇八）復議以程仲威主其事，以朱孔彰任經學，李詳任史學，姚永概任文學，程監督自任理學，並就文昌閣添蓋房屋三重爲校址，於宣統元年（一九〇九）正式招生開學。

該堂以「昌明舊學，保存國粹」爲宗旨。分經，史，文，理四門。在該堂畢業者，可直入大學文科。習經學者，以十三經全文，論孟，孝經，爾雅等書爲普通必修科。習完以上等書，可專修周易詩書，或三禮，或春秋三傳。習史學者，以歷朝通鑑，三通考等書爲普通必修科。餘分正史爲前四史，南北史及唐書五代史，宋遼金元四史，明史及清代掌故等爲四科。習文者以說文爲必修科。餘分富哲學性之諸子，及富文學性之楚辭，文選，等書及漢魏以來之詩文集爲二科。習理者以歷代學案學說，及宋五子以來諸大家專書爲普通必修科。又以理學以躬行實踐爲主，故不分科。

學生分正課，附課，校外生三種：本籍士子，家世清白，年在二十歲以上四十歲以下，於經史文理粗窺門徑者爲正課生。肄業他種學堂，不妨礙聽修學科，而願兼習經史文理者爲附課生。省城外各縣通信學習者爲校外生。正課生名額五十八，附課生與校外生無定額。畢業年限，多爲三年，少則五年。

招生手續，取古觀風辦法，由藩司學台衙門將試題扎知各屬，地方官出示考試。光緒三十四年該堂招生之試題如次：

存古學堂招考題

凞哲易理，莫備於繫辭文言，宋歐陽氏以爲孔子作，試舉其要者駁詰之。

書大禹謨，臯陶邁種德，德乃降，黎民懷之解。

周禮鄭註亦有不從者，以其誤於劉歆新莽，致肇安石後世亂政，試臚舉而詳說之。

春秋左氏傳，晉杜預注之前，漢註尚有幾家可探輯，無詁者輔以古義，試言編纂之例。

左傳商人弦高犒秦師，當時尚有一人遽告於鄭，見於他書。試言其姓名，俾與弦高並傳。

公羊傳何休解詁，頗有補於春秋逸事者，可考證否？

孝經鄭注，或謂卽康成，或謂鄭康成之盍恩，或謂鄭康成之孫小同，究以何者爲是？

論語漢注，不僅見於何晏集解，本朝採輯者有幾家？以何本爲最精？試詳論之。

六書轉注，說人人殊，究以何說爲最長？

說文仁義二字解。

說文六甲五龍相拘絞說。

——12——

——高正方著，安徽存古学堂，《学风》（安庆），1933年，第3卷，第3期，第12页.

二、教务

创办存古学堂之布置　安庆安徽存古学堂业已勘定东门内奎星阁左近基地鸠丁建造皖抚朱中丞以甫经创经营伊始造端宏大举凡布置事宜不免纷繁顷已照会该堂程监督力任主持以资完备

——申报馆:创办存古学堂之布置(安庆),《申报》,1910年8月20日,第3版,第13482期.

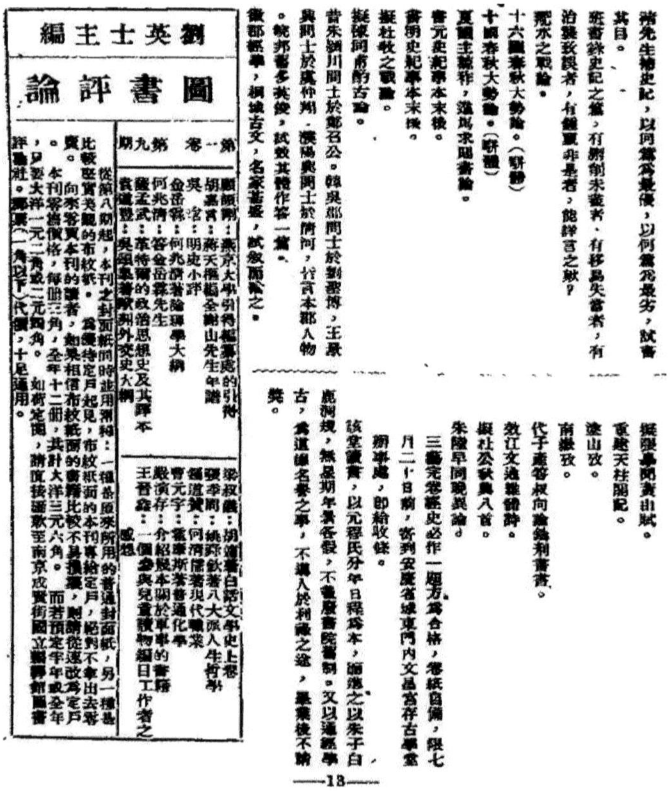

劉英士主編

圖書評論

第一卷第九期

顧頡剛：燕京大學引得編纂處的引得
胡嘉寅：蔣天樞編全謝山先生年譜
吳晗：明史小評
金岳霖：何兆清著論理學大綱
何兆清：答金岳霖先生
薩孟武：革特爾的政治思想史及其譯本
袁道豐：吳頌皋著歐洲外交史大綱
梁叔儀：胡適著白話文學史上卷
張季剛：姚舜欽著八大派人生哲學
錢道：何清儒著現代職業
曹元宇：查爾斯著普通化學
嚴演存：介紹幾本關於軍事的書籍
王晉鑫：一個參與兒童讀物編目工作者之感想

從第八期起，本刊之封面紙同時並用兩種：一種是原來所用的普通封面紙，另一種是比較堅實美觀的布紋紙。爲優待定戶起見，布紋紙面的本刊專給定戶，絕對不拿出去零賣。向來零買本刊的讀者，如果相信布紋紙面的書籍比較不易損壞，則請從速改爲定戶。本刊零售價格，每冊三角，全年十二冊，共計大洋三元六角。而若預定半年或全年，只要大洋一元二角或二元四角。如欲定閱，請直接匯款至南京成賢街國立編譯館圖書評論社。郵票（一角以下）代價，十足通用。

……先生補史記，以何篇爲最優，以何篇爲最劣，試舉其目。
班書錄史記之篇，有刪削未盡者，有移易失當者，有沿襲致誤者，有鑒裁非是者，能舉言之歟？
[illegible]水之戰論。
十六國春秋大勢論。（駢體）
十國春秋大勢論。（駢體）
夏國主稱藩，遂爲求賜書論。
書元史紀事本末後。
書明史紀事本末後。
擬杜牧之戰論。
擬陳同甫酌古論。
昔朱預川關士於鄭召公。韓吳郡關士於劉孝博，王晁與關士於虞仲翔，濮陽與關士於唐河，皆言本郡人物。皖邦舊多英俊，試效其體作答一篇。
徽郡經學，桐城古文，名家甚盛，試敘而論之。
擬張景陽賣由賦。
重建天柱閣記。
塗山攷。
南嶽攷。
代子產答叔向論鑄刑書書。
效江文通雜體詩。
擬杜公秋興八首。
朱陸早同晚異論。
三藝完卷經史必作一題方爲合格，卷紙自備，限七月二十日前，寄到安慶省城東門內文昌宮存古學堂辦事處，即給收條。
該堂讀書，以元程氏分年日程爲本，而濟之以朱子白鹿洞規，無學期年暑各假，不重書院書制。又以通經學古，爲道德名譽之事，不導入於利祿之途，畢業後不給獎。

—13—

——高正方著,存古学堂招考题,《学风》(安庆),1933年,第3卷,第3期,第12—13页.

再查存古學堂始設於湖北各省接踵繼之所以保國粹存國文集學古通今之選
寓章志貞教之思用意至爲深遠皖省籌議開辦已閲數年始有端緒玆據前署布
政使吳同甲前署提學使張其淦詳擬簡章延聘碩師就　文昌宮東偏官地建
造講堂禮堂以舊有之屋爲諸生齋舍棟宇胥沿陳式措議不改儒風藹於節費之
中寓崇儉之意所有開辦經費暫由藩庫挪借撥用俟有相當捐款卽行照數撥還
其常年經費擬於契紙契稅項下分別撥給並已於宣統二年十一月開學等情詳
請　奏咨立案前來臣覆查無異除鈔錄簡章咨部查照外謹附片具陳伏乞
聖鑒謹　奏
外務部會奏遵議各項勳章並擬訂章程摺
奏爲遵議各項勳章並擬訂章程恭摺會陳仰祈　聖鑒事宣統元年閏二月十
二日准軍機處片交軍機大臣欽奉　諭旨貝勒載濤等奏請飭擬各項勳章一
摺著外務部陸軍部會議政務處議奏等因欽此欽遵鈔交前來查原奏內稱各國

安徽官報　章奏　二　官紙印刷局排印

惟是現在欽奉　上諭縮短國會期限定於宣統五年召集所有一切籌備事宜
責成各省提前辦竣倘必待下級地方自治成立以後始辦上級地方自治誠恐宣
統四年別有應辦要政不免壅滯擬自本年十一月朔起提前接辦州縣自治選舉
前之辦法略予變通選舉後之辦法仍遵法令辦理定限宣統三年十月底次第成
立所有因被災各屬其於鎮鄉地方自治本年曾經稟准暫緩辦理者州縣地方自
治亦准酌展數月均限宣統四年上半年一律成立不得再請展緩此外亦不得援
以爲例藉示限制並對照自治籌辦處原定併辦鎮鄉自治期限清單穿插時間酌
量伸縮擬訂提前接辦州縣自治期限清單全體議決呈覆核辦玆經刷印通飭詳
請奏咨立案等情前來臣覆核無異除分咨查照外所有籌備州縣地方自治提前
辦理酌定期限各緣由理合會同兩江總督臣張人駿恭摺具陳伏乞　皇上聖
鑒訓示謹　奏
撫院朱奏存古學堂開辦經費擬暫由藩庫借款撥用等片

——章奏：抚院朱奏存古学堂开办经费拟暂由藩库借款拨用等片，《安徽官报》，1911年，四月中旬，第13—14页．

朱璘

【朱璘】　清浙江上虞人，字青岩。由貢監官武昌府同知，康熙二十七年（一六八八）署湖北驛鹽道。二十九年以平定夏逢龍兵變擢南陽府知府。首葺書院，延師教郡人子弟，從遊者數百人。據前人編年之書，成《綱鑑輯略》，又搜集明季以來文獻，續成《明紀全載》。尚著有《耐岩考史錄》。（倉修良）

【朱穆（一〇〇—一六三）】　東漢南陽宛（今屬河南）人，字公叔。歷任議郎、侍御史、冀州刺史。桓帝元嘉元年（一五一），與邊韶、崔寔、曹壽等積撰《東觀漢記》，作皇后傳，增補外戚及儒林傳，又與延篤作百官表及順帝功臣孫程、郭衆、蔡倫等傳。（李鼎芳）

【朱一新（一八四六—一八九四）】　清浙江義烏人，字蓉生，號鼎甫。光緒進士。任陝西道監察御史，上疏言海軍用人不當，又劾內侍李蓮英，降爲主事，旋乞歸。後應張之洞之聘，主講肇慶端溪書院，繼爲廣州廣雅書院山長，認爲當多事之秋，治經不如治史，故對輿地、經濟之學專心研究。著有《無邪堂答問》、《奏疏》、《詩古文詞雜著》、《京師坊巷考》、《漢書管見》、《佩弦齋文存》等。（袁英光）

【朱孔彰（一八四二—一九一九）】　江蘇蘇州人，字仲我，原名孔陽，字仲武，晚號聖和老人。光緒舉人。父駿聲，通經學、小學。少承家學。咸豐十年（一八六〇）投曾國藩幕府，留營讀書。旋襄校江南官書局。治經之餘，留心掌故。網羅咸同以來名臣將帥事迹，成《中興將帥別傳》。光緒中，劉坤一聘修《兩淮鹽法志》，馮煦聘修《鳳陽府志》，兼主淮南書局。歷任江楚編輯局、江南通志局協修等。宣統元年（一九〇九）掌教安徽存古學堂。民國後曾應清史館聘，撰傳稿數十篇。著作還有《三朝聞見錄》、《中山王徐達傳注》、《說文重文箋》、《論語孝經爾雅孟子古注彙輯》等。（周一平）

【朱次琦（一八〇七—一八八一）】　清廣東南海人，字子襄，號稚圭，人稱九江先生。道光進士。咸豐二年（一八五二），任山西襄陵知縣。旋引疾歸隱，講學九江鄉，從學者頗多。其學主平實，著有《國朝名臣言行錄》、《五史實徵錄》、《晉乘》、《國朝逸民傳》、《性學源流》等，病重時悉焚之。僅存手輯《朱氏傳芳集》、《南海九江朱氏家譜》、《燼餘集》、《橐中集》等。（胡逢祥）

【朱國禎（？—一六三二）】　明烏程（治今浙江吳興南）人，字文寧。萬曆進士。累官祭酒，謝病歸。天啓元年（一六二一）擢禮部右侍郎，未上任。三年，官禮部尚書兼東閣大學士。著有《明史概》、《大政記》、《涌幢小品》等。（袁英光）

【朱昆田】　清浙江秀水（今嘉興市）人，字文盎。朱

一三三

——明文书局编，《中国史学史辞典》，台北：明文书局，1986年版，第133页．

三、文艺

也園吏部署儒居翰目承家好不殊夢影前塵原未誤隨齋批注太模糊（是書第七卷內程木庵引前塵夢影錄程振甲一條江建䋖批注程字木庵好收藏金石案木庵名洪溥伏處不出入貲為翰林院孔目蔣生沐所稱為翰目者是也振甲字也園乾隆中進士官吏部主事為木庵之父判然兩人鞠裳據江戳疑二為一非是積翁與葉君交翁可以鄙戳昝之）

余館安慶存古學堂由沈子培吳棣軒兩提學招往辛亥八月以後留書三篋橫遭剽掠余寓書滬上皖同鄉會移問皖督作何賠償積餘觀察見余書單因以鈔本葉氏語石及閨秀詞鈔汲古閣本南北史補余所失與積翁甫論錢警石程木庵故事即踵而行之亦余兩人近日之佳話也感念今昔紀以此詩

九年飽飲建業水舒州一行老無耻竟拋書卷付豺狼廣楬零丁跡都市往歲屬兒為我求幾為皖鬼沈江流（辛亥冬月大兒壬牯帶書僕往皖覓書由太古輪船移入划艇幾墮於水）阿父累汝汝收淚存古本與今為讎沈吳致我非相靳劫後時承故人問金投虛牝寂無聲甑墮中途嬾成慍書丐平生天幸多補亡贈副為摩挲眼明宛似歸窮子招下無庸效景璲南陵舊是好事者此誼公然向傾寫贈書不藉虛山播識面曾非木庵寡密勒路作春明坊誰知戲宅託君旁我居西海君東海但覺煙霧生茫茫橫叨日餽甘嘲哂插架駢羅如束笋不將句貳薄陳湯尚遲數詒酬劉尹故舊如君好事稀孰云此道至今微（范雲詩思舊昔云有此道今已微）清常不作生存哭蒙叟休將別淚揮（余與皖人書中有毋令牧齋揮已竭之淚清常作生存之哭云云）

鄭蘇堪孝胥貽海藏樓詩賦謝

正文：

九年饱饮建业水，舒州一行老无耻。竟抛书卷付豺狼，广楬零丁迹都市。往岁属儿为我求，几为皖鬼沈江流。阿父累汝汝收泪，存古本与今为仇。沈吴致我非相靳，劫后时承故人问。金投虚牝寂无声，甑堕中途嫩成愠。书丐平生天幸多，补亡赠副为摩挲。眼明宛似归穷子，招下无庸效景瑳。南陵旧是好事者，此谊公然向倾写。赠书不藉虚山播，识面曾非木庵寡。密勒路作春明坊，谁知戤宅记君旁。我居西海君东海，但觉烟雾生茫茫。横叨日馈甘嘲哂，插架骈罗如束笋。不将丐贰薄陈汤，尚迟数诣酬刘尹。故旧如君好事稀，孰云此道至今微。清常不作生存哭，蒙叟休将别泪挥。

——集部集成·诗文总集·民国·近代诗钞·陈衍(1856—1937)·近代诗钞(商务.1923)·李详.

标题:余馆安庆存古学堂由沈子培吴棣轩两提学招往辛亥八月以后留书三簏横遭剽掠余寓书沪上皖同乡会移问皖督作何赔偿积余观察见馀书单因以钞本叶氏语石及闺秀词钞汲古阁本南北史补余所失与积翁甫论钱警石程木庵故事即踵而行之亦余两人近日之佳话也感念今昔纪以此诗

第五编　安徽公立法政学堂

一、概述

省立法政学堂　1906年12月，在姚家口原敬敷书院旧址创建，以“造就已仕人才”为目的。1908年8月扩充，比照京师大学堂法律门及日本法政速成科酌定课程，后分设正科、预科、别科及讲习科、简易科，学生共500多人。正科、别科以造就完全法政人才为主旨；讲习科、简易科则造就从政人才，以应急需。学生来源一是招考，二是各州县保送。预科学制2年，正科、别科学制3年，讲习科学制3学期，简易科为夜班讲授，学制2学期。1911年停办。

法政讲习所　1908年，皖北教育会会长李国栋牵头创办，学制8个月。经费由安徽布政使司拨款及所收学费充之。1911年停办。

法政讲习所　江苏士绅刘清远等筹办，经费由安徽布政使司拨款充之。1911年停办。

私立专门法政学堂　清末，程滨遗与光昇创办，设于平安岭张刚勇公祠。1911年停办。

——安徽文史资料全书编委会编，《安徽文史资料全书·安庆卷》，合肥：安徽人民出版社，2007年版，第486页．

官办法政学堂　光绪三十二年(1906年)，安徽巡抚恩铭根据清廷学部意见，将原培训已仕候补官员的课吏馆改办为官办法政学堂，经考试录取候补正佐官员60人。学堂校舍由旧都司署改建，委藩、学、臬三司总办事务。光绪三十三年，清廷诏令凡非正途出身、又非学堂毕业的捐纳保举、初任道府牧令丞卒佐贰各员一律入堂学习。光绪三十四年，学堂先后两次扩充，入学学生共500余人。课程分预科、正科、别科、讲习科、简易科5种。预科招收中学毕业及具有同等程度的青年学生，两年毕业后升入正科；正科分政治、法律两门，三年毕业；别科则招收具有中学程度的举贡生监、以及本省、外省实缺候补人员，三年毕业；讲习科招收本省实缺候补人员及本省州县保送的士绅，经考试合格者，学习一年半毕业；简易科为夜班，以方便未进入讲习科的在职官员进堂学习。另在士绅中,凡学行纯笃、乡望素孚者,经学堂同意亦可入学,一年毕业。以上各科教学均参照京师大学堂法律门(专业)及日本法政建成科开设课程,酌情增减,均以培养政治、法律官员为目的。辛亥革命后学堂停办,在校生后并入私立江淮大学。

公办法政学堂　光绪三十四年(1908年),皖北教育会会长李国栋等,以藩库拨款及收取学费,创办法政学堂,又称法政讲习所。学生学习8个月毕业。辛亥革命后停办,在校生并入私立江淮大学。

——安庆市地方志编纂委员会编,《安庆地区志》,合肥:黄山书社,1995年版,第929页.

安徽官立法政学堂　光绪三十二年(1906)十一月,巡抚恩铭裁撤其前任所设课吏馆改办,地址姚家口都司署旧址(今行署广播电视局东),以藩、臬、学三司为总办。初限培训候补官员、非科举出身及捐纳保举初任官吏。三十四年八月扩充,比照京师大学堂法律专业和日本法政速成科酌定课程。后分设预科、正科、别科、讲习科、简易科,学生500余人。预科2年毕业,为正科准备。正科、别科3年毕业,以培养完全法政人才为主旨。讲习科3学期毕业,简易科为夜班教授,2学期毕业。两科均以造就从政人才以应需。学生为招考和全省各州县保送。先后毕业计官班讲习科2班、绅士班讲习科3班、法律别科2班。另有法政学堂3所:一是公立法政讲习所,皖北教育会于光绪三十四年(1908)开办,8个月毕业;一是私立专门法政学堂;一是法官养成所。4所学堂均于宣统三年(1911)停办。

——安庆市地方志编纂委员会编,《安庆市志》,北京:方志出版社,1997年版,第341页.

法政学堂:安徽法政学堂,成立于光绪三十二年十一月,扩张于三十四年七月。初,巡抚聂缉规曾以院司月课候补人员膏奖移设课吏馆,以造就已仕人材。行之数年,学部有设法政学堂之议,由政务处咨行到皖,遵经巡抚恩铭裁撤课吏馆,另就省垣择地建堂,奏明开办。时《京师法政学堂章程》犹未颁行,课程仅照大学堂法律门及日本法政速成科酌定，考取候补正、佐人员六十名予以津贴，以藩、学、臬三司为总办。三十三年九月，宪政编查馆奏请饬下各省凡非正途出身学堂毕业之捐纳、保举初任道府牧令、丞倅、佐贰各员，一律入堂肄业。三十四年正月，宪政馆复会同吏部奏准切实考验外官办法，咨院行司核议，饬将法政学堂大加扩充，当由藩、学、臬三司拟议具详，以新班之月选分发到省人员及旧班之考列三、四等者，均入学堂肄业，概不贴费。其原有各学员，即于是年六月毕业出堂。遂于下学期重定章程，推广办法，添筑校舍，官、绅并录，编设预科、正科、别科及讲习科、简易科。正科、别科以造就完全法政人才为主旨，讲习、简易二科则在造就从政之材以应急需。预科学生以年在十六岁以上、二十五岁以下具有中学毕业程度，经本学堂考取者充之，每年以招足一百二十名为定额，每人每月须缴学费三元，二年毕业。其学科及授课时间列表如左。

学科	第一学年每星期钟点	第二学年每星期钟点
伦理	中国伦理学1	外国伦理学1
国文	论事文5	记事文5
英、法、德、日文以一国为专修科，以一国为兼习科	读法，会话，作文12 默记、翻译3	12 同上3
历史	中国史 2	外国史 2
地理	中国地理 2	外国地理 2
论理学	1	1
心理学	2	2
法学通论	2	2
物理学	2	2
经济原论	1	1
算学	1	1
兵式体操	4	4
合计	38	38

正科学生以预科毕业者充之，分政治、法律两门，由学生自行认定，每月缴

学费四元,三年毕业。其各门学科及授课时间列表于左。

政治门

学科	第一学年 每星期钟点	第二学年 每星期钟点	第三学年 每星期钟点
人伦道德	1	1	1
皇朝掌故	2	2	0
大清律例	2	2	0
政治学	2	0	0
政治史	2	0	0
宪法	3	0	0
行政法	2	3	2
刑法	3	3	0
民法	4	4	3
商法	0	2	3
国际公法	0	3	2
国际私法	0	0	3
殖民史	0	1	1
财政学	0	2	3
经济学纯正应用	3	2	0
社会学	1	1	2
警察学	1	1	1
外交史	1	0	2
地方自治制度	0	0	2
统计学	0	0	2
英、德、法、日语选修两国,以一国为专修科,以一国为兼习科	专修科以6小时为率,兼习科以2小时为率	同上	同上
合计	35	35	35

法律门

学科	每一学年 每星期钟点	每二学年 每星期钟点	每三学年 每星期钟点
人伦道德	1	1	1
皇朝掌故	2	2	0
大清律例	2	2	2
中国法制史	2	0	2
外国法制史	2	0	0
宪法	2	0	0
各国比较刑法	3	2	2
行政法	2	3	0
民事诉讼法	0	2	3
刑事诉讼法	0	2	3
裁判所编制法	2	0	0
民法	4	4	4
商法	3	2	1
国际公法	0	3	2
国际私法	0	1	2
监狱学	0	1	2
警察学	2	2	0
地方自治制度	0	0	3
外语英、德、法、日选习两国，一为专修，一为兼修	8	8	8
合计	35	35	35

别科学生以本省举、贡、生、监及具有中学毕业程度，年在十八岁以上，三十岁以下，经本学堂试验合格者充之，其本省实缺候补人员暨客籍人员愿入别科者，经本学堂核准，亦可入学，每班以百名为定额，三年毕业。其学科及授课

时间列表如左。

别科

学科	每一学年 每星期钟点	每二学年 每星期钟点	每三学年 每星期钟点
人伦道德	2	2	2
会典要义	2	2	0
大清律例	4	4	2
政治学	2	0	0
法学通论	2	0	0
经济原论	2	2	0
宪法	2	0	0
行政法	0	3	4
刑法	2	2	5
民法	3	3	5
商法	0	2	3
裁判所构成法	0	1	0
国际公法	0	2	4
国际私法	0	2	3
财政学	0	2	4
辩学	0	0	2
世界史	4	2	0
世界地理	4	2	0
算学	3	3	0
格致	2	0	0
体操	2	2	2
合计	36	36	36

讲习科学生无定额，遵照宪政编查馆会同吏部奏定《外官考验章程》，以本

省实缺候补人员应行就学者充之,其本省士绅经各州县保送或由本学堂临时考取后,亦得归入讲习科,以三学期六个月为一学期。毕业,其学科及授课时间列表如左。

学科	第一学年 每星期钟点	第二学年 每星期钟点	第三学年 每星期钟点
法学通论	4	0	0
宪法	4	0	0
行政法	2	4	2
刑法	2	2	0
民法	4	4	4
商法大要	0	0	4
国际公法	3	2	2
国际私法	0	2	2
经济学	4	2	0
财政学	0	4	3
统计学	0	0	2
各国政治史	2	0	0
政治地理	2	0	0
民刑诉讼法大要	0	2	4
监狱学	0	2	0
地方自治制度	0	0	2
选举法	1	0	0
户籍法	0	0	1
政治学	0	4	0
裁判制度	0	0	2
文牍	2	2	2
现行大清律例	2	2	0
合计	32	32	30

简易科别为夜班讲授之,凡本省实缺及候补人员,除应行入讲习科学习外,其愿入本学堂听讲者,经本学堂认可,即归入简易科。又,本籍士绅其学行纯笃、乡望素孚者,得依本人之志愿,经学堂之许可,亦归入简易科,以两学期毕业。其学科及授课时间列表如左。

学科	每一学期 每星期钟点	每二学期 每星期钟点
法学通论	2	0
宪法	2	0
行政法	2	3
刑法	2	2
民法	2	2
国际公法	2	2
经济学	2	0
财政学	0	4
民刑诉讼法大要	1	3
地方自治制度	2	0
选举法	0	2
裁判制度	1	0
合计	18	18

以上正科、预科、别科、讲习科均照《京师法政学堂章程》编定,三十四年六月学部奏准通行各省遵照《京师法政学堂章程》办理。惟学科稍有变通。至简易一科,则仿日本明治初年办法,以广传习。现在堂者,计别科两班,讲习科一班,简易科两班,综计人数不下五百余名,不寄膳宿,仍以三司为总办,另设监督一员,提调二员,讲员无定额,监学二员,文案一员,会计一员,检查二员,掌书一员,以藩库、牙厘局、筹议公所拨款为常年经费。

附:法政讲习所

法政讲习所凡二所,均设省城。

一由皖北教育会长李国棣于光绪三十四年五月开办,初设讲习、简易二班，办法大致如法政学堂之讲习、简易二科。嗣增自治研究一班，讲授科目凡十二：一、奏定宪法大纲；二、法学通论；三、现行法制大意；四、咨议局章程及选举章程；五、城、乡、镇地方自治章程；六、调查户口章程；七、自治筹办处所定各项筹办方法；八、警察学；九、财政学；十、户籍法；十一、奏定财政统计表式解说；十二、奏定民政统计表式解说。每日功课四点钟，八个月毕业，统计三班，学生共有一百六十余名，以藩库拨款及学费为常年经费。

一由江苏刘清远等于三十四年九月开办，以藩库拨款及学费为常年经费，学生三十八名。

——[清]冯煦，《皖政辑要》，合肥：黄山书社，2005年版，第490—497页.

二、教务

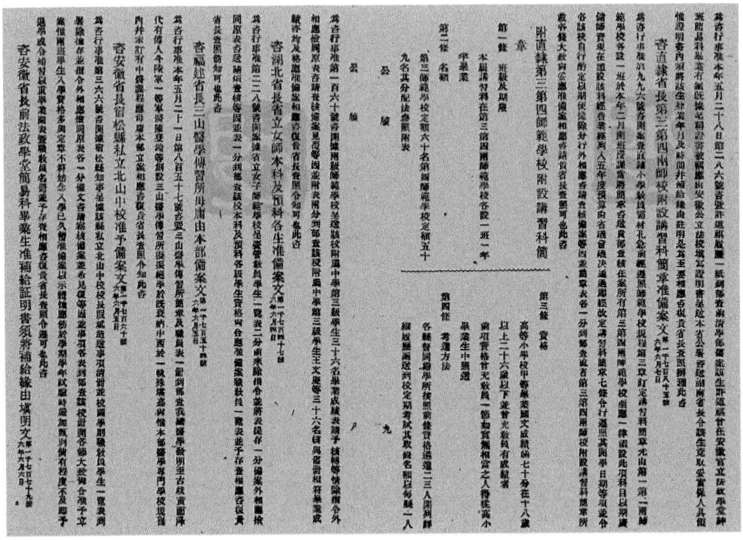

爲咨行事准本年五月二十八日第二八六號咨暨許鎮祺履歷一紙到部查前清學部備案該生許鎮祺曾在安徽官立法政學堂紳班附設簡易科畢業有案既據呈稱證書被焚經由安徽公立法校填寫證明書呈送本省公署咨經湖南省長令該生交取妥實保人具領惟證明書內須將該生於畢業年月及補給緣由註明是爲至要相應咨復貴省長查照辦理此咨

咨直隸省長第三第四兩師校附設講習科簡章准備案文（第一千七百八十五號 六年六月七日）

爲咨行事准第九九六號咨開案查直隸小學教員需材孔急前經遵照師範學校規程第三章訂定講習科簡章先由第一第二兩師範學校各設一班於本年二月開班授課當將簡章咨送貴部查核在案所有第三第四兩師範學校亟應一律添設此項科目以期廣儲師資現在添設該科經費業經列入五年度預算由省議會議決通過即經改定講習科簡章七條令行遵照其開學日期等項並令各該校自行酌定以期便捷除分行外相應咨請查核備案等因並簡章表各一分到部查直省第三第四兩師校附設講習科簡章所載各條大致尚妥應准備案相應咨請貴省長查照可也此咨

附直隸第三第四師範學校附設講習科簡章

第一條　班級及期限

本屆講習科在第三第四兩師範學校各設一班一年畢業

第二條　名額

第三師範學校定額六十名第四師範學校定額五十九名其分配法參照附表

第三條　資格

高等小學校畢業國文成績滿七十分在十八歲以上二十六歲以下並曾充教員有成績者

前項資格曾充教員一節如實無相當之人得從寬小學畢業生中甄選

第四條　考選方法

各縣督同勸學所按照前條資格遴選二三人開列詳細履歷函送到校定期考試其取錄名額以每縣一人

公牘　九

爲咨行事准第一百六十號咨開據附設師範學校呈送該校附屬中學第三級學生三十六名畢業成績表請予核轉等情除指令外相應檢同原表咨請查核備案見復等因並附表兩分到部查該校附屬中學第三級學生王文璇等三十六名核與部章相符畢業成績亦均及格應准備案相應咨復貴省長查照令知可也此咨

咨湖北省長省立女師本科及預科各生准備案文（第一千七百四十七號 六年六月四日）

爲咨行事准第二二八號咨開案據省立女子師範學校呈送職教員學生一覽表二分前來除指令並將表提存一分備案外相應檢同原表咨送請煩查核等因並表一分到部查該校本科及預科各級學生資格尚合應准備案職教員一覽表並予存查相應咨復貴省長查照飭知可也此咨

咨福建省長三山醫學傳習所毋庸由本部備案文（第一千七百五十四號 六年六月五日）

爲咨行事准本年五月二十一日第八百五十七號咨暨三山醫學傳習所簡章及職員表一冊到部查我國醫學發明至古歧黃而降代有傳人今陸軍一等軍醫陳登鎔等創設三山醫學傳習所接振絕學於既衰納中西於一軌殊堪嘉尚惟本部醫學專門學校規程內并未訂有中醫課程應毋庸立案相應咨復貴省長查照令知此咨

咨安徽省長宿松縣私立北山中校准予備案文（第一千七百六十號 六年六月五日）

爲咨行事准第三六六號咨開據宿松縣知事呈據該縣私立北山中學校校長賀斌造送事項清冊並校圖學則職教員學生一覽表到署除指令並指令外相應檢同原表各一分備文咨請核備案並希見復等因並事項各表到部查該校章則各節大致尚合准予立案惟所送學生入學資格多與定章不符姑念入學已久暫准備案以示體恤應飭於學期學年試驗時嚴加甄別倘有程度不及即予退學或令補習以重學業而資整飭教員名冊並予存查相應咨復貴省長查照令遵可也此咨

咨安徽省長前法政學堂簡易科畢業生准補給證明書須將補給緣由填明文（第一千七百七十九號 六年六月六日）

——咨安徽省长前法政学堂简易科毕业生准备给证明书须将补给缘由填明文（第一千七百十九号，六年六月六日），《教育公报》，1917年，第4卷第11期，第43—44页.

速

清單

十二月十九日

謹將安徽法政學堂章程規則七十三條繕具清單恭呈

御覽

第一章 總綱

第一條 本學堂以研討法律之義蘊增進政治之識力培養吏才依理政治為宗旨

第二條 本學堂專考取安徽候補人員由府廳以至於佐雜倘合於第七條所定資格者經考取後均得入本堂肄業

第三條 本學堂概專為講求法政而設自當研究各種政法學理尤宜注重本國律例約章之效用參考各國內治外交之政策以重本屬而資補助

第四條 本學堂於各科學外仿照直隸法政學堂章程添設演習裁判一項以徵實驗

第五條 本學堂本擬除考取本省候補人員外再添設紳班學額若干員以備將來佐治地方之選現因講堂狹隘不能多容人數擬俟就本堂擴充屋舍後再行考選紳班入堂肄業或另籌經費仿照直隸辦法於本省士紳本籍集捐分別籌設學堂以期兼營並進

第二章 學額及資格

第六條 本學堂開辦伊始暫定由府廳州縣正佐貳雜職五十員俟擴充經費及堂舍後再行增添學額以宏造就

第七條 凡具有左列資格者均得報名投考

年在四十五歲以下

文理明通

不染嗜好

第三章 分科及年限

第八條 本學堂學科分為簡易科補修科兩等

第九條 本學堂肄業年限定為簡易科兩年補修科一年入堂伊始概習簡易科俟兩年畢業後願留堂者再習補修科一年就法政各科目中所未習者或已習而未完備者設專補足以資造就

第四章 課程及授課時間表

第十條 應授學科列左

大清律例

大清會典 論理學 論理學 法學通論 國法學 行政法 民法 商法 刑法總論 刑法各論 民事訴訟法 刑事訴訟法 裁判所構成法 平時國際公法 戰時國際公法 政治學 行政法 政治地理 西洋史 中外通商史 交涉約章 經濟原論 應用經濟 財政學 警察學 監獄學 殖民政策 算學 東文 文牘

演習裁判

第十一條 各學期課程表及授課鐘點

第一期 學科	鐘點	第二期 學科	鐘點
律例	三	律例	三
會典	二	會典	二
政治地理	三	應用經濟	二
經濟原論	三	西洋史	三
法學通論	四	民法	四
刑法總論	三	民事訴訟法	三
國法學	三	平時國際公法	四
裁判所構成法	三	行政法	三
算學	三	刑法各論	三

第三期		第四期	
學科	鐘點	學科	鐘點
東文	三	東文	三
合計	三十	合計	三十
律例	二	律例	二
戰時國際公法	三	交涉約章	五
政治學	三	國際私法	二
行政法	三	民法	二
民法	三	商法	三
民事訴訟法	二	財政學	二
刑事訴訟法	四	警察學	二
論理學	二	監獄學	二
商法	四	中外通商史	二
倫理學	二	殖民政策	三
財政學	二	大清	二
		演習裁判	三
合計	三十	合計	三十

第五章　學年學期及休業

第十二條　本學堂以每年年假後開學至年終散學為一學年，中分兩學期，年假後開學至暑假為第一學期，暑假後開學至年終為第二學期

第十三條　本學堂每年休課日期開列於左

一　年假自十二月二十日至正月二十日

一　暑假自五月二十五日至七月初十日

一　皇太后萬壽
　　皇上萬壽
　　至聖先師誕日

一　端午中秋日

一　每月星期日

第六章　入學退學及告假

第十四條　本堂學員入學期每年二次，定於年假及暑假後開學時，但於第一年級有缺額時亦准隨時補入

第十五條　凡欲入本堂肄業者，須於入學考試前三日親到本堂填明志願書，其格式如左

志願書

學員　姓名

現年　籍貫　住所　官階

今願入安徽法政學堂肄業，自到堂之後，謹當恪遵堂規，不敢自棄，如有中途輟業等情，所有已領津貼及膳費等銀，當全數繳還，以符定章，願至志願書者

光緒　年　月　日　謹具

第十六條　凡學員一經入堂，不得中途無故退學，如有違背此項章程者，當追繳已給津貼及膳費等項，以示懲處

第十七條　凡學員中如有沾染嗜好、品行不端或屢犯學堂不遵規戒者，由監督審定飭之退學，其情節較重者由總辦稟請巡撫分別記過

第十八條　學員在堂平日不得無故曠課，如有要事必須告假者，須呈請假憑單於監督，註明事故及期限，以備稽查，請假憑單式如左

請假憑單

學員　因　事請假　日准於　月　日　時回堂

光緒　年　月　日

第十九條　學員因事告假每月不得過三天，如過三天即將每月應得津貼按日攤扣，過十天者酌量情節使之退學，倘遇長疾病等事故必須告長假者，應臨時陳於監督[illegible]酌辦理

第七章　供膳及津貼

第二十條　本學堂因房舍無多，所有學員概不寄宿，惟每日供學員午膳一餐，免因食事往返徒誤功課鐘點

第二十一條　本學堂學員皆係有職人員，不能無仰事俯畜之累，茲酌定府班每員月給津貼銀二十兩，同通州縣班每員月給津貼銀十六兩，佐雜班每員月給津貼銀八兩，以

免學員分心藉求不得專精學業

第八章 考試

第二十二條 學員入堂之初先應入堂考試
題取錄後始得入堂肄業其考試課目列左
文論一篇
時務策一道

第二十三條 每逢學期及學年之終於放假
一星期前就所習各學科命題考試學年考
試不及格者仍留原班補習不准升級畢業
考試不及格者分別留堂補習若干時方給
與畢業證書

第二十四條 評定考試分數以百分為滿格
十均不及六十分分算一科不及四十分者
皆為不及格惟平均已及六十分而分算僅
一二科不及四十分者准其就該科目請求
覆試

第二十五條 考試分數由本科講員評定與
十日功課積分合算如十日功課八十分而
考試得六十分者以七十分計算餘仿此類推

第二十六條 考試分數由監督彙齊分別次
第並填明成績表附卷交由總辦童呈巡撫
懸榜

第二十七條 凡考試時學員非有疾病及在
預先告假期內不得藉端規避如因疾病或
預先告假未及考試或雖經考試而缺有科
日者准其於次學期之初呈請補考

第二十八條 第二學年年終考試及格者即
為畢業一律給與畢業證書有願再習補修
科者一年畢業後另給與補修科畢業證書
以示優異

第二十九條 學員品行分數由監督監學講
員隨時稽查評定加入科學分數合算

第九章 獎勵

第三十條 學員中如有學業優長品行端正
足為同學表率者由監督隨時衆獎其褒獎
之法分二種
一由監督分別出具切實考語交由總辦呈
請巡撫嘉獎鼓勵
二給予獎品

第三十一條 本堂學員畢業核獎勵分為三
等由監督核總會同總辦填明等第並畢業
證書擇期請巡撫臨堂行畢業式所有畢業
證書均由巡撫親頒定期頒布獎格
一一等獎儘先署理本班繁缺
二二等獎儘先署理本班簡缺
三三等獎分別差委

第十章 管理員教員員數及其職守

第三十二條 本學堂事務除由藩學臬三司
會同總辦外所設在堂管理員講員員數列左
監督 一員
提調 一員
監學 一員
講員 六員
文案 一員
會計兼庶務 一員
照料 一員

第三十三條 監督職任列左
會商總辦督率各員辦理一切事務
考察各員勤惰
隨時整理章程
派定功課時刻表
督同監學講員議教務事
總核學員進堂出堂及賞罰
核定學員行檢及功課分數
總核學員請假
派定學員充領班及值日
總定學員畢業成績
督同提調牌示學員
總核講員所定課程是否完善講授是否切
實分別任免

第三十四條 總辦職任列左
會商監督督率各員辦理一切事務
檢查學員出入作息及請假
考察學員勤惰及遵守規條與否稟請監督
核定賞罰輕重
隨時考察學員行檢
管理堂內一切衛生及除康
因事停堂通知各科講員
協同會計委員約束各項司役人等並考察
勤惰屋舍破壞通知會計委員隨時修葺
協同會計委員考察飲食物料是否清潔

第三十七條 講員職守列左
按定本科課目程度切實循序講授務令詳明
按定所授課程填寫課目每星期送呈監督
按定授課時間於十分鐘前到堂授課
察核
記明學員在講堂行檢稟呈監督
記明學員功課程度稟呈監督
稟承監督購定應購圖書及各科用品
如有私事停堂宜先一日或上堂前一點鐘
呈明監督如遇監督不在時即知會提調
監學

第三十八條 文案職守列左
經理一切具報公牘
分別首要次要例行三類呈送提調核閱
編立事由總冊以備查考

所有公牘表簿檔冊課單學規牌示等件清書繕寫後隨時覈對清理

第三十九條　會計兼庶務委員職守列左

核算收支經費

經理每月用款報銷册籍

檢查堂內一切器具毋使損失

購置學員圖書用品及堂內一切應用器物

查看各處掃除清潔

查看房屋損壞預備修理

督令執役人等隨時佈置一切

約束執役人等並考察勤惰

協同監學考查飲食物料是否清潔

專掌一切器物材料收發

第十一章　本堂經費

第四十條　本堂經費分額支活支兩種每年約共需銀二萬餘兩由藩司按年指行撥定稟請巡撫批發

第四十一條　堂內薪水津貼人工火食雜費等項為額支按季具領閏月照加

第四十二條　購辦書籍物器及修補房屋等項為活支隨時由提調會計估計實在數目稟由總辦呈請巡撫批發

第四十三條　本堂如須添聘講員及聘請東洋講員薪水多寡不能預定限制届時由監督會商總辦請示巡撫酌奪

第四十四條　無論額支活支款項每旬由會計委員結算一次呈提調察閱並按月造具報銷簡冊呈總辦察閱後轉呈巡撫再按三箇月一次會計委員將收發數目分造四柱清冊先將各項憑單領簿發票收條核對明晰連原簿呈提調過目後再呈總辦察核轉詳巡撫以備考查

第四十五條　本堂薪水津貼以十五日為定期由會計查照定數繕冊備齊請提調查閱監督以下各員薪水及學員津貼派照料員按名送交分發均以簽押蓋章為據夫役工食由會計委員點名給領發畢將冊簿呈提調查閱學員津貼如有犯過罰扣者將所扣數目註明本員名下並不得將津貼預先支借違者惟會計是問

第四十六條　所有本堂每年額支經費計薪水項下監督一員二千四百兩提調一員六百兩監學一員四百八十兩法政兼東文講員四員二千八百八十兩第一學期算學講員一員一百八十兩第四學期文牘講員一員一百八十兩文案一員三百六十兩會計兼庶務一員三百六十兩照料一員二百四十兩津貼項下府廳州縣學員三十員五千七百六十兩佐雜學員三十員二千八百八十兩火食項下管理員六員二百一十六兩講員六員二百一十六兩學員六十員一千零八十兩工食項下清書二名二百四十兩門役二名九十六兩廚役二名一百九十二兩各項使役十八名六百四十八兩雜用額支項下一千一百八十八兩

第十二章　堂內通則

第四十七條　每日授課自八點鐘起至午後四點鐘為率

第四十八條　按本堂管理員講員學員人數製木墨名牌懸之堂內到堂時由本人將名牌墨面取掛向外出堂則易以朱面務使本人在堂與否一目了然

第四十九條　堂內宜以清潔為主由管理員分任檢查其檢查之法分兩種

一常時檢查由提調間日行之

二臨時檢查由監督臨時行之

第五十條　凡學員每日入堂除遇典禮日應衣公服行禮外平日均衣常服

第五十一條　學員入堂時均不得自帶僕從本堂預備公役以供使喚如有不服指揮之處可隨時陳明提調量其輕重分別斥革

室就坐無論風雨有無兼差總須於開課前十五分鐘到堂否則以曠課論

第五十三條　學員在堂見各項辦事人均須致敬

第五十四條　凡學員無論府廳州縣佐雜及有無兼差均一律相視諸員同堂共學亦不得彼此歧視顯分階級致染俗吏惡習

第五十五條　學員功課由監督核定記功一次加二分記過一次扣二分曠課一次扣一分記過至三次者酌量情節輕重扣津貼銀兩若干以示懲儆所扣津貼彙數積存俟考試時照數攤給前列之員

第十三章　講堂條規

第五十六條　每次上下講堂均以鳴鐘為號

第五十七條　每次課畢各憩息十分鐘

第五十八條　上下講堂均須魚貫而行毋違坐次不得淩亂

第五十九條　學員在講堂除應用筆墨講義外不得攜帶他物

第六十條　講員上下講堂學員均須起立致敬

第六十一條　學員聽講時均須一律端坐肅靜不得自相言語凡有疑難之處可於質疑時詣講員處問難定每日功課畢後一小時為質疑時

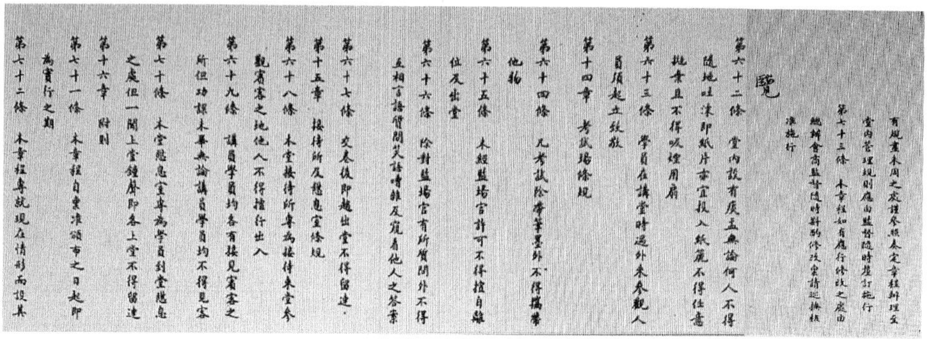

有規書未周之處隨時參照奏定章程斟理妥
堂內管理規則應由監督隨時釐訂施行
第七十三條 本章程如有應行修改之處由
總辦會商監督隨時斟酌修改稟請巡撫核
准施行

覽

第六十二條 堂內設有痰盂無論何人不得
隨地吐痰即紙片亦宜投入紙簏不得任意
拋棄且不得吸煙用膳
第六十三條 學員在講堂時遇外來參觀人
員須起立致敬
第十四章 考試場條規
第六十四條 凡考試除帶筆墨外不得攜帶
他物
第六十五條 未經監場官許可不得擅自離
位及出堂
第六十六條 除對監場官有所質問外不得
互相言語質問笑語喧雜及窺看他人之答案
第六十七條 交卷後即趨出堂不得留連
第十五章 接待所及憩息室條規
第六十八條 本堂接待所專為接待來堂參
觀賓客之地他人不得擅行出入
第六十九條 講員學員均各有接見賓客之
所但功課未畢無論講員學員均不得見客
第七十條 本堂憩息室專為學員到堂憩息
之處但一聞上堂鐘聲即各上堂不得留連
第十六章 附則
第七十一條 本章程自稟准頒布之日起即
為實行之期
第七十二條 本章程專就現在情形而設其

正文:清单

谨将安徽法政学堂章程规则七十三条缮具清单恭呈御览

第一章 总纲

第一条 本学堂以研讨法律之义蕴增进政治之议力培养吏才佐理政治为宗旨

第二条 本学堂专考取安徽候补人员由府厅以至于佐杂倘合于第七条所定资格者经考取后均得入本堂肄业

第三条 本学堂既专为讲求法政而设自当研究各种政法学理尤宜注重本国律例约章之钦用参考各国内治外交之政策以重本原而资补助

第四条 本学堂于各科学外仿照直隶法政学堂章程添设演习裁判一项以徵实验

第二章 学额及资格

第五条 本学堂本拟除考取本省候补人员外再添设绅班学额若干员以备将来佐治地方之选现因讲堂狭隘不能多容人数拟俟就本堂扩充屋舍后再行考选绅班入堂肄业或别筹经费仿照直隶办法于本省士绅各署幕僚分别筹设学堂以期兼营并进

第六条 本学堂开办伊始暂定府厅州县三十员佐贰杂职三十员俟扩充经费及堂舍后再行增添学额以宏造就

第七条 凡具有左列资格者均得报名投考年在四十五岁以下文理明通不染嗜好

第三章 分科及年限

第八条 本学堂学科分为简易科补修科两等

第九条 本学堂肄业年限定为简易科两年补修科一年入堂伊始概习简易科俟两年毕业后愿留堂者再习补修科一年就法政各科目中所未习者或已习而未完备者从事补足以资造就

第四章 课程及授课时间表

第十条 应授学科列左大清律例大清会典伦理学论理学法学通论国法学行政学民法商学刑法总论刑法各论民事诉讼法刑事诉讼法裁判所构成法平时国际公法战时国际公法政治学行政学政治地理西洋史中外通商史交涉约章经济原论应用经济财政学警察学监狱学殖民政策算学东文文牍演习裁判

第十一条 各学期课程表及授课钟点

第一期	**第二期**		
学科	**钟点**	**学科**	**钟点**
律例	三	律例	三
会典	二	会典	二
政治地理	三	应用经济	二
经济原论	三	西洋史	三
法学通论	四	民法	四
刑法总论	三	民事诉讼法	三
国法学	三	平时国际公法	四
裁判所构成法	三	行政法	三
算学	三	刑法各论	三
东文	三	东文	三
合计	三十	**合计**	三十
第三期	**第四期**		
学科	**钟点**	**学科**	**钟点**
律例	二	律例	二
战时国际公法	三	交涉约章	五
政治学	三	国际私法	二

续表

学科	钟点	学科	钟点
行政法	三	民法	二
民法	三	商法	三
民事诉讼法	二	财政学	二
刑事诉讼法	四	警察学	二
论理学	二	监狱学	二
商法	四	中外通商史	二
伦理法	二	殖民政策	三
财政学	二	文牍	二
演习裁判	三		
合计	三十	合计	三十

第五章 学年学期及休业

第十二条 本学堂以每年年假后开学至年终散学为一学年中分两学期年假后开学至暑假为第一学期暑假后开学至年终为第二学期

第十三条 本学堂每年休课日期开列于左一年假自十二月二十日至正月二十日一暑假自五月二十五日至七月初十日一皇太后万寿皇上万寿至圣先师诞日一端午中秋日一每月星期日

第六章 入学退学及告假

第十四条 本堂学员入学期每年二次定于年假及暑假后开学时但于第一年级有缺额时亦准随时补入

第十五条 凡欲入本堂肄业者须于入学考试前三日亲到本堂填明志愿书其格式如左

志愿书

学员姓名现年籍贯住所官阶今愿入安徽法政学堂肄业自到堂之后谨当恪遵堂规不敢自弃如有中途辍业等情所有已领津贴及膳费等银当全数缴还以符定章项至志愿书者

光绪年月日谨具

第十六条 凡学员一经入堂不得中途无故退学如有违背此项章程者当追缴已给津贴及膳费等项以示惩处

第十七条 凡学员中如有沾染嗜好品行不端或荒废学业不堪造就者由监督审定使之退学其情节较重者由总办禀请巡抚分别记过

第十八条 学员在堂平日不得无故旷课如有要事必须告假者须呈请假凭单于监督注明事故及期限以备稽查请假凭单式如

请假凭单

学员因事请假日准于月日时回堂

光绪年月日

第十九条 学员因常事告假每月不得过三天如过三天即将每月应得津贴按日摊扣过十天者酌量情节使之退学倘遇婚丧疾病等事故必须告长假者届时陈于监督前通融办理

第七章　供膳及津贴

第二十条 本学堂因房屋无多所有学员概不寄宿惟每日供学员早膳一餐免因食事往返延误功课钟点

第二十一条 本学堂学员皆系有职人员不能无仰事俯畜之累兹酌定府班每员月给津贴银二十两同通州县班每员月给津贴银十六两佐杂班每员月给津贴银八两以免学员营心薪米不得专精学业

第八章　考试

第二十二条 学员入堂之初先应入堂考试经取录后始得入堂肄业其考试课目列左史论一篇时务策一道

第二十三条 每逢学期及学年之终于放假一星期前就所习各学科命题考试学年考试不及格者仍留原班补习不准升级毕业考试不及格者分别留堂补习若干时方给与毕业证书

第二十四条 评定考试分数以百分为满格平均不及六十分分算一科不及四十分者皆为不及格惟平均已及六十分而分算仅一二科不及四十分者准其就该科目请求复试

第二十五条 考试分数由本科讲员评定与平日功课积分合算如平日功课八十分而考试得六十分者以七十分计算余仿此类推

第二十六条 考试分数由监督汇齐分别次第并填明成绩表附卷交由总办汇呈巡抚鉴核

第二十七条 凡考试时学员非有疾病及在预先告假期内不得藉端规避如因疾病或预先告假未及考试或虽经考试而缺有科目者准其于次学期之初呈请补考

第二十八条 第二学年年终考试及格者即为毕业一律给与毕业证书有愿再习补修科者一年毕业后另给与补修科毕业证书以示优异

第二十九条 学员品行分数由监督监学讲员随时稽查详定加入科学分数合算

第九章 奖励

第三十条 学员中如有学业优长品行端正足为同学表率者由监督随时褒奖其褒奖之法分二种一由监督分别出具切实考语交由总办呈请巡抚嘉奖鼓励二给予奖品

第三十一条 本堂学员毕业后奖励分为三等由监督核总会同总办填明等第并毕业证书择期请巡抚临堂行毕业式所有毕业证书均由巡抚亲颁定期颁布奖格:

一 一等奖尽先署理本班繁缺

二 二等奖尽先署理本班简缺

三 三等奖分别差委

第十章 管理员教员数及其职守

第三十二条 本学堂事务除由藩学臬三司会同总办外所设在堂管理员讲员员数列左

监督	一员
提调	一员
监学	一员
讲员	六员
文案	一员
会计兼庶务	一员
照料	一员

第三十三条 监督职任列左会商总办督率各员办理一切事务考察各员勤惰随时整理章程派定功课时刻表督同监学讲员议教务事总核学员进堂出堂及赏罚核定学员行检及功课分数总核学员请假派定学员充领班及值日总定学员毕业成绩督同提调牌示学员总核讲员所定课程是否完善讲授是否切实分别任免

第三十四条 总办职任列左会商监督督率各员办理一切事务检查学员出入作息及请假考察学员勤惰及遵守规条与否禀请监督核定赏罚轻重随时考察学员行检管理堂内一切卫生及险虞因事停堂通知各科讲员协同会计委员约束各项司役人等并考察勤惰屋舍破坏通知会计委员随时修葺协同会计委员考察饮食物料是否清洁

第三十七条 讲员职守列左按定本科课目程度切实循序讲授务令详明按定所授课程填写课目每星期送呈监督察核按定授课时间于十分钟前到堂授课记明学员在讲堂行检汇呈监督记明学员功课程度汇呈监督禀承监督酎定应购图书及各科用品如有私事停堂宜先一日或上堂前一点钟呈明监督如遇监督不在时即知会提调监学

第三十八条 文案职守列左经理一切具报公牍分别首要次要例行三类呈送提调核问编立事由总册以备查考所有公牍表簿榜册课单学规牌士等件清书缮写后随时复对清理

第三十九条 会计兼庶务委员职守列左核算收支经费总理每月用款报销册籍检查堂内一切器具毋使损失购置学员图书用品及堂内一切应用器物查看各处扫除清洁查看房屋损坏预备修理督令执役人等随时布置一切约束执役人等并考察勤惰协同监学考查饮食物料是否清洁专掌一切器物材料收发

第十一章　本堂经费

第四十条 本堂经费分额支活支两种每年约共需银二万余两由藩司按年预行拨定禀请巡抚批发

第四十一条 堂内薪水津贴人工火食杂费等项为额支按季具领闰月照加

第四十二条 购办书籍武器及修补房屋等项为活支随时由提调会计估计实在数目禀由总办呈请巡抚批发

第四十三条 本堂如须聘请讲员及聘请东洋讲员薪水多寡不能预定限制

届时由监督会商总办请示巡抚酎夺

第四十四条 无论额支活支款项每旬由会计委员结算一次呈提调察阅并按月造具报销简册呈总办察阅后转呈巡抚再按三个月一次会计委员将收发数目分造四柱清册先将各项凭单领据发票收条核对明晰连原簿呈提调过目后再呈总办察核转详巡抚以备考查

第四十五条 本堂薪水津贴以十五日为定期由会计查照定数缮册备齐请提调查阅监督以下各员薪水及学员津贴派照料员按名送交分发均以签押盖章为据夫役工食由会计委员点名给领发毕将册簿呈提调查阅学员津贴如有记过罚扣者将所扣数目缀明本员名下并不得将津贴预先支借违者惟会计是问

第四十六条 所有本堂每年额支经费计薪水项下监督一员二千四百两提调一员六百两监学一员四百八十两法政兼东文讲员四员二千八百八十两第一学期算学讲员一员一百八十两第四学期文牍讲员一员一百八十两文案一员三百六十两会计兼庶务一员三百六十两照料一员二百四十两津贴项下府厅州县学员三十员五千七百六十两佐杂学员三十员二千八百八十两火食项下管理员六员二百一十六两讲员六员二百一十六两学员六十员一千零八十两工食项下清书二名二百四十两门役二名九十六两厨役二名一百九十二两各项使役十八名六百四十八两杂用额支项下一千一百八十八两

第十二章 堂内通则

第四十七条 每日授课自八点钟起至午后四点钟为率

第四十八条 按本堂管理员讲员学员人数制朱墨名牌悬之堂内到堂时由本人将名牌墨面取挂向外出堂则易以朱面务使本人在堂与否一目了然

第四十九条 堂内宜以清洁为主由管理员分任检查其检查之法分两种一常时检查由提调间日行之二临时检查由监督临时行之

第五十条 凡学员每日入堂除逢典礼应衣公服行礼外平日均衣常服

第五十一条 学员入堂时均不得自带仆从本堂预备公役以供使唤如有不服指挥之处可随时陈明提调量其轻重分别斥革室就坐无论风雨有无兼差总须于开课前十五分钟到堂否则以旷课论

第五十三条 学员在堂见各项办事人均须致敬

第五十四条 凡学员无论府厅州县佐杂及有无兼差均一律相视诸员同堂

共学亦不得彼此歧视类分阶级致染俗吏恶习

第五十五条 学员功课由监督核定记功一次加二分记过一次扣二分旷课一次扣一分记过至三次者酌量情节轻重扣津贴银两若干以示惩儆所扣津贴汇数积存供考试照数摊给前列之员

第十三章 讲堂条规

第五十六条 每次上下讲堂均以鸣钟为号

第五十七条 每次课毕各憩息十分钟

第五十八条 上下讲堂均须鱼贯而行认定坐次不得凌乱

第五十九条 学员在讲堂除应用笔墨讲义外不得揣带他物

第六十条 讲员上下讲堂学员均须起立致敬

第六十一条 学员听讲时均须一律端坐肃静不得自相言语凡有疑难之处可于质疑时请讲员处问难定每日功课毕后一小时为质疑时

第六十二条 堂内设有痰盂无论何人不得随地吐沫即纸片亦宜投入纸簏不得任意抛弃且不得吸烟用扇

第六十三条 学员在讲堂时遇外来参观人员须起立致敬

第十四章 考试场条规

第六十四条 凡考试除带笔墨外不得揣带他物

第六十五条 未经监场官许可不得擅自离位及出堂

第六十六条 除封监场官有质问外不得互相言语质问笑语嘈杂及窥看他人之答案

第六十七条交卷后即趋出堂不得留连

第十五章 接待所及憩息室条规

第六十八条 本堂接待所专为接待来堂参观宾客之地他人不得擅行出入

第六十九条 讲员学员均各有接见宾客之所但功课未毕无论讲员学员均不得见客

第七十条 本堂憩息室专为学员到堂憩息之处但一闻上堂钟声即各上堂不得留连

第十六章 附则

第七十一条 本章程自禀准颁布之日起即为实行之期

第七十二条 本章程专就现在情形而设其有规尽未周之处谨参照奏定章程办理至堂内管理规则应由监督随时厘定施行

第七十三条 本章程如有应行修改之处由总办会商监督随时斟酌修改禀请巡抚核准施行览

——第一历史档案馆馆藏,档案号:03-7219-069　安徽巡抚恩铭光绪三十二年十二月初八日,标题:呈安徽法政学堂章程规则七十三条清单.

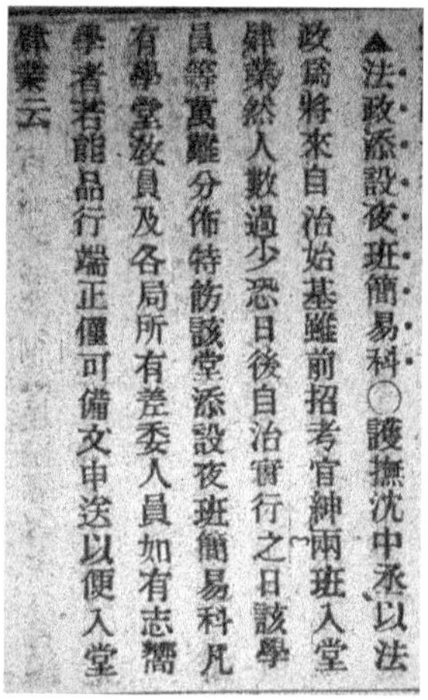
▲法政添設夜班簡易科◎護撫沈中丞以法政爲將來自治始基雖前招考官紳兩班入堂肄業然人數過少恐日後自治實行之日該學員等萬難分佈特飭該堂添設夜班簡易科凡有學堂教員及各局所有差委人員如有志講學者若能品行端正僅可備文申送以便入堂肄業云

——《安徽白话报》第一期(1908年10月5日戊申年)安徽要闻“法政添设夜班简易科”.

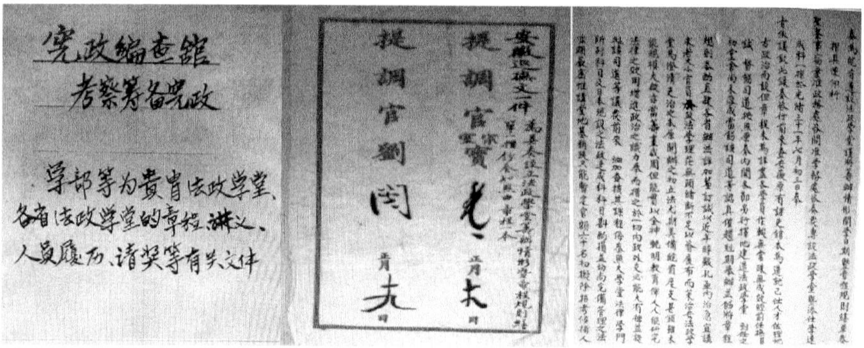

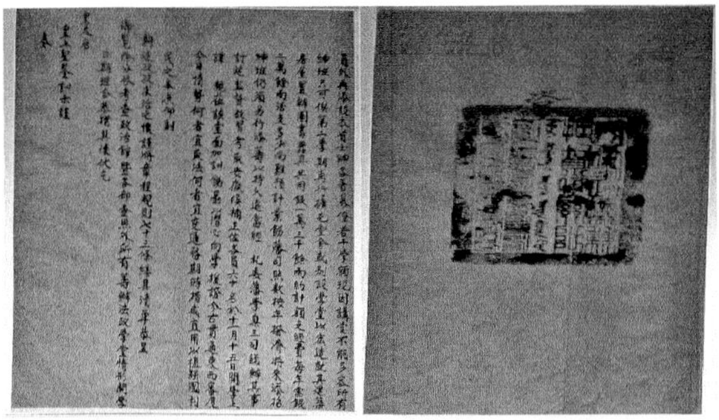

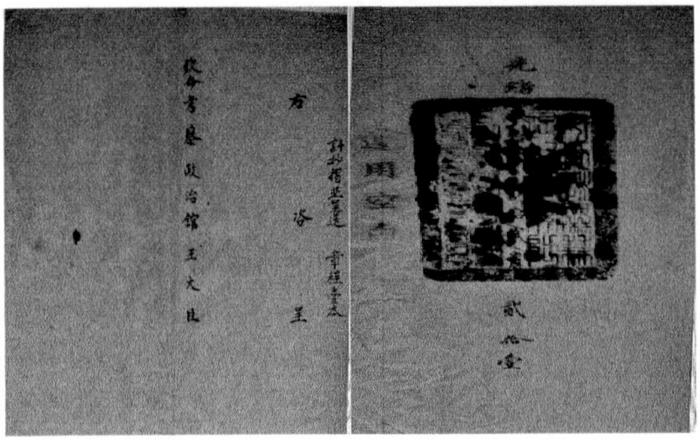

正文：

奏为皖省遵设法政学堂谨将筹办情形开学日期暨章程规则缮单恭折具陈仰祈圣鉴事窃案准政务处咨开准学务处咨奏覆专设法政学堂暨添仕学速成科一折于光绪三十一年七月初三日奉旨依议钦此录奏咨行前来查安徽原有课吏馆本为造就已仕人才佐理地方政治而设但章程未为详尽各学员作辍无常殊无成效经前任抚臣诚督饬司道按照原奏内开各即另行择地建造法政学堂到任之初堂舍尚未落成当饬该司道等认真催趱克期奉办并饬将章程规则酎直隶各省办法详加厘订诚以近年时艰孔亟内治急宜讲求若大小官员政法学理茫无头绪断不足以资展布而策治安法政学堂为澄清吏治之本原开办之初立法尤期美备皖省度支甚钜虽未能规模大启亦当筹画咸周但能贯以全神甄明教育俾人人能研究法律之效用增进政治之识力奉而措之于一切内政外交必能大有裨益旋拠该司道等议覆前来细加查核其课程系参照大学堂法律学门所列科目及日本现设之法政速成科科目斟酎损益均尚完备管理之法亦颇严密惟讲堂地基稍狭只能暂定官额六十名初拟除招考候补人员外再添设本省士绅各署幕僚若干学额现因讲堂不能多容所有绅班只可俟第二学期再行扩充堂舍或别设学堂以宏造

就其建筑房屋置办图书器具共用银一万三千余两约计额支经费每年需银二万余两活支多少尚难预计业饬藩司照数按年拨济将来添招绅班仍须另行添筹以持久远当经札委藩学臬三司总办其事订延监督教习考取安徽候补正佐各员六十名于十一月十五日开学上课亲莅该堂面加训饬勖以潜心向学援证今太贯通东西审度今日情势何者宜取法何者宜变通务期时措咸宜用以植强国利民之本庶仰副朝廷孜孜求治之怀谨将章程规则七十三条缮具清单恭呈御览除分咨考查政治馆暨各部查照外所有筹办法政学堂情形开学日期理合恭折具陈伏乞皇太后

皇上圣鉴训示谨奏

——第一历史档案馆馆藏，档案号：09-01-0065-001　安徽巡抚恩铭光绪三十二年十二月二十一日，标题：为具奏设立法政学堂筹办情形暨章程规则缮单以摺钞奏只照.

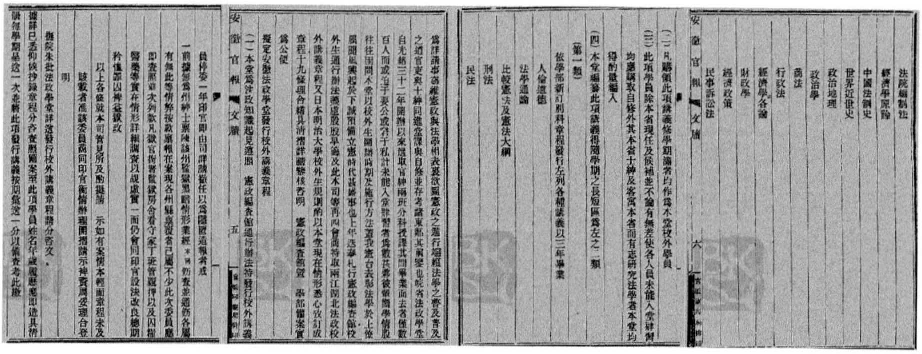

員停委一年即官即由司詳請撤任以爲隱匿逍報者戒
一前據鳳陽州紳士稟陳該州監獄黑暗情形業經本司飭查並通飭各屬
有無此等情弊按款稟報在案現各州縣稟覆者已屬不少此次委員應
即查照章次列款凡獄官衙署監獄房舍看守家丁班管羈押以及囚糧
醫藥等實在情形詳細調查以覘虛實一面仍會同印官設法改良總期
矜恤罪囚裨益獄政
以上各條就本司管見所及酌擬請　示如有案情本輕而章程未及
賅載者准該委員商同印官衡情辦理圍摺請示裨資周妥理合登
明

撫院朱批法政學堂詳送發行校外講義章程請分咨文
據詳已悉仰候抄錄章程分咨查照備案至此項學員姓名年歲履歷應即造具清
冊每學期彙送一次並將此項發行講義按期彙送一分以備查考此繳

安徽官報　文牘　五

爲詳請事竊維憲政與法學術表裏欲圖憲政之進行端賴法學之普及普及
之道官吏與士紳同進堂課與自修並存考諸東鄰其前轍也皖省法政學堂
自光緒三十二年開辦以來選取官紳兩班分科授課其間畢業而去者僅數
百人而或迫于要公或窘于私計未能入堂肄習者猶數其多彼徬徨學術殷
往往因問本堂以校外生關辦時期及施行方法蓋我憲台表彰法學於上條
風聞風興起於下誠預備立憲時代甚盛事也上年迭奉札行憲政編查館校
外生通行辦法業經盛殷殷學論及此本司等再四會商特取兩江湖北法政校
外講義章程又日本明治大學校外生規則酌以本堂現在情形悉心改訂成
章程十九條理合繕具清摺詳請察核咨明　憲政編查館暨　學部備案實
爲公便
擬定安徽法政學堂發行校外講義章程
(一)本堂爲法政知識起見遵照　憲政編查館通行辦法特發行校外講義

(二)凡購領此項講義修學期滿者均作爲本堂校外學員
(三)此項學員除本省現任及候補並不論有無差使各人員未能入堂肄習
均應講求自修外其本省士紳及客寓本省而有志研究法學者本堂均
得酌量編入
(四)本堂編纂此項講義得隨學期之長短區爲左之二類
(第一類)
依學部新訂別科章程發行左列各種講義以三年畢業
人倫道德
法學通論
比較憲法及憲法大綱
刑法
民法

安徽官報　文牘　六

法院編制法
經濟學原論
中國法制史
世界近世史
政治地理
政治學
商法
行政法
經濟學各論
財政學
經濟政策
民事訴訟法

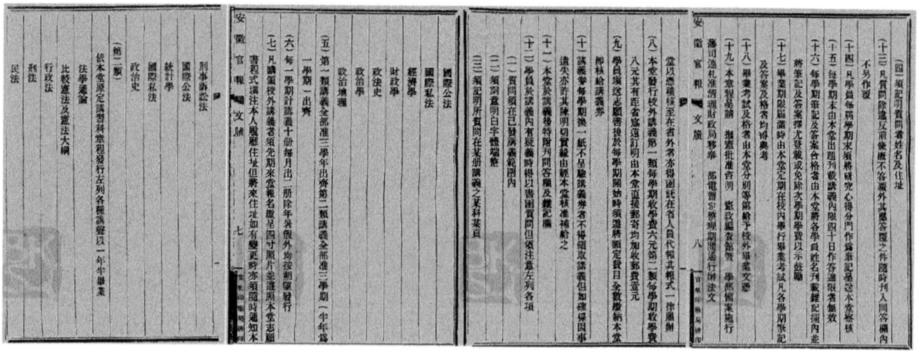

刑事訴訟法
國際公法
統計學
國際私法
政治史
(第二類)
依本堂原定講習科章程發行左列各種講義以一年半畢業
法學通論
比較憲法及憲法大綱
行政法
刑法
民法

安徽官報　文牘　七

國際公法
國際私法
經濟學
財政學
政法史
政治學
政治地理
(五)第一類講義全部准三學年出齊第二類講義全部准三學期(一半年爲
一學期)出齊
(六)每一學期計講義十册每月出二册除年暑假外均按期發行
(七)凡購領校外講義者須先期來堂報名繳呈四寸照片並遵照本堂志願
書程式填注本人職歷住址但將來住址如有變更時亦須隨時通知本

堂以憑稽核至在省外者亦得函託在省人員代報其程式一律照辦
(八)本堂發行校外講義第一類每學期收學費六元第二類每學期收學費
八元其有距省窵遠訂明由本堂直接郵寄均加收郵費壹元
(九)學員塡送志願書後於每學期開始時須遵將額定費目全數繳納本堂
即核給講義券
(十)講義券每學期換一紙不呈驗講義券者不得領取講義但如確係因事
遺失亦許其陳明切實緣由經本堂核准補給之
(十一)本堂於講義後特附列問答欄及雜記欄
(十二)學員於講義內有疑義時得以書函質問但須注意左列各項
(一)質問須在已發講義範圍內
(二)須詞意明白字體端整
(三)須記明所質問在某册講義之某科某頁

安徽官報　文牘　八

(四)須記明質問者姓名及住址
(十三)凡質問除違反前條概不答覆外其應答覆之件隨時列入問答欄內
不另作覆
(十四)凡學員每届學期末須將研究心得分門作爲筆記呈送本堂察核
(十五)每學期末由本堂出題列載講義內限四十日作答逾限者無效
(十六)每學期筆記及答案合格者由本堂將各學員姓名列載雜記欄內並
將筆記及答案擇尤登載或免除次學期學費以示鼓勵
(十七)畢業期限屆滿時由本堂定期在校內舉行畢業考試凡各學期筆記
及答案及格者均得與考
(十八)畢業考試及格者由本堂分別等第給予校外畢業文憑
(十九)本章程呈請　撫憲批准咨明　憲政編查館暨　學部備案施行
藩司准札准清理財政局移奉　部電暫定整理期間進行辦法文

——安徽公报：抚院朱批法政学堂详送发行校外讲义章程请分咨文，《安徽官报》，1911年，四月中旬，第53—60页.

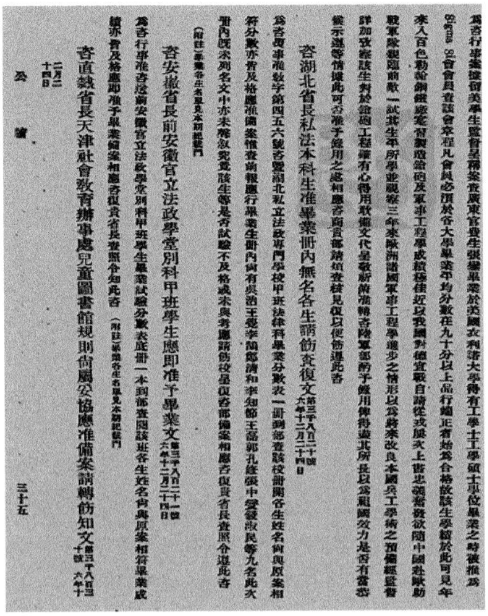

爲咨行事案據留美學生監督呈稱委查廣東官費生張鑾畢業於美國玫利諾大學得有工學士工學碩士學位畢業之時被推爲Sigma Si會會員查該會章程凡會員必須於各大學畢業平均分數在九十分以上品行端正者始爲合格故該生學績於此可見年來入百色勒鋼鐵廠充習製造鎗砲及軍事工程學成績極佳近以我國對德宣戰自請從戎屢次上書忠誠奮發欲隨中國赴歐助戰軍隊親臨前敵一試其生平所學並觀察三年來歐洲諸國軍事工程學進步之情形以爲將來改良本國兵工學術之預備經監督詳加致察該生對於鎗砲工程確有心得用敢備文代呈敬祈俯准轉咨陸軍部酌予錄用俾得盡其所長以爲祖國效力是否有當恭候示遵等情據此可否准予錄用之處相應咨商貴部請煩查核見復以便飭遵此咨

咨湖北省長私法本科生准畢業冊內無名各生請飭查復文第三千八百二十號 六年十二月二十四日

爲咨復事准敎字第四五六號咨暨湖北私立法政專門學校甲班法律科畢業分數表一冊到部查該校冊開各生姓名尚與原案相符分數亦皆及格應准備案惟查尚報應行畢業生冊內尚有吳治王覺李鵑鄭清和李知節王昌郭孔隆張中樊發攺民等九名此次冊內既未列名文中亦未聲叙究竟該生等是否試驗不及格或未與考應請飭校呈復咨部備案相應咨復貴省長查照令遵此咨

（附註）畢業各生名單見本期紀載門

咨安徽省長前安徽官立法政學堂別科甲班學生應即准予畢業文第三千八百二十一號 六年十二月二十四日

爲咨行事准咨送前安徽官立法政學堂別科甲班學生畢業試驗分數表底冊一本到部查閱該班各生姓名尚與原案相符畢業成績亦皆及格應即准予畢業備案相應咨復貴省長查照令知此咨 （附註）畢業各生名單見本期紀載門

咨直隸省長天津社會敎育辦事處兒童圖書館規則尚屬妥協應准備案請轉飭知文第三千八百三十號 六年十二月二十四日

公牘　三十五

——题名：教育公报：咨安徽省长前安徽官立法政学堂别科甲班学生应即准予毕业文（第三千八百二十一号，八年十二月二十四日），《教育公报》，1918年，第5卷，第3期，第68页.

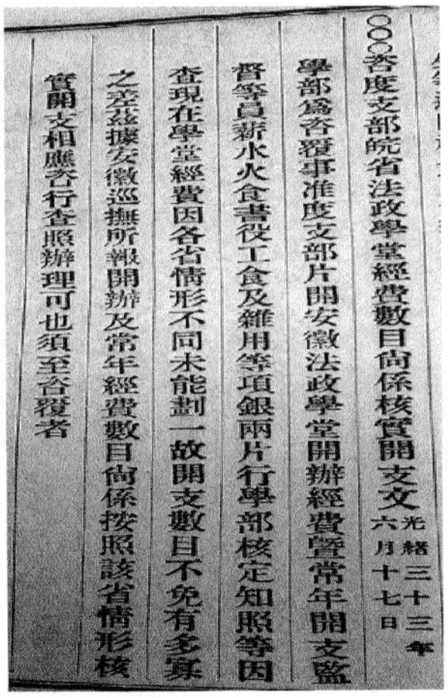

○○○咨度支部皖省法政學堂經費數目尚係核實開支文光緒三十三年六月十七日

學部爲咨覆事准度支部片開安徽法政學堂開辦經費暨常年開支監督等員薪水火食書役工食及雜用等項銀兩片行學部核定知照等因查現在學堂經費因各省情形不同未能劃一故開支數目不免有多寡之差茲據安徽巡撫所報開辦及常年經費數目尚係按照該省情形核實開支相應咨行查照辦理可也須至咨覆者

——学部：咨度支部皖省法政学堂经费数目系核实开支文，《学部官报》，1907年，第28期，第155页.

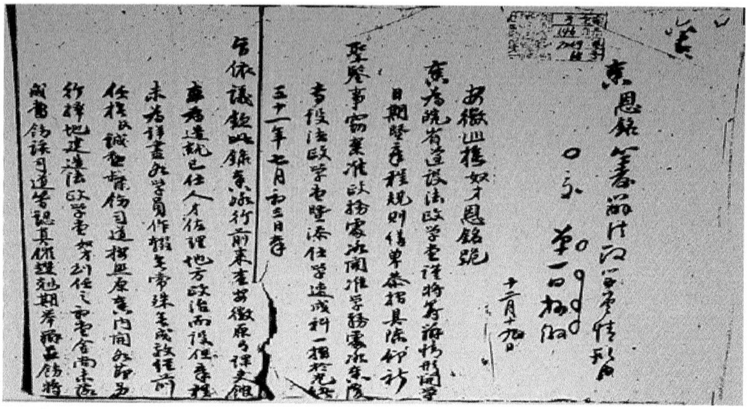

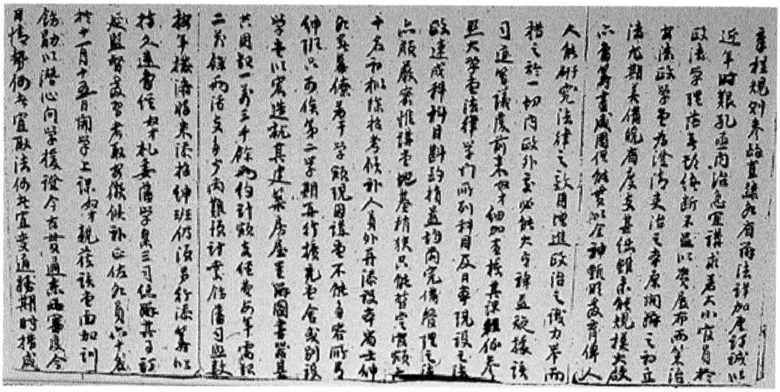

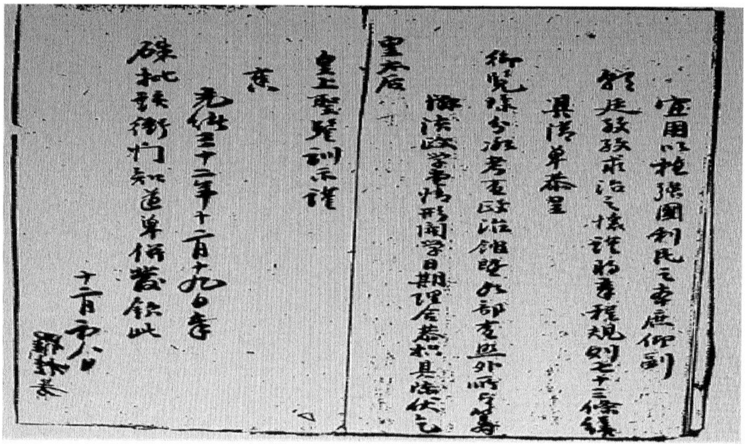

——第一历史档案馆馆藏,档案号:03-7219-068　安徽巡抚恩铭光绪三十二年十二月初八日,标题:奏为本省遵设法政学堂并开学日期事.

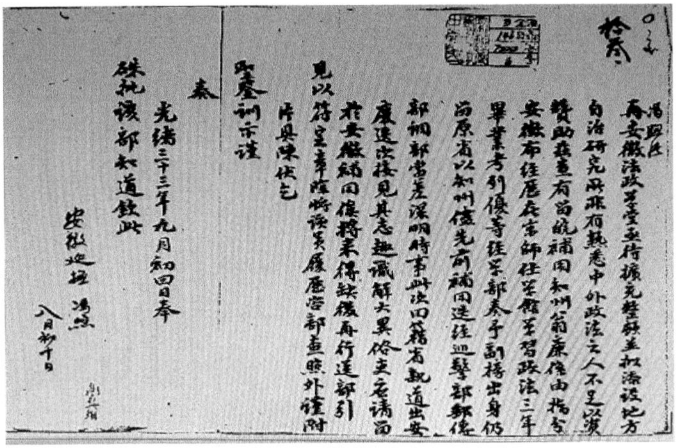

奏
冯煦片
再安徽法政学堂亟待扩充整顿并拟添设地方
自治研究所非有熟悉中外政法之人不足以资
赞助查有留皖补用知州翁廉系由指分
安徽布经历衔京师仕学馆学习政法三年
毕业考列优等经学部奏予副榜出身仍
留原省以知州仍先前补用逮经巡警部邮传
部调部当差深明时事此次回省籍省观道出安
庆适次接见其志趣识解大异俗吏应请留
于安徽补用俾将来得缺后再行送部引
见以符定章除将该员履历咨部查照外谨附
片具陈伏乞
圣鉴训示谨
奏
光绪三十三年九月初四日奉
硃批该部知道钦此
安徽巡抚 冯煦
八月初十日

——第一历史档案馆馆藏，档案号:03-7222-006　安徽巡抚冯煦光绪三十三年八月初十日，标题:奏为皖省补用知州翁廉请留安徽法政学堂差委事.

三、人物

光明甫(1876—1963)，名昇，枞阳县人，清末秀才。早年考入南京江南高等学堂，追随革命党人赵声，进行反清活动。后赴日本早稻田大学，攻读政治经济学。光明甫回国担任安徽公立法政学堂教务长，以民主革命思想培养教育青年。民国元年，他与刘希平等创办安徽江淮大学，并任校长。他积极参加"二次革命"，失败后流亡上海。他支持陈独秀创办《新青年》并为该刊撰稿，担任《戊午杂志》编辑，宣传民主、科学和法治思想，与《新青年》相呼应。

五四运动期间，光明甫积极支持青年学生的爱国斗争。后被学生推举为省立法政专门学校校长。他团结省内教育界进步人士，组建安徽省中等以上学校教职员联合会，与省学生联合会等进步团体配合，在反军阀、争民主的斗争中发挥了重要作用。

——《安徽文化史》编纂工作委员会编，《安徽文化史》(下)，南京:南京大学出版社，2000年版，第1940—1941页.

光明甫

光升(1876—1963),字明甫,枞阳人。清末秀才。1902年,他求学于江宁三江高等师范学堂时,因追随革命党人赵声,参加“北极阁集会”,而被开除学籍。1905年,东渡日本,入早稻田大学,攻读政治经济学。留学期间,与章太炎、陈独秀过从甚密,并通过他们认识了孙中山,从而加入了中国同盟会。1910年,离东京回国,在安庆担任安徽官立法政学堂教务长。1912年,被聘为安徽省柏文蔚都督府秘书。不久辞职,与刘希平等创办江淮大学(后改为安徽公立法政学堂),并任校长。1913年,参加柏文蔚领导的安徽讨袁斗争,失败后隐居南京。1916年,由南京往上海。此时,孙中山先生亦由日本抵沪。光明甫常往谒晤,畅谈革命。在此期间,他还积极为《新青年》杂志撰稿,并担任《戊午杂志》编辑,宣传科学、民主与法治思想。“五四运动”爆发后,在安徽教育改革的热潮中,光明甫于1919年冬,回到安庆接任安徽法政专科学校校长。

1921年,安徽“六二”学潮爆发。当时,省参议会削减已决议增加的教育经费,以扩充军费。消息传出,群情激愤。在光明甫等人的支持下,6月2日晚,进步学生前往省议会请愿。马联甲命旅长史俊义率部镇压,打伤学生50余人。光明甫闻讯闯入省议会,严词痛斥当局,亦遭殴打。光明甫连夜召开各校校长紧急会议,组织“六二惨案后援会”,动员全市罢课、罢市,并通电全国,声讨倪道烺、马联甲镇压学生的罪行,同时推出代表向法院起诉。省内各地和京、津、沪学生及安徽旅外学者、名流,纷纷驰电声援;全国各地报纸都刊载了“六二惨案”消息,声讨军阀暴行。安徽当局被迫于6月23日答应增加教育经费。7月1日,在“六二”学潮中受重伤的学生姜高琦身亡。安庆各界人士示威游行。光明甫亲撰挽联,悼念英烈。此后,光明甫又在反对贿选省议员、驱逐省长李兆珍的斗争中,奔走呼号,奋不顾身,表现了反军阀争民主的大无畏精神。

1924年1月,光明甫出席了孙中山先生在广州亲自主持召开的中国国民党第一次全国代表大会。他衷心拥护“联俄、联共、扶助农工”三大政策,与共产党人合作,开展反对北洋军阀和以后反对蒋介石独裁统治的斗争。

1926年1月,国民党中央指派光明甫、朱蕴山等9人为安徽省临时党部执行委员。2月，临时省党部在安庆墩头坡成立，光明甫被推选为首席执委，并主持筹备召开国民党安徽省第一次代表大会。1927年3月20日，蒋介石来安庆，强令光明甫等人同陈调元妥协并同右派合作成立安徽省党部，遭到拒绝。22日，由光明甫等左派领导的国民党安徽省第一次代表大会开幕。下午，光明甫前往总司令部行营蒋介石住处，请其参加当晚的欢迎宴会。至门不足百米，忽遭一伙流氓围攻殴打，衣服撕破，眼镜被打落，颈部受殴伤。光明甫愤怒地冲进大门，要求蒋介石严惩暴徒，并同蒋介石发生激烈争执。在当晚宴会上，原定由光明甫致欢迎词，他却满脸愠色，一言不发，会场一片沉寂，蒋介石极为尴尬，未终席便悻悻离去。次日，蒋介石的特务处处长杨虎便收买一批流氓，捣毁了国民党安徽省党部及各合法民众团体，并打伤30余人，安庆城内一片白色恐怖。这就是蒋介石一手策划的安庆"三·二三"反革命事件。是晚，光明甫等在集贤关召开紧急会议，通电揭露右派暴行，并毫不妥协地率领各市县代表前往武汉，继续召开大会，正式成立省党部，选出执委20多人(其中半数是共产党员)，推选光明甫、朱蕴山、沈子修等为常务委员。4月16日，国民党右派组成"清党委员会"，公开通缉光明甫等100多人。光明甫只身前往南京，家属避至枞阳乡间。不久，光明甫又赴武汉，参加国民党左派安徽省党部工作，继续与共产党人合作。1929年，光明甫应广东省政府主席陈铭枢的邀请，出任广东省政府顾问。1932年，随陈铭枢(时任京沪卫戍司令)赴沪，任卫戍司令长官官署顾问。1938年，第五战区司令长官李宗仁邀光明甫、朱蕴山等筹建安徽省抗日民众总动员委员会。光明甫任宣传部长。在历届参政会上，光明甫必直言抨击国民党政府消极抗日和贪污腐化。他与沈钧儒等发起组织"中国民主同盟"。抗战胜利后，光明甫任省文史馆馆长。1946年，以社会贤达身份出席"国民代表大会"。

新中国成立后，光明甫任安庆市第八至十届各界人民代表会议代表、安徽省教育厅厅长、省文史馆馆长、全国政协第二、三届委员、省政协副主席、省人大代表，满腔热情地投入社会主义革命事业和建设事业。生前著作有《法制建国论》《诗说》《语故》《音韵通论》《辛亥尘影录》《我的读古书观》等。

1963年元旦，光明甫逝世，终年88岁。周恩来总理赠送了花圈。1月7日，省、市党政领导和各界人士在安庆市隆重举行光明甫先生追悼大会。省长黄岩主持大会,省委统战部部长洪沛致悼词。

——安庆市政协文史资料委员会编,《安庆市政协志》(1949—1999),北京:中国文史出版社,1998年版,第342—344页.

第六编　安徽武备学堂、安徽私立农工学堂

一、安徽武备学堂

(一)概述

安徽武备学堂 1898年9月,巡抚邓华熙筹办。堂址设抚署东侧演武厅。生员为举贡监生及文武候补员弁、士绅子弟。次年5月开学,学生40名,学制3年。由安庆知府方连珍兼总办,谭学衡任提调。1902年春,迁入敬敷书院旧址,巡抚诚勋招募新军300人,归该堂第一班毕业学生训练,名为武备练军学堂。1905年练军学堂停办。1906年11月,武备学堂也停办。

——安徽文史资料全书编委会编,《安徽文史资料全书·安庆卷》,合肥:安徽人民出版社,2007年版,第488—489页.

安徽武备学堂 光绪二十四年(1898)九月,巡抚邓华熙筹办,以巡抚衙门东侧演武厅为堂址。招生对象为举贡监生及文武候补低级官员、士绅子弟。二十五年四月开学,学生40人,学制3年。安庆知府兼总办,谭学衡任提调。二十八年迁址敬敷书院(今安庆师范学院址)。三十年春,巡抚诚勋招募新军300人,交首届毕业生训练,名武备练军学堂(次年停办)。三十二年(1906)十一月,武备学堂停办。

——安庆市地方志编纂委员会编,《安庆市志》,北京:方志出版社,1997年编,第471页.

武备学堂

省垣旧有武备学堂一所,光绪二十五年四月巡抚邓华熙遵旨奏设。常年经费九千余两,逐年递增至万八千两,由防军支应局及铜圆盈余项下动拨。三十二年,巡抚恩铭遵照练兵处奏定章程,专办陆军小学堂,于是年十月奏明裁撤。头班学生二十九名、二班学生二十名、三班学生三十五名、四班学生五十九名,经历任巡抚先后考试毕业,派充常备军教练营队各官。五班学生三十九名,系武备练军毕业生,练军停办,拨入此堂,甫及一载,程度尚未及格,给予修业文凭,送入将弁研究所补习。所有武备学堂职事员役列表如左。据武备学堂卷。

武备学堂员弁人等名额表

职名	员额	职名	员额/名额
兼理	1	翻译	1
提调	1	区队长	4
文案	1	医官	1
收支	1	书识	1
管堂	1	号鼓手	4
稽查	1	护勇	2
华教习	6	号房	3
洋教习	2	斋夫	15

附:武备练军营

旧有武备练军一营,附于武备学堂,于光绪三十年设立开办。经费及建造营房,统计银一万余两,常年饷糈以三万五千两为度,均由芜湖米捐项下动拨。一切营制饷章,参照江南湖北洋操章程办理,兵士三百名,编成左右两队,职事各员,除西医官外,以武备学堂提调、教习,毕业生兼任。三十一年,巡抚诚勋奉练兵处奏定章程,遵饬停办,腾出饷项为陆军小学堂之用,于八月间举办毕业,即行裁撤。挑选学兵八十名分拨武备学堂及陆军小学堂补习。据练军营卷。

——[清]冯煦,《皖政辑要》,合肥:黄山书社,2005年版,第730—731页.

(二)教务

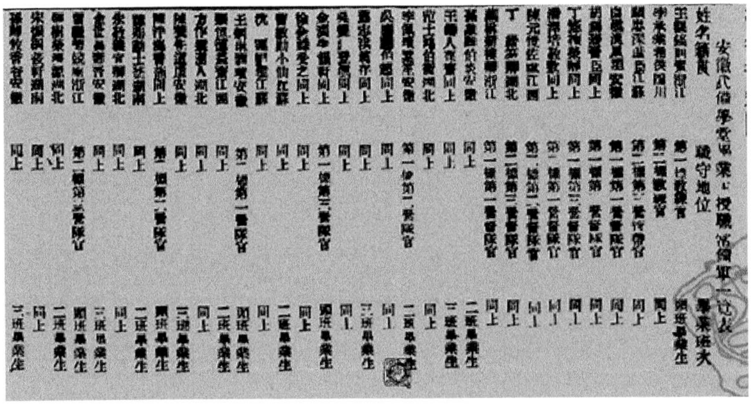

安徽武備學堂畢業生授職常備軍一覽表

姓名籍貫　職守地位　畢業班次

——新闻报:安徽武备学堂毕业生授职常备军一览表,《新闻报》,1905年8月6日,第9版.

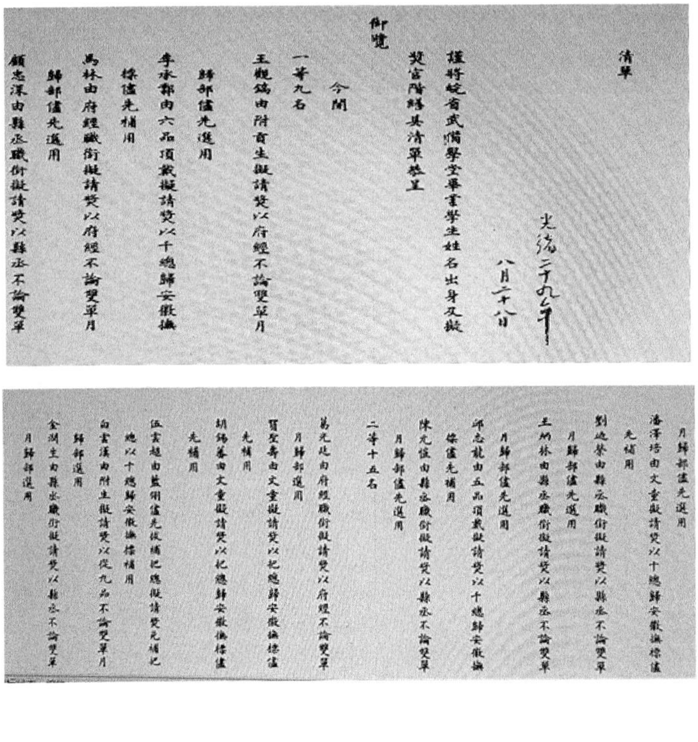

清單

謹將皖省武備學堂畢業學生姓名出身及擬

獎官階繕具清單恭呈

御覽

光緒二十九年八月二十八日

今開

一等九名

王觀鎬由附貢生擬請獎以府經不論雙單月歸部儘先選用

李承鄴由六品頂戴擬請獎以千總歸安徽撫標儘先補用

馬林由府經職銜擬請獎以府經不論雙單月歸部儘先選用

顧忠琛由縣丞職銜擬請獎以縣丞不論雙單月歸部儘先選用

潘澤培由文童擬請獎以千總歸安徽撫標儘先補用

劉逸榮由縣丞職銜擬請獎以縣丞不論雙單月歸部儘先選用

王炳林由縣丞職銜擬請獎以縣丞不論雙單月歸部儘先選用

邵志龍由五品頂戴擬請獎以千總歸安徽撫標儘先補用

陳允恆由縣丞職銜擬請獎以縣丞不論雙單月歸部儘先選用

二等十五名

葛光廷由府經職銜擬請獎以府經不論雙單月歸部選用

賀聖壽由文童擬請獎以把總歸安徽撫標儘先補用

胡錫暮由文童擬請獎以把總歸安徽撫標儘先補用

伍雲越由監例儘先從補把總擬請獎免補把總以千總歸安徽撫標補用

向雲漢由附生擬請獎以從九品不論雙單月歸部選用

金潤生由縣丞職銜擬請獎以縣丞不論雙單月歸部選用

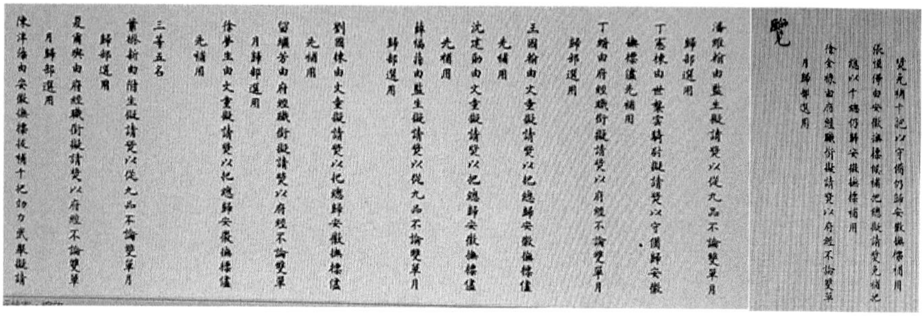

——第一历史档案馆馆藏,档案号:03-5958-059　安徽巡抚聂缉规光绪二十九年七月二十六日,标题:呈皖省武备学堂毕业学生姓名出身及拟奖官阶清单.

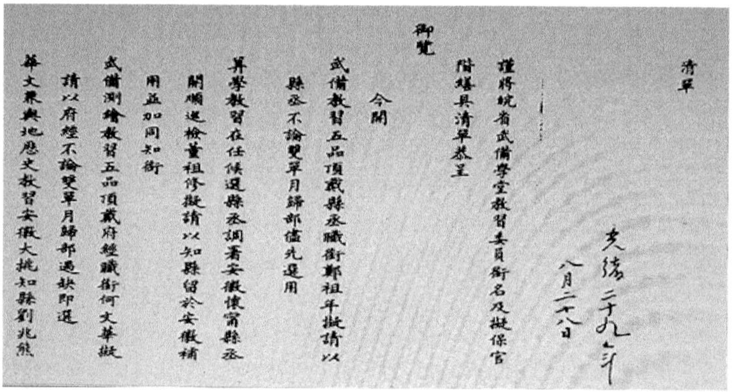

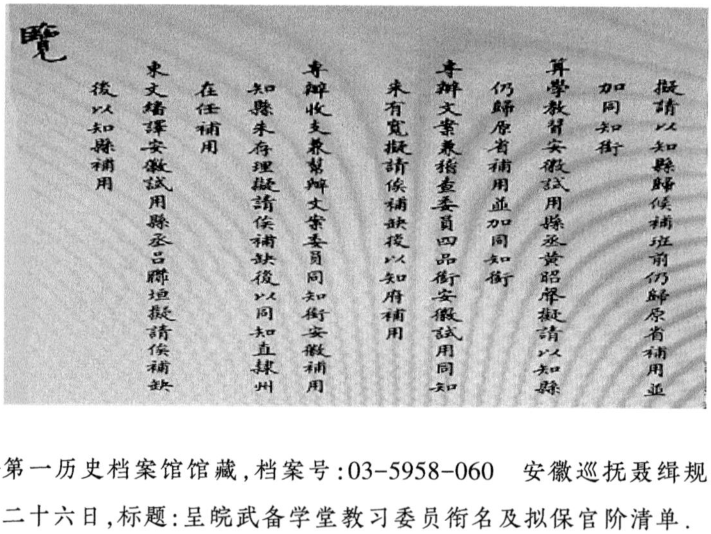

——第一历史档案馆馆藏,档案号:03-5958-060　安徽巡抚聂缉规光绪二十九年七月二十六日,标题:呈皖武备学堂教习委员衔名及拟保官阶清单.

德宗實錄　卷五二一　八八〇

聶緝槼奏特參文武各員等語。安徽候補知府黃家傑行止不檢。復有嗜好。候補通判左楨性情狡詐。妄誕招搖。前涇縣知縣汪贊綸聽斷草率。妄事刑求。前署蕪湖縣知縣候補知縣柳元勲性情貪鄙。縱容幕丁。署巢縣知縣候補知縣陸恩善險詐貪鄙。物議紛騰。試用知縣潘允章輕佻浮蕩。膽大妄為。試用府經歷張世隆假信謀差。安慶府訓導章定建營私嗜利。岳山巡檢王燕甲揑控病民。河口鎮巡檢曹汝舟貪鄙無恥。涇縣典史梅冠春捏造假結。試用巡檢李毓英聲名狼藉。試用從九品馬錦彬聲名惡劣。統領定安等營記名提督韓大武顢頇庸鄙。工於鑽營。均著即行革職。含山縣知縣鄒廣瀚才庸性懦。難膺民社。著以原品休致。候補知縣胡壽祺年力就衰。聲名平常。著勒令休致。和州直隸州知州周煥奎才具平庸。難膺民牧。著以通判降補。定遠縣知縣曾光煦假公為己。戀賍避瘠。著以府經歷降補。另片奏浙江試用知縣武高駿具稟求函。營謀差使。實屬違例妄干。著即行革職。以示懲儆。餘著 漕運總督江蘇布政使陸元鼎奏整頓標營。舉辦巡警。並擬辦法六條。得旨。仍著隨時認真整頓。務期有裨實用。安徽巡撫聶緝槼奏創設武備學堂練軍。以該堂畢業學生任講授兵法教練技藝等事。收效較速。亦可望蔚成將才。下部知之。又奏請飭部行令各省將貞孝節烈等案。按季彙案請旌。以期迅速。從之。賞順天工藝局收養學藝貧民粟米月六十石。賞普濟堂功德林兩處共粟米八百石。廣仁堂三百石。朝陽等門外三處粥廠共一千二百石。盧溝橋粥廠四百石。資善堂三百石。敬節會一百五十石。同仁粥廠三百石。藍靛廠三百石。賜壬午遺官祭

正文：

安徽巡抚聂缉规奏创设武备学堂练军以该堂毕业学生任讲授兵法教练技艺等事收效较速亦可望蔚成将才下部知之

——史部集成·编年通鉴·清·清实录·德宗景皇帝实录(光绪实录.zhbc.清实录影本)·卷之五百二十一·八八零.

一级目录:交涉科·卷三·合同一

武备学堂聘定日教员保科美雄合同

第一条 大清练兵处陆军留学生赵理泰,为安徽武备学堂代聘大日本国物理学校卒业生、京都第三高等学校教授保科美雄,为该堂理化兼日文、日语教员。

第二条 大日本国东京私立物理学校校长、中央气象台台长、理学博士中村精男荐举本国人保科美雄为大清国安徽武备学堂理化兼日文、日语教员。但此荐举者即为该教员之保证人。

第三条 该教员受聘为该堂教员以一年为度。

第四条该教员薪俸按阳历每月给龙洋一百圆。其起薪俸时期,以该教员到堂之日起算。此后按阳历每月一号支领,不得预支预借。

第五条 该教员往返川资,各发给龙洋一百五十圆,均于起发地点支领。若于休假中,该教员愿自旅行或返国时,川资须由自备,不得向该堂支取。

第六条 该教员受聘到堂后,每日教授时间及学科分配须遵该堂提调功课预定表施行。或令转授他校,但每日教授时刻不得逾六点钟。

第七条 该教员伙食、住房均由该堂备具。如饮食口味不叶,由该堂每月发给食费十圆,堂中不另备。但住房须由该堂提调指定住所,不得任意住居堂外。

第八条 受聘之后,彼此如遇有不得已事故欲辞退,须遵左之规定:

甲,受聘者辞退延聘者,须俟聘到续充教习方准起行,不得仓猝辞去,致碍该堂学业。但薪俸只多给一个月,不给回国川资。

乙,延聘者不及限满辞退受聘者,除给川资外再送月俸两月。

第九条 该教员一年限满回国,如该堂提调平时察出该教员在职时教授实属勤笃,除给川资外再酌送月俸以作酬劳。若彼此相处得宜,亦可续聘,惟须重订合同。

第十条 该教员受聘到堂后,须照合同内所订定者力尽应尽之责,不得干预此外一切事宜。

第十一条 该教员如遇疾病,可就该地病院医治,或转地疗养,均听其便,惟医药、川资等费,均须自备。倘该教员病经一月未痊时,须由该教员请人代理，不得因病久荒生徒学业。

第十二条 该教员如于期限内不幸病故，则由该堂发给三个月月俸以作恤金。

第十三条 此合同一经彼此调印后即为有效。此后遇有争执，即以此合同为凭。

第十四条 此合同缮写汉文三份，一存荐举者，一存受聘者，一存延聘者，以照信守。陆军小学堂聘定日教员合同与武备学堂合同同式，兹不备录。

——[清]冯煦著，《皖政辑要》，合肥：黄山书社2005年版，第518—519页.

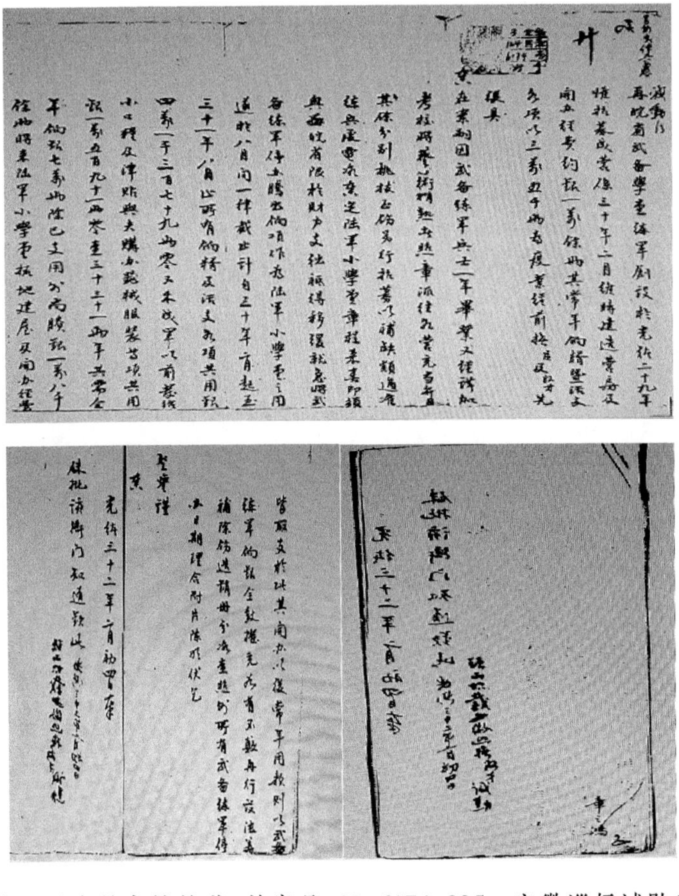

——第一历史档案馆馆藏，档案号：03-6174-025　安徽巡抚诚勋光绪三十二年二月初四日，标题：奏报皖省武备学堂练军停办日期事.

咸滋事致毁法國教堂三處傷害法人六名波及英國教堂一處被害英人二名受傷一名等語此案因地方官在教堂身受刀傷以致人心不服激生衆怒惟應靜候查辦據理評論乃竟有匪徒乘機滋事任意妄為實屬不知法紀着胡廷幹督飭嚴拏首要按律懲辦仍將各處教堂極力保護毋得再有疏虞至英法兩國人口傷害多名深堪憫惻即着妥為撫卹江召棠現在傷勢如何並着查明電奏寄信 翰林院侍讀學士惲毓鼎奏西北邊防重大軍府事權不一請斟酌舊制特設新陝總督駐紮新疆節制新疆甘肅陝西三省裁撤陝甘總督另置甘肅巡撫下政務處議尋奏請飭伊犂將軍將新疆各要政規畫布置俟經理已有成效應否改設行省屆時由該將軍妥籌請旨辦理從之摺包 安徽巡撫誠勳奏遵章開設陸軍小學堂籌款維艱未能另籌建築擬變通移入武備學堂辦理下所司知之摺包 又奏請開辦官錢局刷印官錢票行銷本省以維財政下財政處戶部議尋奏應照准惟將來奏定國幣發行應專用中央銀行紙幣該局不得製造依議行摺包 以虧款延繳革山西大甯縣知縣李丕基職並勒追已革河津縣知縣黃廷光降選教職前五寨縣知縣歐陽杭均摺產備抵摺包 癸卯駐藏幫辦大臣聯豫奏行抵打箭鑪詳查關外情形大局未定請准改由海道赴藏得旨仍着馳驛前進並沿途察看一切情形毋得藉詞延宕寄信 直隸總督袁世凱奏縷陳學務未盡事宜曰定統系厚養聽定權限行考選下政務處學部議摺包 又奏請飭翰林院選派讀講編檢等員出洋考察學務報聞摺包 甲辰孝淑睿皇后忌辰遣官祭昌陵遣官祭先醫之神 遣軍機大臣等電寄陳夔龍着俟張人駿

清實録 光緒三十二年二月上 三六一

正文：

安徽巡抚诚勋奏遵章开设陆军小学堂筹款维艰未能另筹建筑拟变通移入武备学堂办理下所司知之

——史部集成·编年通鉴·清·清实录·德宗景皇帝实录(光绪实录.zhbc.清实录影本)·卷之五百五十五·三六一.

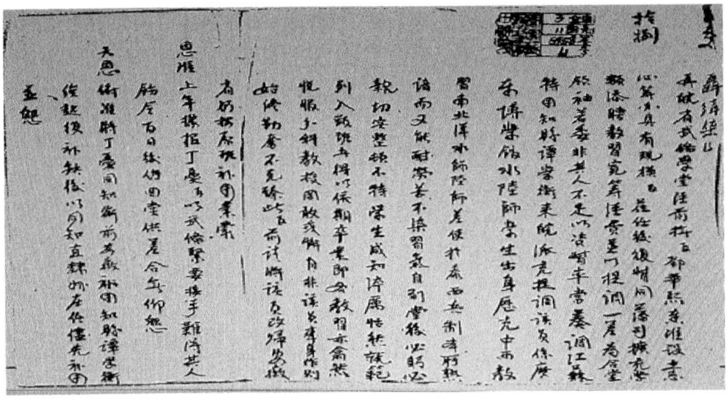

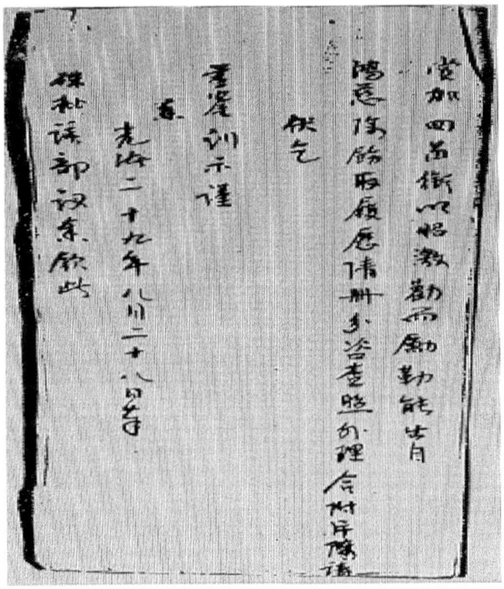

赏加四品衔以昭激劝而励勤能出自
鸿慈除饬司复查履历清册另咨查照外理合附片陈请
伏乞
圣鉴训示谨
奏
光绪二十九年八月二十八日奉
硃批该部议奏钦此

——第一历史档案馆馆藏，档案号：03-5958-061　安徽巡抚聂缉规光绪二十九年八月二十八日，标题：奏为皖省武备学堂提调谭学衡始终勤奋请旨奖励事.

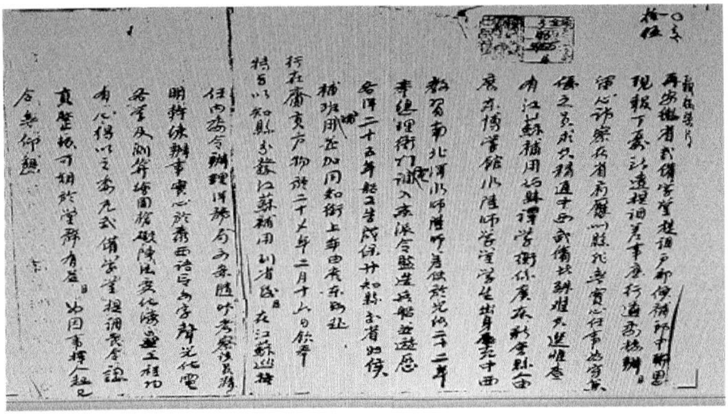

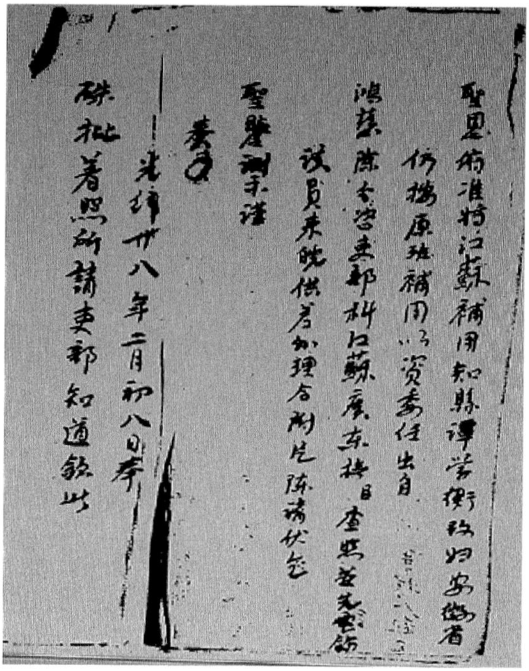
聖恩俯准將江蘇補用知縣譚學衡改歸安徽省
仍按原班補用以資委任出自
鴻慈除咨吏部外江蘇廣東撫臣查照並先飭
該員來皖供差外理合附片陳請伏乞
聖鑒訓示謹
奏
光緒廿八年二月初八日奉
硃批著照所請吏部知道欽此

——第一历史档案馆馆藏,档案号:03-5955-016　安徽巡抚聂缉规光绪二十八年二月初八日,标题:奏为安徽省武备学堂出缺请旨将江苏补用知县谭学衡该归安徽省仍按原补用事.

安徽巡抚邓华熙奏陈于演武厅操场内添建新房改造旧屋设置武备学堂片

光绪二十四年(1898)十二月

再安徽省奏设武备学堂,前经饬委候补知府许以增于巡抚衙署东偏演武厅操场内,度量地势,添造房屋,并将旧有各屋重新改造,由该府绘具图式呈请核定。于光绪二十四年八月兴工,至十一月一律工竣。所需……银八千九百一十两二钱……于防军项下如数动拨,业经臣奏容立案。一面饬造报销在案。

兹据布政使汤寿铭详据该府许以增造具收放各款细册,并绘具图结,呈送详请奏咨核销前来。臣复核无异,除将送到图、结、清册咨送户、工二部查核外,理合附片陈明。伏乞圣鉴。谨奏。

朱批：该部知道。

《朱批奏折》

——赵生瑞主编，总后勤部基建营房部、中国第一历史档案馆、辽宁省档案馆编，《中国清代营房史料选辑》，北京：军事科学出版社，2006年版，第188页。

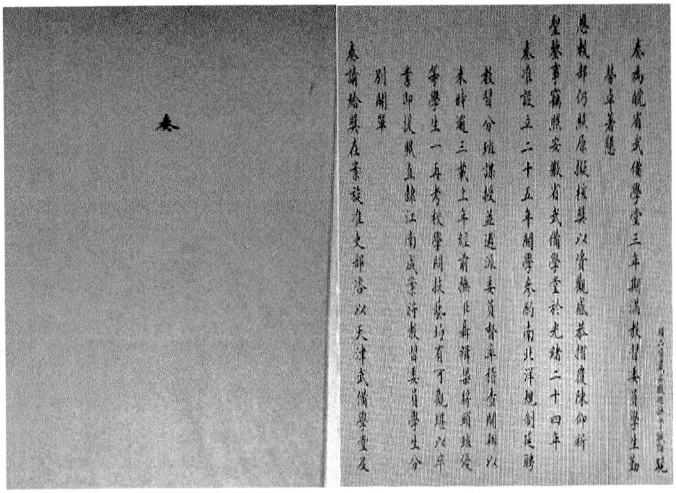
奏為皖省武備學堂三年期滿教習委員學生勤
勞卓著懇
恩敕部仍照原擬核獎以資觀感恭摺具陳仰祈
聖鑒事竊照安徽省武備學堂於光緒二十四年
奏准設立二十五年開學參酌南北洋規制延聘
教習分班課授並遴派委員督率稽查開辦以
來時逾三載上年經前撫臣聶緝槼將頭班優
等學生一再考校學問技藝均有可觀堪以卒
業即援照直隸江南成案將教習委員學生分
別開單
奏請給獎在案旋准吏部咨以天津武備學堂及

奏

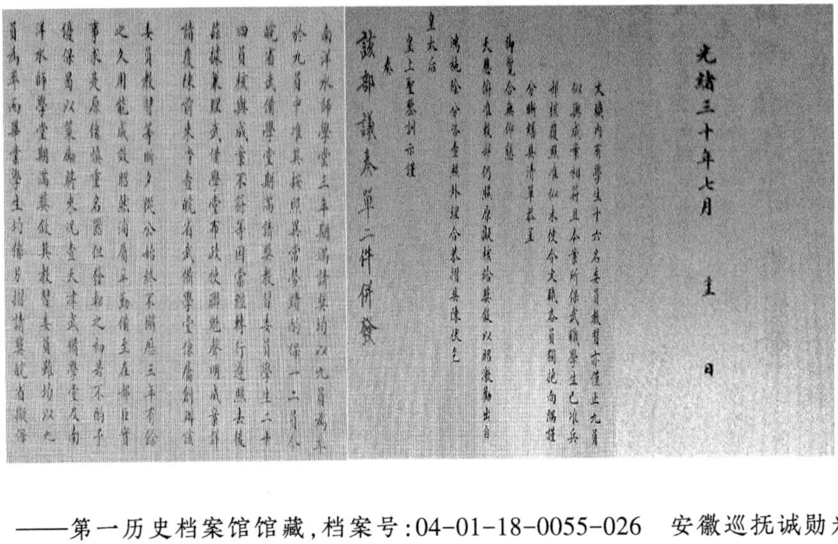
南洋水師學堂三年期滿請獎均以九員為率
於九員中准其按照異常勞績酌保一二員今
皖省武備學堂期滿請獎教習委員學生二十
四員核與成案不符等因當經轉行遵照去後
茲據署理武備學堂布政使聯魁督同成章詳
請覆陳前來查皖省武備學堂係屬創辦該
委員教習等晨夕從公始終不懈歷三年有餘
之久用能成效昭然洵屬異常勤奮至在部從前
事未免原係慎重名器但飭勤之初若不酌予
優保曷以策勵將來況查天津武備學堂及南
洋水師學堂期滿獎敍其教習委員雖均以九
員為率而畢業學生均係另摺請獎既有微擇
大概內有學生十六名委員教習亦僅止九員
似與成案相符且本案所係武職學生已非兵
部核覆照准似未便令文職各員獨抱向隅謹
分晰繕具清單恭呈
御覽合無仰懇
天恩俯准敕部仍照原擬核給獎敍以昭激勸出自
鴻施除分咨查照外理合恭摺具陳伏乞
皇太后
皇上聖鑒訓示謹
奏
該部議奏單二件併發

光緒三十年七月　　日

——第一历史档案馆馆藏，档案号：04-01-18-0055-026　安徽巡抚诚勋光绪三十年七月二十三日，标题：奏为皖省武备学堂期满教习委员学生勤劳卓著请敕部奖励叙事。

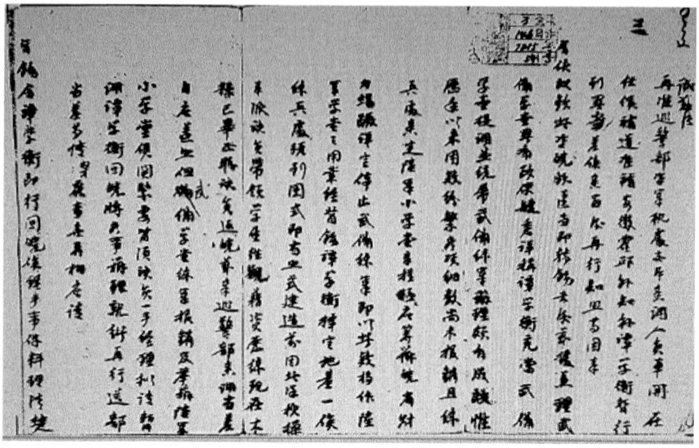

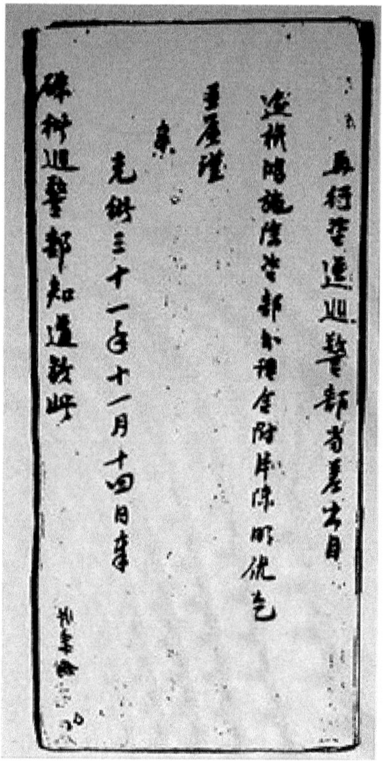

——第一历史档案馆馆藏,档案号:03-7215-050　安徽巡抚诚勋光绪三十一年十一月十四日,标题:奏为武备学堂报销及举办陆军小学堂紧要事请旨敕令谭学衡即行回皖料理清楚事.

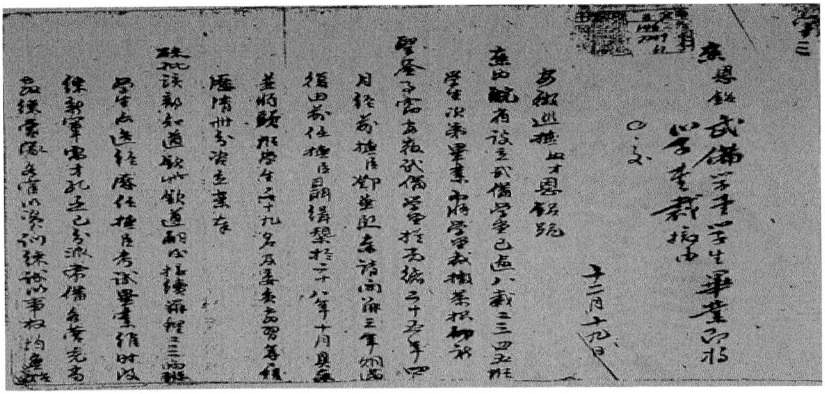

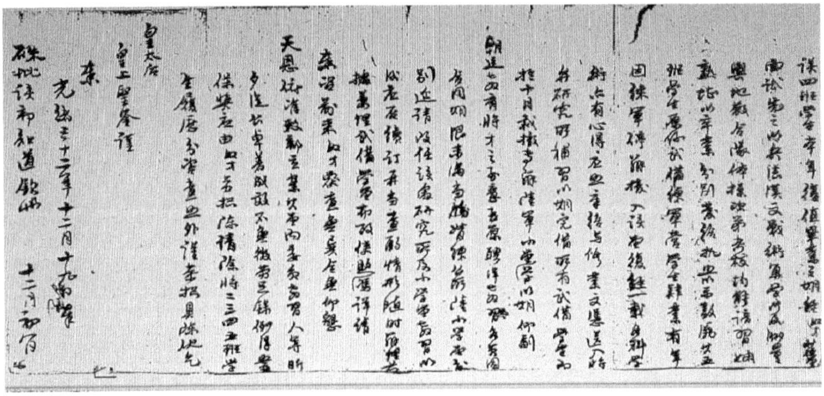

——第一历史档案馆馆藏，档案号：03-7219-067　安徽巡抚恩铭光绪三十二年十二月初八日，标题：奏报皖省武备学堂学生逐次毕业裁剪专办陆军小学堂事.

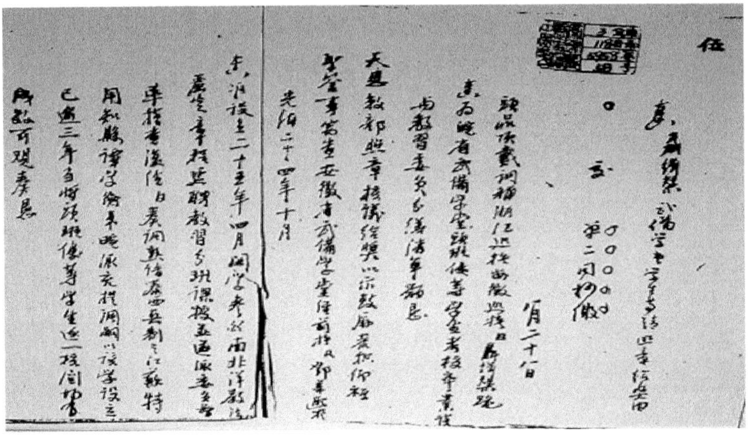

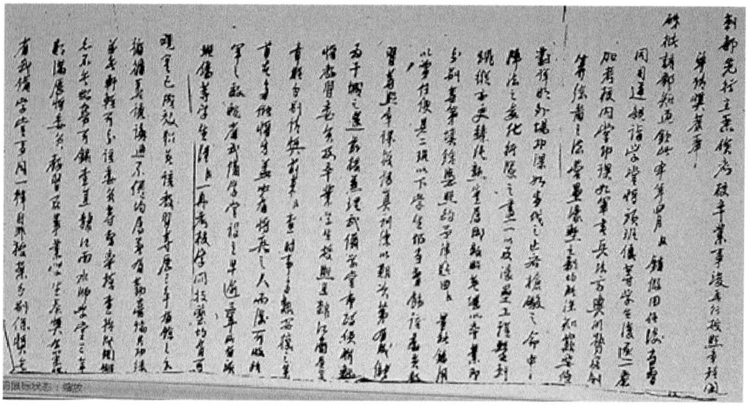

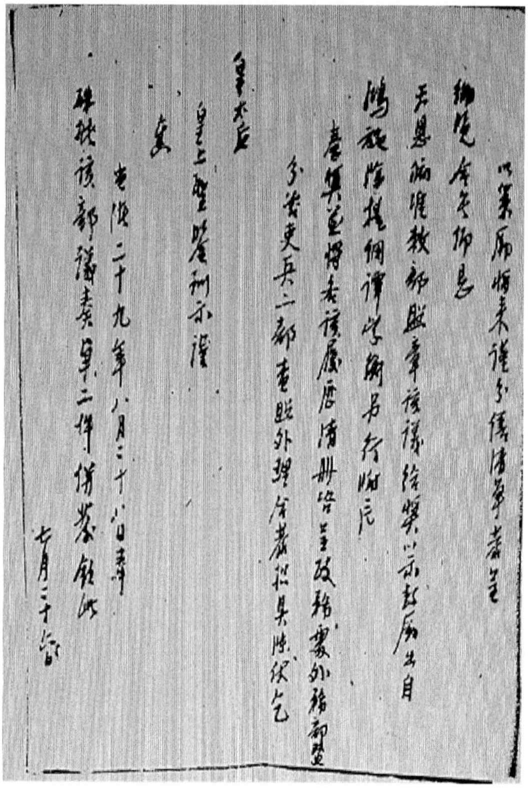

以案属将来谨分缮清单恭呈
御览合无仰恳
天恩俯准敕部照章核议给奖以示鼓励出自
鸿慈除将提纲课程另行咨部
查核并将各该员履历清册咨呈政务处外务部暨
分咨吏兵二部查照外理合恭折具陈伏乞
皇太后
皇上圣鉴训示谨
奏
光绪二十九年八月二十八日奉
硃批该部议奏单二件并发钦此
七月二十六日

——第一历史档案馆馆藏,档案号:03-5958-058,安徽巡抚聂缉规光绪二十九年七月二十六日,标题:奏为皖省武备学堂委员教习及毕业学生优异者请旨敕部照章给奖事.

奏為遵
旨設立武備學堂謹陳籌辦情形恭摺仰祈
聖鑒事竊臣以經武整軍實振奮自強之首務明恥
教戰在多儲良將以為師干今時事之多艱尤
亟安攘之並策中外臣工疏陳武事惟貴將才

業出旨設武備學堂臣欽奉
諭旨飭辦如何設立之處未明辦理已於六月間遵
議武科摺內陳明悉心籌辦在案臣維周官司
馬鄉政有經堂作進退之方與物金鼓之節行
其教於四仲言教而學在其中兵事非學不精
古今理無二致近來泰西各國皆執兵力爭雄

奏

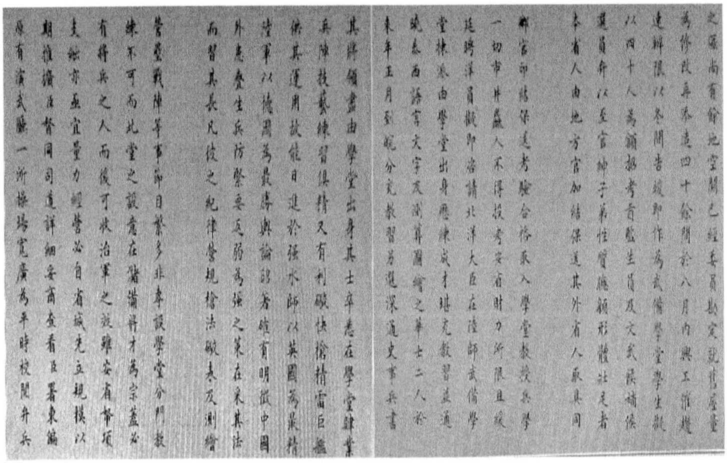

之區尚有餘地堂閣已經委員勘定就舊屋量
為修改再添造四十餘間於八月內興工催趕
速辦限以冬間告竣即作為武備學堂學生擬
以四十人為額招考貢監生員及文武候補候
選員弁以至官紳子弟性質穎秀形體壯足者
本省人由地方官加結保送其外省人取具同
鄉官印結保送考驗合格取入學堂教授兵學
一切事件蟲人不得設考安省財力所限且缺
延聘洋員擬即咨請北洋大臣在陸師武備學
堂揀派由學堂出身應練成才堪充教習並通
曉泰西語言文字及測算圖繪之華士二人於
來年正月到皖分充教習另選深通史事兵書
其將領盡由學堂出身其士卒悉在學堂肄業
兵陣技藝練習俱精又有利礮快槍精雷巨艦
供其運用故能日進於強水師以英國為最精
陸軍以德國為最著與論的者皆有明徵中國
外患疊生兵防緊要反弱為強之策在采其法
而習其長凡彼之紀律營規槍法礮表及測繪

營壘戰陣等事節目繁多非專設學堂分門教
練不可而此堂之設意在儲備將才為宗蓋必
有將兵之人而後可收治軍之效雖安省帑項
支絀亦亟宜量力經營必自省城先立規模以
期推擴臣督同司道詳細妥商查看臣署東偏
原有演武廳一所操場寬廣為平時校閱弁兵

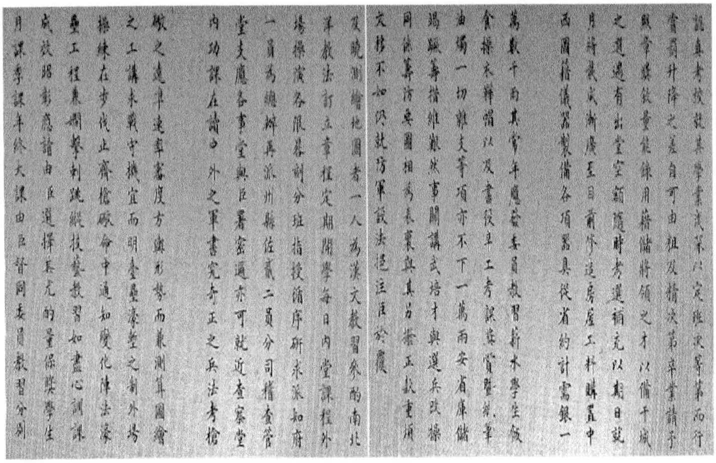

諳其考校就其學業淺深以定班次等第而行
賞罰升降之差自可由粗及精次第卒業請予
獎拔量能錄用藉儲將領之才以備干城
之選遇有出堂空額隨時考選補充以期日就
月將裝成漸廣至目前修造房屋工料購置中
西圖籍儀器製備各項器具從省約計需銀一

萬數千兩其常年應發委員教習薪水學生飯
食操衣並需以及書役弁工考課獎賞暨紙筆
油燭一切雜支等項亦不下一萬兩安省庫儲
竭蹶籌措維艱然事關講武培才與選兵改操
同系籌防要圖相為表裏與其另籌正款重增
文移不如即就防軍設法撙注庶臣於震
及曉測繪地圖者一人為漢文教習參酌南北
洋教法訂立章程定期開學每日內堂課程外
場操演各限晷刻分班指授循序研求派知府
一員為總辦再派州縣佐貳二員分司稽查管
堂支應各事堂與臣署密邇亦可就近查察堂
內功課在講中外之軍書究奇正之兵法考槍

礮之遠近速率審度方與形勢而兼測算圖繪
之工講求戰守機宜而明臺壘濠塹之制外場
操練在步伐止齊槍礮命中通知變化陣法濠
壘工程兼習擊刺跳縱技藝教習如盡心訓課
成效昭彰應請由臣選擇尤的量保獎學生
月課季課年終大課由臣督同委員教習分別

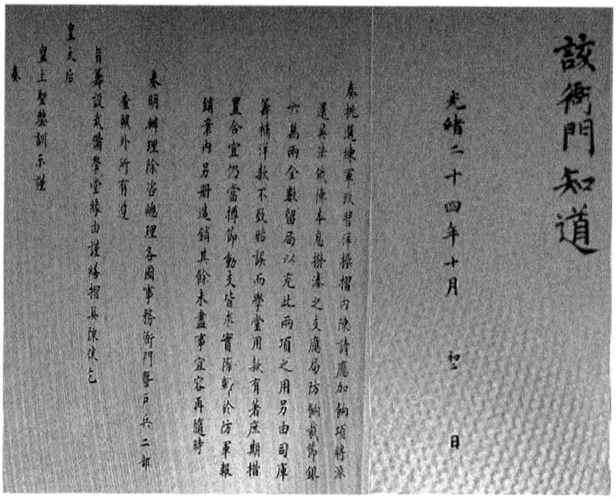
該衙門知道

光緒二十四年十月 初二 日

奏挑選練軍改習洋操摺內陳請應加餉項將淮
選兵法餉俸本息撥濟之支應局防餉裁節銀
六萬兩全數留局以充此兩項之用另由司庫
籌備洋款不致貽誤而學堂用款有著庶期措
置合宜仍當撙節動支皆求實際並於防軍報
銷案內另冊造銷其餘未盡事宜容再隨時
奏明辦理除咨總理各國事務衙門暨戶兵二部
查照外所有遵
旨籌設武備學堂緣由謹繕摺具陳伏乞
皇太后
皇上聖鑒訓示謹
奏

——第一历史档案馆藏，档案号：04-01-03-0012-016　安徽巡抚邓华熙光绪二十四年十月初二日，标题：奏为遵旨设立武备学堂现筹办情形事．

安庆采访友人云安徽巡抚邓小赤大中丞夙以培植人材为先务曾就省垣创设求是学堂招集陪颖子弟肄业其中又将抚署东偏演武厅改造武备学堂罗致英俊少年备他目干城之选当经始之时出有告示略谓欲作军心宜培将领矧逢时势多艰兵防尤要近来

诏书屡降饬各省设立武备学堂以教将士自宜钦遵

旨实力经营本部院现就抚署东偏演武厅操场空旷余地增建新宇修造旧庐即作为安徽武备学堂诸生讲舍住房及操练打靶处所均已布置妥帖此堂之设以诸备将才为宗盖必有将兵之人而后可收治军之效现在学生定额四十人应考选举贡生监暨文武候补候选员弁官绅世家子弟年在二十左右文理通畅形体壮足者送堂肄业其学堂教习已咨请北洋大臣在陆师武备学堂拣派历练成才头等学生二人来皖分充教习另选深通史事兵书攻晓测□地图者为汉文教习参酌南北洋教法订立章程分别内堂功课外场操演内堂读中外之军书究奇正之兵法考枪炮之远近速率审度方舆形势而兼测算绘图之工研求战守机宜而明台垒濠堑之制外场在步法止齐枪炮命中通知变法阵法濠垒工程兼娴击刺纵跳技艺分班依类循序致功非文义明通未易得其精要非身体坚实不能耐此勤劳更非志行专一扑灭仍难望其深造可以展转传授有备于经武要图为此示仰文武学贡生监及文

武员弁官绅世家子弟一体知悉如有年在二十岁左右文义明通身体坚实立志向学素行谨饬者各即备具甘结取殷实人保结本省人由地方官加印结外省人由同乡官加印结赴武备学堂投呈报名听候造册示期考试录取入堂不论有无功名均作为学生须遵教习所定课程认真学习并须遵提调及稽查委员约束其有言行谬妄违犯学规者立即屏除入堂三月之后考试甄别以定去留其留堂肄业者月给赡银四大圆仍由堂供备火食其月课季课年终大课并按名次高下酌量奖赏倘三年之后学业有成本部院必援各省学堂奏准奖叙定章择尤请奖并酌量差委以资鼓励此举为导

旨造就人才而设非以津贴贫员寒酸所期来学之士努力向前磨练成才共备干城之选倘或意存浮慕但为口腹之谋则不必冀幸滥竽以免干甄别至于市井□材文理未通或身家不清均不收考云云现经各属先后送到学生多至五六十名中丞业已悬牌示期考试矣

——申报馆:培植将才,《申报》,1899年05月02日,第9版,第9354期.

(三)活动

安徽武备学堂抵制美禁华工

安徽武备学堂为抵制美约事已演成白话广劝不买美货并从各报中摘录各美货牌号兹照录下(粗布牌名)老张头马狗三兔跑马喜鹊双兔双鱼吉庆新鹊梅小狮球圈狗头大鹿甲(细布牌名)太和大官太和人枪太和桃协隆人枪斜纹布牌名飞龙飞马人马弓喜鹊三桃鹰桃龙马蓝鹿新双虎双狗(粗细布)羊头蓝狮双象蓝象龙船松鹿人船鹰兔人枪蓝狗象头人球圈三英太小鼠大小鸟四头狮草牛蓝牛草孩头号鸟二号鸟老佛猫头鹰双圈鸟双圈头鹿狗铁公鸡半月单凤骆驼龙凤六月望日刊布

——新闻报:安徽武备学堂抵制美禁华工,《新闻报》,1905年8月2日,第3版.

(四)机构

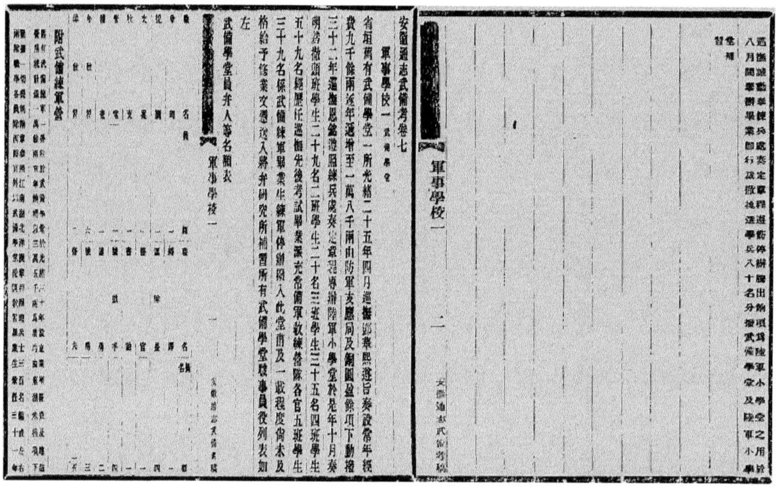

安徽通志武備考卷七

軍事學校一 武備學堂

省垣舊有武備學堂一所光緒二十五年四月巡撫鄧華熙遵旨奏設常年經費九千餘兩迭年遞增至一萬八千兩由防軍支應局及銅圓盈餘項下動撥三十二年巡撫恩銘遵照練兵處奏定章程專辦陸軍小學堂於是年十月奏明將撤頭班學生二十九名二班學生二十名三班學生三十五名四班學生五十九名經歷任巡撫先後考試畢業派充常備軍教練營隊各官五班學生三十九名係武備練軍畢業生練軍停辦撥入此堂甫及一載程度尚未及格給予修業文憑送入將弁研究所補習所有武備學堂職事員役列表如左

武備學堂員弁人等名額表

軍事學校一

附武備練軍營

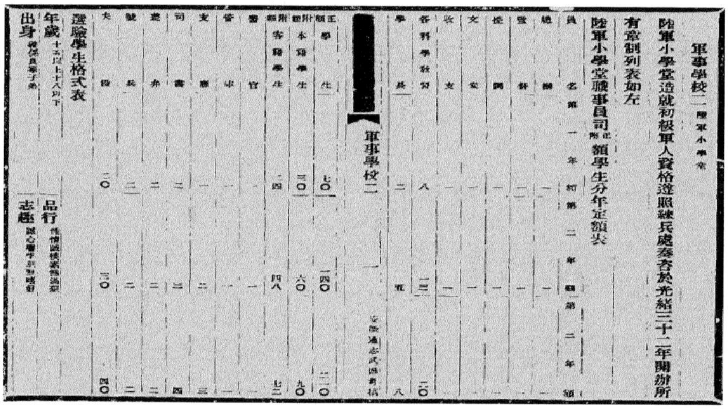

軍事學校二 陸軍小學堂

陸軍小學堂造就初級軍人資格遵照練兵處奏咨於光緒三十二年開辦所有章制列表如左

陸軍小學堂職事員司附正額學生分年定額表

遴驗學生格式表

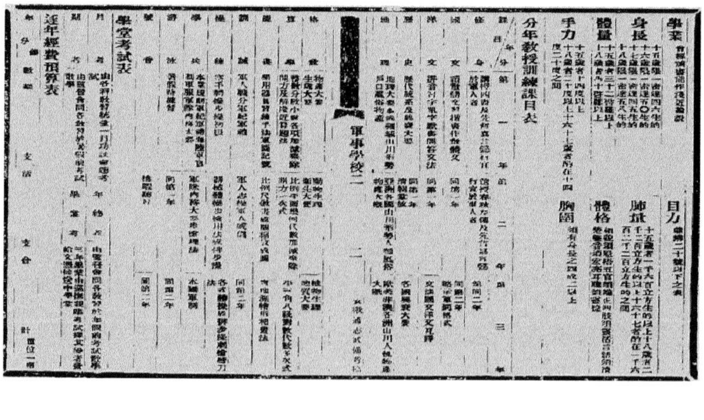

分年教授訓練課目表

學堂考試表

逐年經費預算表

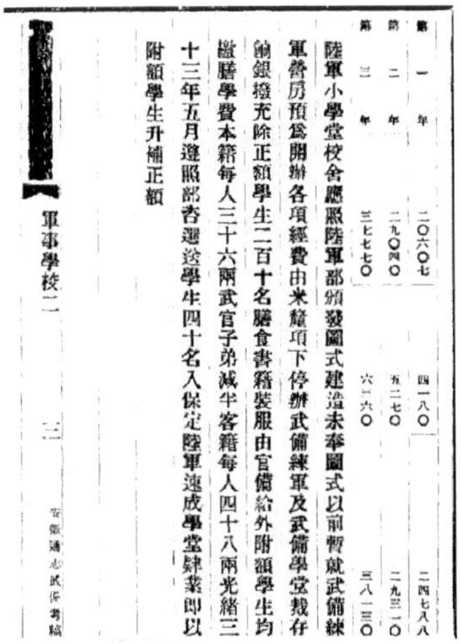

第一年	二〇六〇七	四一八〇	二四七八八
第二年	二九〇四〇	五二七〇	二九三一〇
第三年	三七七七〇	六二六〇	三八一三〇

陸軍小學堂校舍應照陸軍部頒發圖式建造未奉圖式以前暫就武備練軍營房預爲開辦各項經費由米釐項下停辦武備練軍及武備學堂裁存餉銀撥充除正額學生二百十名膳食書籍裝服由官備給外附額學生均繳膳學費本籍每人三十六兩武官子弟減半客籍每人四十八兩光緒三十三年五月遵照部咨選送學生四十名入保定陸軍速成學堂肄業即以附額學生升補正額

軍事學校一二　三　安徽通志武備考稿

——《安徽通志稿》武备考卷七军事学校一二，安徽通志馆纂修，民国二十三年[1934]铅印本．

（五）经费

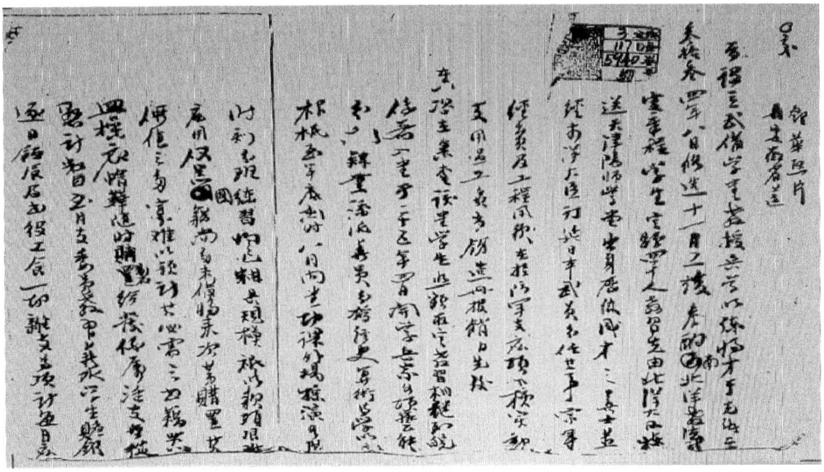

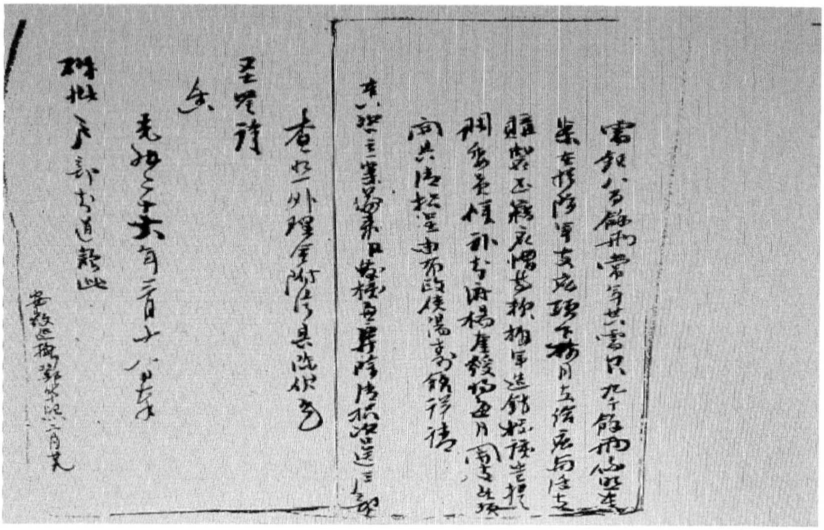

——第一历史档案馆藏,档案号:03-5940-057　安徽巡抚邓华熙光绪二十六年二月二十九日,标题:奏报新设武备学堂每月各项开支数目事.

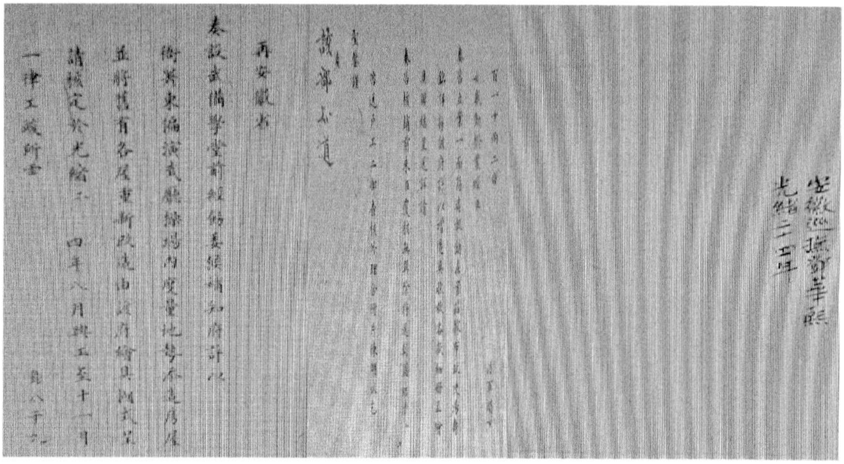

——第一历史档案馆藏,档案号:04-01-30-0461-007　安徽巡抚邓华熙光绪二十四年,标题:奏请核销安徽省武备学堂各工用过银两事.

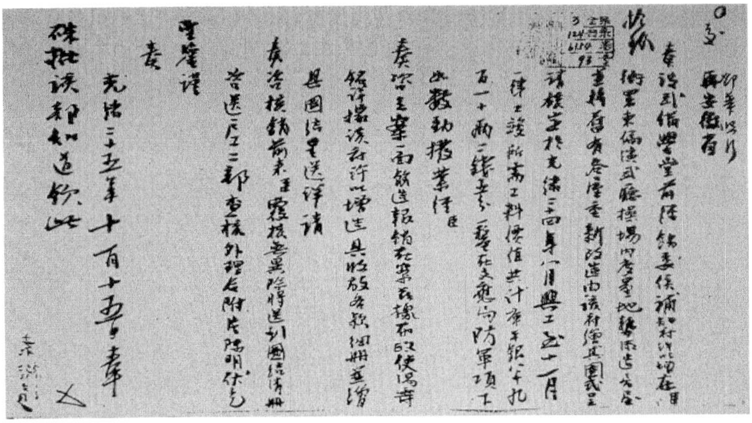

——第一历史档案馆馆藏,档案号:03-6154-093　安徽巡抚邓华熙光绪二十五年十一月十五日,标题:奏请核销建造武备学堂所需工料价值银两事.

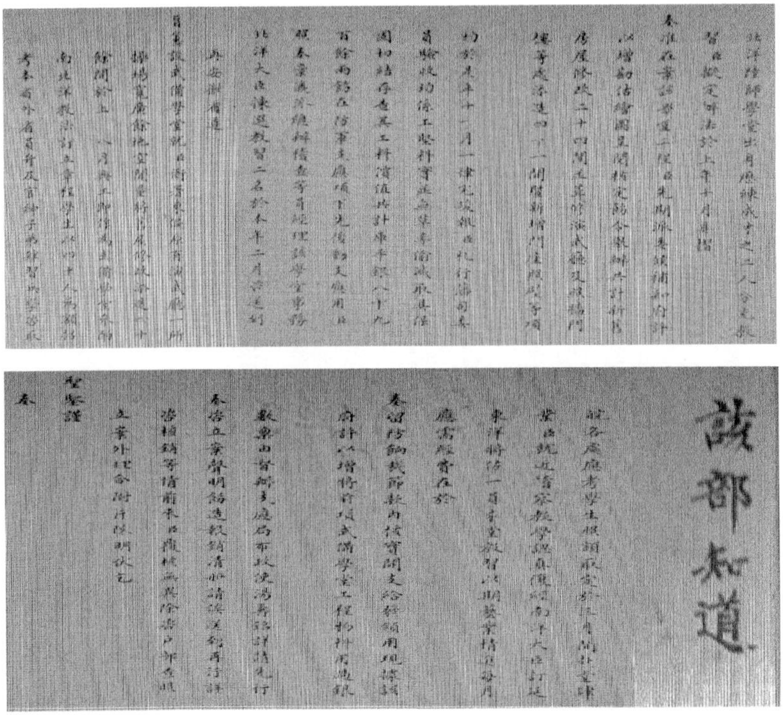

——第一历史档案馆馆藏,档案号:04-01-0184-039,标题:奏为安徽省遵旨筹设武备学堂所支经费报销事.

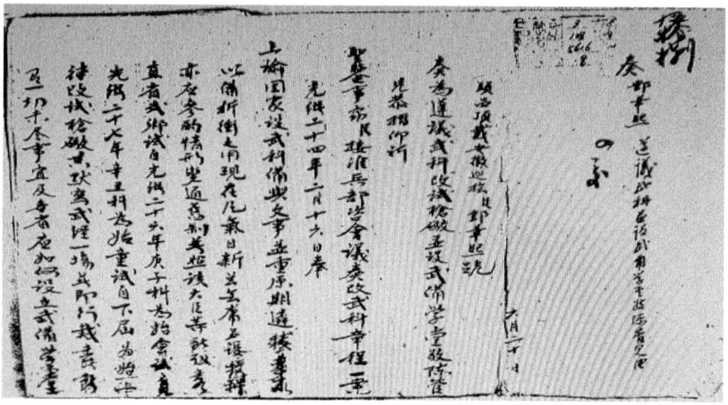

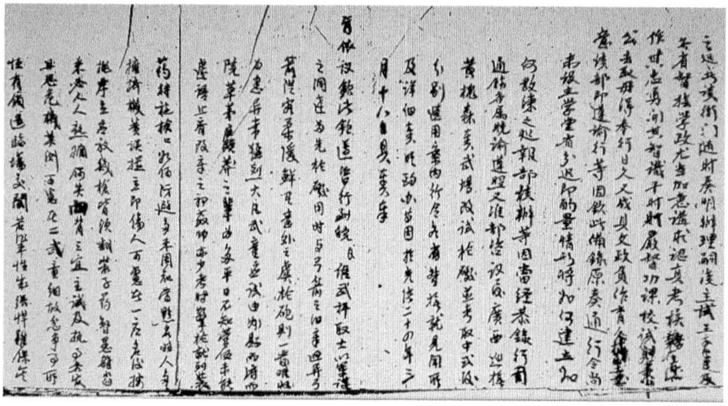

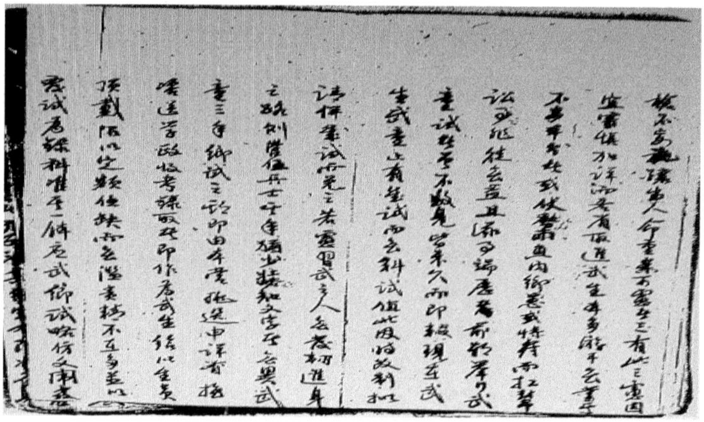

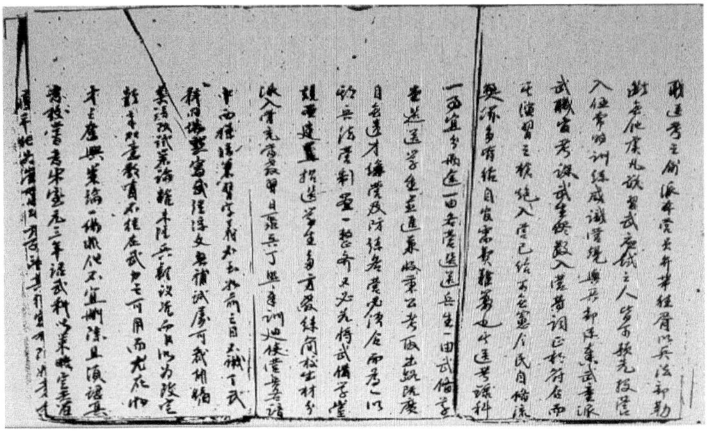

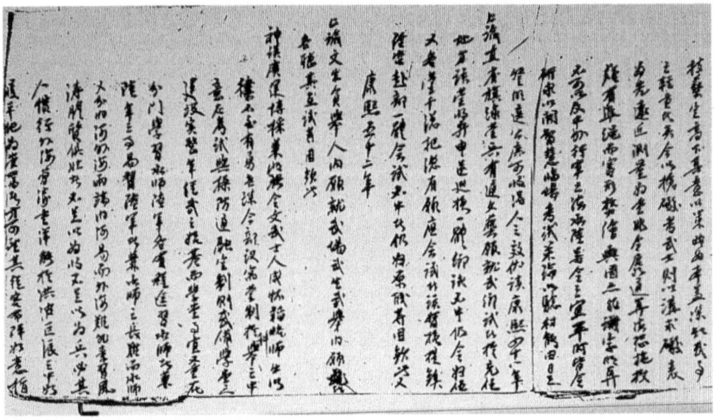

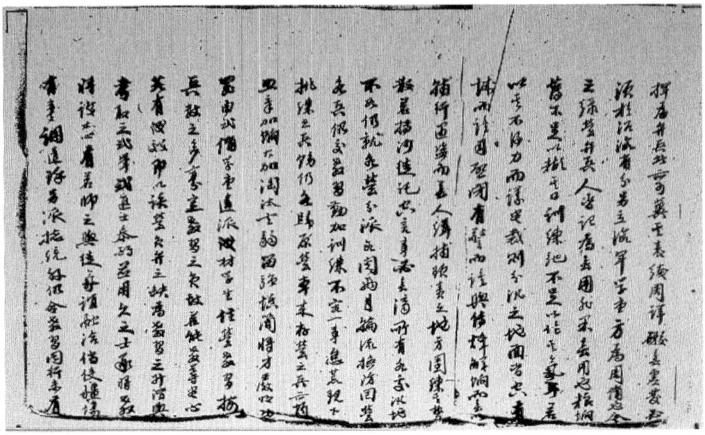

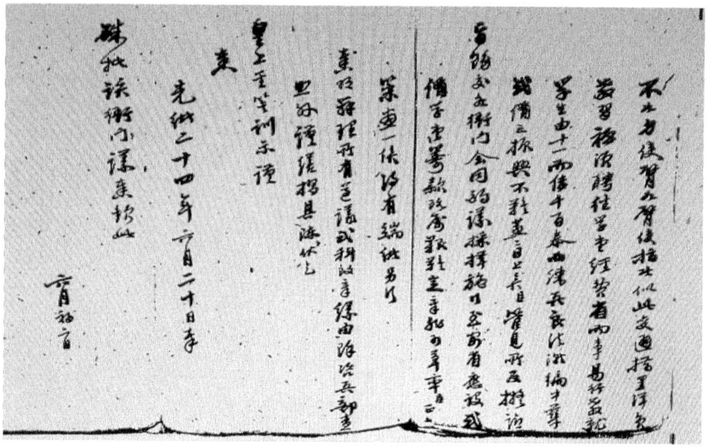

——第一历史档案馆馆藏,档案号:03-5615-009　安徽巡抚邓华熙光绪二十四年六月初二日,标题:奏为变通武科并设武备学堂筹款事等管见事.

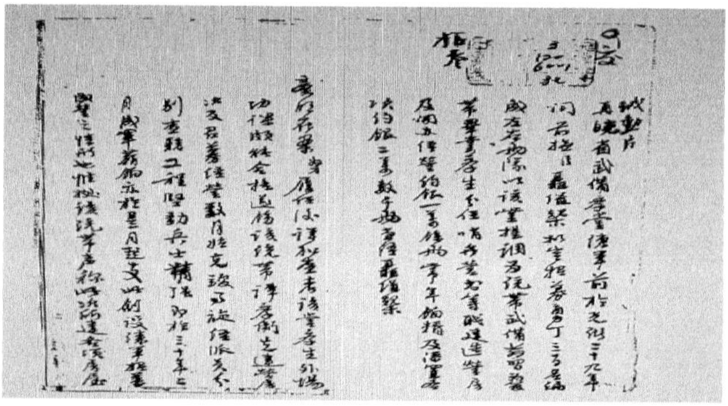

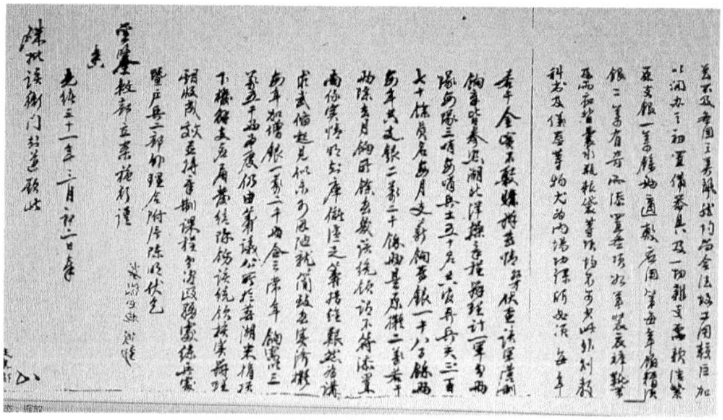

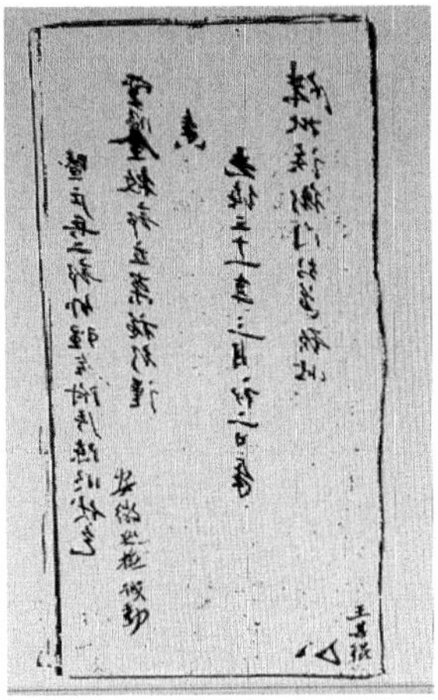

——第一历史档案馆馆藏,档案号:03-6001-039 安徽巡抚诚勋光绪三十一年三月初二日,标题:奏为皖省武备学堂练军拟加经费事.

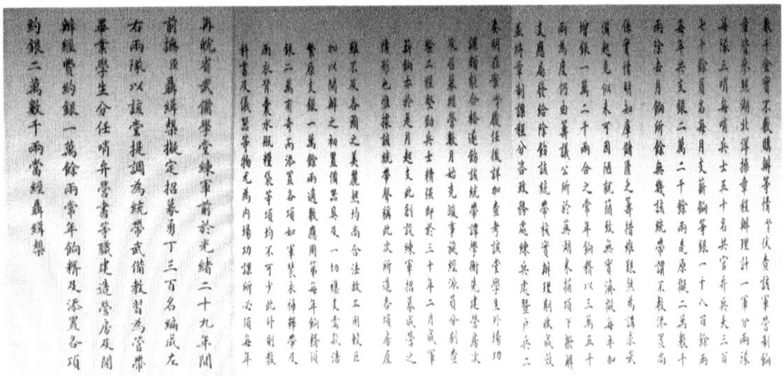

再皖省武備學堂練軍前於光緒二十九年間
前撫臣聶緝槼擬定招募勇丁三百名編成左
右兩隊以該堂提調爲統帶武備教習爲管帶
畢業學生分任哨弁營書等職建造營房及開
辦經費約銀一萬餘兩常年餉糈及添置各項
約銀二萬數千兩當經聶緝槼
奏明在案今履任後詳加查考該堂學生外場功
課頗能合格遂飭該統帶講學術先建營房次
及各菜地營數月始克竣事旋經派員分別查
驗工程整飭兵士精强即於三十年二月成軍
薪餉亦於是月起支此創設練軍招募成營之
情形也惟據該統帶禀稱此次所造各項房屋
雖不及各國之美麗然均尚合法故工用較巨
加以開辦之初置備器具及一切雜支需款浩
繁原支銀一萬餘兩適敷應用第每年餉糈需
銀二萬有奇而添置各項如軍裝衣褲靴帶及
雨衣背囊水瓶糧袋等項均不可少此外則教
科書及儀器等物尤爲内場功課所必須每年
衆千金實不敷購辦等情并伏查該軍營制餉
章皆系照湖北洋操章程辦理計一軍分兩隊
每隊三哨每哨兵士五十名共官弁兵夫三百
七十餘員名每月支薪餉等銀一千八百餘兩
每年共支銀二萬二千餘兩是原擬二萬數千
兩除去月餉所餘無幾該統帶謂不敷添置尚
係實情明知庫儲匱乏籌措維艱然爲講求武
備起見似未可因陋就簡致無實濟擬每年加
增銀一萬二千兩合之常年餉糈以三萬五千
兩爲度仍由籌議公所於蕪湖米捐項下撥解
支應局發給除飭該統帶核實辦理剋收成效
並將章制課程分咨兵部練兵處暨户兵二

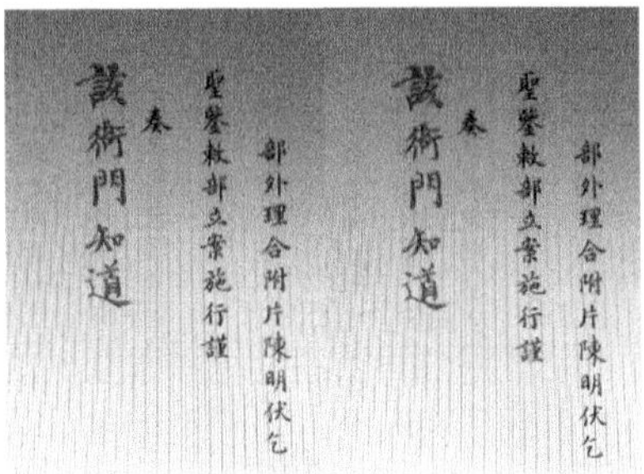

部外理合附片陳明伏乞
聖鑒勅部立案施行謹
奏
該衙門知道

部外理合附片陳明伏乞
聖鑒勅部立案施行謹
奏
該衙門知道

——第一历史档案馆馆藏,档案号:04-01-01-1072-083 安徽巡抚诚勋光绪三十一年二月初二日,标题:奏为皖省武备学堂练军饷薪不敷支用酌拟增加事.

二、安徽私立农工学堂

属于法政科的3所。光绪十二年十二月，安徽巡抚恩铭奏准在安庆姚家口设置安徽省官立法政学堂。光绪三十四年，安徽省教育总会皖北教育分会会长李国栋创办了安徽省公立法政学堂(又称法政传习所)，学生学习8个月毕业。宣统三年，程晓苏与光明甫共同创办了安徽私立法政专门学堂。3所法政专门学堂在辛亥革命爆发后均先后停办。

属于军警方面的2所。一所是光绪二十八年创办的武备学堂，校址在安庆巡抚衙东，由原武场箭道改建办学，时间很短。另一所是光绪三十二年巡抚恩铭在安庆百花亭树湾开办的安徽高等巡警学堂，由安庆巡警处会办徐锡麟兼任学堂总监督。徐系光复会会员，光绪三十三年七月六日率巡警学堂学生起义，枪杀了巡抚恩铭，并占领军械局，旋即被清政府派兵镇压，徐被捕就义，巡警学堂仍继续办理，

属于农村的1所，系宣统二年刘梧冈、程晓苏在安庆鹭鸶桥原农工局旧址创办的私立安徽农工学堂，后改为安徽高等农业学堂，分设农本科和讲习科。

安徽兴办的高等学堂，一般都是遵奉上谕和管学大臣(光绪三十二年改学部)的部署，由省最高行政长官按定章筹划，落实经费、校址，聘任监督等，奏请设立，委藩、泉两司总办，学务处管理(后改委藩、学、臬三司总办，省提学使司管理)，每年年终将办学情况禀督抚查核，并转报学务大臣(学部)查考。高等学堂中，由省拨给经费和主管的，称为官立。高等学堂设监督、教务长、教习、教员、庶务长等职事人员。在管理体制上，由监督统辖各员，主持全堂教育事务。教务长专稽核各学科课程、各教员教学及各学生学业勤惰优劣。庶务长专理堂中一切庶务等。

——陈贤忠、程艺主编，《安徽教育史》(上)，合肥：安徽教育出版社，2006年版，第392—393页.

私立高等农业学堂

宣统二年(1910年),刘梧冈以围垦大渡口八都湖为校产,会同程晓苏创办,刘自任董事长,程负责教务,设本科及讲习科,以原鹭鹭桥求是学堂为校舍,当年10月开学,后因原校产中部分私人财产纠纷,校产收入锐减,辛亥革命后停办。

民国元年(1912年)春,改在东门外演武厅重建校合,设农业、蚕丝两科,并设农场、桑园、养殖场、缫丝厂等。

民国二年(1913年)春,省教育司收归省立,改称省立第一高等农业学校(或称省立甲种农业学校)。原高等农业学堂在校学生大部分随程晓苏转入私立江淮大学。

——安庆地区教育志编辑委员会,《安庆地区教育志》,安庆:安庆市教育委员会出版,1996年版,第351页.

清宣统二年(1910年),刘梧冈以国垦大渡口八都湖为校产,会同程晓苏创办私立高等农业学堂。刘自任董事长、程负责教务,设本科及讲习科,以原鹭鸶桥农工局为校舍,当年十月开学。后因原校产中部分私人财产纠纷,校产收入锐减,辛亥革命后学校停办。民国元年(1912年)春,改在东门外演武厅复校,设农业、蚕丝两科,并设农场、桑园及养殖场、缫丝厂等。民国2年春、省教育司收归省立,改为省立甲种农业学校。原高等农业学堂在校生大部分转入私立江淮大学。

——安庆市地方志编纂委员会编,《安庆地区志》,合肥:黄山书社1995年版,第930页.

私立高等农业学堂:1910年,程滨遗与刘梧冈合力筹办,校址鹭鸶桥在农工局内。刘任董事长,程任教务。基金为刘氏八都湖公股龙洋4万元、粤汉铁路股票4000元、钱庄借款8000元及现款6000元等充作筹办经费。分设本科、讲习科两科。1911年中辍。

——安庆市政协文史资料委员会安庆文史资料编辑部编,《安庆文史资料·教育史料专辑》,北京:中国文史出版社,2000年版,第561页.

断不可理解者,关于职业教育栏内,大书特书曰:宣统二年,全皖共和急进会会长徐光谟、何霖煦等呈请创办高等农业学堂等语,事实不符。宣统二年,还是清廷帝制时代,虽孙中山、黄克强辈合组之同盟会且不敢潜入内地,徐光谟、何霖煦何人?竟敢公然组织共和急进会于安徽省会,且公然以会长名义呈请办学……。惟高等农校确系宣统二年开办者,后改省立第一农校,校产之多为安徽各校之冠,皆安庆六邑士绅,公而忘私所建置者,不可以不记。盖自光绪三十年求是学堂停办,安庆府士绅陈尧斋、赵伯远、余寿平、刘梧冈、方伦叔、王绍谷等,请就求是学堂房屋,改办农工学堂,并请以藩库所在地方结余现银四万两,拨充农工学堂基金,更以此四万两现银,投入广丰圩(俗呼八部湖)之安阜公司,分得洲地四千余亩。又向大清银行借得纹银四千两,报领繁昌县大沙凸洲、关门洲等草地、泥滩数万亩,均得成为校产,正布置间,光绪三十二年,安庆府中学成立,假农工学堂开学授课。宣统二年,府中学迁入新建之校舍。诸先生又以农、工两科同时举办,财力不敷,于是先办农业,定名安徽高等农业学堂,健吾曾授课其间。宣统三年秋,武昌革命军兴,高农与诸校同时停办。民国元年暑假间,健吾奉令规复高农,而军队、党、会、民团林立其中,几经交涉乃迁去,是否有共和急进会,今已不复记忆,筹备四十日,开学授课。二年,迁校于东门外龙狮桥畔,改名省立第一农校。十三年,健吾归自燕京,接长斯校。十六年春,停办。健吾与安庆第一农校,可谓是相与始终者,故知之特详也。

——安庆市政协文史资料委员会安庆文史资料编辑部编,《安庆文史资料》(第24辑),1992年版,第42页.

第七编　安徽大学堂、安徽高等学堂

一、安徽大学堂

求是学堂 1897年，安徽巡抚邓华熙向清政府呈请创办学堂，拟名为求是学堂。次年在鹭鸶桥原敬敷书院旧址开办，共招收正课生、附课生93名，3年毕业。它是安徽第一所近代学堂。1901年秋，改求是学堂为求是大学堂，由各县选送2名学生共100名为正课生，另设附课生120名。此为安徽高等教育之始。1902年，又改名为安徽高等学堂。1906年，聘著名学者严复任监督（校长）。1912年停办。先后毕业的预科、本科、补习班、师范班生约400人。

——《安徽文史资料全书》编委会编，《安徽文史资料全书·安庆卷》，合肥：安徽人民出版社，2007年版，第234页.

安徽巡抚邓华熙迫于形势，锐意改革教育。光绪二十三年（1897年），邓抚在呈请开办学堂的奏札中说："熟权时势，今之宜讲求西学，以造就人才。"其具体的理由：一是旧有书院担不起发展西学的重责；二是京、津、沪已有头等学堂，要保证他们的学生来源，各省宜办二等学堂；三是要改变当时对于西学的敷衍不实之风，必须实事求是，以使教育能够切实。他在奏札上还拟定学堂名为"求是学堂"，并强调学堂既重西学的学习，尤重圣贤义理的熏陶。这很合清政府的意旨，所以他得到了"与泛言设学者有别，自应准知所请"的批复。次年，于安庆鹭鸶桥正式创办求是学堂，招收了正课生67名、附课生26名，这是安徽省兴办学校的开始，也是安庆有学校以来第一批学生。

光绪二十七年（1901年），清政府命各省成立大学堂。次年，安徽成立高等学堂，利用原求是学堂为校址（今安庆茶厂），是安徽省第一所高等学堂，比清政府正式颁布学堂章程早四年，为安庆最早的高等学堂。光绪三十一年（1905年），废除科举，开办新学，设立学部。同年，高等学堂迁入府学宫敬敷书院旧址，由中国宣传资产阶级民主思想的先驱严复（几道）任监督（校长，后为洪思亮）；姚叔节为教务长；刘文川为学监，徐铁华（经纶，石台人）为国文教习；刘彦遐（怀宁）为英文教习；解小云（扬州人）为算学教习；并聘一外籍教师教音乐。设有博物、历史、地理、图画等课。在校任教的还有苏子谷（玄瑛，号曼殊，广东香山人,居士)、胡渊如(远濬)、邓绳侯(艺孙)、洪朗斋(思亮)。

求是学堂和高等学堂均设有师范班,高等学堂的东院并附设有师范讲习所。辛亥革命后,以上学堂全部停办。

——《安庆地区教育志》编辑委员会编,《安庆地区教育志》,安庆:安庆市教育委员会,1996年版,第277页.

求是学堂　近代安徽第一所学校。光绪二十三年(1897),巡抚邓华熙奏设,建于鹭鸶桥(在今人民路、锡麟街交汇处)。次年开学。招正课生、附课生93人,学制3年。二十七年二月,首届学生毕业。经巡抚王之春主试,择优录取英法文学生13人,奏奖监生和八品翻译官。十月,改名大学堂。以布政使、按察使为总办。全省每县选送学生2人,计100人,为正课生。附课生120人,由原求是学堂肄业生充之,作为师范生。经费由省支应局每月支付银700两。二十八年改名安徽高等学堂,并在府学东敬敷书院旧址别建校舍,三十一年一月迁入。正课生渐扩至300人。原以藩臬两司为总办,至此另聘专职监督(校长)。三十二年(1906)严复任监督时,改为高等预科,将预科生编为5班。另设补习班,除补习中学各科课外,增开教育学等,1年毕业。三十三年从预科5班中挑选师范1班,添招预科6班。三十四年停招预科生,特设补习1班。将原招预科6班并为4班,计170余人。宣统元年(1909)始办本科1班,计12人。民国元年(1912)停办。在校本科生12人转入北京大学续读。先后毕业的预科、本科、补习班师范班学生约400余人,在堂任教的还有洪思亮、姚永概、姚永朴、胡渊如、徐铁华、刘彦遐、解小云等学者。

——《安庆市地方志》编纂委员会,《安庆市志》,北京:方志出版社,1997年版,第1415—1416页.

是年十月,遵旨查照山东办法,改求是学堂为大学堂,委藩臬两司总办,饬各属选生申送,县各二名,合共百人,为住堂正额。另设附课生一百二十名,以原在求是学堂肄业者充之,作为师范生。越明年,奉颁奏定章程,更定高等学堂名称,并就府学东偏,老敬敷书院旧址,别建校舍,以冀规模完备。

——[清]冯煦编,《皖政辑要》,合肥:黄山书社,2005年版,第451页.

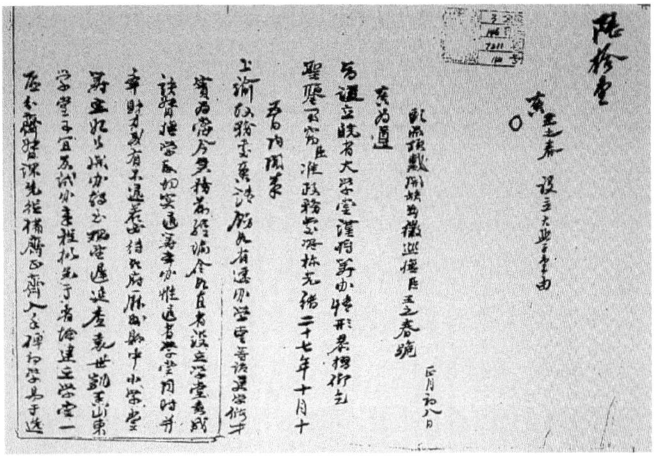

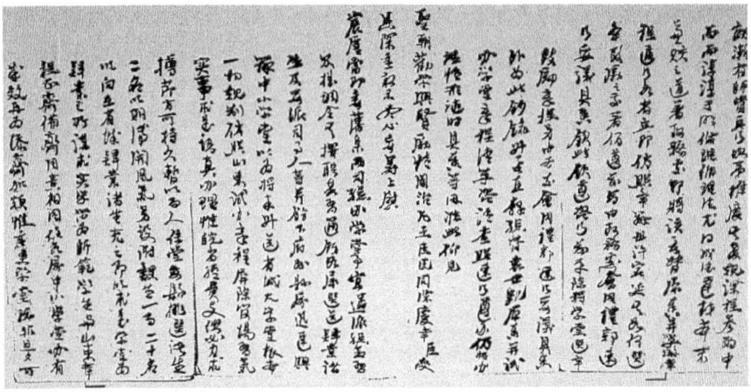

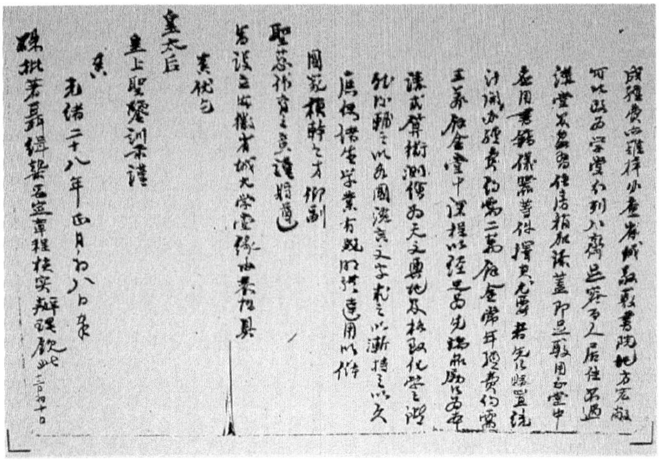

——第一历史档案馆馆藏，档案号：03-7211-010　安琥巡抚王之春光绪二十七年十二月初十日，标题：奏报遵旨在省城设立大学堂筹办情形事.

1902年初,因听闻清政府要和沙皇俄国签订密约,陈独秀和潘赞化由日本回到了安庆,和葛温仲、何春台等人一起组织当地的世族子弟及青年学生,在安庆的藏书楼发起了拒俄演说会,“是时参加者,安徽大学堂学生十余人,安徽武备学堂学生十余人”。他们宣传民族、民主思想,集会讨论拯救国家的方法,探求革除时弊的途径;为了扩大宣传,还将藏书楼所存的书报全部展出,供人阅读,并向当时安徽的有识之士大力推荐由康有为、梁启超创办的《时务报》等社会时政报刊;在藏书楼专辟阅览室,陈列各种“从东京、上海等地带回的革命书刊”。从这个层面看,安徽最早的公共图书馆,当为此时的安庆藏书楼。

根据1902年签订的《中俄交收东三省条约》规定,沙俄军队应该分三期撤回远东境内。但是俄方不仅拒不撤军,还向清政府提出7条无理要求,企图霸占东三省,并对当地的民众随意打杀。消息传来后,1903年5月17日,安徽大学堂、武备学堂、桐城公学各学堂学生约200人,以及看到大会组织事先贴出的“知启”(通知)而赶来的100多人,集会于安庆北门拐角的藏书楼内,举行了拒俄爱国演说。5月26日的《苏报》报道了演说会的盛况,“是日大雨,到者故止此数。书楼甚窄,多立门外而听”,“此吾皖第一次大会,而居然有如许气象,诚为难得”。虽当天大雨滂沱,但与会人员仍“众情踊跃,气象万千”。各学堂计划参与演说会的学生更是“纷纷告假,多有不上课者”,他们准备联合起来要求巡抚“电阻俄约”。

作为此次活动的号召人、发动人和组织者,陈独秀第一个登上讲台,开始了“安徽爱国会演说”。他逐一批驳俄国提出的7项新要求,“诚如是约,举凡政权、商权、矿路权、兵权、税权,均归俄人之手,则东三省已非我有”,并大声疾呼:“全国人既如上沉梦不醒,我等既稍育一知半解,再委弃不顾,则神州四百兆人岂非无一人耶! 故我等在全国中虽居少数之少数,亦必尽力将国事担任起来,庶使后世读中国亡国史者,勿谓此时中国无一人也”(《苏报》,1903年5月26日)。在这次集会中,陈独秀发起并成立了爱国会组织,“安庆各学堂及机关人士,参加者日益踊跃,凡声所播,闻者兴起”。安徽爱国会的宗旨是:“因外患日亟,结合士群为一体,发爱国之思想,振尚武之精神,使人人能执干戈为社稷,以为恢复国权基础。”(《苏报》1903年6月7日)《苏报》1903年6月7日刊发《安徽爱国会拟章》时,就此发表按语说:“此事于国家前途大有影响,事虽不成,其拟章实是为安徽志士之一纪念,故录之。”

“清朝末叶，安徽的革命运动，发端于安庆藏书楼演说”。“藏书楼演说虽昙花一现，然实为安庆革命第一声，安庆为革命枢纽者，亦基于是也”。它对当时安徽思想界产生了重要影响，使得沉寂多年的安徽社会活跃起来，新型知识分子群集并开始发声。藏书楼演说标志着陈独秀等进步知识分子开始在安徽政治文化舞台上崭露头角。他们已经不满足于依靠明君、清官来进行社会改良，而是转向“对下”启蒙，以“开启民智”的方式来争取自己对于中国政治社会及文化思想界的话语权和领导权。以陈独秀为代表的知识分子在这一时期开展的思想启蒙活动主要形式是文化宣传和讲演鼓动，着力点是国民的思想启蒙及爱国意识的培养。这一群体传播新文化、新思想的活动，不仅给予当时封闭的社会以震动，而且促进了安徽地区文化的更迭，推动了社会评判标准、伦理规范以及大众价值取向、思维方式的重建与更新，开启了以社会言论方式进行新文化运动动员之先河。

——汪杨著，《新文化运动与安徽》，合肥：安徽大学出版社，2014年版，第10—11页.

日本留学生和上海各界的拒俄运动，得到全国很多地方学生和绅商的响应。北京京师大学堂师范、仕学两馆学生集会，数十人发表演说，最后联名上书管学大臣请代奏拒俄；武昌各学堂停课集会，上书兼署湖广总督端方请电争俄约；安庆安徽大学堂学生集会并成立爱国会；南昌、广州、杭州、福州、长沙、开封等地的学生或举行集会，或组织学生军，或联名抗争，形成一个具有全国规模的群众性爱国运动。

拒俄运动的发展，使清政府极为恐慌。驻日公使蔡钧诬告学生“名为拒俄，实则希图作乱”。清廷密谕对于回国留学生有“行踪诡秘”“有革命本心者”，可随时抓捕，就地正法。清政府的态度使许多学生痛感“报国无门”，从而走向革命道路。拒俄运动虽然夭折，但对清政府也造成了巨大的压力，再加上日、英、美等国为维护自身在东北的利益也对清政府施压，迫使其始终不敢接受俄国的要求。

——《中国近代史》编写组编，《中国近代史》，北京：高等教育出版社，2012年版，第229页.

安徽大学堂阻止学生拒俄情形

安徽来函:四月二十日(5月16日)学生某某等接到京师仕学、师范两馆来函,具述俄人占居东三省情形,约各省学生联合团体,禀请各省督抚,电阻俄约。其言沉痛不忍。适本城人士亦以俄约事迫,于二十一日(5月17日)开演说于藏书楼,登演者二十余人。莫不痛外患凭陵,瓜分日急,互商卫国之谋,忠义形于词色。当时环听者二百余人。大学堂、武备、怀宁、桐城各学堂学生均在座。演毕,大学堂学生某某等回堂与诸同学持京师来函,往见总教姚某,具述学生等欲合武备学生禀请抚台,电阻俄约,并请学堂速添体操。当时姚某深为嘉许,谓体操一节,自应速添,但上禀抚台,恐属无益。惟君等激于忠爱之忱,予亦未忍相阻,并云:予见中丞时当为赞成。某等退至斋舍,遂拟一禀稿。

次日,晤武备学生某等,据言,伊等已将此节禀知该堂提调,亦以为然。于是公议,扣于二十四日(5月26日)呈进。

讵意事为总办刘某、提调恽某所知,大咎姚某,谓俄占东三省皆属报纸谣传,今学生借端议论国政,皆系谋反叛逆,汝身为总教,不加钳制,而且提倡,若起事端,汝能任之乎?姚遂惶然失措,即召学生某某等怒责之。某等答以上禀、体操二事并非悖逆举动,且得老师应允,何得深咎学生?姚某面赤,不能答复,厉声曰"无他言。不安分者速自告退,否则即行斥革。"于是某某等以该学堂素已腐败,禁阅报章,除经史日记而外,毫无功课,加以此事辱责,遂决意告退。相率出者八人。外间谣言因之四起。

次日,历史教习胡某在讲堂谓某生曰:"汝年幼,何亦往演说?前次日记,吾尚取汝为第一,汝何可随人妄动?"时有某生起而言曰:"当此国家危急之秋,老师不以忠义提倡学生,而以考取日记之高下诱掖后进。学生直告老师曰:老师甘为亡国之老师,学生万不甘为亡国之学生。"言辞慷慨,声泪俱下。递亦告退出堂。

嗣是又因此事革出学生二人。时同学抱不平者颇多,相约四十余人,拟请于总办,挽留退学某某等,并添课体操。总办、提调、总教闻之大怒,一面禀知大吏,出示严禁演说,一面以厉言恫吓学生,声称大吏将拿办演说诸人。诸学生闻之胆裂,遂不敢与较云。(《中外日报》1903年5月29日)

再纪安庆大学堂、武备学堂、桐城学堂冲突事

大学堂学生冲突，历纪本报。兹悉武备、桐城同时亦有冲突。其原因概由程君仲华演说拒俄、保全东省诸策，各学生印入脑筋，勃发忠义，走相告语。或拟公请皖抚电奏，或拟公电上达政府。数日之中，纷纷告假，多有不上课者。大学堂学生遂趁此要求三事，总教未允。适其时武备提调某君致书大学堂提调某，略谓："敝堂学生现颇浮动，而贵堂学生某某复又信□敝堂，互相纠集，以致浮动益甚。乞予查察。"乃聂抚已有所闻，立传各堂提调入，谕以"诸生毋得妄动。设有不遵堂规者，立即斥退。设全堂恃众挟制，即全行开除另招。设有事，断不为尔等罪也。"各提调回堂传谕各学生："诸君如以为程度不合，去留均听自便。"于是各堂为首创议之学生数人，全行告退。而大学堂中，又有学生某某拟聚众保留，其策格不得行，遂亦散去。计大学堂共退十人，武备、桐城人数略少。其余留堂诸生，近已照常上课。(《苏报》1903年5月30日）

——张湘炳等编，《辛亥革命安徽资料汇编》，合肥：黄山书社，1990年版，第176—178页.

安庆访事友人云迩者省垣大学堂总办查得肄业生尚缺额二十名因之招人投考迨届本月初八日考期报名应考者共三百余名题为问西汉循吏六人而宣帝时居其五何人才萃于一时也及观班固赞曰信赏必罚综核名实可谓驭得其道齐杜弼言政事之要莫过赏罚高澄以言虽不多于理甚要试推其意问中国各口租界外国人处其中多不逾千少不及百其制度厘然隐若敌国吾闽广民走南洋美洲者所在以万计终不免为人奴隶被人驱策其得失之原安在试纵论之安徽大学堂上梁文秦人以急农兼天下汉武以屯田定西域论

——申报馆：皖省程材，《申报》，1903年4月11日，第3版，第10765期.

安庆访事人云正月二十四日安徽大学堂举行甄别共作一论一策题为唐高骈能平南诏而不能制黄巢明徐达能□中原而不能服蒙古论问皖省据全吴上游北界楚豫南连赣越江淮实流贯其中应如何控扼水陆形势以固封守策

——申报馆：甄别考试，《申报》，1904年03月16日，第9版，第11101期.

皖省理化传习所罢学风潮已纪前报现得访函述其详纲原因及最近情形云理化专修科系提学沈子培所办甫于上月初开学惟该校不设宿舍学生每日持听讲券到堂早聚晚散先是有刘汝喆者以训蒙为业某甲劝其弃馆入校谓毕业后所得将数倍于训蒙刘然之时理化已开学多日甲遂绐以现有曹生虽经考取尚未到堂汝能出洋二十余元即可持渠听讲券入堂俟毕业时再更尔名不迟刘本寒士多方张罗得二十三元交甲甲以伪券给刘遁去刘不知也贸贸然持券到堂诸生以曹到堂多日何得复有曹生即禀知管理员朱镜挥之出堂刘见不能听讲忿甚直言券系买来并向朱索买券原洋朱怒其枪野几至殴斗刘遂忿忿出堂以朱某合谋诱骗等词投禀抚署鸣冤桶控诉冯中丞乃批仰首府恽守传讯恽守奉批不察细情立出差票拘朱初八日埋府差又往该校守提于是学生大愤全堂罢课将差票差役扣留不放一面禀报沈提学沈即将差发县责办该堂又发行公启布告各学堂午后并邀请学界中人在该校公议办法六则(一)要求教育总会开会(一)禀明抚藩学三司(一)电禀江督学部(一)请藩司撤首府任(一)刘某诬控应反坐(一)地方学务归教育会研究提学司管理应请学司通饬各属以后如遇教员管理及学生等或因学务被人诉讼地方官必先知会各地方学会及各学堂堂长不得擅自著差人堂拘传并议以上数条日的如不能达全体退学云　初九日全省师范高等府中三学堂亦均停课协议该校学生要求教育总会开会惟洪会长不赞成遂改初十日在皖北教育会会所研究对待之法又另一访函云理化传习所与恽守冲突一案官学两界至今相持未下不料一波未平一波又起事因传习所于初八日停课后同时大学堂及师范各学堂亦停课协议乃大学堂监督洪思亮为邀功谢过保全禄位之计即上院面谒冯中丞谓敞堂学生停课实为师范生所鼓惑冯抚信之意颇不怿适初十日大学堂上课之时有师范学生二名至大学堂寻友洪监督竟唤警兵将师范生逐出该生等以无故受辱心实不甘遂忿忿回堂告知全体大为愤懑闻拟一律罢课向洪监督诘问理由而大学堂学生因狐兔之感亦有罢课之说尚未知若何了结也

——申报馆:皖省学界大风潮再纪,《申报》,1908年05月14日,第5版,第12674(重号)期.

安庆访事人云今岁为乡试之年皖抚聂仲芳大中丞先于本月初二日决科现

已发案计取超等三十名特等四十名一等五十名超等首名奖银十五两以次递减至一等末奖银二两寒士得此亦不无裨益也　今岁天时不正疫疠盛行造化小儿异常猖獗闻皖省下游大通镇疫疠尤盛商民误信羽士妄言谓瘟神必俟过年方去因相率于七月初一日燃放爆竹黏贴春联衣冠往来居然元旦气象亦可谓愚妄之至矣　今春安徽大学堂学生经抚灵聂仲芳大中丞甄录若干人留堂肄业兹又由各州县保送高才生七十余名中丞因于本月初十日续加甄别题为向戍弭兵论问中国通商口岸计三十馀处试列表以记之

——申报馆:皖抚视学,《申报》,1902年09月01日,第3版,第10550期.

二、安徽高等学堂

(一)概述

1897年,安徽巡抚邓华熙向清政府呈请创办学堂,拟名为求是学堂。次年在鹭鸶桥原敬敷书院旧址开办,共招收正课生、附课生93名,3年毕业。它是安徽第一所近代学堂。1901年秋,改求是学堂为求是大学堂,由各县选送2名学生共100名为正课生,另设附课生120名。此为安徽高等教育之始。1902年,又改名为安徽高等学堂。1906年,聘著名学者严复任监督(校长)。1912年停办。先后毕业的预科、本科、补习班、师范班学生约400人。

——《安徽文史资料全书》编委会,《安徽文史资料全书·安庆卷》,合肥:安徽人民出版社,2007年版,第576页.

光绪二十七年(1901年),清政府命各省成立大学堂。次年,安徽成立高等学堂,利用原求是学堂为校址(今安庆茶厂),是安徽省第一所高等学堂,比清政府正式颁布学堂章程早4年,为安庆最早的高等学堂。

光绪三十一年(1905年),废除科举,开办新学,设立学部。同年,高等学堂迁入府学宫敬敷书院旧址,由中国宣传资产阶级民主思想的先驱严复(几道)任监督(校长,后为洪思亮);姚叔节为教务长;刘文川为学监,徐铁华(经纶,石台人)为国文教习;刘彦遐(怀宁人)为英文教习;解小云(扬州人)为算学教习;并聘一外籍教师教音乐。设有博物、历史、地理、图画等课。在校任教的还有苏子谷(玄瑛,号曼殊,广东香山人,居士)、胡渊如(远濬)、邓绳侯(艺孙)、洪朗斋(思亮)。

求是学堂和高等学堂均设有师范班,高等学堂的东院并附设有师范讲习所。辛亥革命后,以上学堂全部停办。

——《安庆地区教育志》编辑委员会,《安庆地区教育志》,安庆:安庆市教育委员会,1996年版,第277页.

光绪二十七年(1901年)10月,由求是学堂改建的求是大学堂,作为安庆第一所近代高等学校正式成立。抚署委派藩、臬两司总办,每县各选送学生两名共100名为住堂正额学生,另招附课生(包括求是学堂转入的在校生)120名,总计有学生220人。光绪二十九年,根据清廷颁布的“奏定学堂章程”,各省省会应设高等学堂。求是学堂即在光绪三十年夏改为安徽高等学堂,并在原鹭鸶桥旧址扩建新校舍。光绪三十一年正式迁入,另派专员监督。扩充后的求是大学堂学额为240人,实招300人。因当时中学堂开办不久,没有毕业生,高等学堂新生来源多半是科举旧人,因此开设课程、讲授班级经常变动。光绪三十二年,清廷委派严复任学堂监督、聘姚叔节为教务长、刘文川为学监。严复针对教学难以一律的情况,决定将所有在校生一律改为高等学堂预科生,编为5个班,补习中学必修课1年。光绪三十三年,再从预科生中挑选师范生1个班,加授有关教育学课程。当年又增加预科生170人,编为4个班,因其中部分中学堂毕业生程度不够格,又增设1个补习班,故在校生共达10个班,学生470人。光绪三十四年停招预科生,加设理化专修科,招生100名,分理化、博物两科,以培养高小及中学理化、博物教师。宣统元年(1909年),开始招本科生1个班,学生12人,辛亥革命后教学终止,学生转往北京大学。

——安庆市地方志编纂委员会,《安庆地区志》,合肥:黄山书社,1995年12月,第928—929页.

越明年，奉颁奏定章程，更定高等学堂名称，并就府学东偏老敬敷书院旧址别建校舍，以冀规模完备。三十一年正月迁入新堂，另派专员监督，扩学额二百四十名，续又推广至三百名。就中附设客籍学额五十名，毕业后一律给凭，惟不得占本省考送出洋之额，经巡抚聂缉规奏咨立案。高等学生应由中学毕业推升，开办之始，中学毕业者尚无其人，仅甄留前在大学堂肄业各生及考选中国经史文学具有根柢者入堂，学生学资势难一致，故班次之编定、学科之教授数经变更。三十二年，监督严复到堂，比照各省高等学堂成案，改为高等预科，择其年龄较长或在堂已久或程度较深者别为一班，补习中学各科，期以一年毕业。又以本省师范学堂尚未开办，各属需教才甚急，因于补习班添授教育诸学以应师范之选。其预科学生，则编为甲、乙、丙、丁、戊五班。三十三年，复于预科中挑习师范一班，并添招预科六班，合前共为十班。三十四年停止招考预科，拟开本科，以各属申送中学毕业生升学程度间有未合，特设补习一班，经提学使详定，补习三学期及四学期不等。而新添之戊、己、庚、辛、壬、癸六班中，人数太少，遂将壬、癸两班裁并。宣统元年始办本科一班，仅十二人。统计高等学堂学生，前后组织师范生凡二班，预科凡八班，补习科一班，本科一班。师范生均已毕业出堂，光绪三十二年毕业一班六十三人，三十三年毕业一班四十一人。预科毕业者计共甲、乙、丙、丁四班，三十三年甲班毕业二十六名，三十四年毕业乙班二十五名，丙班三十五名，宣统元年丁班毕业三十五名。补习班亦经先后毕业。现在堂者，除本科一班外，仅预科之戊、己、庚、辛四班，凡一百七十余名。本科按定章第一类学科教授，预科按照中学学科第四、五年程度教授。常年经费预算须五万两有奇，支应、牙厘两局筹拨之款约居半数，余则取给于州租、典息、房租本堂资产。暨学费焉。

附：理化专修科

理化专修科，由提学使沈曾植于光绪三十四年二月开办。先是提学使以各属学堂虽设而学科或不完备，至理化、博物教员尤为难得，因就省垣创设师范传习所，招生百人，分两班教授，于理化、博物，使各习一科。教授时间特为加多，阅六月毕业，遂改为理化科，招生走读，额设百名，以养成高等小学及中学二、三年级理科教员，兼为高等理化及工艺之预备为宗旨。课程以物理、化学、算学为主，博物、图书、体操附之。每日功课五点钟，一年毕业。开办之始，归学司直辖,只委庶务、支应各一员驻堂照料,旋以堂内事繁,另委监督一员以专责成,常年经费概由学务公所筹给。宣统元年三月,两班学生毕业,经署学司吴同甲分派各属充当教员,遂停办焉。

——[清]冯煦编,《皖政缉要》,合肥:黄山书社,2005年版,第451页.

(二)教务

4月4日(二月二十二日)安徽高等学堂招考新生,"头场已毕"。10月,"复试","扩充学额至三百名,全堂分作十班,而旧之首二班并合为甲,益趣孟晋,使高等俯商旧学,而不及者仰跂新知。"《严复集》第三册,第756页;《辞安庆高等学堂监督意见书》

时在校学生、职员、教员情况,详见表六、七、八。

表六　光绪三十三年(1907年)安徽省城高等学堂调查总表

校址及建筑	原名大学堂,就求是学堂屋宇充用,二十九年就府学东偏老敬敷书院旧址,新建房舍31所,正月落成
创立年月	二十八年七月开办大学,旋更名高等学堂,三十一年正月迁入新校开学
管理员数	9人
教员数	15人
教科目	经学伦理、中外国文、中外历史、英文、中外舆地、数学、心学、生理、论理、天文地质、地理、化学、动植、法律、兵制、动静力、理财
学生额班数	定额300名,现在堂284名,分十班。甲班32名、乙班31名、丙班31名、丁班27名,以上四班自壬寅至丁未入堂,年月不齐。戊班27名、已班28名、庚班27名、辛班26名、壬班27名、癸班28名,以上六班均半年三月入堂

资料来源:《京外学务报告》,见《学部官报》第38期,第362—363页。

表七 光绪三十三年(1907年)安徽省城高等学堂职员调查表

职任	姓名	籍贯	履历	薪水	到堂年月
监督	严复	福建侯官	候选道	500两	三十二年正月
斋务长兼英文教员	周献琛	福建侯官	游击衔,福建船政学堂、英国格林尼茨海军大学毕业	170两	三十二年四月
庶务长兼英文教员	常富元	江苏上元	试用州同北洋水师学堂毕业	150两	三十年十月
监学兼英文教员	严家驺	福建侯官	北洋水师学堂毕业	100两	三十二年八月
会计	陈谦	怀宁	举人,拣选知县	40两	二十八年正月
掌书	鲁伯龙	怀宁	岁贡生,候选监经历	24两	三十一年正月
检察	洪和	桐城	附贡生,湖北试用知县	36两	三十二年正月
杂务	周良熙	江苏上元	附生	30两	三十一年七月
监膳	张润林	桐城	优贡生,兼阅国文课本	50两	三十二年九月

资料来源:《京外学务报告》,见《学部官报》第38期,第363页。

表八 光绪三十三年(1907年)安徽省城高等学堂教员调查总表

姓名	籍贯	资格	担任教科	薪水	到堂年月
姚永朴	桐城	举人,本堂汉学教务长	经学、伦理	90两	二十九年正月
厉蓉青	江苏仪征	副贡生,安徽实用州判	舆地兼文案	70两	二十九年正月
钱同寿	江苏华亭	举人	国文	60两	三十一年七月
胡元吉	黟县	廪贡生	历史	50两	二十九年正月
何六吉	江苏丰贤	附贡生,上海广方言馆毕业	英文	80两	三十一年正月
刘自超	怀宁	南洋水师学堂毕业	英文、算学	60两	三十一年正月
薛昌南	福建侯官	北洋水师学堂毕业	英文	90两	三十二年四月
沈作谋	福建闽官	北洋水师学堂毕业	英文	80两	三十二年四月
许应岳	福建侯县	北洋水师学堂毕业	英文	80两	三十二年四月

续表

姓名	籍贯	资格	担任教科	薪水	到堂年月
王兼知	福建闽县	北洋水师学堂毕业	英文	120两	三十二年八月
聂文藻	湖北黄陂	上海圣约翰大书院毕业	英文	70两	三十三年正月
陈钦宾	福建侯官	北洋水师学堂毕业	英文	110两	三十三年正月
徐经纶	石棣	举人、拣选知县	诗学	40两	三十三年正月
王建中	桐城	安徽武备学堂毕业	体操	30两	三十一年七月
朱葆旗	泾县	安徽武备学堂毕业	体操	30两	本年正月

资料来源:《京外学务报告》,见《学部官报》第38期,第363—364页。

——孙应祥著,《严复年谱》,福州:福建人民出版社,2014年版,第247—248页.

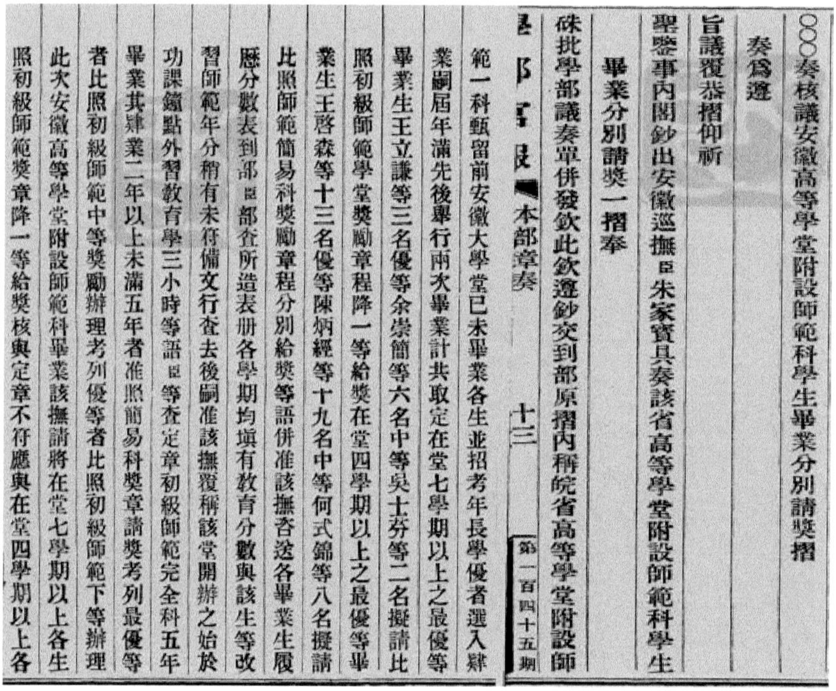

〇〇〇奏核議安徽高等學堂附設師範科學生畢業分別請奬摺
奏爲遵
旨議覆恭摺仰祈
聖鑒事內閣鈔出安徽巡撫臣朱家寶具奏該省高等學堂附設師範科學生
畢業分別請奬一摺奉
硃批學部議奏單併發欽此欽遵鈔交到部原摺內稱皖省高等學堂附設師
範一科甄留前安徽大學堂已未畢業各生並招考年長學優者選入肄
業嗣屆年滿先後舉行兩次畢業計共取定在堂七學期以上之最優等
畢業生王立謙等三名優等余崇簡等六名中等吳士芬等二名擬請比
照初級師範學堂獎勵章程降一等給獎在堂四學期以上之最優等畢
業生王啓森等十三名優等陳炳經等十九名中等何式錦等八名擬請
比照師範簡易科獎勵章程分別給獎等語併准該撫咨送各畢業生履
歷分數表到部臣部查所造表册各學期均塡有教育分數與該生等改
習師範年分稍有未符備文行查去後嗣准該撫覆稱該堂開辦之始於
功課鐘點外習教育學三小時等語臣等查定章初級師範完全科五年
畢業其肄業二年以上未滿五年者准照簡易科獎章請獎考列最優等
者比照初級師範中等獎勵辦理考列優等者比照初級師範下等辦理
此次安徽高等學堂附設師範科畢業該撫請將在堂七學期以上各生
照初級師範獎章降一等給獎核與定章不符應與在堂四學期以上各

學部官報　本部章奏　十三　第一百四十五期

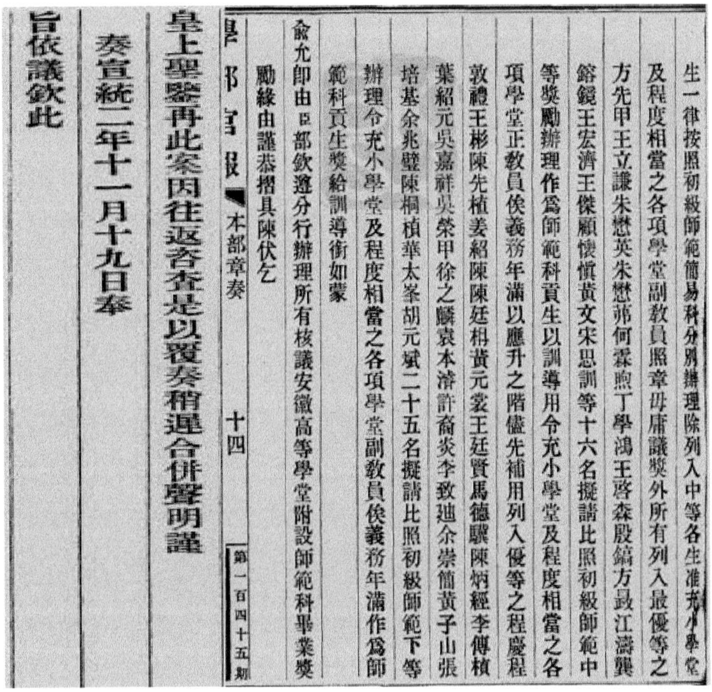

生一律按照初級師範簡易科分別辦理除列入中等各生准充小學堂
及程度相當之各項學堂副教員照章毋庸議獎外所有列入最優等之
方先甲王立謙朱懋英朱懋芾何霖煦丁學鴻王啓森殷鎬方聶江濤龔
鎔鏡王宏濟王傑顧懷愼黃文宋思訓等十六名擬請比照初級師範中
等獎勵辦理作爲師範科貢生以訓導用令充小學堂及程度相當之各
項學堂正教員俟義務年滿以應升之階儘先補用列入優等之程慶程
敦禮王彬陳先植姜紹陳陳廷相黃元裳王廷賢馬德驥陳炳經李傳楨
葉紹元吳嘉祥吳榮甲徐之驥袁本濬許裔炎李致廸佘崇簡黃子山張
培基佘兆璧陳桐楨華太峯胡元斌二十五名擬請比照初級師範下等
辦理令充小學堂及程度相當之各項學堂副教員俟義務年滿作爲師
範科貢生獎給訓導銜如蒙
俞允即由臣部欽遵分行辦理所有核議安徽高等學堂附設師範科畢業獎
勵緣由謹恭摺具陳伏乞
學部官報 本部章奏 十四 第一百四十五期
皇上聖鑒再此案因往返咨査是以覆奏稍遲合併聲明謹
奏宣統二年十一月十九日奉
旨依議欽此

——学部:奏核议安徽高等学堂附設师范科学生毕业分别请奖折,学部官报,1911年,第145期,第29—32页.

“安徽最早设立的高等学校是1898年安徽巡抚邓华熙奏准改敬敷书院而成立的求是学堂,后改称大学堂,复又改名安徽高等学堂”。1896年时任安徽巡抚的邓华熙向清政府呈请开办学堂,他在上书中提议在安徽地区开办新式学堂,并指出开办新式学堂的迫切性和必要性,“旧有书院已不能担起西学的重责,京津地区已设有头等学堂,各省宜开办二等学堂,以保证头等学堂的学生来源。他还强调办学宗旨,既重西学的学习,更重圣贤文理的熏陶”。求是学堂是当时安徽最高等级的新式学校,在安徽,它也是最早由官方申请开办、以西学为教学内容的高级别学校,就其教学方法和课程设置而言,它在全国都有一定的影响力和代表性。

柏文蔚就曾于1899年考入安徽求是学堂就读,学堂全新的教学内容促使他形成了新的思维方式。学习期间,柏文蔚联络、发起并组织青年励志学社,自发筹款购置新书,充实安庆藏书楼,并直接参与了前文提到的藏书楼拒俄演说,完成了从传统知识分子向现代新型知识分子的转变。1906年,学堂聘请近代中国著名的思想家和教育家严复担任学堂总办(后称监督)。《新青年》主要撰稿人之一的王星拱在此学堂读书时,严复恰巧担任学堂监督,根据王星拱的回忆,严复非常重视英文教育,注意培养学生的英文文献阅读能力,对于英文成绩优秀的学生,严复经常给予奖励。严复也曾表扬过王星拱,这让学生时期的王星拱非常兴奋,既培养了他的学习兴趣,也为他日后研习西方文献奠定了坚实的基础,而自然科学课程的设置也直接培养了王星拱的科学文化素养。

严复在担任这所学堂监督期间曾进行了一番较为彻底的整顿治理工作。他对学堂的办学目标、学制、专业课程以及教学管理都进行了比较全面的改革:一是确立了新的学制,设定学制为五年,规定在校学生必须先完成三年的基础知识,然后再分政法、实业两大专业继续深造两年;二是调整了教学的内容,根据当时在校学生的学业水平和实际情况,规定学生在校五年以学习西学为主,并规定西学必用西文教授。从上述课程设置和内容来看,学堂对西学是相当重视的。新文化运动主将之一的高一涵回忆道:"那时安徽青年羡慕西方文明成了风气,因而把学习英语看作压倒一切的功课。于是安徽高等学堂内从讲堂、自修室、寝室、饭堂一直到操场,处处听到朗读英文之声。"鉴于当时安徽还没有针对西学的正规师范学堂,而省内各个中学又急需有别于私塾先生的教师,严复特意在学生中挑选年龄较大或学习较好的,组成师范速成班,专门进行中学课程和教育学等师范专业课程的教学,毕业后即输送到省内各府县中学堂任教,这在很大程度上改变了安徽的教学模式。由于新型师资力量的引入,安徽中学的教学内容进一步转变。1906年到1909年该学堂共毕业学生225人,"毕业之后,学生成绩优秀者保送京师同文馆或出任翻译,其余的则充当其他学堂的教习"。

——汪杨著,《新文化运动与安徽》,合肥:安徽大学出版社,2014年版,第23—24页.

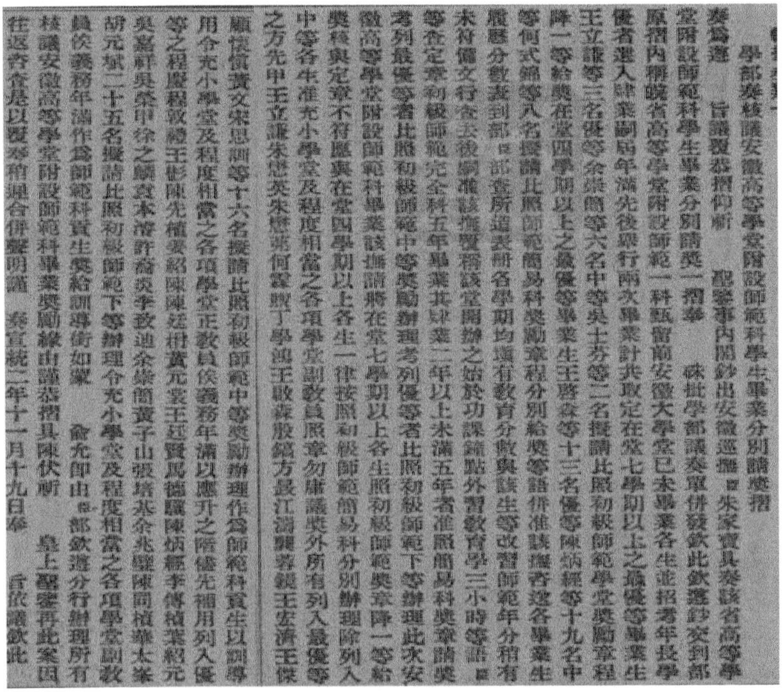
學部奏核議安徽高等學堂附設師範科學生畢業分別請獎摺
奏爲遵 旨議覆恭摺仰祈 聖鑒事內閣鈔出安徽巡撫臣朱家寶具奏該省高等學堂附設師範科學生畢業分別請獎一摺奉 硃批學部議奏單併發欽此欽遵鈔交到部原摺內稱皖省高等學堂附設師範一科甄留前安徽大學堂已未畢業各生並招考年長學優者選入肄業嗣屆年滿先後舉行兩次畢業計共取定在堂七學期以上之最優等畢業生王立謙等三名優等余崇簡等六名中等吳士芬等二名援請比照初級師範學堂獎勵章程降一等給獎在堂四學期以上之最優等畢業生王啓森等十三名優等陳炳經等十九名中等何式錦等八名援請比照師範簡易科獎勵章程分別給獎等語併准該撫咨送各畢業生履歷分數表到部臣部查所送表冊各學期均填有教育分數與該生等改習師範年分稍有未符備文行查去後嗣准該撫覆稱該堂開辦之始於功課鐘點外習教育學三小時等語臣等查定章初級師範完全科五年畢業其肄業二年以上未滿五年者准照簡易科獎章請獎考列最優等者比照初級師範中等獎勵辦理考列優等者比照初級師範下等辦理此次安徽高等學堂附設師範科畢業該撫請將在堂七學期以上各生照初級師範獎章降一等給獎核與定章不符應與在堂四學期以上各生一律按照初級師範簡易科分別辦理除列入中等各生准充小學堂及程度相當之各項學堂副教員照章勿庸議獎外所有列入最優等之方先甲王立謙朱燮英朱懋萊何霖輿丁學鴻王敬森殷鎔方景江鴻曦蔣毅王宏濟王傑顯懷慎黃文栄恩訓等十六名援請比照初級師範中等獎勵辦理作爲師範科貢生以訓導用令充小學堂及程度相當之各項學堂正教員俟義務年滿以應升之階儘先補用列入優等之程麗程敦鏸王彬陳先楨姜紹陳陳廷楷黃元裳王廷賢馬德驥陳炳標李傳楨葉紹元吳嘉軒吳燊甲徐之驌袁本濤許裔炎李啟迪余崇簡黃子山張靖基余兆璧陳爾楨華太峯胡元斌二十五名援請比照初級師範下等辦理令充小學堂及程度相當之各項學堂副教員俟義務年滿作爲師範科貢生獎給訓導銜如蒙 俞允即由臣部欽遵分行辦理所有核議安徽高等學堂附設師範科畢業獎勵緣由謹恭摺具陳伏祈 皇上聖鑒再此案因往返咨查是以覆奏稍遲合併聲明謹 奏宣統二年十一月十九日奉 旨依議欽此

——政治官报：学部奏核议安徽高等学堂附设师范科学生毕业分别请奖折，《政治官报》，1911年，第1151期，第5—6页.

安徽高等学堂移覆提学司文（为声叙汰除各生改送师范事）

为移覆事准贵司移开据泾县附生许瑛禀称窃生于去岁二月间考入高等学堂肄业不意年终大考开除复蒙移送全省师范学堂此固出自曲予成全惟念自入堂以来未尝一日请假伏悉恩准咨送高等学堂肄业以观后效生愿呈缴学费等情转移到堂准此案查奏定学堂章程内岁学期考试每半年一次由学堂汇全班学生甄别施其沙汰等因敝监督自承乏高等学堂以来察核各学生情形勤奋用功者固多疲茶不振者亦自不少若不施以激励之法则整饬无由因于年终考试始行举辨甄别更贬其程式凡西学普通科平均分数不及四成者方予沙汰计有汰除学生三十余人中又择其于中学口窥门径之本籍生一律由敝监督备文送师范学堂应考肄业以宏造就该生许瑛亦与其列诚如来禀所述未尝不曲予成全今该生自愿遵

缴学费恳为留堂补习热心问学其志甚是可嘉无如此例一开势必纷纷援请若概予驳斥未免有厚此薄彼之歉若稍涉通融不独无以为将来激励之资且恐于定章亦有不协此中办事为难情形贵司亦能默谅也所有许瑛碍难留堂补习缘由理合备文移覆云云

——新闻报:安徽高等学堂移覆提学司文(为声叙汰除各生改送师范事),《新闻报》,1907年4月27日,第10版,公文·各埠新闻.

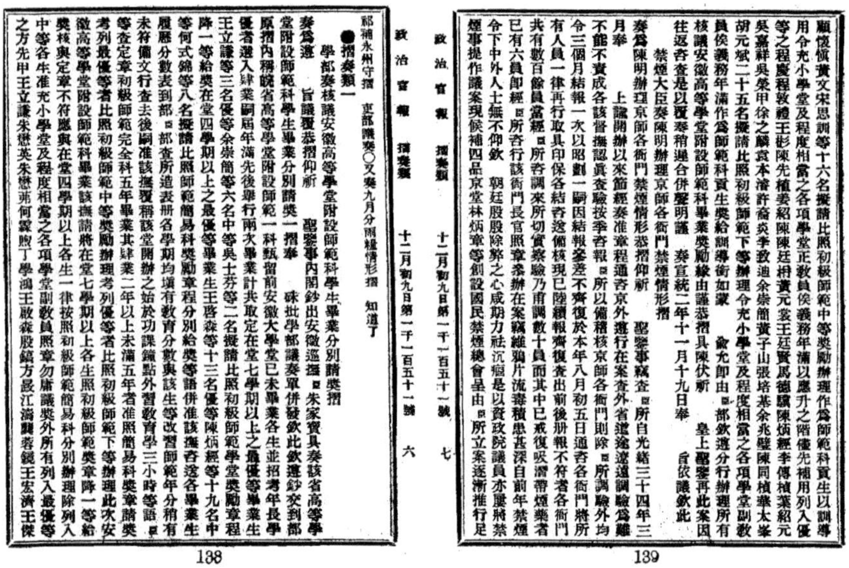
政治官報　摺奏類　十二月初九日第一千一百五十一號　六

郴補永州守摺　吏部議奏○又奏九月分兩糧情形摺　知道了

●摺奏類一

學部奏核議安徽高等學堂附設師範科學生畢業分別請奬摺

奏爲遵　旨議覆恭摺仰祈　聖鑒事內閣鈔出安徽巡撫臣朱家寶具奏該省高等學堂附設師範科學生畢業分別請獎一摺奉　硃批學部議奏單併發欽此欽遵鈔交到部原摺內稱皖省高等學堂附設師範一科甄留前安徽大學堂已未畢業各生並招考年長學優者選入肄業嗣屆年滿先後舉行兩次畢業計共取定在堂七學期以上之最優等畢業生王立謙等三名優等余崇簡等六名中等吳士芬等二名擬請比照初級師範學堂獎勵章程降一等給獎在堂四學期以上之最優等畢業生王啓森等十三名優等陳炳經等十九名中等何式錦等八名擬請比照師範簡易科獎勵章程分別給獎等語併准該撫咨送各畢業生履歷分數表到部臣部查所造表册各學期均填有教育分數與該生等改習師範年分稍有未符備文行查去後嗣准該撫覆稱該堂開辦之始於功課鐘點外習教育學三小時等語臣等查定章初級師範完全科五年畢業其肄業二年以上未滿五年者准照簡易科獎章請獎考列最優等者比照初級師範中等獎勵辦理考列優等者比照初級師範下等辦理此次安徽高等學堂附設師範科畢業該撫請將在堂七學期以上各生照初級師範獎章降一等給獎核與定章不符應與在堂四學期以上各生一律按照初級師範簡易科分別辦理除列入中等各生准充小學堂及程度相當之各項學堂副教員照章勿庸議獎外所有列入最優等之方先甲王立謙朱懋英朱懋弟何霖煦丁學鴻王啟森殷鎬方晸江濤龔蓉鏡王宏濟王傑

138

政治官報　摺奏類　十二月初九日第一千一百五十一號　七

顧懷慎黃文宋思訓等十六名擬請比照初級師範中等獎勵辦理作爲師範科貢生以訓導用令充小學堂及程度相當之各項學堂正教員俟義務年滿以應升之階儘先補用列入優等之程慶程敦禮王彤陳先植姜紹陳廷栩黃元袞王廷賢馬德驥陳炳經李傳楨葉紹元吳嘉祥吳榮甲徐之麟袁本濬許裔炎李致迪余崇簡黃子山張培基余兆璧陳同楨華太峯胡元斌二十五名擬請比照初級師範下等辦理令充小學堂及程度相當之各項學堂副教員俟義務年滿作爲師範科貢生獎給訓導銜如蒙　俞允即由臣部欽遵分行辦理所有核議安徽高等學堂附設師範科畢業獎勵緣由謹恭摺具陳伏乞　皇上聖鑒再此案因往返咨查是以覆奏稍遲合併聲明謹　奏宣統二年十一月十九日奉　旨依議欽此

禁煙大臣奏陳明辦理京師各衙門禁煙情形摺

奏爲陳明辦理京師各衙門禁煙情形恭摺仰祈　聖鑒事竊查臣所自光緒三十四年三月奉

上諭開辦以來節經奏准章程通咨京外遵行在案查外省遼遠調驗爲難不能不責成各該督撫認眞查驗按季咨報臣所以備稽核京師各衙門則除臣所調驗外均令三個月結報一次以昭劃一嗣因結報參差不齊復於本年八月初五日通咨各衙門將所有人員一律再行取具印保各結咨送備核現已陸續報齊復查出前後册報不符者各衙門共有數百餘員當經臣所咨調來所切實察驗乃甫調數十員而其中已戒復吸潛帶煙藥者已有六員即經臣所咨行該衙門長官照章叅辦在案竊維鴉片流毒積患甚深自前年禁煙令下中外人士無不仰欽　朝廷殷殷除弊之心咸期力祛沉痼是以資政院議員亦屢將禁煙事提作議案現候補四品京堂林炳章等創設國民禁煙總會呈由臣所立案逐漸推行足

139

——奏设政治官报40,台北:文海出版社,1965年版,第138—139页.

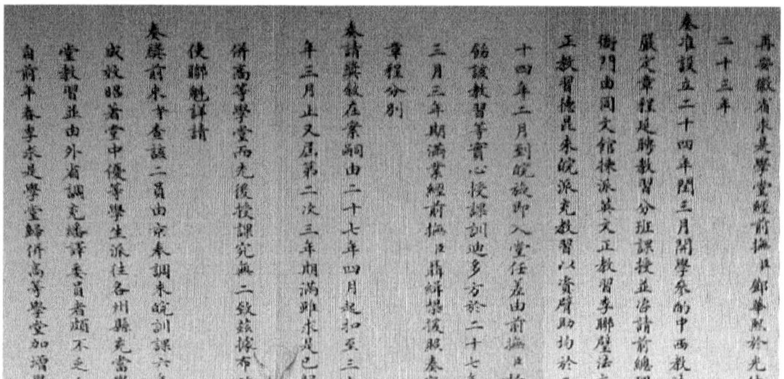
再安徽省求是學堂經前撫臣鄧華熙於光緒
二十三年
奏准設立二十四年閏三月開學參酌中西教法
嚴定章程延聘教習分班課授並咨請前總理
衙門由同文館揀派英文正教習李聯璧法文
正教習德昆來皖派充教習以資臂助均於二
十四年二月到皖旋即入堂任差由前撫臣鄧
飭該教習等實心授課訓迪多方於二十七年
三月三年期滿業經前撫臣聶緝槼援照奏定
章程分別
奏請獎敘在案嗣由二十七年四月起扣至三十
年三月止又屆第二次三年期滿雖求是已歸
併高等學堂而先後授課究無二致茲據布政
使聯魁詳請
奏獎前來查該二員由京來皖訓課六年
成效昭著堂中優等學生派往各州縣充當學
堂教習並由外省調充繙譯委員者頗不乏人
自前年春季求是學堂歸併高等學堂加增學

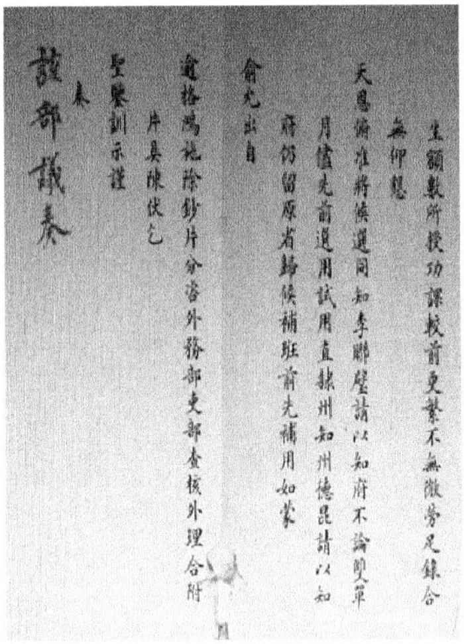

生額數所授功課較前更繁不無微勞足錄合
無仰懇
天恩俯准將候選同知李聯璧請以知府不論雙單
月儘先前選用試用直隸州知州德昆請以知
府仍留原省歸候補班前先補用如蒙
俞允出自
逾格鴻施除鈔片分咨外務部吏部查核外理合附
片具陳伏乞
聖鑒訓示謹
奏
該部議奏

正文：

再安徽省求是学堂经前抚臣邓华熙于光绪二十三年

奏准设立二十四年闰三月开学参酌中西教法严定章程延聘教习分班课授并咨请前总理衙门由同文馆拣派英文正教习李联璧法文正教习德昆来皖派充教习以资臂助均于二十四年二月到皖旋即入堂任差由前抚臣督饬该教习等实心授课训迪多方于二十七年三月三年期满业经前抚臣聂缉规援照奏定章程分别奏请奖叙在案嗣由二十七年四月起扣至三十年三月止又届第二次三年期满虽求是已归并高等学堂而先后授课究无二致兹据布政使联魁详请奏奖前来者查该二员由京奉调来皖训课六年成效昭著堂中优等学生派往各州县充当学堂教习并由外省调充翻译委员者颇不乏人自前年春季求是学堂归并高等学堂加增学生额数所授功课较前更繁不无微劳足录合无仰恳天恩俯准将候选同知李联璧请以知府不论双单月尽先前选用试用直隶州知州德昆请以知府仍留原省归候补班前先补用如蒙俞允出自逾格鸿施除钞片分咨外务部吏部查核外理合附片具陈伏乞圣鉴训示谨奏该部奏议

——第一历史档案馆馆藏，档案号：04-01-38-0191-063　安徽巡抚诚勋光绪三十年，标题：奏为安徽高等学堂英文正教习李联璧法文正教习德昆训课期满成效昭著请奖叙事.

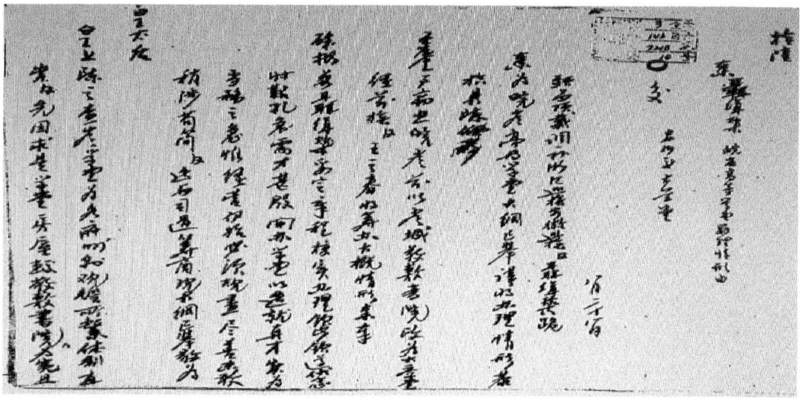

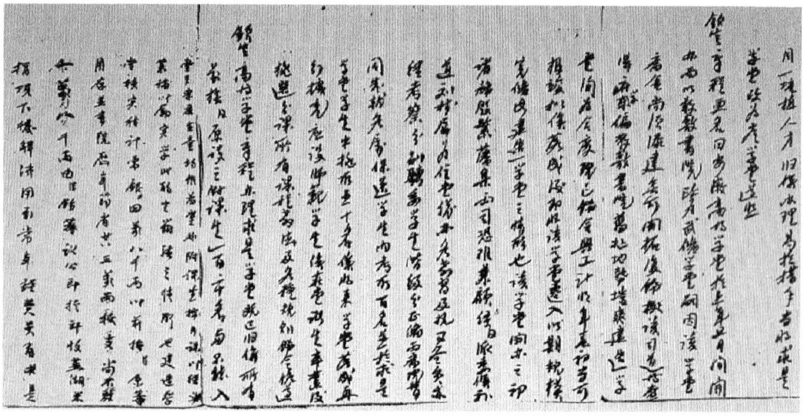

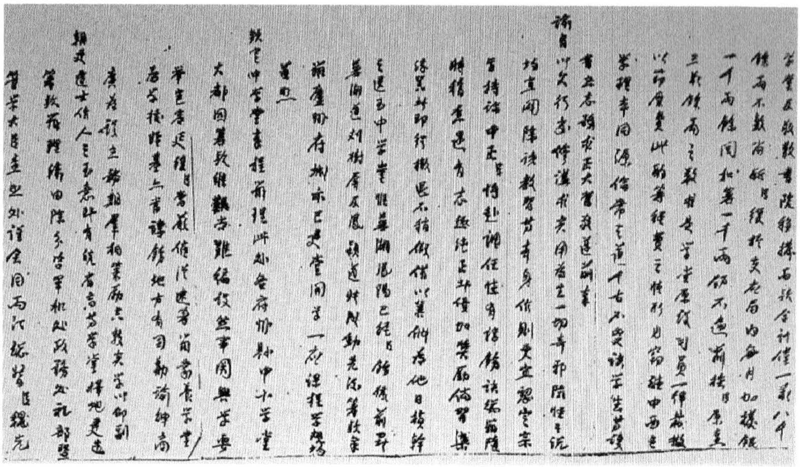

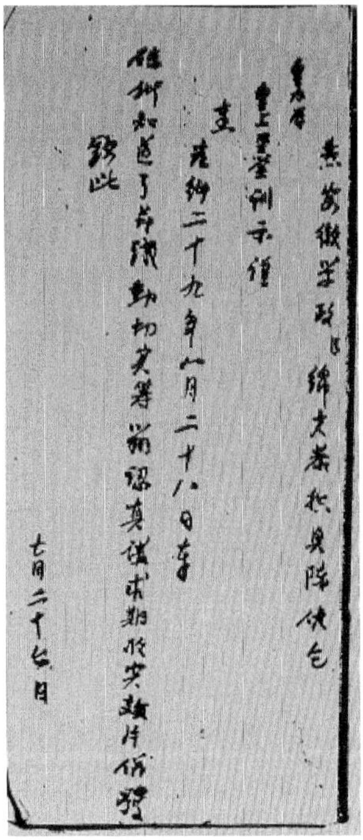

——第一历史档案馆馆藏，档案号：03-7213-010　安徽巡抚聂缉规光绪二十九年七月二十六日，标题：奏为陈明皖省高等学堂办理情形事．

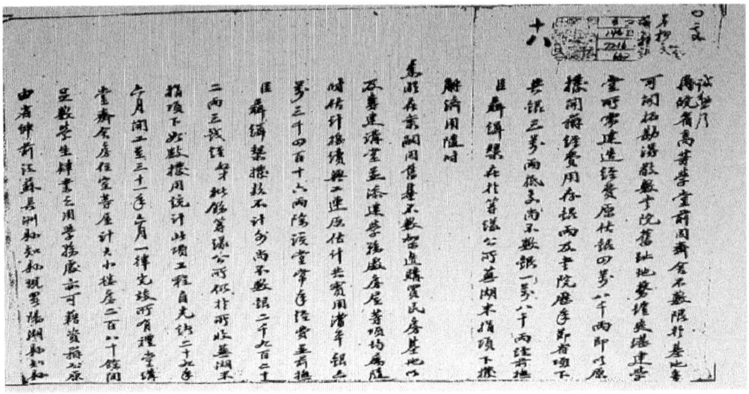

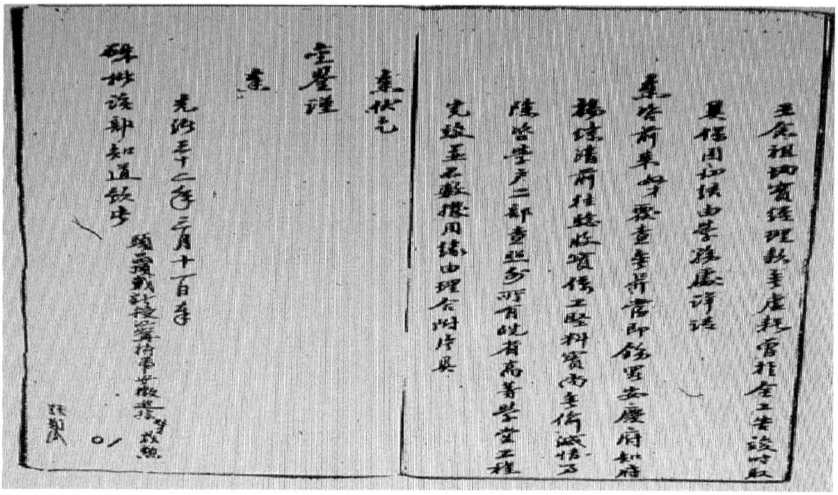

——第一历史档案馆馆藏,档案号:03-7216-061　安徽巡抚诚勋光绪三十二年三月十一日,标题:奏为皖省高等学堂建造工程完竣事.

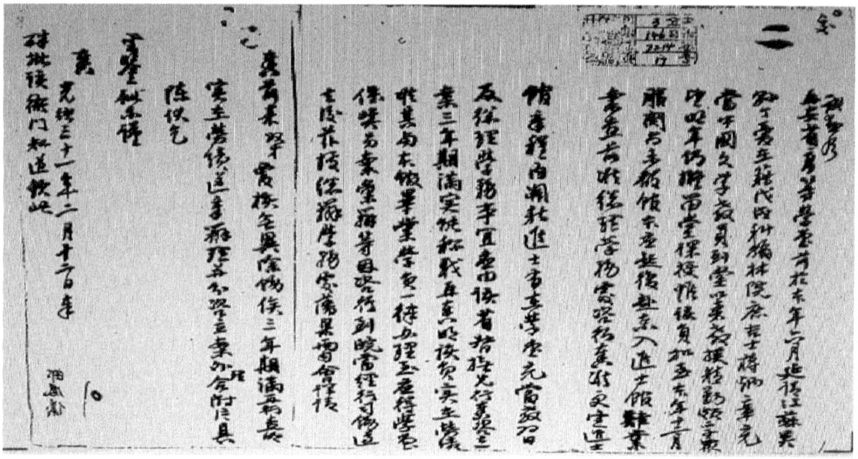

——第一历史档案馆馆藏,档案号:03-7214-017　安徽巡抚诚勋光绪三十一年二月十二日,标题:奏为延请在籍翰林院庶吉士蒋炳章充当皖省高等学堂教员先行奏咨立案事.

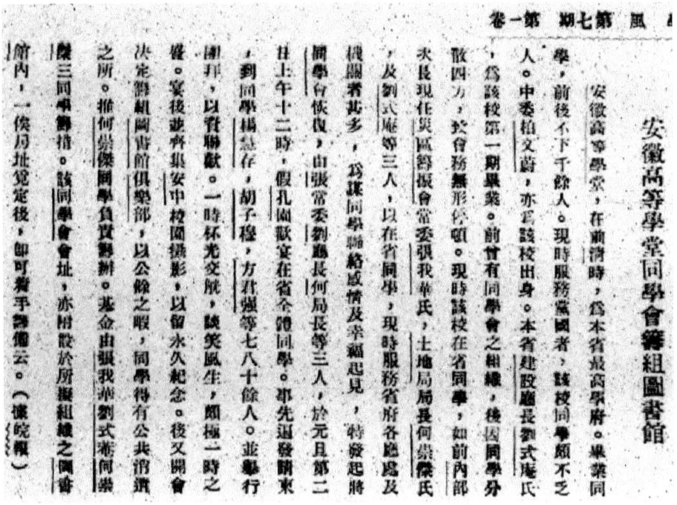
學風 第七期 第一卷

安徽高等學堂同學會籌組圖書館

安徽高等學堂，在前清時，爲本省最高學府。畢業同學，前後不下千餘人。現時服務黨國者，該校同學頗不乏人。中委柏文蔚，亦爲該校出身。本省建設廳長劉式庵氏，爲該校第一期畢業。前曾有同學會之組織，後因同學分散四方，於會務無形停頓。現時該校在省同學，如前內部次長現任災區督振會常委張我華氏，土地局局長何崇傑氏，及劉式庵等三人，以在省同學，現時服務省府各廳處及機關者甚多，爲謀同學聯絡感情及幸福起見，特發起將同學會恢復，由張常委劉廳長何局長等三人，於元旦第二日上午十二時，假孔園歡宴在省全體同學。事先函發請柬，到同學楊慧存，胡子穆，方君強等七八十餘人。並舉行團拜，以資聯歡。一時杯光交觥，談笑風生，頗極一時之盛。宴後並齊集安中校園攝影，以留永久紀念。後又開會決定籌組圖書館俱樂部，以公餘之暇，同學得有公共消遣之所。推何崇傑同學負責籌辦。基金由張我華劉式庵何崇傑三同學籌措。該同學會會址，亦附設於所擬組織之圖書館內，一俟局址覓定後，即可着手籌備云。（據皖報）

——学风：安徽文化史料：图书馆界：安徽高等学堂同学会筹组图书馆，《学风》（安庆），1937 年版，第 7 卷，第 1 期，第 4 页．

安庆访事人云皖省高等学堂系将前求是学堂改建上年以斋舍狭小不敷布置择地另建拣宇宽宏近将工竣因由总理出示招考学生略谓高等学堂原设额三百名因斋舍不敷尚未考补足额今新堂年内可以报竣本籍学生拟补足二百名另设外籍四十名查旧例招考学生均由各属保送今仍循旧办理准于明正二十日考试所有保送公文截至正月十八日止逾限概不收考至于外籍学生每名每年应贴修膳费漕平银一百两亦须由同乡印官保送本学堂为体恤寒士起见所定考期决不更改

——申报馆：皖垣兴学，《申报》，1904 年 11 月 06 日，第 2 版，第 11336 期．

头品顶戴调补浙江巡抚安徽巡抚臣聂缉规跪奏为皖省高等学堂大纲已举谨将办理情形恭折具陈仰祈圣鉴事窃照皖省前以省城敬敷书院改为大学堂经前抚臣王之春将筹办大概情形奏奉硃批著聂缉规妥定章程核实办理钦此钦遵伏念时艰孔急需才甚殷开办学堂以造就真才实为当务之急惟经营伊始必须规画尽善未敢稍涉苟简臣迭与司道筹商现大□已举敬为皇太后皇上陈之查省学堂为各府州县观瞻所系体制宜崇臣先因求是学堂房屋较敬敷书院为宽且同一培植人才归并

办理易于措手当将求是学堂改为省学堂遵照钦定章程更名曰安徽高等学堂于上年七月间开办而以敬敷书院改为武备学堂嗣因该学堂斋舍尚须添建无可开拓复饬据该司道等查得高学东偏敬敷书院旧址地势垲爽建造学堂洵为合度现已饬令兴工计明年春初当可报竣拟俟落成后即将该学堂迁入以期规模完备此建造学堂之情形也该学堂开办之初诸务殷繁藩臬两司恐难兼顾经臣派委候补道刘树屏为住堂总办各教习及执事各员亦经考察分别聘委学生阶级分正备两斋现督同先就各属保送学生内考取百名并于求是学堂学生中挑取五十名俟将来学堂落成再行扩充应设师范学生俟在堂诸生卒业后挑选分课所有课程教法及各种规则饬令恪遵钦定高等学堂章程办理求是学堂既已归并所有前抚臣原设之附课生一百二十名与不能入堂之孝廉生童均作为堂外附课生按名课以经义策论以励实学此酌定办法之情形也建造学堂核实估计需银四万八千两以前抚臣原筹用存并书院历年节省共三万两抵支尚不敷一万八千两由臣饬筹议公所于所收芜湖米捐项下拨解济用至常年经费虽有求是学堂及敬敷书院移拨两款合计仅一万八千余两不敷尚钜臣复于支应局内每月加拨银一千两除闰扣筹一千两仍不逾前抚臣原奏三万余两之数求是学堂原设司员一律裁撤以节縻费此酌筹经费之情形也窃维中西之学理本同源伦常之道千古不变该学生等读书立志务求正大当敬遵前奉谕旨以文行交修讲求实用为立一切奇邪险怪之说均宜辟除该教习等本身作则更宜认定宗旨持论中正臣将赴调任惟有谆饬总办随时稽查遇有志趣纯正者优加奖励倘习染浮嚣者即行撤退不假借以翼储为他日桢干之选至中学堂惟芜湖凤阳已经臣饬据前署芜湖道刘树屏及凤颍道张成勋先后筹款禀办庐州府城亦已建堂开学一应课程学规均遵照钦定中学堂章程办理此处各府州县中小学堂大都因筹款维艰尚难遍设然事关兴学要举岂容延缓臣当严催从速筹办蒙养学堂为学校始基亦当谆饬地方有司劝谕绅商广为设立务期群相策励共敦实学以仰副朝廷造士作人之至意所有皖省高等学堂择地建造筹款办理缘由除分咨军机处政务处礼部暨管学大臣查照外谨会同两江总督臣魏光焘安徽学政臣绵文恭摺具陈伏乞皇太后皇上圣鉴训示谨奏奉硃批知道了著□勋切实筹款认真讲求期收实效片并发钦此

——申报馆:安徽巡抚聂奏皖省筹款建造高等学堂摺二十八日,《申报》,1903年11月13日,第14版,第10981期.

(三)经费

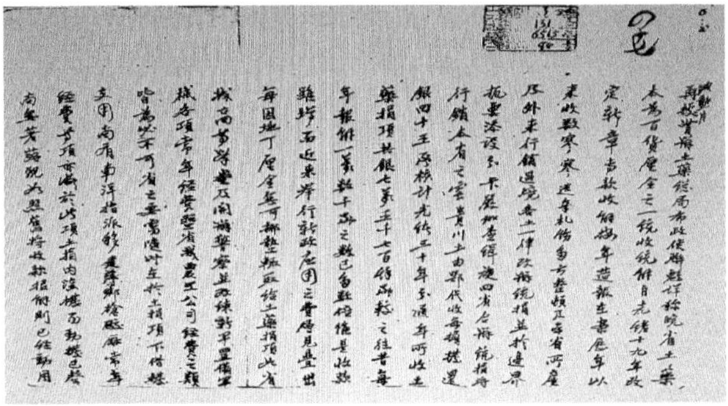

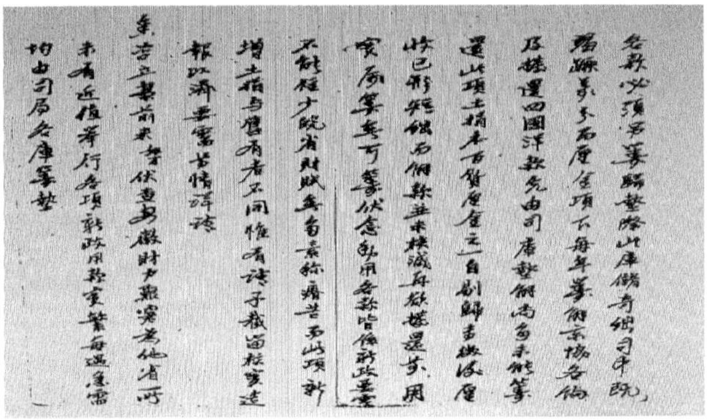

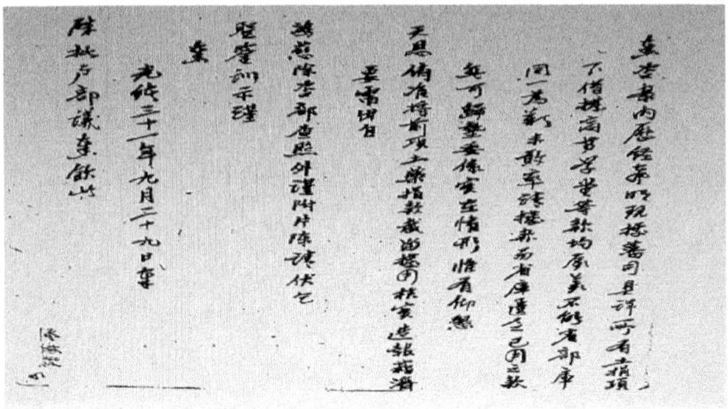

——第一历史档案馆馆藏,档案号:03-6515-09　安徽巡抚诚勋光绪三十一年九月二十九日,标题:奏请截留土药捐款借拨开办省城高等学堂事.

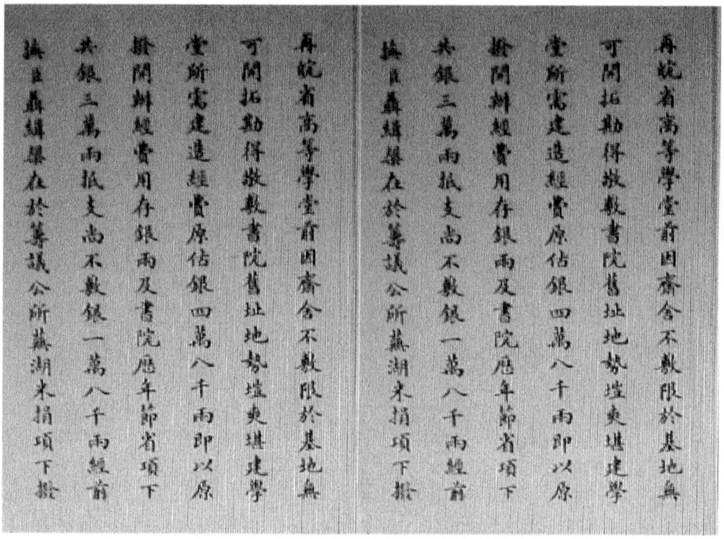
再皖省高等學堂前因齋舍不敷限於基地無
可開拓勘得敬敷書院舊址地勢塏爽堪建學
堂所需建造經費原估銀四萬八千兩即以原
撥開辦經費用存銀兩及書院歷年節省項下
共銀三萬兩抵支尚不敷銀一萬八千兩經前
撫臣聶緝槼在於籌議公所蕪湖米捐項下撥

再皖省高等學堂前因齋舍不敷限於基地無
可開拓勘得敬敷書院舊址地勢塏爽堪建學
堂所需建造經費原估銀四萬八千兩即以原
撥開辦經費用存銀兩及書院歷年節省項下
共銀三萬兩抵支尚不敷銀一萬八千兩經前
撫臣聶緝槼在於籌議公所蕪湖米捐項下撥

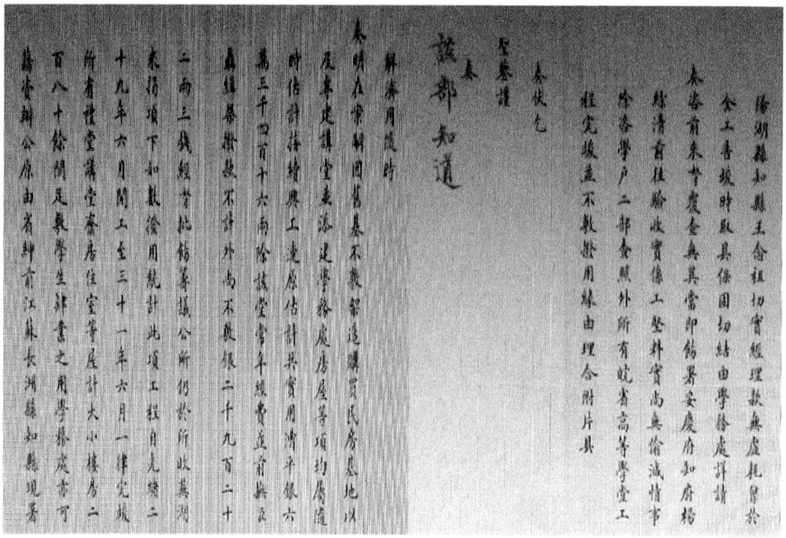
蕪湖縣知縣王合祖切實經理款無虛耗曾於
全工告竣時取具保固切結由學務處詳請
奏咨前來茲覆查無異當即飭署安慶府知府楊
赫清前往驗收實係工堅料實尚無偷減情事
除咨學戶二部查照外所有皖省高等學堂工
程完竣並不敷撥用緣由理合附片具
奏伏乞
聖鑒謹
奏
該部知道

解濟用隨時
奏明在案嗣因舊基不敷架造購買民房基地以
及專建講堂並添建學務處房屋等項均屬隨
時估計接續興工連原估計共實用漕平銀六
萬三千四百十六兩除該堂常年經費並前撫臣
聶緝槼撥款不計外尚不敷銀二千九百二十
二兩三錢經前撫臣飭籌議公所仍於所收蕪湖
米捐項下如數撥用統計此項工程自光緒二
十九年六月開工至三十一年六月一律完竣
所有禮堂講堂齋房住室等屋計大小樓房二
百八十餘間足敷學生肄業之用學務處亦可
藉資辦公原由省紳前江蘇長洲縣知縣現署

正文：

再皖省高等学堂前因斋舍不敷限于基地无可开拓勘得敬敷书院旧址地势垲爽堪建学堂所需建造经费原估银四万八千两即以原拨开办经费用存银两加书院历年节省项下共银三万两抵支尚不敷银一万八千两经前抚臣聂缉规在于筹议公所芜湖米捐项下拨解济用随时奏明在案嗣因旧基不敷架造购买民房基地以及专建讲堂并添建学务处房屋等项均属随时估计接续兴工连原估计共实用漕平银六万三千四百十六两除该堂常年经费并前抚臣聂缉规拨款不计外尚

不敷银两二千九百二十二两三钱经奴才批饬筹议公所仍于所收芜湖米捐项下如数拨用统计此项工程自光绪二十九年六月开工至三十一年六月一律完竣所有礼堂讲堂斋舍房住室等屋计大小楼房二百八十余间足敷学生肄业之用学务处亦可藉资办公原由省绅前江苏长洲县知县现署阳湖县知县王念祖切实经理款无虚耗曾于全工告竣时取具保固切结由学务处详请奏咨前来奴才复查无异当即饬署安庆府知府杨综清前往验收实系工坚料实尚无偷减情事除咨学户二部查照外所有皖省高等学堂工程完竣并不敷拨用缘由理合附片具奏伏乞圣鉴谨奏

——第一历史档案馆馆藏,档案号:04-01-38-0192-070　安徽巡抚诚勋光绪三十一年,标题:奏为安徽省高等学堂工程完竣并拨用不敷银两事.

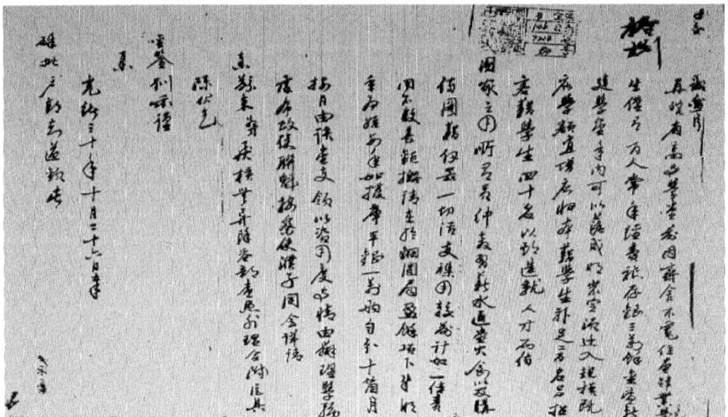

——第一历史档案馆馆藏,档案号:03-7213-080　安徽巡抚诚勋光绪三十年十月二十六日,标题:奏为扩建皖省高等学堂经费不敷拟请于明年始由铜圆局盈余项下加拨事.

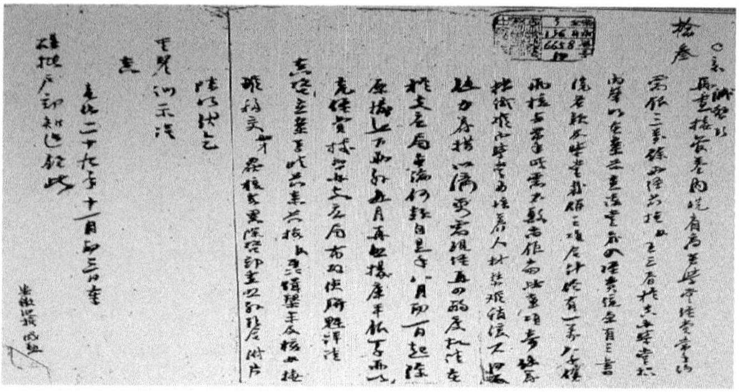

——第一历史档案馆馆藏,档案号:03-7213-010　安徽巡抚诚勋光绪二十九年十一月初三日,标题:奏为酎拨皖省高等学堂经费事.

(四)人物

严复在安徽高等学堂

沈寂

1906年至1907年,清廷仿行立宪,此间严复曾在安徽高等学堂任过监督。严复之所以来安徽,是因为他与安徽的桐城派有深厚的关系,他在一年之后又匆匆离去,则是安徽复杂的社会关系之反映。严复在这短暂期间,对安徽的教育是有所贡献的。

安徽高等学堂的前身是求是学堂和安徽大学堂。求是学堂是维新运动对安徽影响的产物。北京诏开京师大学堂,命大学士孙家鼐管理大学事务;在上海筹办南洋公学,由户部拨充经费,并钦派大臣管理,是为头等学堂。皖抚邓华熙亦于1897年应诏陈言,请敕各省会建设二等学堂,总理衙门奏准通行,即在安庆鹭鸶桥畔的隙地新建校舍,并将原敬敷书院的书籍设备等归并给求是学堂。据《皖政辑要》记载,求是学堂于1898年5月就开学了,比京师大学堂开学还早。求是学堂在1901年即已有头班学生毕业。经继任皖抚王之春考验,取英文、法文学生13名,奏奖监生,并以八品翻译官保升教习官衔,予以分配,这是安徽兴办新学的开端。1901年10月，遵旨查照袁世凯在山东设大学堂的办法，改求是学堂为安徽大学堂。1902年初，迁入同安岭府学宫旁的新址。1905年又按清廷所颁学制，改称安徽高等学堂。

刘葆良，常州人，是当时的教育名流，曾接手安徽大学堂总办之职。他到职后，即把桐城姚永概聘为教习，姚永概乃姚鼐从孙姚莹之后，为桐城派名世家，对皖省教育界颇具影响力。1904年暑假，刘葆良谢职赴沪，堂中乏人主持，委姚永概与乃兄姚永朴共商合适继任人选。经考虑，二姚认为“宜聘严幼陵(严复)先生，乃得有起色，拟运动之”(姚永概《慎宜轩日记》)，先征得学界领袖蒯光典的同意，同时游说臬司濮子潼的允洽，方伯冯煦甚为支持，皖抚诚勋亦深以为然，并嘱咐姚永概尽可做主。

姚氏与严复有旧，就在刘葆良去职那年的10月，姚永概曾赴沪访严，久谈甚欢。1905年5月，皖高等学堂发生学生与斋务冲突的风潮。事情本由斋务办事操切所致，不怪学生，如姚永概出面好言相劝，本可无事。但斋务竟私诉提调恽太守，力主压制，遂激成鼎沸。物色高等学堂的主持人，则更形迫切。1905年10月，皖抚诚勋将聘请严复来皖事责成姚永概办理，并亲自写信给严复，由姚面陈。25日姚到上海，刘葆良对姚表示：“尚欲到皖，而多所要挟，恐未易副也。”姚央请严复，经久恳，严有“五分就皖意，但云：俟(下)月初，其世兄来乃可决计”。姚永概又请学界名流夏曾佑、陈立等人从旁劝驾。严终为姚的诚意和夏、陈的敦促所感动，“居然允明正往”。姚则长跪谢之。

严复愿意来皖高等学堂，因其与安徽有缘。严早年留学英国，回国后向桐城文派学习古文。甲午战后，他翻译《天演论》，得到当时桐城派大家吴汝纶的赞赏和鼓励，为其写了序言。吴汝纶认为“文如几道(严复)，可与言译书矣。”又说：“自吾国之译西书，未有能及严子者也。”由此，严复每译一书脱稿，必请吴汝纶提意见。吴汝纶去世后，严复感到“伯牙死而钟期绝弦，自今以往，世复有能序吾书者乎？”严复的古文有如此造诣，与吴汝纶的指点帮助不无关系。戊戌政变后，义和团进驻天津，严复避居上海。1902年京师大学堂复办，管学大臣张百熙奏准以吴汝纶为大学堂总教习，严复为大学堂附设编译书局的总办。吴、严曾相约同进退，但吴汝纶在赴日本考察教育回国不久即与世长辞。严复挽联云：“平生风义兼师友，天下英雄惟使君。”感有所失！

1904年,严复辞去京师大学堂译书局总办之职,回到上海,心情甚为落寞,且在经济上又颇感拮据,曾托人向蒯光典借3000元。蒯慨然允诺。此时蒯光典正建立了一个金粟译书处,即收买严复所译《穆勒名学》的手稿以抵债。1905年,《穆勒名学》即由金粟斋以木刻刊布于世。蒯光典,合肥人,光绪九年(1883年)进士。散馆授翰林院检讨,后外放为江苏候补道。蒯的父亲曾是江苏藩司,他又是李鸿章的侄婿。江苏高等学堂成立,蒯是第一任总办。蒯与当时名士,诸如缪筱山、刘聚卿、张季直等都有交结,严复当然也是他所乐于交往的。

严复同意来皖,皖抚和方伯两公都以"严公之来为喜"。一星期后,皖抚即签发照会邮寄严复。严复当初面允"明正往",即指翌年正月到皖。孰料1906年2月14日竟突然收到严复的辞馆信。原因是他收到了匿名信,要挟他不要来安徽高等学堂。但皖省当局仍维持原议,仍要姚永概前往上海挽回严公。在姚动身之前,方伯冯煦允加筹万金,以备严公整顿高等学堂之需。这更表明当局礼聘之诚意。严复终于在1906年2月15日来到安庆,17日高等学堂开欢迎会,学生登台致欢迎辞者经久不断。严复到学堂视事,经初步了解情况后,又于月末偕姚永概赴上海,物色礼聘教员。8月,学部电调严复去北京,参加清廷考试留学毕业生,以外务部尚书唐绍仪为总裁,严复为同考官。12月21日严复由安庆动身去北京。当严复在北京的时候,皖省新任提学使沈曾植公呈学部继续请留严复。皖抚恩铭令姚永概致书寿州相国孙家鼐,请对留"侯官(严复)事照办"。1907年2月17日,严复尚在安徽高等学堂主持开学典礼。可是在两个月之后,姚永概异乎寻常地劝严复辞馆。4月26日,姚永概与方伦叔、邓绳侯、姚永朴等人公饯严复时,蒯光典忽然来到,"坚留严勿行"。姚仍然劝严洁身以去,最后蒯光典提出,严不住堂,请仍为监督,否则必为名誉监督,严复均谢之,匆匆离开了安徽高等学堂。

严复主持安徽高等学堂仅一年时间即匆匆离去,个中蹊跷不外是当时安徽的文化教育界复杂的社会关系所致的排挤与倾轧,同时也是当时新旧教育观斗争的反映。以后安徽高等学堂学生曾指出,由于安庆省区一切公共机关为怀宁、桐城、太湖的大士绅所盘踞,形成皖南、皖北两大派系的对抗。全省教育大权把持在怀、桐集团巨绅手中。安徽高等学堂是全省最高学府,皖南大绅士自然想抓住它,垄断教育行政权。皖北通过蒯光典向皖抚建议,把改革高等学堂与建立新军、创办陆军学堂放在同等重要的地位。当时的皖抚恩铭颇具事业心，对此建议极表赞同。但在人选问题上，认为没有大声望、大本领的，绝不能担起重任，严复则是最合适不过的。严复来安庆后，皖抚称之为严先生，而不呼其名，即使在大庭广众之中，虽有藩臬提学各使司道在座，也均置严复于宾师之位，高等学堂的一切改革，完全由他自主，抚院不加干涉。严复来皖后，也着实想做一番事业，孰料事业刚开端，却被一个风潮卷走了。他说："这一风潮在安庆的教育史上自然是一件耻辱，造成这种耻辱的原因，不问而知是皖南绅士的排挤。"不过，其排挤阴谋之所以得逞，极大可能是由于严氏的工作方法所导致的。

第一，严复本是学海军的，他的教育方法，实在未免有十足的蛮气，加之高等学堂的学生，素来是散漫惯了的，他骤然一紧，已紧得有点受不住。何况他的办法，着实来得厉害，所有学生都得经他信任的教职员严密地考试之后，重新分科。至于行将毕业的学生，也得经过严密的考试，始得毕业。不及格者，分别留级。这对高等学堂的学生们，简直是个晴天霹雳，大家自然着起慌来了。

第二，严复不但考学生，并且要考教员。他并不说是辞教员，只是把教员一个一个地分别请了来，和他谈话，就各人所担任的课程发出许多问题，请各人答复，然后又问各人的教授法，如果答复得满意，便下聘书，若是不满意的，便不下聘书，那就是无形辞退。对所谓东洋教习也是一体看待，经过他一番过问，对不及格的，则板着面孔，劝他们回日本去，好好地重新研究几年再来，无情地戳穿了那时在中国混饭吃的东洋先生的纸老虎面目。

第三，严复这么一来，自然把学堂的旧教职员差不多裁汰了，换了他夹袋中一批新人物。这些人当中深得他信任的，是位周监学，听说也是一位海军学生。他对学生非常严厉，上讲堂教英文时，一句中国话也不准说，谁说中国话谁就马上被罚。其余的教员也都是严肃异常，这在极腐败的教育腐化了的学堂中，是必要的办法。然而舒服惯了的先生们，怎样又能吃得这种如束湿薪的苦头？

第四，严复既然受了恩铭的特殊礼遇，又夹着蒯光典等拥戴的势力，自然以为可以放手去做，不稍顾忌，而他对于本省的司道，甚至藩臬提学使都不大理会，我行我素。皖南的大绅士们看破了他这种种弱点，首先鼓动要毕业的学生，以反对周监学为口实。风潮就这样起来了。他们的口号是"驱逐严蛮子"、"打倒周舅子”。自然也有许多年轻而有志向的青年不愿意这样做,然而在官僚绅士内外夹攻的形势下,拥严的行动是表现不出来了。风潮一起,藩臬提司道一齐上院请示,怀、桐的大绅士遂借口维持教育出来说话。抚台也只是叹气,找不到什么办法,不得已,打了个电报给蒯光典。蒯来了,起初还想挽回,住了一天,看看官绅各方面的空气,才知道势头不对,也只得叹息,听严氏辞职而去。严复临走时,谈笑自若,一点没有懊丧的神情,手里拿着一本书,坐在轿子里,在学生群众拍掌欢呼他们的光荣成功声中,走出了安徽高等学堂的大门。

高语罕,寿州(寿县)正阳关人,当时他是慕严复之名,由寿州选送到安庆投考高等学堂的。虽然他是站在皖北地区立场,但他对严复离开安徽高等学堂的奇变,追述的事实是确凿的,分析也是基本可信的。它说明了这样一个事实:凡外来人充任安徽高等学堂的总办或监督,很难站稳脚跟,非皖南帮派莫属,即使是皖北人,也同样不能例外。

另外,安徽高等学堂学生高一涵对此次风潮亦有一个回忆:“那时极大多数安徽青年学生,对推翻清朝封建统治没有什么不同意见。但是革命以后究竟要建立怎样的政治制度,心中还没有底。最基本的原因,就是他们所知道的西方政治制度不多。恰好,这时留学生中负有盛誉的严复任安徽高等学堂的监督,他用中古文笔法翻译了资产阶级学者的名著,引起了全国学者的重视……那时安徽青年学生羡慕西方文明成了风气,大家认为要想学西方科学,必须先学西方文学,因而把学习英文看作压倒一切的功课,别的功课考试不及格不要紧,千万不要使英文不及格。于是安徽高等学堂内从讲堂、自修室、寝室、饭堂一直到操场上,处处都听到朗诵英文之声。后来代替严复执行监督职权的教务长(监学)周鼎观(福建人,因严复不常在校,他就在实际上做了监督),对学习英文的进度操之过急,非那时学生能力所能担负。他在讲堂上公开地说:我们教学生,只计程度,不计人数,能教得一个英文专家也对得起国家,不及格的都可一律开除。学生人人自危,因而激起赶走周鼎观的风潮,严复也因而辞职。严复辞职后,由一位老翰林洪思亮来继任监督,校内风气因之大变,只听到朗诵中文之声,不再听到朗诵英文之声了。这时,热心学习西文科的学生,如果得到政府派遣,或自己经济能力许可者,都先后到英、法、意、日等国留学。如王星拱、刘贻燕、邵逸周、程振钧、程振基、俞希禹等,都先后出国求学。”高一涵是六安人,他是从安徽受西方思想影响的角度谈此问题的，未涉及内幕的派系倾轧，不过，仍是比较客观的。

严复在安徽高等学堂固然被逐走了，但他与桐城派的关系并未由此告终。1911年，复任京师大学堂监督，1912年继为北京大学校长。他仍没有忘怀桐城文派，即请姚永概为北京大学文科教务长，使桐城文派得以又一次占领北大文科讲坛。

——方兆本主编，《安徽文史资料全书》(安庆卷)，合肥：安徽人民出版社，2007年版，第1095—1098页.

1907年(清光绪三十三年丁未)五十五岁。

上半年仍任安徽高等学堂监督。是年继续任复旦公学监督。

1月18日(丙午十二月初五日)江西布政使沈瑜庆电邀先生"往江西为理学务"，先生以"老惫"辞。(《严复集》第三册，第834页)

1月21日(十二月初八日)与甥女何纫兰书："安徽高等学堂(预科)大考，退者至三十余人，全城震悚，谓吾手辣。然经此一番淘汰，学生知功课之重，且一切唯在求己，均无所用人情势力，此堂是后可望必成矣。食人之禄，不能不任怨也。本堂此考，有一学生名王恺銮者，年十七，甚美慧，题是《张巡论》，渠做得一篇，专论其杀妾乡军一事，以为野蛮行径，忍心害理，而无益于兵；并明男女并重之道，谓当无食，宜各忍饥，何得使人相食，若豺狼然。其辞甚健，汉文教习阅卷，百分之额只给四十，以为悖谬。吾复阅见之，大喜过望，立取其卷加批，并为改窜数语，遂成佳文；呼其人来，自赏十元，优加勉励。教员见之，亟改其分作九十分焉，真可笑也。可惜吾女尚小，不然，真可妻也。"(《严复集》第三册，第833—834页)

1月23日(十二月初十日)出席安徽高等学堂师范生毕业典礼，发表演说。环听者数百人。(《严复集》第三册，第834页)

1月24日(十二月十一日)安徽高等学堂放寒假，由安庆返沪。(《严复集》第三册，第834页)

——孙应祥著，《严复年谱》，福州：福建人民出版社，2014年版，第244—245页.

5月24日(四月十三日) 安庆高等学堂发生风潮，逐斋务长周献琛。

其起因及演变,先生曾有如下论述:“斋务长周献琛者,闽人,少为船政学生,光绪十余年间被选赴英国,习海军专门业。阅五年归,为舰官,身为甲午大东沟役,几濒于死。威海全军覆,劳不见录。后海军稍稍恢复,历数船为大佐,郁郁不得志,弃舟登陆,随勘路矿。仆来皖,招之为教员,月薪百五十金。以其在军治众严,而本校旧日规则殊苦散泛,则使兼长斋务,加益念两薪。客岁在校治事六七月,校务渐渐一变积习,皖人士翕然交称之。而讵谓一隔岁间,向之誉为整齐者,乃今赀为罪乎？则甚矣,人情之善变也。

“然周为人稍戆,接物不善为委曲,责法行权,又沾沾多自喜,以此致龃龉。至其视校事如私,任劳任怨,虽其仇犹信之。甲班生求毕业不得,余班劣生恐沙汰,气已弗靖矣！而校外之人,久受浸润,涎校中人受糈厚,促赀啜汁,实繁有徒,则群然以破坏为目的,相与交煽之。于是,闯然有四月十三日噪逐斋务长之事,其去夏考仅一月耳。初,不逞诸生数数聚议,然无敢发端者。及是甲班生陈寄密为揭帖三道:第一,仿徐敬业檄,讨伪监督严氏者;第二,詈周斋长,备极丑诋;第三,波及教员诸闽人。午缮前一时,取张斋壁,以其党两人守之。膳钟鸣,首事念余人先入,分据诸席,余生尚未就案哺□,中一人抚掌为号,举第四席翻之,余席乃悉翻。监学官庶务长闻事走视,见学生芜湖谢师衡领众排门出,趋斋务长所,戟收诟詈,立逐周。……又厉声言尽逐闽人。于是,教员王兼知、监学严家驺等五六人,凡复所辛苦仅致者,怫然尽起,僦装欲行。”(严复:《辞安庆高等学堂监督意见书》,《直隶教育杂志》丁未年第8期,1907年6月25日出版)

报载:

“十三日戌刻安庆电:高等学堂学生因斋务长抑制学生,借午蔬为口实,掀翻二十桌,加以殴逐,并行罢课。”(《志高等风潮》,《神州日报》1907年5月25日)

旋　又报道:“十三日高等学堂学生于斋务长冲突各节,业纪本报矣。兹据皖省学界来信云及肇事原因,系因去岁附设师范科当试验毕业时之分数,均为斋务长周鼎观(名献琛)以一己之爱憎,暗中加减,至有可及毕业者降而列休业;又有分数不及毕业者反得毕业。又甲班(分甲乙丙丁戊己等班)旧学生杨谷仁在堂肄业已有六七年之久,因年考一日稍差,即遭革除”。“且以监督接办时，定科生五年毕业，学期过远。每届考试倘分数稍有差池，势必斥革”。而“监督又远处沪上遥领其事，遂发生逐斋务长之事”。(《续志高等风潮之原因》，《神州日报》1907年5月30日)

时先生在上海，“得电，不知所措，则电嘱各教员管理(员)，照常上课办事候处分”。(《辞安庆高等学堂监督意见书》)

5月27日(四月十六日) 首事学生纠集全校学生罢课。

5月28日(四月十七日) “本日除电学堂，将为首滋事学生牌示开除外，并电中丞另派监督”，准其辞职。(《严复集》第三册，第826页)

午后，又接到安庆两电，“一是十六日四点，不知何人所发，文云：‘全校解散，公勿来，皖上公叩’；又一电是十七日四点，常伯倚发，文云：‘请电复官绅，以联交谊。’第一电恐亦是反对者所为。”

先生感叹：自前年(1905年)姚叔子强拉“监督此堂以来，其时有人隐隐反对，累缄来诅，而叔节不为之动；嗣经去年整理，无懈可击，舆论翕然。至于今年，留学生回国多人，以谓皖之学堂须皖人得其利益，深忌吾曹，固无中生有，出而为此。周鼎观特其借题。外来事势，人情如此。虽以苏格拉底、孔子为之，风潮亦难免耳”。(《严复集》第三册，第826页)

5月29日(四月十八日) 致电安徽提学使沈曾植(字子培)，告以翌日赴皖。报载：

“十八日安庆电：严监督密电提学司，即于翌日到皖，将革逐滋事学生，学生益激昂。”(《神州日报》1907年5月30日)

5月30日(四月十九日) 乘船离沪赴皖处理安徽高等学堂学潮。6月2日晨，抵安庆，“至则谒恩中丞，慰留甚至。又谒提学使，告以解馆”。(《辞安庆高等学堂监督意见书》)

时端方聘先生主持苏、皖、赣三省出国留学考试。(《严复集》第三册，第836页)

6月4日(四月二十四) 复甥女何纫兰书：“安庆之事一言难尽。本日得甥书，有云风平浪静、众魔悉伏。此因见皖抚来电，语极谦和，故有此想，不知事势与电全不相符，故我决然辞差。现拟廿六(6月6日)即行，搭船往南京，以应端督之电；既行之后，不复来矣。高等学校之有风潮，实因官界与我挟妒反对，而绅界则以学堂为利薮,各思分肥。而学生一因去年沙汰之多;二因求请毕业不遂;三因夏考在即,恐复被沙汰;周鼎观汉文欠通,平日办事过于沾沾自喜,开罪多人。总此数因,于是有十三日之风潮。当日之事原可劝阻即定,而提学司故纵之。现在官界唯一抚台,绅界唯姚叔节一人,余非反对,即系随风,故吾断无更留之理。皖人惟恐吾之不去,于是在《南方》《神州》诸报极力布散谣言,备诸丑诋。来书谓有识之士孰不敬仰,奈有识者甚少何哉?抚台相留虽切,然吾要以必将滋事二十余人办到,吾乃可留。抚台商之提学,提学方且吃醋,谓周鼎观该逐,而陈寄密、谢师衡,则称为豪杰之士,故学生闹事后,公然自首十二人,而学台略退五人以相敷衍,而学生要挟胁从之风愈炽。刻安徽大绅士则谋监督,小绅士则谋管理杂差,真所谓一骨裁投狗乱争者矣。至学堂吾所用之管理(员)、教员,大抵多站不住,因提学司曾赴日本,带有得意速成留学生数人,正无处位置故也。提学脑筋有病,素为名士,人极糊涂;至学务尤为外行,加以妒吾名盛,口里恭维,背后反对,此堂之事,皆此老之助成也。嗟嗟!学堂本教育之地,而小人视为利薮,学生劣者不可沙汰,沙汰即起风潮,此后学界尚可问乎?"(《严复集》第三册。第835—836页)

安徽高等学堂教务长姚永概出面挽留闽籍教员,遭到"匿名揭帖詈之"。

6月5日(四月二十五日)复沈曾植书,坚辞监督之职。略谓:"承再损书,若怨仆不相师而委隆谊于草莽者,虽然,公亦未察鄙陋所居事势,有万不得已。何则?斋务长之率职,夫有所受之者,监督是也。故斋务长当位行权,行监督之权。学生恶之,姑无论其当否,岂不宜先告监督?乃今聚众自逐之,是谓监督权废,以复监督已废之权办滋事者,不可为也。且其事不止此,闻逐周之顷,先有讨监督之檄文,后则上海《南方》《神州》各报日日有毁誉监督之论说,皆由皖寄去。复在沪之日,又有阻行之电;直至今日,尚有匿名投所谓公愤书者,公意以此为莫须有之流言,流言固矣。而流言之原因,非莫须有者也。盖其心所欲急击而去之者,监督耳;斋务长已堕之甑,非儿曹之所顾也。夫学生狞犷如是,则其所阴持可知。乃来教尚欲复超两造之外为裁判为主,公之言欲谁欺乎?昨日姚教务长出留闽籍教员,则投匿名揭帖詈之矣;本日学生陆均者略出公道之言,为此校惜监督之去,则有恫喝使噤者矣。试问校中如此,仆尚可一日安其位乎?犬马之年,五十有五,客气都尽,诚不欲为悻悻之小丈夫。"

"公又教以收复师生感情为主义，又云已退五名之外，不可追究，意即以此为收复感情之术。然复闻宥人而其人感者，必其权力之下者也，若吾力所不能制，是乞和解滋益骄耳，尚何感情之与有？肇事之众，不过二十余人，外是皆被胁持者；昨有单呈中丞，度已授公矣，何待函告？公自任为复外护，而于事则使其必不可留如此，复愚，诚不识所以护之者居何等也？"并告以"明日有便轮东去，吾为万里之鸥矣！"（原题《上提学使书》，《严几道先生遗著》）

6月7日（四月二十七日）乘船离开安庆，原"定（四月）二十六日（6月6日）行，至期已就道矣。而会长蒯光典（时任安徽教育会长）新自宁来，且慰且责，言监督无去理，不得已诺之。然蒯未出门，而后院詈声作矣。无如何，则听复二十七日去皖"。（《辞安庆高等学堂监督意见书》）

——孙应祥著，《严复年谱》，福州：福建人民出版社，2014年版，第249—252页.

安徽高等学堂全体学生对于严监督之公愤书

风潮原因

侯官严子挟其学术翩然来皖，吾党咸欢迎之，以为将有大影响于皖学也。乃不数日即去，去而斋务长周献琛来。周来而严遂不复闻问矣。盖周之来也，实为严之代表，严唯周言是听，不加驳诘，于是吾党咸属望于周。既而鲁鱼莫辨，黑墨不识。于是吾党知周之不识汉文。既而受事Object与施事Subject不分，刚声Active Voice与柔声Passive voice莫辨。于是吾党知周之不识英文。既而专逆横行，奴隶学子，倾倒规则，任意逞威。于是吾党不堪忍耐。然犹望周以一人改良，加惠我全体也。自吾党新入者来堂，其苛责之情尤难缕数，愤郁不平，日积于胸，不待审虑而后发。全校一致，犹向周辨明，请其悔过改良。讵周肆意狂暴，拂衣而去。吾党犹相率上课，不敢稍犯堂章。讵闻严来，将大不利于吾皖。而吾党亦以严不足为监督，决以去留争之。夫学界不振，莫皖若矣。吾党处此艰难之日，宜如何同心协力，建德立名，以为我学界光，或可挽回古先哲经济文章之名誉，又岂皆妄行暴动，蹈野蛮之覆辙，阻文明之进步，贻海内之大羞哉！特是退而思维：吾党处此校，为海内负责任者几何？为全校负责任者几何?为乡邑家族以及一身负责任者几何?长此终古,过隙之驹光忽忽,以后德民之资格不立,普通之学术无成。乃复变此不定之规则,承此腐败之师资,享此残缺之末学耶!我躬之不恤,其如后人何,况对于海内,全皖乡邑家族及一身之责任又安在也?海内大人先生及吾等同志,于严之品学必能尽悉,而于其负我皖人之咎,或未周知,即吾等此日之举动,或不闻其详,不谅其衷,而大加责备,容或难免。用是公愤聊献之。书严公之罪,因之以定,吾等之心,或可稍白。尚蒙父老不以吾等为浮躁、为横逆,而因从而鉴原之。合力改良,焕然一新,则幸甚幸甚。

一、放弃责任　严公于去年二月初受吾皖聘,月修六百两。至三月半始来,未及暑假而返沪。两次假期已届,而尚未回堂。诸生因候渠大考,强半病暑。迫电催而严惮远行,即复电停考放假。秋后到堂,未浃旬又走京师,寒假始回,住一星期许。今正月招考新生,各处学生麕集千余,候渠一人,竟至二月杪始来,多半因资斧告匮,试期尚远,而太息废学以去者。考竣未久又赴沪,迄今未回。统计三星期用银万两余。在堂仅两月,而两月在堂又高拱深宫,学生欲一睹容颜,一闻声欬而不可得。秘密踪迹之所,惟烟缕缕自户外出,香气扑鼻端而已。所以新生居数月,尚有不识监督为何许人者。其课程教育可知矣。呜呼!学堂贵身教,而严公之身若此,使夜气偶萌自问,当亦惭汗矣。

二、奴隶学生　自去岁下学期高等学堂即分为数等阶级,每有要事,由严之跟仆指挥斋务长周献琛,周之跟仆号召学生。学生虽有婚丧大故,亦不能直接请假,须递禀候批,始能作定。去冬,师范生周孝达父死,禀请奔丧,竟谓大考在适,而不能照准,以致周君痛哭流涕几不欲生。今岁新生又因母病危笃、电令速归者具禀请假,阅十数日始行批出,而该生已郁愤成疾,不能归省。种种隔阂,毫无爱情。尤可恨者,周之对待学生,专以鄙笑辱詈为能事,甚至上堂时蹴翻校具,示其横暴之威,使学生屏息懔慄,不敢一语。至□□饮食器物,视学生优异数倍,如主仆之不能一致,犹其末焉者。由此观之,其子弟我也,奴隶我也,不待智者而后知也。吾皖以十数万之巨款,请渠辈制造奴隶,倘有林肯其人者,吾三百同学均当俎豆馨香以奉之。

三、虚糜光阴　去岁上学期于预备科中,辟一师范左右班。右班多新生,未曾有英文算术,左班在堂日久,即程度浅者,英文亦读过国学文编三集,而算学亦学至代数，而周献琛令回读字母，复学加减，半年功课，只温英文启蒙十课，算术乘除。迨下学期又废去英文一科，而左右两班之光阴均虚牝矣。呜呼！往者不可谏，来者犹可追。孰云今岁之新生又如去岁之教授矣。其害伊于胡底乎？不宁惟是，去岁甲班既经任意开除，零落不成班次，今年遂将乙班并入，程度参差，已难收效。而又迫令回读二集帝国读本，文法以《英文汉诂》为读本。此书□□于烟灯下仓卒纂就，教习因其不合□□□□不便复从汉文译成英文，日后互相矛盾，以致教习学生两困而毫无实效。严来乃贸贸然谓学生用功不勤。抑更有甚者，去岁严到堂新增音乐一科，聘一英国人教授，月俸二百余金，购乐器仅三十六件，而具价竟需二千余金。合计教习薪水、乐器价值共费四五千金左右，全堂只三十二人学习，旦暮鼓吹，寒暑不休。冬季考成，得足分者居多数，竟尔开除大半，致不成班。况堂中可学者不只此三十二人，今年开课竟不提及(音乐)一事。以学堂数千之公款，学生一股之辛苦，弃若弁髦，毫不之颟，吾不知其是何居心也。

四、信用私人　严公所用之人，非亲戚子侄，即门生故旧，使若辈果能称职，正如古人所云内举不避亲也，于吾皖何损。奈周献琛等中文不通，英文复劣，其平日谈绵亘为绵旦，呼洪逵为洪达，读句主为勾主，谓春菟为春兔，甚至写气盛言宜之盛为甚，种种□□，学界已传为笑柄。吾同学犹曲为之原，谓英文尚佳，当节取其长，不能以寸朽弃□□也。前月视学考问，竟无一人敢应。查所授之音义，又多错讹。视学去后，周献琛上堂，首次考卷以受事位用于句立位。二次出题，认施事刚声为受事柔声。此皆有试卷及题目足凭者。推原其故，渠等大半系北洋水师卒业生，距今二十年，风气未开，凡文字稍有根据者，皆因重科目而不肯就，渠等从此出身，此中学所以不通也。历时已久，当日之所学，又多遗忘，于军书旁午海樯灰烬之余，酒地花天，藉道咄咄，各种科学不复存心过问，此西学之所以亦劣也。中西俱劣，故于教育心理上毫无研究，惟知招事。严公冀以附青云而骗金钱。严公身性骄傲，易于蛊惑，遂畀之重责，任其以腐败气习、野蛮手段对待诸生而不之顾，以至黜陟颠倒。新生以一年程度而师范毕业，旧生以数废功勤而多数开革，将高等之士气摧折殆尽，犹复盘踞侮傲以为长久之计，此吾等之所由公愤也。噫嘻！今日之咎严公者多矣。吾得一言以蔽之曰：信用私人、贻害学务也。谓予不信，请公调查。

五、浪费公款　严去岁到堂时,代学堂购书籍仪器,支款甚巨,闻所到之书只值二三万金。冬月又支银五千两寄英国购书。查伦敦至中国不过两月路程,何以自去岁迄今已逾五月,而书仍未到。尤可异者,乐器一项,本堂购价买费千六百金,而督练公所只用八百余金,竟将全副购来,然此或别有原因,亦未可知,姑不具论。论先生之以公款济私人,如斋务长薪水向系四十两,自换周献琛一跃而增至百七十两。监学官薪水向系三十两,自换严家驺一跃而增至百余两,其余旧有之教英文者不过六十两、八十两。惟严公所聘之人,虽教字母,亦未有在百两内者。至于饮食用度之糜费加增数倍,惜其末焉者也。吾不知先生来皖之初衷,其欲栽植人材乎,抑欲调剂私人也,其欲达教育之目的乎,抑欲骗金钱之主义也。呜呼,先生尚尔!何怪教育之腐败耶!呜呼,先生若此,犹望学界之振兴耶?

《申报》1907年6月2日~3日第12版连载。

——沈寂著,《中国近代史事论丛》,合肥:安徽大学出版社,2009年版,第165—168页.

(五)文艺

姚永朴:《安徽高等学堂同学录》序

光绪三十二年十月二十一日(1906年12月6)

吾读《周官》,窃叹当时所以陶铸人才者何其备也。大司徒以六德六行教万民,而师氏又有三德三行,即伦理学也。太卜之三易、太师之六诗、保氏之五礼六乐、外史之三皇五帝书,即经学也。外史掌四方之志,小史又掌邦国之志,即史学也。保氏之六书,吾国文字之源也。其所谓九数,即算学也。其所谓五射六驭,亦犹体操也。大司徒天下土地之图,司险九州之图,职方氏天下之图,即舆地学也。太宰以九职任万民,其曰三农生九谷,即农学也;其曰园圃毓草木,虞衡作山泽之材,薮牧养蕃鸟兽,即动物植物学也;其曰百工饬化八材,即工学也;其曰商贾阜通货贿,即商学也;其曰嫔妇化治丝枲,即蚕桑学也。天、地、夏、秋四官，正月之吉县，治教政刑诸象之法于象魏，而州长、党正、族师又以时属民读法，即政治学、法律学也。若夫知天文学者，有保章氏；知化学者，有草人；知矿学者，有卝人；知医学者，有医师等官；知国际学者，有大行人等官；知理财学者，有司会等官；知音乐者，有大司乐等官；知四国语言学者，有象胥。而夷隶、貉隶且能与鸟兽言，司烜氏复能以夫遂取明火于日，以鉴取明水于月。昔孔子称周公之才之美，今观其设官分职于天地万物之故，旁皇周浃乃如此，郁郁夫文哉，宜夫子叹其盛也。近世缀学之士，往往谓吾国学术发越在春秋战国之时，今考其实，殆不然。当春秋后，先王典籍，诸侯恶其害己而去之者过半，故《汉书·艺文志》谓，自孔子时已不具战国诸子所学，虽皆三百六十职之支与流裔，然阙而不完者盖亦多矣。及乎暴秦以私天下之心，行愚民之术，焚书坑儒，文武之道忽焉坠地。汉兴，遗经稍出于山岩屋壁之间，而已百不存一。陵夷至于隋唐，遂举天下魁奇闳博之士，悉困之于科举一途，于是实学愈荒，人才愈不可问。吾国开化最早而进化乃独迟，夫岂一朝一夕之故欤？二百年来，泰西诸国英君伟士飙举云兴，其教民之术日新月异，吾国自甲午后乃自知不敌，恍然思借他山之助以新我国民。自奉明诏罢科举，各省学堂几遍设矣。一时舆论，主进取者惟欧化是崇主保守者又虞国粹之尽失，窃谓二说皆非也。夫国于天地，必有与立，果为独有之文明，世变愈亟，且将因外界之刺激而益显其真，夫何忧于不存。若夫秦汉以后，驳而不纯之政，偏而不全之学，夫亦何所爱惜而不思改弦而更张之也？吾皖高等学堂之建，四年于兹矣，虽教法随时改良而未臻完密。今年夏，侯官严几道先生不以吾省为陋，来督斯堂，门下诸彦，翩然偕临。或司讲授，或兼管理，规则聿新，学科大备。诸生喜得名贤为之依归，爰本乐群之义，取同堂诸子姓名、籍贯，编为同学录，以志一时之盛，而问序于予，予喜诸生向学之笃而观摩有资也，因书其管窥所及，如此且将以质诸严先生云。光绪丙午冬十月二十一日。桐城姚永朴谨序。

——潘懋元、刘海峰编，《中国近代教育史资料汇编·高等教育》，上海：上海教育出版社，2007年版，第101—102页.

第八编 省立专门法政学校

一、概述

安徽省立专门法政学校

民国二年(1913年),又将江淮大学改为省立专门法政学校。民国十年(1921年),省会安庆发生军阀马联甲枪杀第一师范学生姜高琦"六·二"惨案,法专校长光明甫大义凛然,对军阀进行了揭露和正义斗争,9月,光明甫校长等又积极支持学生推翻军阀倪嗣冲操纵三届省议员贿选,以及以学生为首的安庆各界驱逐新任军阀省长李兆珍的斗争。在上述反对军阀的斗争中,法专青年教师蔡晓舟及学生童汉章、周新民以及安庆其他学校进步学生许继镇、王步文等积极筹建安庆共产主义青年团组织。民国十五年(1926年)一月,在中央安庆特别支部(直属中共中央、书记为杨兆成)的领导下成立了中共法专支部。同年,军阀孙传芳派其部下陈调元任安徽总司令,陈到任不久就下令查封法政专门学校,光明甫等被通缉。

——《安庆地区教育志》编辑委员会编,《安庆地区教育志》,安庆:安庆市教育委员会,1996年版,第1467页.

民国元年(1912年)6月,程晓苏独自募款筹办私立江淮大学,先后聘请邓绳侯、光明甫任校长,刘希平任教育长。首届学生主要是接收法专、私立高等农业学堂,及安徽高等巡警学堂在校生1000余人。大学分文、法两院,法学院又分政治、经济、法律3系。校舍初设于双莲寺街旧电报局,继因校舍不足,再迁原官办法政学堂旧址,新建教学大楼一座,及教职员宿舍、图书、印刷室等,另购东北边地基一片为体育场。民国2年,军阀倪嗣冲督皖,下令学校停办。江淮大学因系私立,且学生过多,未能即停。民国4年,经巡按使韩国钧的调停,改为省立法政专门学校。

民国八年(1919年),省立法政专门学校迁往菱湖原女子蚕桑讲习所校址。冬,省军阀当局任命前清旧官僚张鼎臣任法专校长。张贪污腐化,被学生驱逐。张离校后,军阀当局又任命同样贪污腐化的旧官僚丁述明为法专校长,全校师生遂罢课40多天以拒绝丁到校任职。当局无奈,只得从上海请回光明甫任法专校长。民国10年,安庆发生了军阀马联甲枪杀学生姜高琦的"六·二"惨案,法专校长光明甫大义凛然,面对军阀的枪口进行了正义的斗争。在反军阀斗争中,法专进步教师蔡晓舟与学生童汉璋、周新民以及安庆其他学校学生许继慎、王步文等,积极筹建安庆社会主义青年团组织。至民国15年1月,在中共安庆特别支部(书记杨兆成)的领导下,成立中共法专支部。同年,军阀孙传芳派其部下陈调元任安徽总司令,陈下令查封法政专门学校,校长光明甫等遭通缉。

——《安庆市地方志》编纂委员会编,《安庆地区志》,合肥:黄山书社,1995年版,第930页.

法政学堂与法政专门学校,是清末和民国时期安徽省专门培养司法人才的高等学校。几十年中,培养了数以千计的学生,其中有一批是民主、进步的人士和革命的先驱。法政学堂与法政专门学校的创办,对促进安徽的司法改革以至法制建设都起到过一定的作用,在安徽近代史上应该有一定的历史地位。

清末,地方司法机关开始筹备。安徽先在臬司署内创设审判厅筹备处,以按察使玉山为总办,直隶候补知府沈金鉴为参议,安庆知府豫咸为提调,开始了安徽的司法改革。随着司法改革,才有安徽法政学堂的兴办。

安徽法政学堂创办于1906年11月,初由巡抚恩铭将课吏馆改办,专收候补正佐人员。校舍在姚家口旧都司署内,说是法政学堂,其实是个在职人员培训班。以后,全省扩充司法人员,于1908年另定学堂专收"凡非正途出身学堂毕业之捐纳保举初任道府牧令丞倅佐二各员"。后又规定"新班之月选分发到省人员,及旧班之考列三四等者"也要入学堂学习。这样招来的生员就多了,于是分有正科、预科、讲习科、简易科;又有官班、绅班之别。是年秋,全学堂共招学生500余名。新招收的学生至少都是中学毕业或具有中学以上的文化程度,有的还是秀才、贡生。学制定为短者一年,长者三年,学历定为大学预科或相当于高等学堂毕业，按现代的名词解释，可称谓大学专科毕业生。

同年，皖北教育会在法政学堂内开办了一所法政讲习所，这是层次比较高的一个班。另外，安庆还有一所私立的法政学堂，是光明甫、程晓苏等筹办的，校址在平安岭张刚勇公祠。法政学堂、法政讲习所、私立法政学堂，到辛亥革命时，由于学校的办学宗旨和教学内容均不合民国的主张，所以都停办了。民国元年，刘希平、光明甫、周松圃、程晓苏等创办了江淮大学。名为大学，其实只有文、法两个专业，法学院仍以原法政三个学校学生为主。 校舍先在双莲寺旧电报局，后迁法校街原法政学堂(法校街即今之孝肃路西段)。1913年，倪嗣冲督皖，裁减教育经费，许多官办学校停办，江淮大学因属私立，艰难维持。1914年，韩国钧主皖，将江淮大学改为公立法政专门学校，校舍仍在法校街。1927年安徽大学成立，法政专门学校并入安大法学院。由法政学堂到法政专门学校，21年间共培养了3000余名弟子。

法政学堂，是清末维新改革的产物，是顺应社会改革而兴起的司法教育。法政专门学校自1920年光明甫任校长后，一直坚持民主、科学、法治救国的主张，在中国近代的历次革命运动中，安徽法政的师生们都站在运动的前列。

——安庆市政协文史资料委员会安庆文史资料编辑部编,《安庆文史资料教育史料专辑》,2000年版,第31—32页.

二、活动

1919年的“五四”运动，极大地振奋了安徽教育界，革新教育的运动在安徽蓬勃兴起，驱逐反革命军阀倪嗣冲的亲信当校长的斗争迅速在各校展开。安徽省立法政专门学校的学生一马当先，在周新民、童汉璋的带领下，高举“军阀爪牙滚回去”的标语，“强烈要求法专创办人、法学家光明甫回皖当校长”！经过坚决斗争，法专赶走了张鼎丞和丁述明两任反动校长。倪嗣冲迫于形势，不得不接受学生的意见，于1920年春，电请流亡在沪的光明甫回安徽任法专校长。当时在上海的陈独秀得知此事后，对光明甫说：“好，机会难得！昇公应该返皖当法专校长,从那里打开缺口,把军阀安插在各校的钉子全拔掉。"于是流亡6年的光明甫于1920年冬告别旅沪的同乡好友,由上海返回省会安庆,欣然就任安徽省立法政专门学校校长,受到师生和安庆进步人士的热烈欢迎。

光明甫名昇,枞阳县阳和乡人,安徽近代著名的教育家、法学家,中国同盟会会员,国民党著名左派领导人之一。光明甫就任法专校长后,高举民主进步大旗,坚持以"为革命培养人才"为宗旨,积极参加反对军阀黑暗统治的斗争,争取改善教育环境,维护青年学生和教职工利益。他与安徽教育界进步人士李光炯、刘希平并肩战斗,形成了安徽教育界的中心,团结全省的进步校长,组成"安徽省(中等以上学校)教职员联合会""安徽教育会",运用团结的力量,与反动军阀进行针锋相对的斗争。与此同时,光明甫和李光炯、刘希平等还邀请朱蕴山主办《评议报》,通过报纸陈述政见,评论安徽政局,宣传革命思想,推动民主爱国运动。

1921年6月2日,安庆爆发了安徽现代史上的著名历史事件——"六二学潮"。这天下午,安庆学生忽闻安徽省议会为迎合倪嗣冲胞侄、镇阳关监督倪道烺以及安徽军务帮办兼皖南镇守史马联甲的意图,准备提议削减已决定增加的教育经费以扩充军费。安徽法专学生韦素园(韦素园英年早逝,鲁迅曾写《忆韦素园君》一文纪念)会同一师、一中等学校学生集合前往省议会请愿,要求当局增加教育拨款,发展教育事业,不料竟遭反动当局殴打驱逐。消息传出,各校学生异常愤慨,法专等安庆在校学生千余人跑步赶往声援,高呼"强烈抗议省议会殴打学生代表"的口号,像潮水般涌来。马联甲下令调来城外驻军,吹着冲锋号,端着刺刀,冲向手无寸铁的学生。学生奋不顾身,徒手与军警搏斗,结果重伤50多人,轻伤200余人。一师学生姜高琦被刺七刀,血流遍地,一中学生周肇基身受重伤,不省人事,仍被拘押于省议会。光明甫闻讯后,怒气冲冲赶到省议会,当他看到满身是血的周肇基时,更是义愤满腔,厉声责问副议长赵继椿:"两国交战,红十字会尚可医受伤俘虏,学生被打伤,还扣押不让医治,你赵继椿还有人性吗?"光明甫正在斥责赵继椿时,马联甲在一旁狂叫道:"有事找我马联甲",并凶横地问光明甫:"你是什么人?"光明甫正气凛然地回击他:"我是法专校长光明甫,你敢把我怎么样?"说着光明甫随手用伞柄敲了一下马联甲的脑袋。马联甲恼羞成怒,气急败坏,上前封住光明甫的衣领,劈面一掌，把他的眼镜打碎了。光明甫毫不示弱，一把扭住马的武装带，怒骂“打你这条军阀的狗”，随即左右开弓，“叭、叭”两声，连扇马联甲两个响亮的耳光。大杀威风的马联甲像一头被激怒的野兽，凶狠地拔出手枪并向士兵嚎叫道：“把他捆起来，拖出去枪毙！”光明甫毫无畏惧，横眉怒对道“你敢！”此时，外面的学生愤怒高呼：“打倒倪道烺！赶走杀人魔王马联甲！向马联甲讨还血债！”警察厅长程炎勋和几位省议员怕事态扩大，急忙连劝带拉地把光明甫送出省议会。

光明甫一出省议会，就赶到安徽教育会，连夜召开省学联、省教联和各校校长紧急会议，研究对策，决定成立“六二惨案后援会”，并通电全国，宣布倪道烺、马联甲屠杀青年学生的罪状。同时推选代表，向法院起诉，要求给倪道烺、马联甲以法律制裁。第二天，省会安庆各界人士2000余人，从四面八方高呼口号，云集安徽教育会，举行抗议集会。光明甫等人登台报告惨案实况，出示血衣，全场人失声痛哭，悲愤满腔。由光明甫、李光炯、刘希平等发起的由“十公团”（省学联、教育会、总商会、报业工会，中路商团、农会、律师公会、西医学会，教职员联合会、中等以上学校联合会）组成的“六二惨案后援会”，在会上宣告成立，誓做学生运动的后盾，把反抗军阀的斗争进行到底。安庆各界人士纷纷响应，教职员罢教，商店罢市，工厂罢工，一致表示声援。学生挑起血衣，高呼“打倒军阀马联甲”、“血债要用血来还”等口号，进行示威大游行。学生还选派120名代表，分赴沪、京、宁、津，报告惨案经过，争取旅外皖人声援。芜湖、蚌埠和六安等地闻讯后，纷纷举行罢课、罢市、罢工，游行示威。一时间，全省反军阀斗争席卷江淮大地。全国各地的大报，如《申报》、《时事新报》等，以大字做标题，连续报道“六二”惨案真相，发动舆论攻势，声讨军阀暴行。全国学联和京、沪、津、宁学联及安徽旅外学者名流，纷纷声援，派遣代表来皖慰问，给了安徽人民反军阀斗争有力的支持。在安徽各界强烈抗争和全国舆论的压力下，反动当局不得不答应增加教育经费，并抚恤姜高琦的家属。在安庆各界3000余人为姜高琦举行的追悼大会上，光明甫亲撰挽联：天柱徒高，何如烈士阬；江流不转，长屹党人碑。次年，周肇基也因伤势过重而逝。光明甫又亲撰挽联：扶伤吊死，奔命已疲，痛史相承，忍健忘六月二日；伸法雪冤，吾侪有责，人权欲绝，誓争持一发千钧。这些挽联，既对烈士顽强不屈的斗争精神给予了高度评价,也对反动军阀残暴罪行进行了强烈控诉,同时也表达了光明甫要为革命继续奋斗的决心。

"六二"惨案发生不久,当年的8月和9月,省立法专学生又积极参加省会安庆爆发的安徽社会各界反对三届省议会贿选和驱逐李兆珍为皖省省长的斗争。第三届省议会的选举,循例由"公益维持会"指定竞选人,然而由于受倪嗣冲操纵的私党贿赂,结果,第三届省议会均为清一色的倪氏私党。接着倪的胞侄倪道烺则以40万元巨款贿赂当时政府总理,为自己的老师同时也是倪嗣冲幕僚的李兆珍谋得安徽省长一职。当李兆珍通过行贿得以任命安徽省长的消息传出后,安庆全城罢市,3000学生包围省长公署,拒李风暴迅速波及全省。光明甫站在斗争的最前列,他与李光炯、刘希平、周松圃、朱蕴山等,在"六二惨案后援会"的基础上成立了"安徽省各界澄清选举团",下设办事处,利用《评议报》,揭露贿选真相,开展反贿选斗争。在安庆各公团召开的紧急会议上,光明甫慷慨陈词,表示要与反动当局斗争到底,"只要一息尚存,也要驱逐丑类,与军阀誓不两立"。他与诸多社会贤达一起,奔走呼告,奋不顾身,联络各方面力量声援支持,造成声势狂烈的群众运动,从而最终粉碎了军阀当局的丑恶图谋。在全省的反对声浪面前,李兆珍害怕起来,只当了12天短命省长,就悄悄地到码头乘小船逃走了,反贿选和拒李斗争取得了重大胜利。

在反对军阀的斗争中,法专进步教师蔡晓舟和学生周骏、童汉璋联合一中学生许继慎、一师学生王步文筹建了安庆共产主义青年团组织,成为全国最早成立的共青团组织之一。法专革命思想广为传播,进步势力茁壮成长。中国共产党安徽法专支部也于1926年1月成立,这是安徽省高校最早建立的中共地下组织。这些师生的爱国运动使学校形成了关注社会、关心国事的爱国主义传统,并且一直传承下去。

——朱守良主编,《安庆师范学院与皖江文化》,合肥:合肥工业大学出版社,2005年版,第42—46页.

民国8年(1919年)5月6日,安庆各中等以上学校学生代表100余人在安徽省立法政专门学校召开紧急会议,报告北京"五四"游行及军阀镇压经过,决定集合各校举行游行示威，声援北京。

5月8日，2000余学生齐集黄花操场，召开大会，声讨帝国主义列强侵略中国的罪行，电告北京政府不准在巴黎和约上签字，要求罢免曹汝霖、章宗祥、陆宗舆，释放北京被捕学生，并致电国际联盟，力争国权。会后举行游行示威，散发宣言、传单，高呼"打倒北洋军阀政府"、"打倒卖国贼曹汝霖、章宗祥、陆宗舆"、"反对日本帝国主义侵略"，市民随之高呼，情势激昂。10日，各校学生召开会议，组织安徽学生团，方乐周任团长，周新民任副团长。当获悉北京被捕学生即将被处死刑的传单后，学生团公推代表7人，赴省属请愿，请救北京学生。省长吕调元被迫"嘱商会、教育厅拍电力争"。

5月11日，安庆学生成立安徽学生联合会筹备会，发表《宣言》、《泣告六十县学生》及《安徽学生联合会简章》，宣布安徽学生联合会"以尽学生天职、谋国家福利为宗旨。"18日，省立第一师范学校、第一中学等校师生2400余人手执"痛恨倭奴""禁抵日货""死争青岛"的白纸小旗，在黄花操场集会，成立安庆学生联合会。方乐周任会长，童正常、童汉璋任副会长。会后举行游行示威。

其间，省学联连连发出通电，认为"青岛问题，关系至钜"。要求政府"飞电巴黎各专使，坚持原议，万勿签字"。同时致电北京大学等校，表示对其爱国义举"务望坚持到底，敝省全体学生愿为后盾"。连日，省学联组织各校学生分团讲演，宣布抵制日货。安徽总商会号召商界"坚持勿购日货，以为无形抵制"。20日，总商会召开董事会，讨论决定抵制日货、只售国货3项措施。25日，正式成立安徽学生联合会。

5月26日，面对学生的爱国行动，安徽督军倪嗣冲和省长吕调元布告："遇有学生发布传单、有违纪而不服取缔者，一经查出，即行依法惩办，绝不姑宽。"并派出军警撕毁标语、传单，着令各岗警，如遇有学生贴传单、标语者，立即逮捕。28日，省学联召开秘密会议，作出决议。

——安庆市地方志编纂委员会编，《安庆市志》，北京：方志出版社，1997年版，第1355页.

法校之风潮

皖省法政学校,近日因校长问题,风潮频起。始则为学生欲谋学校之革新,而作推翻校长之举。继则教员受外□之运动,□起罢课,以为抵制新任校长丁述明之武器。当民国七年之际,该校长为张铭。张系留美法律硕士,颇能应世界之潮流,灌输欧美之文化。所以该校自伊办理后,学校进步,大有蒸蒸日上之势,方谓法校前程,未可限量。不料张铭办理未及两载,乃有胡寅旭者出长此校。胡同与张敬尧接近,又为刘道章余党,学识资格,均不能任校长。故接办之后,成绩毫无,视学校如厘局,任用私人,于是该校学生遂共起推翻之。□后官厅改委丁述明代理,而胡寅旭尚不自悟,运动一般少数教□罢课,复运动□福馀孽光某之弟来长该校,以致该校风潮,迄今尚未结束。而教员等仍在罢课中,教育界有此现象,殊可慨也。

——申报馆:法校之风潮,《申报》,1920年11月22日,第8版,第17156期.

▲法校风潮法政学校,为推翻校长胡定寅恭,今日又罢课,全体学生,均赴教厅请愿。

——申报馆:法校风潮,《申报》,1920年10月17日,第7版,第17120期.

▲法政学校风潮已平　皖省专门法政学校长张铭本为美国留学生,英文颇优,而科学平平。至于办事用人,尤无丝毫能力,所聘职教员大半为有力者所荐。日前,有学生陶某等联名呈控于教育部,胪列该校教员李五峰、刘梅岑、章玄庵等,谓其程度太低不能称职。于是,教育部电饬皖教育厅董亨衢查办,董以所控诸教员皆有奥援未便撤换,反对部分之学生遂大不满意。前日,李五峰教员上堂竟与学生冲突,由学生公举代表陶某面请张校长辞退李教员。张校长不加可否,一面令学生缮具公禀,一面拜谒教育会长刘道章请示办法。刘推诿不问,张校长嗒丧归校,正拟悬牌开除陶生。而全校学生大动公忿几酿罢课风潮,幸有监学张家亨双方敷衍,仅将陶生记一大过。而李五峰既不能辞退,又不上堂授谋,该下尚无适当之解决。惟闻董厅长拟将张校长撤换,改委

其教务主任，某君不知能取得吕省长之同意否。

——申报馆：法校风潮已平，《申报》，1919年11月30日，第7版，第16806期.

▲协约战捷之庆祝　二十八日为欧战胜利庆祝之第一日，省垣政绅商各界领袖，暨海陆军水陆警商团救火会童子军工团以及男女各学校，均齐集于督署礼场前，依次排列秩序井然，并柬请外宾圣公会天主堂耶稣堂各国教士、并圣公会男女学校西教员美孚经理莅场共同庆祝。十时振铃开会，由副司令汪镜人君指挥礼归并说明发令动作：(一)摇红旗为预备令；(二)放铳为动作令；(三)摇绿旗为终止令。发预备令时，除发口令及摇旗外，另有肩牌上书应行礼节。周行全场，令人注意，各校奏乐时，依次至奏乐处奏乐。首由圣保罗学校奏乐次主席宣读祝词；次第一师范第一中举合奏乐；次全体唱庆祝歌；次举行全城信号全场作乐，各生手举协约国旗飞舞，万国旗光直入云际灿烂夺目欢声如雷；次海陆军警商团举枪敬礼，各界向协约国旗行三鞠躬，礼呼协约国万岁、中华民国万岁、和平万岁；次法政学校第七中举合奏乐；次法教士荣士铎演说；次财厅刘吉甫厅长演说；次工业学校安庆中学合奏乐；次全体摄影；次农校及各小学校合奏乐乃散会。是日，海陆军警商团荷枪游行于十二时，由礼场出发东行经过吕八街，警厅教育会法政学校转大拐角头，过耶稣堂直出北门绕道大观亭游西门大街，入西门过商会财厅直游四牌楼，到大二郎巷圣公会出小南门游行江边，进东门过天主堂至同仁医院纤过道署下吕八街过高等厅，由三步两桥转钱家牌楼回司令部散队，沿途各机关均燃放爆竹颇极一时之盛。

——申报馆：协约战捷之庆祝，《申报》，1918年12月02日，第7版，第16451期.

皖省教育厅长董亨衢昨晨由蚌抵省，午后即赴法政学校讲演。大致谓山东青岛问题，关系国家存亡，此次北京大学学生因示威举动过激致起风潮，实其爱国之热忱所致。但吾人只能伸张民气表示意见为政府后援，切不可越出常轨而行暴烈之举动，是为至要。至不用日货一层，务必坚持到底，并瞩各生照常上课云。省教育会昨日开常会讨论各教育议案，晚间开幻灯影片并开茶话会，讨论外交问题，由徐磊生副会长主席。谓青岛失败警耗传来，举国惶骇，京师学生为义愤所致全体示威,其爱国热忱实可钦佩。本会现届常会期间全省六十县代表适值会聚一堂,共谋教育发展之时,正可藉此表示意见。现鄙人(徐自称)扰有办法请公决㊀对外。㊁对内对外分工(甲)电致政府力争青岛主权,如不由德直接交还,即请拒绝签字,并维持大学勿受政潮震撼。(乙)同时电致上海各报馆转和会代表,请速解决内争,一致对外。对内分四,(甲函致各学校各县教育会)劝学所转知县属学校,提倡国货并调查市面所售日货如能鼓吹仿制,尤为良善。(乙)函致商会照以上办理。(丙)遇必要时,即联合各界一致为政府后盾(丁)本会各代表闭会后,返里应照上列办法亟谋进行,并随时通信报告,此外又加入四项:㊀抵制日货。㊁将此次外交失败原因编成歌词使各生诵读。㊂以岳武穆所书还我河山四字作为此次外交失败纪念,由会印成条幅分送各县学校悬挂以示不忘。㊃函致上海国货维持会,调查国货出品组织贩卖团,表决后遂拟电稿致政府,其电稿略云山东问题关系,至钜日使在欧洲和会强权要挟载入和约,侵我领土丧我主权。京师学生动于义愤行为,虽激士气尚存,乃大学校长近又辞职出京,学校势将解体。本会正开常会,电讯传来群情惶骇务,恳飞电专使拒绝签字据理力争,并乞慰留大学校长保兹国脉固我主权云云。并有人倡议制一种国耻纪念章,无论何种社会男妇老幼均令其佩带于胸前,设不佩带者共弃之,此章圆形中书国耻纪念四大字,旁书请用国货四字,俾人人印入脑中,以示永久不忘。

——申报馆:皖省教育界之爱国热,《申报》,1919年05月20日,第8版,第16612期.

今日皖省各学校学生游行示威,并露天讲演,记者已专电报告矣。是日,午后一时各学校相继出发,会合于后营操场。如第一中学、第七中学、六邑中学、法政学校、圣保罗学校、第一、第二模范高等小学、童子军师范学校及附属高等国民学校均至该场会齐,二时按先后秩序出发游行。城内外各街各生均手持白旗,一面上书各种文字并有绘画各种讽讥画,其文字类多“还我青岛,誓死抵抗,唤醒同胞,坚持到底”种种字样。中学生凡至洋货铺药房暨各街道,均立讲演,语词激昂,并有痛哭流泪者。是日,天气炎热,诸生沿途讲演,汗流浃背,毫无倦容,直至五时许,始游毕归校。今日商民亦有警告传单分布各处,大致不外不购日货、不乘

日船不用日币等语。省议会则通电各省力争青岛,其文如下:

各团体各报馆均鉴,顷致国务院铣电文日青岛问题关系我国主权,前经专使提交和会久未解决,举国惶惶不可终日。现积时愈久事机愈迫,非持以毅力难竟全功,务求我政府诸公坚持到底,俾得还我疆宇。皖民虽弱,不惜以身家性命为政府后援,临电无任迫切待命之至等语,敬祈一致坚持其为政府后盾,谨此奉闻。安徽省议会副议长赵继春、议员李德星、鲍中、丁云骧、高星拱、周坤、丁炳焕、王运超、崔翔青、彭显廷、李国楷、郭缉熙、马仲五、杨贡璠、王日辉、晁元良、杨祚延、丁德、余炳成、欧阳寅、石韫、渠筱。

——申报馆:皖学界爱国热之续闻,《申报》,1919年05月21日,第8版,第16613期.

三、教务

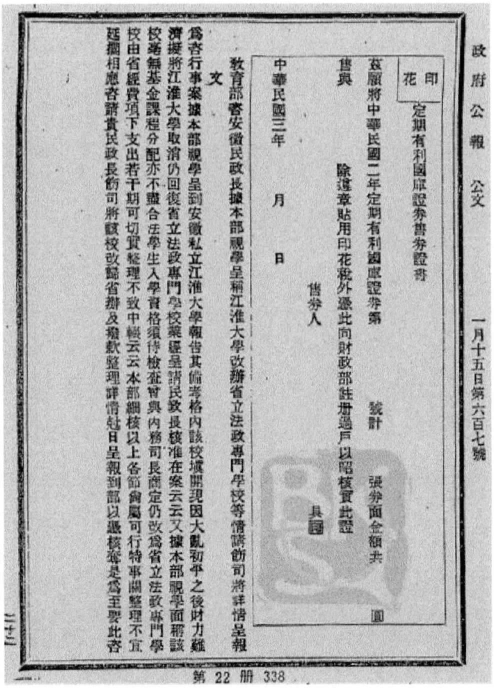
政府公報　公文　一月十五日第六百七號

印花

定期有利國庫證券售券證書

茲願將中華民國二年定期有利國庫證券第　號計　張券面金額共　圓

售與　除遵章貼用印花稅外遂此向財政部註冊過戶以昭核實此證

售券人　具圖

中華民國二年　月　日

教育部咨安徽民政長據本部視學呈稱江淮大學改辦省立法政專門學校等情請飭司將詳情呈報文

為咨行事案據本部視學呈到安徽私立江淮大學報告其備考格內該校壩開現因大亂初平之後財力難濟擬將江淮大學取消仍回復省立法政專門學校業經呈請民政長核准在案云云又據本部視學面稱該校毫無基金課程分配亦不盡合法學生入學資格須待檢查曾與內務司長商定仍改為省立法政專門學校由省經費項下支出若干期可切實整理不致中輟云云本部細核以上各節尚屬可行特事關整理不宜延擱相應咨請貴民政長飭司將該校改歸省辦及撥款整理詳情剋日呈報到部以憑核奪是為至要此咨

二十三

第 22 册 338

正文:

教育部咨安徽民政长据本部视学呈称江淮大学改办省立法政专门学校等情请饬司将详情呈报文　为咨行事案据本部视学呈到安徽私立江淮大学报告其备考格内该校填开现因大乱初平之后财力难济拟将江淮大学取消仍回复省立法政专门学校业经呈请民政长核准在案云云又据本部视学面称该校毫无基金课程分配亦不尽合法学生入学资格须待检查曾与内务司长商定仍改为省立法政专门学校由省经费项下支出若干期可切实整理不致中辍云云本部细核以上各节尚属可行特事关整理不宜延搁相应咨请贵民政长饬司将该校改归省办及拨款整理详情克日呈报到部以凭核夺是为至要此咨

——政府公报:教育部咨安徽民政长据本部视学呈称江淮大学改办省立法政专门学校等情请饬司将详情呈报文,《政府公报》,1914年,第607期,第23页.

因前校长王宏实办理腐败,当然撤换。新校长刘传纯为前教厅长谢学霖所赏识,自到校接事后,宣言萧规曹随,对于校内原聘教员,不大更动。只管理员汤保明因在女子职业代课,无暇兼顾,本届改聘谭声丙接充。谭系财厅科员,兼差颇多,恐将来亦不能常到法校。学生方面:业经教厅议决,将二年级政经本科六人,三年级政经本科十二人,均转学苏省。班次既少,经费自可核减,该校本订二月二十五日开学。现已三月初,到者不过二十余人,故开课日期,一时尚不能决定也,闻刘校长现已备函催促矣。

——申报馆:法政专门学校,《申报》,1924年03月09日,第7版,第18327期.

法政学校毕业试验

安徽法政学校学生学绩已于去冬完毕,惟未举行毕业试验。现该校校长因奉倪兼使通令各校暂行停办,故遵照部章举行毕业大考,以便分别等级。详部录用刻已定于本月十日开始试验,昨已牌示各生知照矣。

——申报馆:法政学校毕业试验,《申报》,1916年05月16日,第7版,第15537期.

法政学校开学展期

安徽法政学校校长黄□文由第二□考取知事，分发到皖上□即畀以校长一席属其从新改组，乃甫经就绪。适值暑假时期，忽又改委张君接充。闻移交手续一时□以清楚。因禀陈当道请将开学日期展缓至九月十三日云。

——申报馆：法政学校开学展期，《申报》，1915年08月28日，第7版，第15282期．

四、人物

光明甫：民主斗士

光明甫，1876年生，名昇，枞阳县阳和乡人。安徽近代著名的教育家、法学家，中国同盟会会员，国民党著名左派领导人之一。解放后历任安徽省教育厅厅长，省文史馆馆长，全国政协委员，省政协副主席。

光明甫先生是一个真正的民主革命人士，他追求正义，致力于民主革命和进步的事业，终身不渝。1904年为救国图存，推翻清政府，他在江南高等学堂读书时，就曾参加革命活动，为清廷察觉，被开除学籍。第二年，他怀着救国救民的热忱，东渡日本，入东京早稻田大学，攻读政治经济学，与章太炎、陈独秀等过从甚密，并通过他们谒见了孙中山先生，追随其左右，深受其革命思想的影响。1910年，他学成回国，先后任安徽旅宁公学和安徽省立法政学堂教务长兼政治教员，时值徐锡麟、熊成基起义相继失败，青年学生的革命热情受挫低落，光明甫向学生宣传革命思想，鼓励他们学习先烈，不怕牺牲，“跌倒了，爬起来”，继续战斗。在他的培养教育下，不少青年重新点燃了革命激情，更加勇敢地投身革命。武昌起义成功后，安徽成立了都督府，柏文蔚任都督。次年光明甫应柏文蔚之邀，担任都督府秘书。不久，北洋军阀当道，官场污七八糟，贪污贿赂成风，尔虞我诈盛行。他深恶痛绝，不屑与贪官污吏为伍，愤而辞职去从事办学育人的工作,通过培养进步和革命的人才来救亡图存,振兴中华。1912年春,安徽近代教育名人程滨遗先生募资创办了私立江淮大学,光明甫参与其事并出任该校校长,从此与该校结下不解之缘。1915年,江淮大学改为安徽省立法政专门学校,并报中央政府教育部批准。光明甫后来又两度就任省立法专的校长。当年他走在民主革命的前列,大智大勇,义无反顾,和广大民众一道与反动军阀作斗争的壮举和大无畏的精神,至今仍为人们赞颂。

1919年的五四运动,极大地振奋了安徽教育界,革新教育的运动在安徽蓬勃兴起。驱逐反动军阀倪嗣冲的亲信当校长的斗争,迅速在各校展开。安徽省立法专的学生一马当先,在周新民、童汉章的带领下,高举"军阀爪牙滚回去"的标语,强烈要求"法专创办人、法学家光明甫回皖当校长!"经过坚决斗争,法专赶走了张鼎丞和丁述明两任反动校长。倪嗣冲迫于形势,不得不接受学生的意见,于1920年春,电请流亡(1913年参加反对袁世凯称帝的"二次革命",革命失败后遭通缉而流亡)在沪的光明甫,回皖任法专校长。当时在沪的陈独秀得知此事对光明甫说:"好,机会难得!昇公应该返皖当法专校长,从那里打开缺口,把军阀安插在各校的钉子全拔掉。"于是流亡6年的光明甫于1920年冬告别旅沪的同乡好友,由沪返皖,欣然就任安徽省立法专校长,受到法专师生和安庆进步人士的热烈欢迎。这是光明甫第一次出任省立法专校长。就任后,他坚持以"为革命培养人才"为宗旨,积极参加反对军阀黑暗统治的斗争,争取改善教育环境,维护青年学生和教职工利益。此时,各校开展的反军阀把持教育大权的"易长斗争"胜利展开。安庆一师驱逐军阀亲信赵继椿,由李光炯掌校;芜湖五中赶走军阀爪牙潘光祖,刘希平任校长。光明甫与李、刘并肩战斗,形成了安徽教育界的中心,团结全皖进步校长,组成"安徽省(中等以上学校)教职员联合会""安徽教育会",运用团结的力量,与反动军阀进行针锋相对的斗争。与此同时,光、李、刘等还邀请朱蕴山主办《评议报》,通过报纸陈述政见,评论安徽政局,揭露军阀黑暗统治,宣传革命思想,推动民主爱国运动。

1921年5月,安徽原任督军倪嗣冲、省长聂宪藩、皖南镇守史马联甲主持贿选组成的省议会操纵了安徽的军事政治经济大权。当时全省的教育经费已降至全国的倒数第二,已属严重不足,难以开支,因此省教育会、省教联、省学联联合向省议会请愿，要求编制预算增加教育经费，但省议会秉承军阀倪嗣冲及其胞侄镇阳关监督倪道烺和安徽军务帮办兼皖南镇守史马联甲的旨意，不仅置舆情公意于不顾，还决定削减原拟增加的教育经费以扩大军费，军阀的爪牙们还要为倪嗣冲祝寿，并为他在蚌埠建立“生祠”，决定于6月7日举行“生祠落成典礼”。消息传出，各界群起反对。学生一马当先，在省学联的带领下，省立法专、一师、一农、一女师等校的学生代表于6月2日傍晚到省议会请愿，要求通过省议会教育经费的增加案。当学生代表方乐舟、胡干臣等人在省议会门前与守卫交涉时，突遭副议长赵继椿率卫队的殴打。各校学生1000余人闻讯赶来声援，齐聚省议会门前，高呼口号“强烈抗议省议会殴打学生代表！”马联甲见此情景，迅速下令调来军警，赵继椿也邀来一帮流氓，一起用刺刀和棍棒殴杀手无寸铁的学生。学生奋不顾身，徒手与军警流氓搏斗，结果重伤50多人，轻伤200余人，30多人遭到逮捕。一师学生姜高琦被刺七刀，血流满地；一中学生周肇基身受重伤，不省人事，仍被拘押于省议会。光明甫闻讯后，怒气冲冲地赶到省议会，当他看到卧在门房、遍体是血的周肇基时，他悲愤地说：“人已至此，还不理会，岂有此理！”又指着马联甲怒骂道：“两国交战，红十字会尚可医治受伤俘虏，学生伤成这样，还扣押不让治疗，你们还有人性吗？”马联甲凶横地问光明甫：“你是什么人？”光明甫正义凛然地回击道：“我是法专校长光明甫，你敢把我怎样？”说着光明甫随手用伞柄敲点着马联甲的脑袋。马联甲恼羞成怒，气急败坏，上前封住光明甫的衣领，劈面一掌打脱他的眼镜和帽子。光明甫毫不示弱，一把扭住马的武装带，怒骂“打你这条军阀的狗”，随即左右开弓，“叭叭”两声，连扇马联界两个响亮的耳光。大刹威风的马联甲像一头被激怒的野兽，凶狠地拔出手枪并向士兵嚎叫道：“把他捆起来，拖出去枪毙！”光明甫毫不畏惧，横眉怒对道：“你敢！”此时，外面的学生愤怒高呼：“打倒倪道烺！赶走杀人魔王马联甲！向马联甲讨还血债！”警察厅长程炎勋和几位省议员怕事态扩大，急忙连劝带拉地把光明甫送出省议会。

光明甫一出省议会，就赶到教育会，连夜召开省学联、省教联和各校校长紧急会议，研究对策，决定成立“六二惨案后援会”，并通电全国，宣布倪道烺、马联甲屠杀青年学生的罪状。同时推选代表，向法院起诉，要求给倪、马以法律制裁。第二天，各界人士2000余人，从四面八方高呼口号，云集教育会，举行抗议集会。光明甫等人登台报告惨案实况,出示血衣,全场人失声痛哭,悲愤满腔。由光明甫、李光炯、刘希平等发起的由“十公团”(省学联、教育会、总商会、报业工会、中路商团、农会、律师公会、西医学会、教职员联合会,中等以上学校联合会)组成的“六二惨案后援会”,在会上宣告成立,誓做学生运动的后盾,把反抗军阀的斗争进行到底。各界人士纷纷响应,教职员罢教,商店罢市,工厂罢工,一致表示声援。学生挑起血衣,高呼“打倒军阀马联甲”、“血债要用血来还”等口号,进行示威大游行。学生还选派120名代表,分赴沪、京、宁、津,报告惨案经过,争取旅外皖人声援。芜湖、蚌埠和六安等地闻讯后,纷纷举行罢课、罢市、罢工,游行示威。一时间,全省反军阀斗争席卷江淮大地。全国各地的大报,如《申报》、《时事新报》等,以大字做标题,连续报道“六二”惨案真情,发动舆论攻势,声讨军阀暴行。全国学联和京、沪、津、宁学联及安徽旅外学者名流,纷纷声援,派遣代表来皖慰问,给了安徽人民反军阀斗争有力的支持。在各界强烈抗争和全国舆论的压力下,反动当局不得不答应增加教育经费,并抚恤姜高琦的家属。姜高琦因伤势过重,7月1日在医院逝世。在安庆各界3000余人为姜高琦举行的追悼大会上,光明甫亲撰挽联:天柱徒高,何如义士阬;江流不转,长屹党人碑。次年,周肇基也因伤势过重而逝。光明甫又亲撰挽联:扶伤吊死,奔命已疲,痛史相承,忍健忘六月二日;伸法雪冤,吾侪有责,人权欲绝,誓争持一发千钧。这些挽联,既对烈士顽强不屈的斗争精神给予了高度评价,也对反动军阀残暴罪行进行了强烈控诉,同时也表达了光明甫要为革命继续奋斗的决心。

“六二”惨案发生不久,当年的8月和9月,省会安庆又先后爆发了包括省立法专学生在内的社会各界反对三届省议会贿选和驱逐李兆珍为皖省省长的斗争。第三届省议会的选举,循例由“公益维持会”(系受倪嗣冲操纵的私党)指定竞选人,然后公开收买选票,每人活动经费3万~4万元。结果,第三届省议会均为清一色的倪氏私党。接着倪的亲侄倪道烺则以40万元巨款贿赂当时政府总理,为自己的老师(同时也是倪嗣冲的幕僚)李兆珍谋得安徽省长一职。因而反省议会贿选和“拒李”长皖是安徽人民反对反动军阀斗争的主要目标。光明甫站在斗争的最前列。他与李光炯、刘希平、周松圃、朱蕴山等,在“六二惨案后援会”的基础上成立了“安徽省各界澄清选举团”,下设办事处,利用《评议报》,揭露贿选真相,开展反贿选斗争。当李兆珍通过行贿得以任命安徽省长的消息传出后,安庆全城罢市,3000学生包围省长公署,拒李风暴迅速波及全省。在安庆各公团召开的紧急会议上,光明甫慷慨陈词,表示要与反动当局斗争到底,“只要一息尚存,也要驱逐丑类,与军阀誓不两立。”他与诸多社会贤达一起,奔走呼告,奋不顾身,联络各方面力量声援支持,造成声势狂烈的群众运动,从而最终粉碎了军阀当局的丑恶图谋。在全省的反对声浪面前,李兆珍害怕起来,只当了12天短命省长,就悄悄地到码头乘小船逃去了。随后无为县首判选举无效,继而各地法院也纷纷援例判决选举无效。接任省长许世英据此宣布第三届省议会选举全部无效,至此反贿选和拒李斗争取得了最终胜利。光明甫与军阀政府的斗争精神永为世人敬仰。在纪念五四运动60周年时,当法专学生领袖周新民在追忆当年法专那段历史时写道:“在倪嗣冲统治安徽时期,光校长一介书生,而敢于与手握重兵的军阀相抗衡,其伟大气魄,在当时是少见的。”(《五四运动回忆录》)光明甫于1921年冬辞去法专校长职务。

两年之后的1924年,光明甫先生应聘再度出任法专校长。这正是大革命风起云涌之时,革命形势日趋高涨。而反革命势力也重新组合,欲与革命势力作新的较量。光明甫先生以追求社会进步,推动民主革命为己任,一方面倾注心血为革命培养人才,另一方面积极从事民主革命的组织领导工作。这年初,以国共合作为标志的革命统一战线形成,国民党左派光明甫作为安徽代表,参加了孙中山在广州主持召开的有共产党人参加的中国国民党第一次全国代表大会,亲耳聆听了孙中山先生的教诲,衷心拥护遵循以“联俄、联共、扶助农工”三大政策为核心的新三民主义,以推进安徽革命事业的发展。在他的领导下,法专革命思想广为传播,进步势力茁壮成长。

1926年1月1日,中国共产党在安徽省高校建立最早的地下组织——中共安徽法专支部。2月,国民党“二大”闭幕后,国民党安徽省临时党部在安庆成立,国民党中央明令指派光明甫、朱蕴山、周松圃等九人为国民党(左派)省临时党部执行委员,光、周、朱三人为常委主持安徽党务,光明甫被执委们推为省党部首席执委。由于光明甫坚持孙中山三大政策,安徽革命运动形势高涨,反动势力——北洋军阀和国民党内部右派势力对此既害怕又仇恨,于是采取了“内外夹攻”的办法来镇压。一方面,国民党右派在安庆非法挂起了“国民党安徽省党部筹委会”的牌子,与临时省党部对抗;另一方面,北洋军阀嫡系安徽督办陈调元投靠孙传芳,并随同出兵抵抗北伐军,担任了安徽警察总备司令,大肆打击迫害革命势力。1926年10月,陈调元下令查封了国民党左派主持的法专和建华中学。光明甫等左派人士在反动当局通缉下,随省党部撤往武汉。举办了11年之久的安徽省立法政专门学校从此停办。

光明甫从此告别了高教舞台,但在以后漫长的37年的后半生的岁月里始终不改初衷,坚持爱国爱民,追求正义、进步和民主,坚贞不渝。

1927年“四一二”反革命政变前夕,蒋介石窜到安庆,策划和指使流氓、特务分子制造了“三二三”反革命事件,国民党左派临时省党部和省总工会、农会筹备处等机关被流氓、特务捣毁,光明甫等人也遭到围殴。面对蒋介石偏袒右派省总工会流氓暴徒行径,与蒋介石展开了坚决的斗争。而后在武汉又以国民党左派省党部的名义印发《三二三事变宣传提纲》,号召“联合起来,打倒独裁势力!”4月18日安庆成立右派省党部,大肆屠杀共产党人和进步人士,光明甫在武汉又愤而著文,受通缉被迫流亡。

1932年,“一·二八”淞沪抗战,他追随时任京沪卫戍司令的陈铭枢,任京沪卫戍司令长官公署顾问,当时十九路军那些充满抗日激情的重要文告、通电等,多出自他手。同年吴忠信任安徽省主席,提名他为省政府委员。在此期间,他应省通史馆长之约写了《法治救国论》一书,并由商务印书馆出版。该书阐述法不阿贵、法律面前人人平等以及他的以法治国、救国的思想和主张。光明甫还参加了1933年李济深等发动的抗日反蒋的“福建事变”、1935年陈济棠和李宗仁联合反蒋的“两广事变”。

抗日战争爆发后,1938年春,他和朱蕴山、沈子修等安徽著名人士一道参加了由第五战区司令长官李宗仁领导的安徽省民众动员委员会,任宣传部长。虽年过花甲,仍满腔热忱,东奔西走,与共产党人张劲夫、周新民等积极合作,动员全省各阶层力量,团结一致,共同抗日。

1938年7月,应国民党政府邀请赴武汉出席第一届第一次国民参政会,不久移居四川江津德咸坝,在以后的每次参政会上,光明甫都与沈钧儒、张澜、许德珩、黄炎培等诸老积极配合,直言抨击重庆政府消极抗战政策和贪污腐化现象,呼吁当局实行民主政治,依靠民众团结抗战。

光明甫还参加创建了中国民主同盟。1938年11月,光明甫与张澜、沈钧儒、黄炎培、罗隆基、章伯钧、梁漱溟等在重庆集合创建“统一建国同志会”,并拟定了改回的“信约”和“章程”。

——朱守良主编,《皖江近现代高等教育人物研究》,合肥:合肥工业大学出版社,2006年版,第32—37页.

1923年夏,陶希圣执教安徽的第二学期期末考试如期到来。按照以往的潜规则,这种年考到来之前,学生们都会要求任课教师要么提前告诉学生试题内容,要么提前划出考试范围,以便学生比较省力地应付考试。这样的话,学生考起来也轻松,教师判卷时也不致于因为卷面过于难看而进退失据。这种“你好我好大家都好”的潜规则大多数情况下都会被心照不宣地遵从。

陶希圣是个例外。结课前,学生即明确要求透题或者划重点。陶希圣允诺下课前会有所表示,如此一来学生即沉静下来期待下课。下课时,陶希圣打开讲义,“绪论不考,第5页-第12页考,第14页-第26页考,第28页-第40页考,第43页-第56页考……”学生们跟着话音忙着做记号。下课铃响,陶希圣回到教员休息室。

学生回头一琢磨便明白了,按照陶希圣所划定的考试范围,一百五十多页的讲义,差不多有一百四十页的内容需要考。学生们很愤怒,后果很严重,因为民国时期学潮频仍,学生罢免校长、驱逐教员乃常有的事情,尤其是1919年五四运动之后,尽管学运往往被利用,但学生们却成为天不怕地不怕的一个权势群体,教员们唯恐不能讨好学生。

陶希圣被学生堵在教员休息室。陶希圣忆述学生和他之间的对话如下:

生:“你把全部讲义都划进要考的范围了,请你减少。”

我:“我不是卖菜的,讲斤两,讲价钱。”

生:“你们北京大学考试都划范围,你有什么理由不划?”

我:“是的。北大的先生有划的,也有不划的。”

生:“划怎样?不划又怎样?”

我:“划范围考试的功课,我学不好。不划的我学好了。在校时,我骂那不划范围的先生。出校后,我骂那划范围的。”

生:“你现在怎样?”

我:“我宁可让你们现在骂我一顿,不能叫你们出校后骂我一世。”

学生们说:“说他不过,走吧。”

事后,陶希圣还庆幸是被堵在教员休息室,如果是被堵在宿舍的话,学生们极有可能将铺盖卷扔出去,炒了他的鱿鱼。

但此事并未到此结束,善于闹事的学生自然不是省油的灯。陶希圣所讲授的“亲属法”考试前夕,学生放言要罢考。陶希圣没有着急,当时该校的舍监金某与教务长曾伯猷却着急了,金某要求曾伯猷劝劝陶希圣,务必于考试头天晚上把题目都告诉学生,好让学生都准备好答案,第二天写在卷子上。

曾伯猷前往陶希圣宿舍做他的工作,言明舍监金某在他的办公室等着回话。陶希圣不为罢考之威胁所动,“他们不会罢考。第一,他们是毕业考试,罢了一课的考,下学期还得回校补考,不合算。第二,明天有高等检察官来监试,他们罢考,丢面子。”曾伯猷将此告金某,金某再转告学生们。结果不出陶希圣所料。

笔者走笔至此忍不住思忖:倘若陶希圣当时面对的不是毕业班学生,他会有什么“好下场”?被学生赶走?抑或被学校解聘?……笔者忍不住替陶希圣捏一把冷汗。此事已然过去八九十年,就笔者亲历的法学教育而言,陶希圣多年前曾面临的问题依然存在,诚所谓太阳底下无新鲜事,书生无用,空叹而已。

2007年12月24日于昌平军都山下

——陈夏红著,《政法往事你可能不知道的人与事》,北京:北京大学出版社,2011年版,第149—151页.

民国十一年夏,我毕业,拜师。法律系主任黄右昌先生接见,指教我读两部书,其一是秦蕙田《五礼通考》,其二是徐乾学《读礼通考》。我在四年级听黄先生亲属法课,毫无所得。至毕业之后,黄先生此一番话,决定希圣为学之方向。

十一年夏,我应安徽省立法政专门学校徐校长煦初之聘,任专任教员。暑假回乡，秋九月往安庆，到校则校长在学潮中去职，教务长汪馥炎代理校务。时值著名的姜高琦案之后，学潮起伏之余，我教亲属法、继承法、以及商法总则、公司法、商行为、海商法、保险法、票据法。除亲属、继承两者而外，商事法非我所长，亦非我所好。只因专任教员每周须授课九小时至十二小时，不得不旁驰博骛。

安庆三个学期计为研析亲属继承法，我披读英文及日文法书刊多种，而以英国历史法学家亨利·梅因《古代法》，于我启发最为深长。

十二年暑假，我由安庆回乡，路出武昌，在横街头购得胡培翚《仪礼正义》。在仓埠镇家中，两个月内读此书，与秦蕙田、徐乾学两书相参证，始领悟孟子所称"天之生物，使之一本"，及其所指"墨子二本"之说，由此寻求商周两代社会组织之差异及其演变之轨迹。

希圣由法学转入中国社会史学之枢纽即在此时。英国学者梅因《古代法》与清代学者胡培翚《仪礼正义》两部书尤为得力。

安庆一年半，法政学校校务先是校长徐煦初，继而教务长汪馥炎，已如前述。其后，由校长王兆荣而教务长会劭勋而教务长危元诰。一校学潮屡起，至十二年秋冬之际，全省大学潮显示安徽教育界派系纷纭，瞻乌何止之现象。我趁寒假归家，辞去教席。

民国十三年春夏，黄冈同乡同学数人在武昌筹开冈安麻公路长途汽车公司，未见成功。

秋初，承曾伯猷（劭勋）同学推荐，为上海商务印书馆编译所法制经济部编辑。

在中国社会变动中，一人一家之变动至为显明与急剧。我从黄冈故里，经武昌与汉口，到上海，为时不过七日，而身分三变。

我是二十六岁，在仓埠镇，虽非长老，仍为绅士。乡镇每有公众事务，如自治局选举，或团练保安，一句话或一纸文书，可生实际效用。

在湖北省垣，我以世家子弟，与官绅交游，可谓"往来无白丁"。当时武昌士绅大夫崇尚佛教，每集会讲佛学，我是对答如流之一人，亦有"谈笑有鸿儒"之感。

但在上海，我是一个雇工。民国八年五四运动是学生运动，我是北大学生,民国十四年五月三十日杨树浦一个纺织厂发生顾正红惨案,引起上海乃至全国各大城市劳工运动,此即是五卅运动,我适在上海为雇工。

——食货月刊社编辑委员会编《陶希圣先生八秩荣庆论文集》,台北:食货出版社,1979年12月,第8—9页。

王兆荣,字宏实,四川秀山人。1906年留学日本,1915年毕业于东京帝国大学政治科。1918年回国,发起中国留日学生救国团,任总干事长、《救国日报》社社长。1920年任国立北平法政专门学校教务长。1923年任安徽省立法政专门学校校长。1924年到上海筹办学艺大学。1925年任四川省教育厅厅长。同年任学艺大学校长。1929年任考试院编纂。1931年任上海中国公学总务长,当选国民代表大会代表。1932年2月至1935年8月,任国立四川大学校长。其间,多方筹集办学经费,力争将学校列入国府预算;主持制订《校务会议规则》、《学则》、《教师规则》、《宿舍规则》等,完成多校合并善后事宜;严格考试工作,自兼毕业考试委员会监考主任委员;扩充院系,创办《国立四川大学季刊》,成立经济研究会、教育研究会等学术团体,组织师生考察1933年叠溪地震;1933年秋至次年春,带领师生反对川府变卖皇城校产动议。1935年夏,因不满地方势力干预,辞校长职。抗战胜利后,任成华大学校长。1949年后,任四川省政府参事室副主任、省政协常委等。

——周川主编,《中国近现代高等教育人物辞典》,福州:福建教育出版社,2012年版,第39页.

郁达夫与张友鸾、张皖生。1921年,郁达夫在安徽省立法政专门学校任教。一天,到省立甲种工业专门学校门前的书报摊(省学联办)买《觉悟》合订本。值班的张友鸾,不认识郁,向他推荐郁作的《沉沦》。达夫笑说:"我就是郁达夫。"自此,两人不断交往。由于彼此意气相投,又都具有文学才华,故交谊日笃。

达夫是小说家、散文家和著名诗人。他最喜欢清代诗人黄仲则(景仁),为黄写过小说,同情黄的坎坷。因买《两当轩诗集》,跑遍全城,始终未得。友鸾想方设法弄到，达夫非常高兴。

他们两位也是酒友；郁酒量不大，却“逢饮必醉”。两人酒后，常登安庆西城垣的四方城，远眺莽苍景色；友鸾听郁大发感慨。有人认为达夫爱喝酒是“借酒浇愁”，友鸾知道郁常是“借酒骂世”。三杯落肚，脸由白转红，嗓门也大，种种不平，尽情倾诉。

郁达夫在安庆时，正逢反对李兆珍长皖而进行反军阀的罢工、罢市、罢课，目睹运动及听友鸾叙述“六二”学潮和反对省参议员贿选等斗争的胜利，便情不自禁地欢呼“民众终究战胜了”。

1922年夏秋之交，友鸾考上北平平民大学新闻系；恰巧郁也来京执教，并兼任平民大学教授，课后常拉友鸾去德胜门，开怀畅饮。一次酒后，对友鸾谈起在沪时的一段趣事：有人把他和郭沫若、成仿吾比做桃园三结义。郁是“刘备”，因其忠厚；郭为“关公”，因讲道义；成是“张飞”，因常打笔战。郁还风趣地说自己年龄比郭小，而人家却把他比做大哥了。

有一次，郁下课拉友鸾去酒店，适逢一辆押解囚犯的马车驰过，烟尘滚滚。郁指着车影说：“这好像进入欧洲18世纪的年代了。”友鸾也有同感。他俩对军阀统治的社会黑暗，十分愤慨。

友鸾大学毕业后，任京报编辑，负责《文学周刊》版。此时，达夫已在上海。友鸾知道郁诗根底深厚，于是写信向郁索稿，郁便把《著书都为稻粱谋》诗寄张。友鸾说，郁诗的成就不在小说、散文之下。

达夫烟瘾非常大，常说：“要我戒烟，四脚朝天。”友鸾则云：“别的没有赶上郁先生，烟瘾可领先了，一天不在五十支之下。”

——陈基余、李建功、王成志主编，安徽省文史研究馆编，《江淮逸闻》，北京：中华书局，2005年版，第68—90页.

五、文书

安徽公立法政专门学校分课办事规则

第一章　总纲

第一条　本校事务分为教务学监总务三课其组织及职掌依类分定之

第二章　教务课

第二条　本课以教务主任及各科教员组织之，掌理一切教务事宜

第三条　本课应办事项如左

一关于教授科目之编定事项

二关于授课时间表之调制事项

三关于学科上应行设备事项

四关于各科教授程序之规划事项

五关于筹备学生实习事项

六关于教科用书及编订讲义之商定事项

七关于学生之招考插班升级留级退学事项

八关于学期学年毕业各种考验成绩之汇核事项

九关于举行全校训话事项

十关于学生成绩汇算及保管事项十一

十一关于教员请假及补课事项

第四条　教务主任任全课综理之责商同校长执行本课职务

第五条　各科教员除职务执行上应直接与学监总务两课商办者外所有关于学课之事均与教务主任接洽

第六条　本课关于缮写之事得随时指授书记办理

第三章　学监课

第七条　本课以学监主任学监斋务管理组织之掌管训练指导学生事宜

第八条　本课应办事项如左

一关于学生品行良否劝惩事项

二关于学生自动诱导事项

三关于学生修业勤惰戒勉事项

四关于学生身体锻炼事项

五关于教室斋舍食堂号数编定事项

六关于筹备学生旅行参观事项

七关于轮派值日生事项

八关于本课通告事项

九关于学生到校回籍迟早记录事项

十关于学生起居饮食事项

十一关于招待参观事项

十二关于盥漱室浴室事项

十三关于阅报室及学生应接室游戏室事项

十四关于运动场事项

十五关于学生出入事项

十六关于稽查焦作市斋舍事项

第九条　学监主任任全课综理之责商砼校长执行本课一切职务

第十条　学监商同学监主任分任稽查教士斋舍及一切训育学生事项

第十一条　斋务管理商同学监主任掌稽查劝导学生都率夫役整理斋舍一切秩序清洁事务

第十二条　本课关于缮写之事得随时指授书记办理

第四章　总务课

第十三条　本课以总务主任庶务会计文牍收掌各员及图书管理员主办书记书记组织之掌理不属于他课之一切事务

第十四条　本课所掌之事项如左

一关于礼节事项

二关于机密之公文函件事项

三关于收发保管文件事项

四关于制定或变更诸规则之起草事项

五关于登记职员之进退及服务事项

六关于学生入校居住及出外旅行或养病等事项（与学监课合办）

七关于编制本校一览表及统计报告事项

八关于校中卫生整洁事项（与学监课合办）

九关于整理保存全校器物及一切设备事项

十关于招待参观人员事项

十一关于本课事务执行上应行禁令事项

十二关于管束进退校役事项

十三关于采购物品事项

十四关于筹办建筑事项

十五关于出纳保管本校银钱事项

十六关于寄存学生银钱事项

十七关于编制本校经常临时岁入岁出预算决算事项

十八关于保存本校契约合同事项

十九凡不属于各课事项

第十五条 总务主任负全课综理之责，商同校长执行本课职务

第十六条 庶务员由总务主任兼任，掌理一切庶务上事务

第十七条 会计员商同总务主任掌理金钱出纳保管，按月造具预算决算兼管收掌事务

第十八条 文牍员商同总务主任，掌理文电之拟稿发行文卷之保管并兼办各课统计表及一切统计事务

第十九条 收掌员商同总务主任掌理收发讲义及管理书报一切事务

第二十条 图书管理员商承总务主任掌管图书室及整理报章一切事务

第二十一条 主办书记商同总务主任及文牍员督同书记办理缮写事务

第二十二条 书记除关于他课缮写之事，应听各该课职员之指授外专受总务主任及文牍员之指挥监督

——安徽教育月刊：安徽公立法政专门学校分课办事规则，《安徽教育月刊》，1921年，第39期，第5—10页．

附安徽公立法政专门学校（法律、政治经济）本科辛、壬级学生毕业名单

周福海　陈尚坛　胡承谟　张松龄　洪　鼎　凌廷材
杜兆纶　柳汝访　潘　壁　李济安　陈干城　董钟泉
储汉清　陈世云　张文奎　徐道偕　朱鸿钧　何宗佑
徐伟臣　常家谟　王绍义　张　铸　舒远器　王　英
赵宗鼎
（以上法律本科辛级）
杨德容　陈家齐　李盛唐　沈光寰　孙介寿　潘金科
范朴文　丁亚藩　万道中　李多节　范　铸　王作雨
王若愉　汪栋云　倪光和　王多伟　汪泉源　张　桓
张文和　项承荣　兆杜伟　韦必中　巫建湘
（以上政治经济本科壬级）

——教育公报：安徽公立法政专门学校法律、政治经济本科辛、壬级学生毕业名单，《教育公报》，1922年，第9卷，第4期，第105—106页．

安徽公立法政专门学校补习生毕业名单（核准毕业案见本期公牍门咨第三千一百二十八号）

陈　沅　吴养吾　李涵聂　兆　鹏　王业荣　靳法西
濮学科　金振声　陶仁鉴　金　质　何　颐　薛仁德
唐尔寅　陈家谷　杨永康　甯　坤
（以上准作法律别科毕业）
汪协欧
（以上一名准作政治别科毕业）

——题教育公报：安徽公立法政专门学校补习生毕业名单（核准毕业案见本期公牍门咨第三千一百二十八号），《教育公报》，1917年，第4卷，第16期，第170—171页．

附安徽公立法政专门学校呈送前江淮大学法律别科补习生毕业名单

陈祖荫　周新裕

——教育公报:安徽公立法政专门学校呈送前江淮大学法律别科补习生毕业名单,《教育公报》,1919年,第6卷,第3期,第195页.

安徽公立法政专门学校第二班政治别科学生毕业名单(核准毕业案见本期公牍门咨第五百九十六号)

何　巽	安徽庐江	高寿祺	安徽六安	汤先盘	安徽六安
金镜人	安徽合肥	王时亮	安徽英山	汤锡璋	安徽英山
殷　敏	安徽桐城	陈福谦	安徽阜阳	倪　鑫	安徽桐城
陈　昭	安徽桐城	胡　超	安徽桐城	吴光天	安徽婺源
夏祥麟	安徽怀宁	倪世泰	安徽望江	洪康燮	安徽婺源
黄宗汉	安徽合肥	叶辉麟	安徽宿松	王毓麟	安徽庐江
倪崇敬	安徽桐城	潘寿仁	安徽桐城	汪时璞	安徽旌德
凌泰峰	安徽庐江	刘魁甲(原册作奎甲)	安徽宿松		
程贻谟	安徽婺源	石长达	安徽寿县	徐鹏南	安徽庐江
许耀祖	安徽桐城	施茂栋	安徽桐城	王效会	安徽怀宁
吴楚英	安徽桐城	徐　诰	安徽桐城	张佐臣	安徽铜陵
高道藩	安徽舒城	许永楷	安徽桐城	戴元勋	安徽婺源
陆世英	安徽合肥	刘照乾	安徽桐城	黎振坤	安徽宿松
萧华筵	安徽宿松	吴　岳	安徽婺源	张文怡	安徽寿县
程文鲤	安徽舒城	叶世均	安徽宿松	余秀钟	安徽太湖
张家萃	安徽桐城	张嘉谟	安徽寿县	马大启	安徽太湖
杨韵和	安徽怀宁	张仰载	安徽桐城	朱乃明	安徽铜陵
汪　平	安徽太湖	熊文奎	安徽合肥		

——教育公报:安徽公立法政专门学校第二班政治别科学生毕业名单(核准毕业案见本期公牍门咨第五百九十六号),《教育公报》,1916年,第3卷,第2期,第89页.

安徽公立法政专门学校第四班法律别科学生毕业名单(核准毕业案见本期公牍门咨第五百九十六号)

凌文华	安徽庐江	朱锦章	安徽桐城	汪　声	安徽祁门
吴钟灵	安徽桐城	计树森	安徽凤台	张景崑	安徽霍山
张国维	安徽桐城	黄大年	浙江苍山	蔡熙民	安徽庐江
杨文翰	安徽桐城	左仁溥	安徽桐城	高廷桂	安徽贵池
朱荫南	安徽宿松	潘继襄	安徽婺源	黄大文	浙江苍山
胡远骏	安徽英山	曾　毅	安徽宿松	刘德诚	安徽凤阳
杨恕诚	安徽桐城	王承尧	安徽太平	廖应壁	湖北继田
程锦卿	安徽歙县	董　楫	安徽阜阳	方学纯	安徽广德
吴绪缟	安徽宿松	林挺奇	安徽潜山	朱显伟	安徽六安
贺灼臣	安徽宿松	吴　晋	安徽桐城	郜大钧	安徽五河
张家驹	安徽桐城	汪镜涵	安徽六安	张国佐	安徽庐江
张　淞	安徽桐城	李良谟	安徽桐城	潘炳权	安徽霍邱
李光宗	安徽广德	汪弗溢	安徽六安	凌华峰	安徽庐江
杨光明	安徽怀宁	崔见田	安徽桐城	许元浚	安徽六安
鲁士俊	安徽庐江	吴光深	安徽桐城	吕宾琛	安徽建平
吴其焯	安徽泾县	王积骏	安徽庐江	刘德润	安徽宁国
石　桂	安徽宿松	郑绍康	安徽繁昌	孙敬曦	安徽太湖
许世芳	安徽桐城	章瑞徵	安徽贵池	江浩然	安徽桐城
武绶章	安徽定远	孔中和	安徽合肥	樊汉勋	安徽广德
李继章	安徽怀宁	汪　鸿	安徽宿松	任　重	安徽桐城
石春泽	安徽宿松	唐国祥	安徽六安	蒋介春	安徽怀宁
曹泽润	安徽青阳	周维新	安徽怀宁	伍其荣	安徽桐城

——教育公报:安徽公立法政专门学校第四班法律别科学生毕业名单(核准毕业案见本期公牍门咨第五百九十六号),教育公报,1916年,第3卷,第2期,第90页.

附安徽公立法政专门学校丁法律本科学生毕业名单

胡愈衡　万廷佐　黄　谟　刘超埃　许中徵　陈庆余
王铭新　李春芳　曾廷骏　李　磐　翟济龄　赵华述
许天民　余素廉　李育修　余天缌

——教育公报:安徽公立法政专门学校丁法律本科学生毕业名单,《教育公报》,1920年,第7卷,第5期,141页.

附安徽公立法政专门学校法律、政经本科毕业生名单

周培巩　黄　崑　杨善荣　桂　楫　王济春　汪列欢
张汉卿　张洞源　卢前强　刘鹤鸣　程美傅　王贵春
范　乃　新陈云　伯程光　铨汪侃　李开科　储德慧
(以上法律本科)
周树荣　汪　端　曹春山　张智川　张锡云　张象贞
万国琛　储燮镕
(以上政经本科)

——教育公报:安徽公立法政专门学校法律、政经毕业生名单,《教育公报》,1924年,第11卷,第11期,第79页.

附安徽公立法政专门学校法律本科庚级毕业生名单

宣　开　周法祖(原册作光祖)　苏功德　沈振乾
李启光　周　骏　张韵笙　胡铸依　汪宣献　汪家宜
李振声　谢永祝　叶润千　程云汉　黄钟霆　王在锡
刘以材　王傅峰　汪渠荪　杨学纯　王树贤　储懋昆
何其隆　许茂骅　翟靖球　汤志先　黎季鹗　刘　卓
任效忠　陈家荫　方宜中　卢少模　周维礼　股澄宇
阎维坤　李少刚　沈振洋　汪教生

——教育公报:安徽公立法政专门学校法律本科庚级毕业生名单,《教育公报》,1922年,第9卷,第3期,第126页.

附安徽公立法政专门学校法律本科庚级补考毕业生名单

宋傅杰

——教育公报:安徽公立法政专门学校法律本科庚级补考毕业生名单,《教育公报》,1922年,第9卷,第6期,第110页.

附安徽公立法政专门学校法律本科癸级学生毕业名单

邓鼎三　朱建勋　钱光培　项国葆　邓　玑　李绪霖
童克勋　吴贤骢　焦　邵　孙家馨　陈傅坤　陈家琪
姜良楷　章步青　伍　植　张学纶　刘振乾　郑绳武
陈贤钧　齐鲁卿　张文楼　章尚瑛　孙　鼐　刘汉东
胡学伊　黄政骅　张兆麟　童汉璋　钱和笙　万士英
唐守文　方本伦　陈绍武　汪祖荫　陈昌明　汪尔候
刘树臣　张文轩　贺家鼎　汪显佑　孙增钺　高怀远
李清淇　汪　澈　吴体善　张烛照　章春庭

——教育公报:安徽公立法政专门学校法律本科癸级学生毕业名单,《教育公报》,1924年,第11卷,第1期,第86页.

安徽公立法政专门学校法律本科及别科学生毕业名单(核准原案见本期公牍门咨第四十五号)

马献图　计显弼　陈　镇　倪启鸿　胡国声　吕　造
潘　重　吕大勋　张文坛
(以上法律本科)
梅陈春　王运昌　张汉鼎　汪兆震　崔那又　黄秉钧
张伦棣
(以上法律别科)

——教育公报:安徽公立法政专门学校法律本科及别科学生毕业名单(核准原案见本期公牍门咨第四十五号),《教育公报》,1918年,第5卷,第4期,第229页.

附安徽公立法政专门学校法律本科辛级毕业生名单

王　英　何宗佑　徐北屏　徐道偕　舒远器　周蕴海
陈干城　张　铸　柳汝访　杜兆纶　储汉清　王绍羲
潘　壁　朱鸿钧　张松龄　李济安　陈尚坛　张文奎
常家谟　赵宗鼎

——教育公报:安徽公立法政专门学校法律本科辛级毕业生名单,《教育公报》,1922年,第9卷,第9期,第89—90页.

附安徽公立法政专门学校法律别科补习生毕业名单

陈炳南　薛裕国　袁立庭　黄宇澄　潘敬墀　邱国瑞

——教育公报:安徽公立法政专门学校法律别科补习生毕业名单,《教育公报》,1919年,第6卷,第7期,第160页.

附安徽公立法政专门学校法律别科补习生毕业名单

王成変

——教育公报:安徽公立法政专门学校法律别科补习生毕业名单,《教育公报》,1920年,第7卷,第4期,第138页.

附安徽公立法政专门学校法律别科补习生毕业名单

笪　骧

——教育公报:安徽公立法政专门学校法律别科补习生毕业名单,《教育公报》,1920年,第7卷,第2期,第167页.

安徽公立法政专门学校各班毕业学生名单(核准毕业案见本期公牍门咨第二千九百七十八号)

罗　蓦　安徽歙县　　陈　棠　安徽太湖　　汤光寅　安徽繁昌
陶　模　安徽桐城　　王家干　安徽桐城　　刘致群　安徽庐江

吴　炘	安徽桐城	石经阁	安徽宿松	程梦飚	安徽桐城
赵士衡	安徽桐城	刘泽序	安徽合肥	崔元凯	安徽六安
吴宏鉴	安徽桐城	吴兆麟	安徽桐城	吴远权	安徽桐城
黄传绪	安徽桐城	汪　佐	安徽庐江	储　才	安徽潜山

（以上第三班法律别科）

姚逸之　安徽桐城

（该生系第四班法律别科）

方　闻	安徽桐城	黄安澜	安徽黟县	吴砥中	安徽青阳
何声初	安徽宿松	葛襄平	安徽潜山	房铸国	安徽宿县
王运开	安徽合肥	李寅宾	安徽阜阳	葛厚培	安徽潜山
丁　锐	安徽当涂	王儒蔼	安徽桐城	张开沄	安徽桐城
吴昌琪	安徽宿松	聂忠盖	安徽英山	何乃纯	安徽霍邱
张　兴	安徽庐江	吴清义	安徽凤阳	徐蔼航	安徽潜山
乐肇唐	安徽英山	刘士骏	安徽宿松	唐正国	安徽太湖
丁金兆	安徽贵池	沈　厚	安徽英山	毕振光	安徽贵池
胡荫桐	安徽怀宁	邓之林	安徽宿松	徐　谟	安徽桐城
桂颜山	安徽桐城	鲍　廉	安徽怀宁	张翰演	安徽庐江
卢莘田	安徽潜山	姚文焕	安徽巢县	冯毓秀	安徽英山
谭纪官	安徽英山	束道衡	安徽舒城	洪翰香	安徽郎溪
陈实辅	安徽庐江	章祖荫	安徽桐城	傅景梅	安徽英山
郑　藩	安徽英山	蔡子屏	安徽宿县	苏国城	安徽太平
周从绳	安徽无为	丁在沂	安徽宿县	蒋希贤	安徽怀宁
侯建三	安徽无为	翟国荣	安徽泾县	靖立清	安徽灵璧
刘煜亭	安徽霍山	程廷玉	安徽婺源	郑　镕	安徽宿松
汪家松	安徽桐城	丁焱光	安徽怀宁	潘祖诗	安徽婺源
钱兆兰	江苏武进	黄　环	浙江海盐	杨式谷	安徽怀宁
程廷芬	安徽婺源	田禾瑞	安徽合肥	王善钧	安徽庐江
吴樾荫	江西东乡	洪国华	安徽婺源	叶新绪	安徽黟县
马其垌	安徽庐江	方振朝	安徽建德	贺人寿	安徽宿松

翟兆霖	安徽巢县	杨　澍	安徽桐城	刘　鼎	安徽桐城
黄　芳	安徽婺源	朱祥书	安徽怀宁	张宝仁	安徽婺源
刘浚源	安徽六安	江远明	安徽怀宁	齐钧鳌	安徽婺源
查名驹	安徽怀宁	贺家馨	安徽宿松	杨守模	安徽贵池
许九芳	安徽宿松	陈赞平	安徽六安	陈定清	安徽贵池
古经煦	安徽繁昌	濮孔畴	安徽怀宁	吴秉衡	安徽桐城
孙广勋	安徽亳县	李秀升	安徽亳县	莫铭鼎	浙江归安
徐心藻	安徽巢县	蒋文苹	安徽亳县	阳后英	安徽怀宁
吴　锦	安徽婺源	朱鸿远	安徽怀宁	吴东泰	安徽六安
鄞壮节	安徽太和	吴楚东	安徽宿松	何书传	安徽宿松
刘克俊	安徽庐江	方毓瑞	安徽桐城	项大珍	安徽六安
郭纯如	安徽六安	刘景运	安徽霍山	姜神武	安徽怀宁
罗成章	安徽贵池	金锦城	安徽桐城	章世荃	安徽贵池
李灼坪	安徽繁昌	蔡继起	安徽亳县	江　琦	安徽桐城
储浚明	安徽怀宁	严继光	安徽怀宁	宛天囿	安徽庐江
汪楚梅	安徽婺源	王文质	安徽宿松	胡　汉	安徽宿松
李兴化	安徽亳县	何振奇	安徽宿松	程祖伊	安徽宜城
姜世炜	安徽贵池	鲍　范	安徽怀宁	李培英	安徽宜城
马象乾	安徽怀宁	杨春林	安徽郎溪	章廷琅	安徽贵池
章步云	安徽贵池	黄肇奋	安徽太平	陈变廷	安徽怀宁

(以上第五班法律别科)

张振钧	安徽舒城	许道立	安徽歙县	吕贤铎	安徽旌德
沈其杰	安徽合肥	宋祖殷	安徽庐江	汪承谊	安徽歙县
王　哲	安徽舒城				

(以上第一班政治别科)

钱国干	安徽桐城	徐永祥	安徽霍邱

(以上第二班政治别科)

方宏济	安徽桐城	汪思桓	安徽祁门	李则纲	安徽黟县
汪　洁	安徽桐城	李晓山	安徽霍山	洪　实	安徽霍山

雍　容	安徽和县	王博夫	安徽英山	张傅荣	安徽怀宁
李效闓	安徽宿县	周宪昭	安徽霍邱	疏兆兰	安徽桐城
黄润生	安徽桐城	查　清	安徽桐城	刘有纪	安徽霍山
周桐望	湖北绍祥	武陵溪	安徽霍邱	姚　琦	安徽桐城
苏　恕	安徽桐城	宋　琪	安徽绩溪	王天鸿	安徽合肥
姚毓华	安徽繁昌	许咸回	安徽庐江	胡　沅	安徽六安
郭志华	安徽宣城	吴光第	安徽婺源	舒曰寿	安徽泾县
周宪顗	安徽霍邱	程新昌	安徽黟县	章镇东	安徽桐城
吴席珍	安徽婺源	李　鼎	安徽桐城	张文熙	安徽泾县
李详衡	安徽太湖	郭子英	安徽建德	汪保东	安徽桐城
章诚楠	安徽太湖	吴　达	安徽桐城	高寅亮	安徽宿松
章仁寿	安徽桐城	李继民	安徽霍邱	洪昌喆	安徽怀宁
刘兆平	安徽六安	李毓英	安徽无为	古经邦	安徽繁昌
张效先	安徽泗县	汤凌云	安徽铜陵	沈修龄	浙江吴兴
姚桂馨	安徽贵池	刘和慧	安徽太湖	李荣祖	安徽繁昌
汪　俊	安徽桐城	余纵寰	安徽霍邱	洪念祖	安徽婺源
周　璜	安徽无为	卢　劲	安徽太湖	张照龄	安徽霍邱
孙圣武	安徽亳县	阮　华	安徽霍邱	屠敬宗	安徽霍邱
齐济璜	安徽桐城	黄中伟	安徽桐城	齐　信	安徽婺源
朱成杰	安徽泾县	陈大猷	安徽霍邱	乔文经	安徽六安
孙极华	安徽建平	朱野田	安徽庐江	李挺豪	安徽怀宁
薛金涛	安徽怀宁				

（以上第三班政治别科）

——教育公报：安徽公立法政专门学校各班毕业学生名单（核准毕业案见本期公牍门咨第二千九百七十八号），《教育公报》，1917年，第4卷，第1期，第177—179页.

安徽公立法政专门学校各班毕业学生名单（核准毕业案见本期公牍门咨第二千九百七十八号）

罗　芸	安徽歙县	陈　棠	安徽太湖	汤光寅	安徽繁昌
吴　炘	安徽桐城	石经阁	安徽宿松	程梦飚	安徽桐城
吴宏鋆	安徽桐城	吴兆麟	安徽桐城	吴达权	安徽桐城
陶　模	安徽桐城	王家干	安徽桐城	刘致群	安徽庐江
赵士衡	安徽桐城	刘泽序	安徽合肥	崔元凯	安徽六安
黄传绪	安徽桐城	汪　佐	安徽庐江	储　才	安徽潜山

——教育公报：安徽公立法政专门学校各班毕业学生名单（核准毕业案见本期公牍门咨第二千九百七十八号），《教育公报》，1917年，第4卷，第1期，第177—179页．

安徽公立法政专门学校各科学生毕业名单（核准毕业案见本期公牍门咨第一千零六十七号）

盛世弼	安徽怀宁	卢益美	安徽庐江	凌振华	安徽庐江
潘孟佳	安徽怀宁	柯德一	安徽庐江	徐其钊	安徽庐江
吴尚寅	安徽桐城	朱务三	安徽寿县	刘维澈	江苏江宁
梅际昌	安徽宁国	许克治	安徽六安	包家驹	安徽贵池
牧廷芳	安徽南陵				

（以上法律本科）

朱恺一	安徽桐城	赵之兰	江苏江浦	徐恩海	安徽歙县
胡其馨	安徽怀宁	苏锡纶	安徽太平	吴与新	安徽桐城
杨文濬	江苏汤溪	程维周	安徽盱眙	吴炳章	安徽凤台
王新铭	安徽庐江	葛之芳	安徽潜山	张敬之	安徽凤阳
吴昱恒	安徽英山	杨　湘	江苏阜宁	陈秀彦	安徽石埭
吴树勋	湖北武昌	郝昭宸	江苏山阳	沈乃康	江苏山阳
汪唯劭	安徽霍山	苏锡九	安徽太平	任光炎	安徽颍上
李金池	江苏阜宁	李世荣	安徽阜阳	陈敬齐	安徽霍山
高宝仁	安徽宿县	张傅绅	安徽合肥	蔡庆鸿	安徽合肥

童善宜	安徽合肥	杨昌炽	安徽合肥	陈大馥	安徽祁门
黄廷鸾	安徽怀宁	曹家骏	安徽望江	徐家驹	安徽望江
洪文开	安徽郎溪	叶　溱	安徽桐城	黄镇川	安徽怀宁
徐家騊	安徽望江	李盛祝	安徽英山	鲍齐煦	安徽东流
李钟衡	安徽桐城	张五洲	安徽阜阳	程　仙	安徽盱眙
孟昭仁	安徽宿县	程绍颐	安徽怀宁	夏　葵	安徽桐城
吴荣甲	安徽宿松	吴光祖	安徽潜山	高步廷	安徽秋浦
章　鋆	江苏扬子	许国喆	安徽合肥	姜天放	安徽怀宁
高丁炎	安徽宿松	秦维翰	安徽合肥	陶自平	安徽桐城
周荫棠	安徽桐城	张　涛	安徽滁县	刘芸荪	安徽桐城
周　鼎	安徽来安	朱文彬	安徽宿松	方鼎铭	安徽怀宁
王文新	安徽贵池	胡崇奎	安徽黟县	钱镕经	安徽贵池
李燦华	安徽英山	黄兆丰	安徽怀宁	张绍珙	安徽南陵
濮本淞	安徽当涂	李家齐	安徽合肥	徐康侯	安徽六安
杨仲达	安徽合肥	沈　潜	安徽宿松	吴　江	安徽宜城
吕汉祥	安徽庐江	洪稚冕	安徽祁门	王作砺	安徽秋浦
高海东	安徽宿松	黄筱谷	安徽霍山	朱宗鲁	安徽怀宁
章韫颔	安徽东流	朱直绳	安徽宿松	黄显承	安徽宿松
叶济民	安徽霍山	彭　翔	安徽潜山	陈默齐	安徽怀宁
席海涛	安徽凤阳	翟坤元	安徽无为	严宏猷	安徽宜城
董寅亮	安徽婺源	王宏烈	安徽桐城	洪肇基	安徽六安
金　钟	安徽婺源	胡文静	安徽秋浦	夏极如	安徽秋浦
鲍蓝田	安徽婺源	黄从古	安徽霍山(以上第六班法律)		

江之灏　安徽桐城

(该生系第一班政治别科补考毕业生)

余承侃　安徽英山

(该生系第三班政治别科补考毕业生)

黎寿苓　安徽宿松　　陈　玙　安徽青阳　　王呈杰　安徽贵池

(以上三名系第三班法律别科补考毕业生)

樊　篱　安徽庐江　　江景高　安徽怀宁

(以上二名系第五班法律别科补考毕业生)

——教育公报:安徽公立法政专门学校各科学生毕业名单(核准毕业案见本期公牍门咨第一千零六十七号),《教育公报》,1917年,第4卷,第7期,第141—143页.

安徽公立法政专门学校经济别科学生毕业名单(核准毕业案见本期公牍门咨第一千四百八十六号)

王承杰	安徽宿松	方孟农	安徽桐城	凌衡峰	安徽庐江
方执中	安徽桐城	章士铮	安徽铜陵	方桂森	安徽桐城
吴毓秀	安徽桐城	姚肇昌	安徽桐城	刘少芳	安徽阜阳
夏雨人	安徽宿松	胡　坊	江苏常熟	曹自谦	安徽怀宁
袁际唐	安徽桐城				

——教育公报:安徽公立法政专门学校经济别科学生毕业名单(核准毕业案见本期公牍门咨第一千四百八十六号),《教育公报》,1916年,第3卷,第6期,第133页.

安徽公立法政专门学校乙法律别科补习生毕业名单(查此案业经本部于七年六月二十二日核准咨复)

杨翼善　张景昌　顾德溶

——教育公报:安徽公立法政专门学校乙法律别科补习生毕业名单(查此案业经本部于七年六月二十二日核准咨复),《教育公报》,1918年,第5卷,第11期,109页.

附安徽公立法政专门学校政经本科毕业生名单

陈志淇	孙奎南	陈洪范	刘袭会	徐景崇	敬树杰
汪泽溥	胡照德	郭显源	谢　蕃	朱　鼎	朱子芳
苏　埙	颜可贤	刘友渔	陈幼让	朱秩群	廖允福
陶源如	廖允曾	德　彰	金瑞墟	舒　钺	徐寿威
冯贻炯	黄　佳	李傅琮	诣　洁	李镐年	毕云翘

胡吉霖　陈觉凡　王　鲲　徐　璋　黄墨林　宝鸿光

——教育公报:安徽公立法政专门学校政经本科毕业生名单,《教育公报》,1921年,第8卷,第9期,第126页.

附安徽公立法政专门学校政治、法律别科补习班毕业生名单

郭光荣　许悦周

(以上政治别科)

章纯青　郭炳炎　元开贤

(以上法律别科)

——教育公报:安徽公立法政专门学校政治、法律别科补习班毕业生名单,《教育公报》,1919年,第6卷,第12期,109页.

附安徽公立法政专门学校政治别科补习班毕业生名单

邓　连

——教育公报:安徽公立法政专门学校政治别科补习毕业生名单,《教育公报》,1919年,第6卷,第8期,第112页.

安徽公立法政专门学校政治别科学生补习毕业名单(核准原案见本期公牍门咨第四十号)

汪　灏　蒋锡琦　黄金华

——教育公报:安徽公立法政专门学校政治别科学生补习毕业名单(核准原案见本期公牍门咨第四十号),《教育公报》,1918年,第5卷,第4期,第228页.

附安徽公立法政专门学校法律、政经本科毕业生名单

周培玑　黄　崑　杨善荣　桂　楫　王济春　汪列欢

张汉卿　张洞源　卢前强　刘鹤鸣　程美傅　王贵春

范乃新　陈云伯　程光铨　汪　侃　李开科　储德慧

(以上法律本科)

周树棠　汪　端　曹春山　张智川　张锡云　张象贞

万国琛　储燮镕

(以上政经本科)

——教育公报:安徽公立法政专门学校法律、政经毕业生名单,《教育公报》,1924年,第11卷,第11期,第79页.

呈省长第一三零号(会呈女子蚕桑讲习所公立法政学校互易校址并请拨给修理迁移各费由)一月二十二日:

呈为会呈女子蚕桑讲习所公立法政学校互易校址情形并请拨给修理迁移各费仰祈鉴核示遵事窃查女子蚕桑讲习所公立法政专门学校互易校址一案前由省教育会提议经由职厅核明事属可行并呈报钧署在案兹据该校该所呈请定期实行迁移前来当经分别派委前往会同查勘并两处工程应如何修理之处饬即一并切实估计兹据会复呈称两处修理迁移等费计女子蚕桑讲习所实需一千七百九十三元九角零七厘法政学校实需二千一百四十三元并请利用寒假时期互相迁移俾便布置一切现商定从本月二十三日起即行互换各等情到厅职两厅查核情形均系为便利校务进行起见自厅准予照办所需各费既经会委勘明属实此种开支系属特别情形应请在本省实业教会各预备费项下分别动拨俾资应用除俟奉到指令后再行转饬分别具领外所有女子蚕桑讲习所公立法政学校互易校址情形并请拨发预备费各缘由理合备文会呈仰祈省长鉴核示遵再此稿系职教育厅主稿合并声明谨呈

——教育公报:呈文:呈省长:第一三零号(会呈女子蚕桑讲习所公立法政学校互易校址并请拨给修正迁移各费由)(一月二十二日),《安徽教育月刊》,1921年,第38期,第30—31页.

附安徽公立法政专门学校丁法律本科学生毕业名单

王铭新　李春芳　曾廷骏　李　磐　翟济龄　胡俞衡

万廷佐　黄　谟　刘超埃　许中徵　陈庆余　赵华述

许天民　余素廉　李育修　余天铎　储德言　汪　勋
王　楷

——教育公报：安徽公立法政专门学校丁法律本科学生毕业名单，《教育公报》，1920年，第7卷，第5期，第141页.

附安徽公立法政专门学校政经本科壬级毕业生名单

范　铸　万道中　王作尔　孙介寿　李多节　丁亚藩
王若愉　李盛唐　王多伟　倪光和　汪栋云　张　桓
张文和　陈家齐　杜兆纬　汪泉源　潘金科　巫建湘
杨德容　项承荣　沈光寰　范楔文　韦必中

附安徽公立法政专门学校法律本科辛级毕业生名单

王　英　何宗佑　徐北屏　徐道偕　舒远器　周福海
陈干城　张　铸　柳汝访　杜兆纶　胡承谟　储汉清
王绍义　潘　壁　朱鸿钧　张松龄　李济安　陈尚坛
张文奎　常家谟　赵宗鼎　陈世云

——教育公报：安徽公立法政专门学校法律本科辛级毕业生名单，《教育公报》，1922年，第9卷，第9期，第89—90页.

附安徽公立法政专门学校法律别科毕业生名单

陈　锋

——教育公报：安徽公立法政专门学校法律别科毕业生名单，《教育公报》，1923年，第10卷，第5期，第146页.

附安徽公立法政专门学校法律别科补习生毕业名单

笪　骧

——教育公报：安徽公立法政专门学校法律别科补习生毕业名单，《教育公报》，1920年，第7卷，第2期，第167页.

附安徽公立法政专门学校法律别科补习生毕业名单

陈炳南　薛裕国　袁立庭　黄宇澄　潘敬墀　邱国瑞

——教育公报:安徽公立法政专门学校法律别科补习生毕业名单。《教育公报》,1919年,第6卷,第7期,第160页.

附安徽公立法政专门学校法律别科补习生毕业名单

王成娈

——教育公报:安徽公立法政专门学校法律别科补习生毕业名单,《教育公报》,1920年,第7卷,第4期,第138页.

公牍

教育部布告第一号　十五年二月四日

近查国内私立学校及外人捐资所立学校往往不遵本部所颁布之各等学校法令规程办理殊于教育前途影响甚钜兹特恺切申明所有各种学校关于一切课程训育处理事项务须按照部章不得擅行违异如有故意违反者无论已否经部认可应即停办以重学制特此布告

代电第三〇号　十五年三月

代电　省立各学校公立法政专门学校

校长鉴兹届学期开始各校开学日期暨员生表册应照上年九月皓代电所定办法克期报厅教育厅支印

——安徽教育公报:代电第三〇号(十五年三月):代电省立各学校、公立法政专门学校:应照皓电办法迅将开学日期及员生表具报由,《安徽教育公报》,1926年,第67期,第37页.

公牍

训令公立法政专门学校第三二一号(省令准部咨大学及专门学校本科用外国文课本及外国语讲授应否一律废除或设法减少案兹据专门校长会议议决

仰转知由）四月三日

案奉省长两署训令第一四八号内开案准教育部咨开本部召集专门以上学校

校长会议曾经提出大学及专门学校本科用外国文课本及外国语讲授应否一律废除或设法减少案经该会员等条举办法立永久之标准顾目前之困难于限制之中略寓变通之意尚属可行相应刷印原案咨行贵公署查照饬遵等因准此合将原案钞发该厅仰即转饬各校遵照可也此令等因并抄件一纸到厅奉此合行将原案抄发令仰该校长即便遵照此令（附大学及专门学校本科用外国文课本及用外国语讲授应否一律废除或设法减少案本案经会讨论议决结果如左）

大学及专门学校教课如无本国文适当之著述得采用外国文课本

教室讲授时除外国教员及关于外国语学科外以用本国语讲授为原则

——安徽教育月刊：用外国文课文及用外国语教授，《安徽教育月刊》，1919年，第16期，第37—38页．

函法政专门学校第一一六（函送甄别该校旁听生正备取分数单由）十三日

迳启者专门学校之收旁听生本为部章所不许兹本厅为顾全学校信用起见代为甄别合格者留归下半年新班肄业无如佳卷太少计完全与考者二十五人平均分数在五十分以上者仅得伍植等九人作为正取在四十分以上者唐守文等四人作为备取其余程度太浅实难成全合行抄录分数单希即宣布周知该校为专门学校不应滥收学生以后招生完全以中学毕业生为限所有相当程度及旁听生即行截止永不再收以前旁听生未经与考者无论因何事耽误亦不再行补考均望查照办理此致

正取九名		备取四名	
姓名	分数	姓名	分数
伍植	六十九分	唐守文	四十四分八
邓骏	六十七分	陈波如	四十一分八
朱建勋	六十五分六	裴宗厚	四十分零六
刘振乾	六十一分四	张启明	四十分零四

续表

正取九名		备取四名	
姓名	分数	姓名	分数
贺家鼎	六十分零八		
李世秦	五十八分		
童克勤	五十四分六		
李清淇	五十四分		
孙增钺	五十分零八		

——安徽教育月刊:函法政专门学校:第一一六(函送甄别该校旁听生正备取分数单由)(十三日),《安徽教育月刊》,1919年,第18期,第34—35页.

训令公立法政专门学校第二九九号(令为专门以上学校聘用兼任教员应否酌加限制由)三月二十六日案奉教育部训令第一一九号内开案查专门以上学校聘用兼任教员应否酌加限制一案前经本部提交专门以上学校校长会议讨论旋由该会议议决专门以上学校聘用教员应注重专任教员每学门至少须有专任教员一人至聘用兼任教员须以非重要且时间过少之科目或虽为重要科目难得专任之人者为限等因送部查所拟办法尚属可行合亟令行该厅转饬各校遵照办理此令等因并议决酌加限制案一纸到厅奉此合亟抄录原件令行该校即便遵照办理此令

附议决限制案

专门以上学校聘用兼任教员应否酌加限制案本案经会讨论议决结果如左决议学校聘请教员应注重专任每学门至少应有专任教员一人以上至延聘兼任教员应具左列之条件非重要且时间过少之科目虽为重要科目难得专任之人理由学校之聘请兼任教员原属不得已之举但亦不可不为限制以资救急发列限制办法如右是否有当敬祈大部鉴核施行

——安徽教育月刊:训令公立法政专门学校:第二九九号(令为专门以上学校聘用兼任教员应否酌加限制由)(三月二十六日),《安徽教育月刊》,1919年,第15期,第27—30页.

训令公立法政专门学校(第三零七号奉部令各专门学校如拟加学科目者应呈部核办仰遵照办理由三月二十八日)

案奉教育部训令第一二一号内开案查本部上年开专门以上学校校长会议当经本部以专门以上各校学科有无应增应减情形交会讨论各会员分组审查多有请求增加学科目之议决经本部详加审核不无可采惟修正规程究宜审慎兹由本部特定暂行办法凡各项专门学校如有应现今之趋势或地方之需要拟增加某项学科者可由该校详具理由呈由本部核办但所增学科及时间以不妨碍学生脑力为主其所拟增授科目应俟报部核准后再行开始教授以昭慎重为此令仰该厅长转行各学校遵照办理此令等因奉此合行令仰该校长即便遵照此令

——安徽教育月刊:训令公立法政专门学校:第三〇七号(奉部令各专门学校如拟加学科目者应呈部核办仰遵照办理由)(三月二十八日),《安徽教育月刊》,1919年,第15期,第30—31页.

训令公立法政专门学校第三八一号(部令提倡武术饬转知由)四月二十二日

案奉教育部训令第一四七号内开案查全国专门以上学校校长会议议决将中国固有武术请由部通令全国专门以上学校力为提倡一案本部覆核尚属可采应由各专门以上学校注意提倡将中国固有武术作为课外运动之一种藉以实施锻炼发展体育合亟令行仰该厅长转饬各校遵照办理此令等因奉此合亟令仰该校长即便遵照办理此令

——安徽教育月刊:训令公立法政专门学校:第三八一号(部令提倡武术饬转知由)(四月二十二日),《安徽教育月刊》,1919年,第16期,第39—40页.

专门

训令公立法政专门学校第三二二号(省令转发全国专门以上学校校长会议议决学生竞技旅行及讲演方法案由)四月三日

案奉安徽省长公署训令第一四五号内开案准教育部咨开案查上年本部召集全国专门以上学校校长会议议案内有专门以上学校学生竞技旅行及讲演方

法一案经该会各会员分组议决本部查核所议各条尚切实可行相应钞录原案咨请贵省长查照通令所属酌定办理等因到署合行照录原案发交该厅仰即转令各校酌定办理可也此令等因并抄件一纸到厅奉此合行钞发原案令行该校长即便遵照此令专门以上学校学生竞技旅行及讲演方法案本案经各会员分组讨论兹将各组所拟之方法列左(一)法政组所拟之方法此事宜藉同学会之组织并为宽筹经费庶所期之目的不难达到若奖以物品或证书亦足为鼓励学生之助(二)农业组所拟之方法(1)校内宜设竞技旅行及讲演等会按时举行(2)竞技及讲演有特别优点者宜给予相当褒奖以示鼓励(3)旅行时就实地事物以学理说明之以引起旅行之趣味(4)竞技宜择期与他校比较使知优劣而引其竞争心(5)他校开讲演时宜使之旁听以为知识之交换(三)工业组所拟之方法(1)请部通令各校组织校友会俾有提倡机关(2)列竞技旅行讲演为学校必行之年中行事并将举行状况呈报教育官厅其修学旅行则应将心得作报告呈主任教员察阅(3)职教员宜将三者之利益时训示(4)利用假日星期纪念日等在校内或联合他校举行讲演竞技之比赛由职教员评奖藉资鼓励

训令公立法政专门学校第三二一号(省令准部咨专门以上学校酌派教员出洋留学研究办法饬厅转令遵照由)四月三日

案奉安徽省长公署训令第一四七号内开准教育部咨开案查上年本部召集全国专门以上学校校长会议本部会提出专门以上学校酌派教员出洋留学研究办法一案经该会各会员条举办法前来本部查所议各条尚属可行相应钞录原案咨请贵省长查照通令所属酌定办理等因准此合将原案钞发该厅仰即转饬各校遵照可也此令等因奉此并抄件一纸到厅奉此查本省财政支绌派员出洋俟诸异日合特钞录原案仰该校长知照此令专门以上学校酌派教员出洋留学研究办法案本会会员关于此问题所条举之意见颇多经各会员再三讨论议定规则七条如左(一)选派之教员须充教授三年以上者(二)科目及研究问题由各校酌定需要情形定之(三)年限一年以上三年以下(四)国立各校教员留学经费由教育部支给(五)省立各校由各省支给私立各校由该校支给留学教员在留学期内仍由本校酌给原薪若干成以为津贴(六)教员在留学期内应将研究情形随时报告原校(七)留学教员回国后应在原校服务若干年其年限及义务条件由双方以合同订定

训令公立法政专门学校第三二一号(省令准部咨大学及专门学校本科用外国文课本及外国语讲授应否一律废除或设法减少案兹据专门校长会议议决仰转知由)四月三日案奉省长两署训令第一四八号内开案准教育部咨开本部召集专门以上学校

——安徽教育月刊:公文:专门:训令公立法政专门学校:第三二二号(省令转发全国专门以上学校校长会议议决学生竞技旅行及讲演方法案由)(四月三日),《安徽教育月刊》,1919年,第16期,第35—36页.

专门

训令公立法政专门学校第四八九号(部令转发专门以上学校毕业生处置方法案)五月十九日

案奉省长公署训令第四八八号内开案准教育部咨开查上年暑假本部召集全国专门以上各学校开校长会议议案内有各校应如何注重实习一案及毕业生处置方法一案经各会员分组议决在案本部查阅所议各条不无可采业经分别见诸实行其须与各部咨商之处亦经咨行各部酌定见复前来相应钞录议案中可采各条暨各部复文咨行贵省长查照分别令行本省公私立各专门学校知照等因到署合将议案及部复文件抄录一份发交该厅转行知照此令等因并抄件一份到厅奉此合行抄录原抄件一份令仰该校长知照此令

附专门以上学校毕业生处置方法

本案经各会员分组讨论兹将各组所议定之方法列左

一、法政组议定之方法

一择毕业生之成绩最优者留充本校助教

二学校平时常与用人机关接洽以便学生毕业后择优保留

三将毕业生名单由各省行政长官咨送中央主管之部分饬各机关采用

四各县承审员资格须经法政专门毕业

五派充审检厅练习

(四)(五)两项请教教育部商同司法部规定

二、农业组议定之方法

一实业机关职员须用实业学校毕业生惟此项办法虽曾经通令有案然实际上仍有未能实行之处应请教育部再申前令并转咨农商部通令所属各机关促其实行

二学校与各界联络使学生毕业后谋相当之职务

三、工业组议定之方法

一工业学校宜与交通农商诸部并经营工业各机关时相联络使彼此情形相通造就适用人才

二每届学生毕业由校造具履历名册请主管行政官署直接或间接通知各公私立机关以备任用

三官营事业应优先采用专门以上学校毕业生

四、医学组议定之方法

各学各机关添设医官其办法如下

一凡中等以上学校校医必须用医专校毕业生

二中等以下之学校酌量经济情形得数校联合聘请一校医亦以医专校毕业生充之

三请教育部咨行司法部所有监狱医官录用医专校毕业生

四请教育部咨行内务部凡警察署卫生科人员以医药专校毕业生充之如县署增设卫生课录用医药专校毕业生

以上各组所议定之方法经会员等共同讨论意见相同是否有当敬祈鉴核施行专门以上各核应如何注重实习使学生所学确能施诸实用案本案经各会员分组讨论兹将各组所议办法分别列左

法政组所议之办法

一审检实习(法科第三年级)各种讲演会(包含辩难会或辩论会在内不分学科年级)各校必须举行

一参观法庭(法科)由教育部咨司法部通令各法庭为本地法政学校之法科第三年级生预制特别旁听券交付学校以便随时到庭参观

一拟判拟律法科第三年级将拟判拟律二科作为正式科目每周各一小时毕业报告时与他种学科一律报告(此条与第一条问题修改规程项有关)

此事在各校虽多已实行惟未经大部明文规定故尚未能一致

一参观银行(经济科或政治经济科第三年级)由部咨行各省主管长官准令学生参观其详细办法由银行与学校自行接洽

钞录司法部复函

迳启者兹将贵部召集各校长会议议决案内所开法政组议决办法三条分别签注于后相应函请查照此致

一原议各法院预制旁听券交付本地法政学校以便法科三年级生随时到庭参观一节查法庭审理案件除有特别情形外均准入旁听所有各法校法科三年生如欲前往参观可由本校校长开具名单先期函知法院以便派员接待无庸预发特别听券

二原议各县承审员资格须经法政专门毕业一节查各县承审员之任用依照本部历来办法凡合于委任文职各令资格之一而有法政学识或经验者即可委充不以法校毕业人员为限如照原议办理恐于事实上不无质疑

三原议各法校毕业人员派充审检厅练习一节查司法官考试令现已公布施行所有各法院学习推检非经初试及格者不得派充原议办法未便照办

钞录司法部来文

查监狱医官中西并用其西医一席向系遴选中外医学校毕业人员派充并于监所职员任用章程第四条分别规定可见注重医学之意与该项议决本属相符相应咨请查照

——安徽教育月刊:公文:专门:训令公立法政专门学校:第四八九号(部令转发专门以上学校毕业生处置方法案)(五月十九日),《安徽教育月刊》,1919年,第17期,第8页.

专门

指令公立法政专门学校第二〇五二号(为呈送庚预科补考及重行甄别各生由)十一月四日

据呈送该校庚预科补考及重行甄别各生名册均悉业由本厅按照定期分门拟题试验除刘岫峰未到自应查照前令办理外其方学涵吴振实杨访礵徐志达等

均系倩人冒名顶替涂涵洲虽经到场而与他人互换试卷均经当场发觉并查明该班已甄别学生刘效之亦在场枪替严加盘诘始行承认似此虚伪性成肆无忌惮尚复成何事体所有方学涵吴振实杨访礵徐志达涂涵洲暨刘效之等六名均应一律除名以示薄惩至补考之翟靖球总平均分数逾六十分国文逾七十分程度尚符应留原级肄业重行甄别之倪光和张文光叶钟泉凌廷材等程度虽不见好而勤笃可嘉此次覆考各卷亦较前稍优姑准归入秋季所招新班肄业藉观后效仰即转饬各该生一体遵照惟该校近来办理异常懈弛积弊太深恐各班中似此冒名情事仍所不免至如部文所云该校长应督饬各职员随时认真严密查明一经发觉即行呈候核办切勿因循姑息贻误将来是为至要名册试卷均存此令

训令公立法政专门学校第四〇六号(为奉部令法校新生应认真甄别再行报部备核由)十二月四日

前据该校呈送本年秋季新招辛壬两预科学生一览表请核转到厅当经本厅转呈并指令在案兹奉教育部指令第一四五七号内开据呈送公立法政专门学校新招预科生二班一览表请鉴核等情到部查该校所招新生同等学力者约居十分之六以上殊属不合未便准予备案应饬认真甄别再行报部备核为此令仰该厅长转饬遵照办理可也此令等因奉此合行训令该校即便遵照认真甄别大加淘汰免干部驳并将办理情形连同一览表一并呈厅以凭核转毋稍违延切切此令

——安徽教育月刊:公文:专门:指令公立法政专门学校:第二〇五二号(为呈送庚预科补考及重行甄别各生由)(十一月四日),《安徽教育月刊》,1918年,第11期,第35—37页.

附安徽公立法政专门学校法律本科癸级学生毕业名单

邓鼎三	朱建勋	钱光培	项国葆	邓　玑	李绪霖
童汉璋	钱谷笙	万士英	唐守文	方本伦	童克勋
吴贤骢	焦　邵	孙家馨	陈傅坤	陈家琪	陈绍武
汪祖荫	陈昌明	汪尔侯	刘树臣	姜良楷	章步青
伍　植	张学纶	刘振乾	郑绳武	张文轩	贺家鼎
汪显佑	孙增钺	高怀远	陈贤钧	齐鲁卿	张文楼

章尚瑛　孙　鼐　刘汉东　李清淇　汪　激　吴体善

张烛照　章春庭　胡学伊　黄政骅　张兆麟

——教育公报:安徽公立法政专门学校法律本科癸级学生毕业名单,《教育公报》,1924年,第11卷,第1期,第86页.

指令教育厅第□□号(呈一件会呈女子蚕桑讲习所公立法政学校互易校址情形请拨修理迁移各费由)二月五日

呈悉查该所与该校互易校址情形既据该厅会核系为便利进行起见所需修理迁移等费复经会委勘明属实应准在教育实业预备费项下分别动支济用除令行财政厅备案外仰即分别转行遵照此令

——安徽教育月刊:指令:指令教育厅:第□□号(呈一件会呈女子蚕桑讲习所公立法政学校互易校址情形请拨修理迁移各费由)(二月五日),《安徽教育月刊》,1921年,第38期,第27—28页.

批安徽公立法政学校学生蔡子屏孟昭仁禀(请咨行皖使查明该生等减期转学证由)三月八日

禀悉查该生等前在江南法律学校别科肄业该校停办后曾由本公署委员查明发给第二学年第二学期在学证书在案据禀各情准予咨请安徽巡按使转饬安徽公立法政学校查照办理可也此批

——江苏教育行政月刊:省牍:批:批安徽公立法政学校学生蔡子屏孟昭仁禀(请咨行皖使查明该生等减期转学证由),《江苏教育行政月报》,1916年,第3期,第69页.

厅令

训令第六四八号九月十日令(公省)立中等各学校法政专门学校案奉省长公署训令第三二五号内开案准

教育部咨开查本部前准外交部咨开准驻美施公使来电以严监督回国学生代表请电部暂时缓派学生赴美俟经费充足再行续派又闻美外部拟颁发训令限制签

发学生来美护照并请通令各省交涉员对于欠款省份不得再发赴美留学护照等因相应咨行贵部查核见复等因到部正核办间复准施公使来电内开学款积欠无法维持若再增补添派加重困难非特学生闻而哗闹即外人关切者欲从旁设法相助亦必因无效缩手其新补者应俟本省学款有着后起支考而未派者除浙江吉林外各省一律暂行停派等因前来查欠解留学经费省份早经明定限制一律停补新生至各省学生出洋均应领取本部留学证书否则不得请领护照亦经外交部通令各省交涉员遵照办理在案兹准前开各等因相应通咨请烦查照等因准此合行令仰该厅遵照办理此令等因奉此除分行外合行令仰该校即便遵照宣布周知此令

——安徽教育公报:厅令:训令第六四八号(九月十日):令省立、公立中等各学校、法政专门学校:为在本省学款无着前不得再派补新生赴美由,《安徽教育公报》,1925年,第59期,第5—6页.

训令公立法政专门学校第五八号(令法政专门招生宽滥宜认真办理由)三月十六日

案奉教育部训令第一一七号内开查六年份专门以上学校新生入学试卷前经调部察阅(云云口案文详前部令中)令行各校切实办理等因奉此查现在专门以上各学校招生宽滥实所不免自应力图整理以期进步兹奉前因合行令仰该校长遵照办理此令

——安徽教育月刊:训令:训令公立法政专门学校:第五八号(令法政专门招生宽滥宜认真办理由)(三月十六日),《安徽教育月刊》,1918年,第3期,第42页.

训令公立法政专门学校第五九九号(奉部令据呈公立法校学生王英范铸等更名由)五月二十六日

前据该校呈报学生王英范铸等更名请予核示等情当经转呈在案兹奉教育部第九九八号指令内开呈悉查该校学生呈请更名已有数起究竟有无弊实应饬各原籍地方官将各该生呈验族谱送部再核办并由厅令行各校嗣后对于学生呈请更名务须审慎办理免滋流弊是为至要为此令仰该厅长转行知照等因奉此合亟令行该校转知各该生原籍地方官将前此呈验之族谱送厅以凭核转以后对于

学生呈请更名务须审慎办理免滋流弊并仰遵照此令

——安徽教育月刊:训令:训令公立法政专门学校:第五九九号(奉部令据呈公立法校学生王英范铸等更名由)(五月二十六日),《安徽教育月刊》,1922年,第53期,第10—11页.

训令公立法政专门学校校长徐光第四三号(令为呈请正式委任徐光炜为法政专校校长由)十一月二十四日

案奉省长公署指令本厅呈请正式委任徐光炜为公立法政专门学校校长由奉令内开呈悉应准正式委任以专责成并将委任令发由该厅转给具领此令等因并委任令一件到厅奉此合亟检同原发委令令仰该校长即便遵照此令

——安徽教育月刊:训令:训令公立法政专门学校校长徐光炜:第四三号(令为呈请正式委任徐光炜为法政专校校长由)(十一月二十四日),《安徽教育月刊》,1921年,第47期,第23页.

附安徽公立法政专门学校政经本科壬级毕业生名单

范　铸	万道中	王作雨	孙介寿	李多节	丁亚藩
王若愉	李盛唐	王多伟	倪光和	汪栋云	张　桓
张文和	陈家齐	杜兆纬	汪泉源	潘金科	巫建湘
杨德容	项承荣	沈光寰	范朴文	韦必中	

——教育公报:安徽公立法政专门学校政经本科壬级毕业生名单,《教育公报》,1922年,第9卷,第9期,第90页.

指令公立法政专门学校第九二四号(令为呈遵电具报开课日期并拟办开除逾限不到校学生学籍由)三月二十五日

呈悉存备查考应仍遵照前电认真办理仰即知照此令

附原呈

呈为遵令呈复事案奉钧应快邮代电内开学校首重功课督责尤贵认真本学期

开始已经多日各校新旧各生自应一律如期到校上课以免参差兹查闻各校学生至今仍未完全来校殊属自误学业应由各该校长迅定最后限期逾期不到即行开除学籍不准宽假仍将遵办情形报厅查该教育厅复印等因奉此查职校本年春季始业定为二月二十二日开学上课迭经通知省内外各生迅即到校□以距省遥远地方各生为阴雨所阻到校未多复经牌示函催如再拖延不到即行分别记过开除各在案旋据各生陆续报到业于三月十二日实行授课现查未到校学生只有八人兹奉明令遵即由校规定最后限期即日函催各该生家长转令该生等限定一星期内自三月十八日起至二十四日止到校上课如逾期不到即由职校呈报开除学籍以副厅长整顺教育注重功课之至意所有呈复遵办情形理合具文呈请鉴核备查谨呈

安徽教育厅厅长处

安徽法政专门学校校长刘傅绳

——安徽教育月刊:指令:指令公立法政专门学校:第九二四号(令为呈遵电具报开课日期并拟办开除逾限不到校学生学籍由)(三月二十五日),《安徽教育月刊》,1924年,第58期,第72—73页.

指令

指令公立法政专门学校第七八九号(令为法校送分课办事规则请核备案由)三月十五日

呈及办事规则均悉据称该校分课办事拟就原有职务分为教务学监总务三课以专责成等情所呈各节自系为整顿校务起见核阅所定规则各条亦均妥适应予如呈备案仰即知照规则存此令

附原呈

为呈送分课办事规则仰祈鉴核备案事窃维事无繁简纲举则目张权贵划清责分则事集查职校开办历有年所各种事务尚有成例可循惟办理虽各有专员觉精神犹难免散漫揆厥原由在事繁而无统系权迫而弗相承沿行既久振作虽期昇受事以来颇思刷新一切而刷新办法非从整理全校职务入手不可现经开职教员联席会议按职校原有职务分为教务学监总务三课每课设设主任一人以负该课全责而挈其纲又按各课事务之繁简设专员以分任之事之简易者即以一员兼任

并不废去原有职名事之繁难者另添相当职员亦不拘于从前名目因事择人按款支配通盘筹算虽员数较前有增有减而俸薪仍未溢出预算额外又恐分课办事于应同商酌之件尚有未便特设事务室规定办公时间各课人员届时同在该室办事务使精神图聚事无扞格难行责有攸归人各靖共厥职所有拟定分课办事规则缘由理合缮呈鉴核备案实为公便谨呈(规则登法规栏)

——安徽教育月刊指令:指令公立法政专门学校:第七八九号(令为法校送分课办理规则请核备案由)(三月十五日),《安徽教育月刊》,1921年,第39期,52—53页.

咨安徽省长公立法政专门学校第三第五法律别科第一第三政治别科学生毕业分别准驳文(第二千九百七十八号五年十一月二十一日)

为咨行事准本年十一月二日第二五八号咨暨安徽公立法政专门学校第三班第五班法律别科第一班第三班政治别科毕业学生一览表四册到部查该校第一班政治别科第三班法律别科学生于上年春间核准考试毕业延至年余始行试验办理殊有未合以后应即认真整顿不得仍此因循贻误学生核阅所送各班分数表均能及格应一并准其毕业备案惟第三班法律别科上年所核准考试毕业册内并无章龙光姓名高崧一名上年所报一览表后详加说明并无高崧因病请假之语检查旧案该生系插班学生尚未将减期转学证书送验此次何以一并考试毕业第五班法律别科方兆麟原册作方兆霖有无讹误应俟查明呈请咨复再行核办相应咨复贵省长查照令遵此咨安徽省长

(附注)毕业各生名单见本期纪载门

——教育公报:咨安徽省长公立法政专门学校第三第五法律别科第一第三政治别科学生毕业分别准驳文(第二千九百七十八号,五年十一月二十一日),《教育公报》,1917年,第4卷,第1期,第84—85页.

咨安徽省长公立法政专门学校新招预科学生准改为讲习科文(第二千零零一号五年八月二十一日)

为咨行事准咨陈安徽公立法政专门学校新招两班学生预科资格与定章不符该生等业经授课可否准改并讲习科办理之处请迅予核覆以凭饬遵等因并表

册二本到部查该校新招学生两班人数过少预科学生资格与定章多有未合改并讲习科办理尚无不可自应照准相应咨复贵省长查照饬遵此咨安徽省长

——教育公报:咨安徽省长公立法政专门学校新招预科学生准改为讲习科文(第二千零零一号,五年八月二十一日),《教育公报》,1916年,第3卷,第10期,第24页.

咨安徽省长公立法政专门学校政治别科学生补习毕业准备案文(第三千四百五十三号六年十一月二十日)

为咨行事准本年十一月六日第六六号咨送安徽公立法政专门学校政治别科补习生成绩表一册到部查该校政治别科学生张世骏王汝翼夏鉴之等三名补习毕业核阅所送试卷程度尚无不合分数均能及格应准作为政治别科毕业备案相应咨复贵省长查照令知此咨

——教育公报:咨安徽省长公立法政专门学校政治别科学生补习毕业准备案文(第三千四百五十三号,六年十一月二十日),《教育公报》,1918年,第5卷,第1期,第44页.

咨安徽巡按使公立法政学校毕业生刘奎甲等三名准予备案文(第一千二百四十二号五年四月二十七日)

为咨行事准咨开据公立法政专门学校校长详称第二班政治别科第四班法律别科学生一案所有应查明详请报部各生查刘奎甲前册作魁甲黎正坤前册作振坤鲁士骏前册作士俊实系笔误并非更名至朱廷钊一名俟证书送到时再行详请核予毕业等情相应咨部查核等因到部查该校学生刘奎甲黎正坤鲁士骏等三名据称前册实系笔误并非更名自应准予毕业由部备案相应咨行贵公署查照转饬遵照可也此咨安徽巡按使

——教育公报:咨安徽巡按使公立法政学校毕业生刘奎甲等三名准予备案文(第一千二百四十二号,五年四月二十七日),《教育公报》,1916年,第3卷第5期,第82页.

附　安徽公立法政专门学校法律别科毕业生名单

陈　锋

——教育公报：安徽公立法政专门学校法律别科毕业生名单，《教育公报》，1923年，第10卷，第5期，第146页.

咨安徽巡按使安徽法政专门学校补习毕业学生名册应各加二岁王嘉宾等补习应随时详报文(第二千六百零四号四年十月二日)

为咨行事准咨陈开案据安徽法政专门学校详称案奉钧署饬开案准教育部咨合亟检同证书饬知饬到该校即便遵照并发证书一纸等因奉此自应遵照办理除已准毕业学生李定翘等二十五名由钧署发给毕业文凭其不能毕业之王嘉宾等四名俟有相当班次即行补足俟补足后再行详请核准毕业外理合查照原册将年龄更正造具详请钧署鉴核并乞咨转教育部核复备案饬遵计详送更正年龄册二本等情据此除批示外相应检同送到年龄册一本备文咨陈大部鉴核备案至王嘉宾等四名将来补习办法是否可行仍请核复饬遵等因到部查该班学生毕业名册系二年造报此次补习毕业已历二年仅各照原册增加一岁殊属不合应各查照原册增加二岁以昭核实至王嘉宾等四名于何时回校补习仍应将回校日期及插入何班补习所补课程送部备案俟补习期满再行核准毕业以符定章相应咨复贵巡按使查照饬遵此咨安徽巡按使

——教育公报：咨安徽巡按使安徽法政专门学校补习毕业学生名册应各加二岁王嘉宾等补习应随时详报文(第二千六百零四号，四年十月二日)，《教育公报》，1915年，第2卷，第8期，第27页.

咨安徽巡按使公立法政专门学校法律本科乙班学生仍难照准备案文(第三千三百四十八号四年十二月十六日)

为咨行事准咨陈开案据法政专门学校校长张汉详称案查敝校各科一览表案前奉钧署饬转教育部咨有乙法律本科原系文预科学生毕业后竟升入法律本科办法亦有未合碍难照准等语本校详覆时曾声明乙法律本科另行专案详覆在

案查乙法律本科于民国二年三月招收入校在文预科肄业嗣因军兴之后大学不能进行改为私立专门则无文预科之存在遂据该生等禀请情愿将文预科一学期取消经本校核准从是年九月起改为法预科第一学期应习课目均遵照部章法预科之规定于呈报改办私立专门法政学校并修改章程及规定案内曾声明第五款大学文法各预科前已一律改为专门部法预科详请前兼使倪咨转教育部在案旋奉钧署饬转教育部咨准先予备案并无文预科不准改为法预科之语是文预科改为法预科已详请咨部备案矣即部派视学员莅校亦无异言遂自二年九月起至三年春季一学期届满照例举行毕业秋季升为乙法律本科此乙法律本科已将文预科取消从是年九月起改为法预科之实在情形也所有乙法律本科并非文预科毕业升入缘由理合详请鉴核咨转教育部备案是否有当伏乞批示只遵等情据此相应备文咨陈大部查核备案等因到部查本部上年第五六四号咨内开该校所拟校章大致尚妥应准先予备案该校现今在校学生系由三校合并学科程度自难一律应饬该校随时切实考验有程度不及格者即予剔退毋得宽滥等语并无法预科准先予备案之文且上年五月转咨该校原文内有文法各预科前已一律改为专门部法预科毕业升入本科之语以本年所送一览表证之该班学生既系二年九月改为法预科何以三年春季即已毕业足征该校于该班学生办理诸未核实改为法预科以后并未将学生姓名及入学资格造册报部实属无从稽核所请备案之处仍难照准相应咨复贵巡按使查照饬遵此咨安徽巡按使

——教育公报:咨安徽巡按使公立法政专门学校法律本科乙班学生仍难照准备案文(第三千三百四十八号,四年十二月十六日),《教育公报》,1916年,第2卷,第11期,第54—55页.

咨安徽巡按使公立法政专门学校经济别科毕业准备案文(第一千四百八十六号五年五月二十二日)

为咨行事准咨开公立法政专门学校经济别科毕业一案前准咨查二年赣宁之乱有无缺课情事兹据详查并无缺课情事各生旋于上年十二月考试毕业计乙等四名丙等九名相应咨请查核等因并毕业分数表一册到部查该校报部表册所有试验分数尚均及格学生姓名与历年所报亦相符合应准一体毕业相应咨行贵

公署查照转饬遵照可也此咨安徽巡按使

（附注）毕业各生名单见本期纪载门

——教育公报：咨安徽巡按使公立法政专门学校经济别科毕业准备案文（第一千四百八十六号，五年五月二十二日），《教育公报》，1916年，第3卷，第6期，第65—66页.

咨安徽巡按使公立法政专门学校政法两别科学生毕业准其备案惟名字不符各生应查复转学生应补送证书文（第五百九十六号洪宪元年二月十八日）

为咨行事准本年二月一日咨陈暨安徽公立法政专门学校第二班政治别科第四班法律别科学生毕业该验分数表二册到部查该校政法两别科学生肄业期满试验分数及格各生自应准其毕业惟政治班册内刘魁甲原册作奎甲黎振坤原册作正坤法律班册内鲁士俊原册作士骏是否更名抑系笔误原详漏未声叙应查明详请报部以备稽核朱廷钊一名尚未将所领减期转学证书送部查验未便遽予核准毕业应速将该生转学证书送部再行核办相应咨复贵巡按使查照饬遵此咨安徽巡按使

——教育公报：咨安徽巡按使公立法政专门学校政法两别科学生毕业准其备案惟名字不符妒各生应查复转学生应补送证书文（第五百九十六号，洪宪元年二月十八日），《教育公报》，1916年，第3卷，第2期，第51—52页.

咨安徽巡按使拟令公立法政专门学校转学生沈乃康汪协欧等编级办法请饬遵文（第三千二百八十三号四年十二月九日）

为咨行事准四年十一月十七日两咨陈开安徽公立法政专门学校学生沈乃康等请援案准予原班赓续肄业汪协欧等请准予毕业各等因到部查前南京民国法政大学专门部学生王正御等所入学校业经本部饬令停办修业学期照章不能接算因该生等原系两江法政学堂旧生且属别科是以减去两学期准其接算以示体恤该校学生沈乃康汪协欧等以两江法政学堂预科毕业学生资格转学如转入本科当然不能援照别科成例办理如转入别科应将原校减期证书送验以便编级该生等并未领有减期转学证书转学时又复不将援例减期办法声明致令本校编级时无所依据未免以取巧自误兹据禀称各节揆情度理不无可矜相应检查新旧

各案核明肄业久暂及课程能否衔接厘定办法咨请贵巡按使查照饬知该校遵办此咨安徽巡按使

——教育公报:咨安徽巡按使拟令公立法政专门学校转学生沈乃康汪协欧等编级办法请饬遵文(第三千二百八十三号,四年十二月九日),《教育公报》,1916年,第2卷,第11期,第38页.

第九编　安徽省立甲种农业学校

一、图片

——安徽省教育厅:1918年蚕科饲育室摄影,《安徽教育月刊》,1918年5月,第5期.

——安徽省教育厅:1918年蚕学本科班毕业,《安徽教育月刊》,1918年2月,第2期.

安徽省立第一甲種農業學校第二班蠶科學生畢業攝影

——安徽省教育厅:1919年毕业摄影,《安徽教育月刊》,1919年11月,第23期.

安徽省立第一甲種農業學校蠶科採桑實習攝影

——安徽省教育厅:1919年农科、林科实习,《安徽教育月刊》,1919年10月,第22期.

——教育杂志:安徽省立第一甲种农校蚕科饲育实习摄影:《教育杂志》(安庆),1915年,第4期,第7页.

——教育杂志:安徽省立第一甲种农校传习班剪桑实习摄影,《教育杂志》(安庆),1915年,第4期,第6页.

——安徽实业杂志:蚕科摄影,《安徽实业杂志》,1918年,《续刊》,第9期,第1页.

——安徽实业杂志:安徽省立第一甲种农校蚕科饲育实习摄影,《安徽实业杂志》,1917年,《续刊》,第5期,第1页.

——安徽实业杂志:桑讲习所摄影,《安徽实业杂志》,1917年,《续刊》,第6期,第1页.

——安徽实业杂志:安徽省立第一甲种农校传习班饲养实习摄影,《安徽实业杂志》,1918年,《续刊》,第11期,第1页.

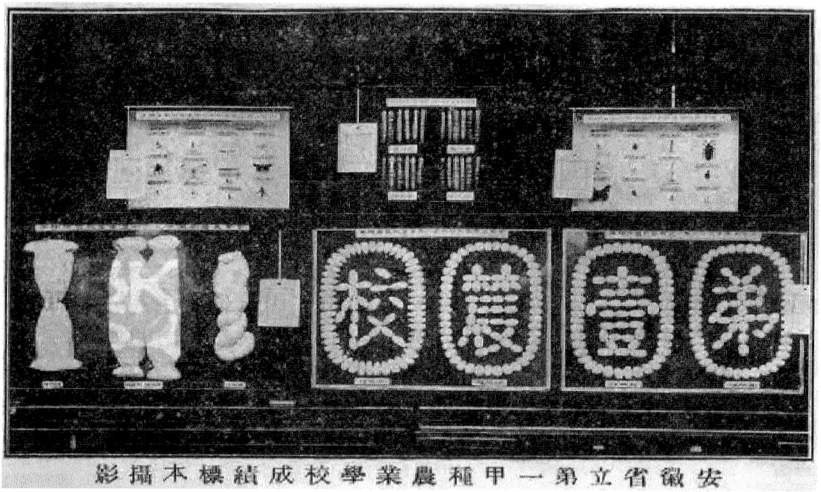

——安徽实业杂志:安徽省立第一甲种农业学校成绩标本摄,《安徽实业杂志》,1918年,《续刊》,第12期,第1页.

——安徽实业杂志:安徽省立第一甲种农业学校农科实习分析土壤摄影,《安徽实业杂志》,1917年,《续刊》,第7期,第1页.

——安徽省教育厅:动植物陈列室,《安徽教育月刊》,1918年9月,第9期.

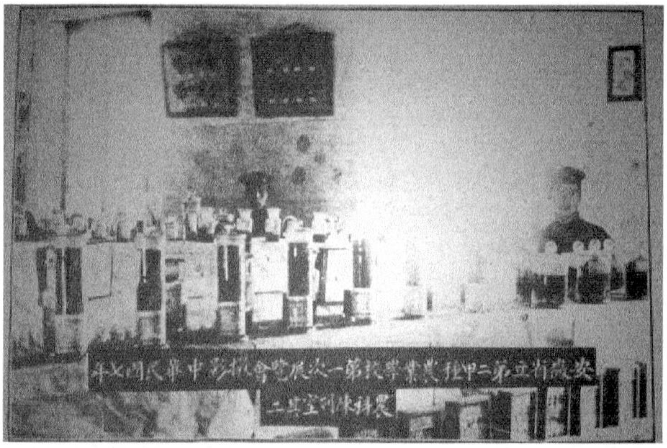

——安徽省教育厅:蚕科测试所农科陈列一二,《安徽教育月刊》,1918年10月,第10期.

——题安徽实业杂志：安徽省立第二甲种农业学校校舍全景摄影，《安徽实业杂志》，1918年，《续刊》，第12期，第1页.

——少年杂志社：芜湖安徽省立第二甲种农校足球队摄影，《少年》（上海），1911，1923年，第13卷，第3期，第1页.

二、教务

民国期间安庆地区省立职业学校一览表

实业学校普通科目设置民国七年

		修身	国文	数学	地理	历史	图画	体操	理科	外国语	唱歌	博物	理论大意	备注
甲种学校(本科)	工业	√	√	√	△	△	√	√	√	△	△			可酌加其他科目
	农业	√	√	√	△	△	√	√	√	△	△			
	商业	√	√	√	√	√		√	√	√	△			
乙种学校(本科)	工业	√	√	√	△	△	√	√		√	△	√	√	
	农业	√	√	√	△	△	△				△	√	√	
	商业	√	√	√	√			√			△			
预科	工业	√	√	√			√	√	√	√				
	农业	√	√	√			√	√	√	√				
	商业	√	√	√	√	√	√	√	√					
补习学校	(不分专业)	√	√	√				√						

√为必修课△为可酌加科目

——《安庆地区教育志》编辑委员会编,《安庆地区教育志》,安庆:安庆市教育委员会,1996年版,第302—303页.

民国10年(1921)安庆省属教育机构学务收支概况

单位:元(银元)

教育机构名称	年经常性收入	年经常性支出	年临时性支出
省立第一中学校	2960	24402	6560
省立第一师范学校	486	38792	7800
省立第一女子师范学校	-	37207	12240

续表

教育机构名称	年经常性收入	年经常性支出	年临时性支出
省立第一甲种农校	7200	25342	5900
省立第一甲种工校	-	36878	
省立女子职业学校			

——安庆市地方志编纂委员会编,《安庆市志》,北京:方志出版社,1997年版,第1561—1562页.

省立第一甲种商业学校本年六月由安徽教育厅长董呈请委任鲍植创办暂假本邑贫民习艺所为校舍一面择地建筑本年度规定学生二班经常费八千六百二十二元临时开办费一万元

——余谊密著,《(民国)芜湖县志》,卷十九,民国八年石印本.

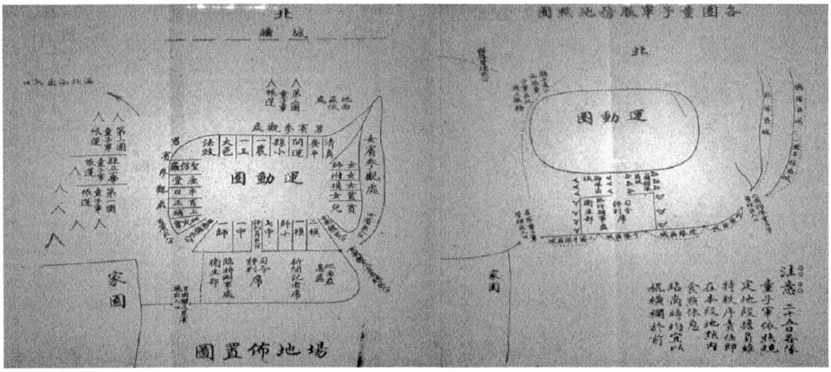

安徽省城各校会操记事

●现在体育一科,各地均能注重,积极提倡,省城各校,预备秋季联合运动,先于本学期内五月二十四、二十五两日举行会操,以资磨砺。会场事务由教育厅筹备,择定省立公共体育场为会操之处,该场现正开工,平地面积尚未扩充,此次规划场地,陈设一切,时得童子军第一二三团全体队员之辅助,并得三团队员露宿于此处,担任终夜梭巡之职,实吾皖第一次之盛况也。评判事宜,聘请圣保罗学校校长高厚恩君、安武军第八路统领史星珊君以及本厅董厅长为主任,其他当地名人参与评判者亦有数十人之多。此次各校会操、各种运动,注重在第二日(即二十五日)故中等学校及专门学校各种运动节目大半排入第二日之内,兹以种种会场事物情形略述于后。

五月二十一日下午三时临时大会记

是日到会者三十八人,由主席董厅长宣布临时会议事件,逐一讨论,兹得会议后之结果如次,一件议决会操日期定于五月二十四、二十五两日,上午七时至十二时为演习时间,一件议决各校所报运动节目于两个半天之内(即规定每日上午七时至十二时计五小时)未能完全举行演习,即请各校自行删减,须于十小时内完毕。一件议决场地布置各校学生坐垫及茶水篷帐等均由各校自备,一件议决各校简派庶务一人,自明日上午会同赵主任布置会场地点,一件议决贩卖部由各校自行组织之,一件议决各校职教员徽章由教育厅筹备分送,一件议决会场各科职员由教育厅全体职员担任之,一件议决函请童子军第一二三团全体队员来场维持秩序,一件议决会操之第二日摄影一次,一件议决组织会场临时办事处。

议决各校运动之节目附后

安徽省城各校会操顺序单(八年五月二十四日上午七时至十二时)

校名	体操种类	担任教员	所需时间	学年级
第一师范	徒手操	孙华九	二十分	预科
第七中学	德国式(附游技)柔软操	薛励进	二十分	三年级
六邑中学	兵式柔软操	张锦明	十分	一年级
一师附小	连教练	胡坤元	二十分	高二三年级
第二模范	仿效操	薛励进	十分	高一二三年级
清真小学	小排兵式体操	汪达吉	十五分	高等
县立高小	柔软操		十分	高一年级
童子军	会操	薛励进 张彭龄	三十分	第一二三团
女子模范	表情操(击球歌)	张淡如	五分	
一女师附小	练音	周莲溪 张德贞	八分	国一二十八人

续表

校名	体操种类	担任教员	所需时间	学年级
第一模范	持枪教练	汪漱泉	二十分	高二三年级
第二模范	柔软操	薛励进	十分	国三四年级
一女师附小	木铃操	张德贞	十五分	高一二年二十二人
女子模范	表情操(蝶燕歌)	张淡如	五分	
第二模范	持枪教练	董健夫	二十分	高三年级
一师附小	行进(春游)	胡坤元	二十五分	预四高国年级
第一模范	竞技	汪漱泉	十分	国四年级
清真小学	表情游技	汪达吉	五分	国民
一师附小	八段锦		十分	高二三年级
第一模范	表情游技	汪漱泉	十分	国三年级
第一师范	哑铃操	孙华九	二十分	本科一二年级
第一中学	美国式柔软操	任坚白	十五分	一二年级
第一女师范	克洛梅式手巾操	陈逸吾	四十分	预科一年合四十人
一师附小	表情(养育深恩)	胡坤元	八分	高一年级
第二模范	柔软操	董健夫	十分	国一二年级
第一农校	功力拳附游技(二龙相舞)	丁谦益	十分	林科三年
第七中学	早操(呼吸运动)	薛励进	七分	一三年级
第一工业	拳术		十分	一二年预科
第一模范	拳术(棍)	程鸣皋	十分	高一年
一女师附小	童舞	周莲溪 张德贞	八分	国四高一合十二人
女子模范	花圈操	黄英	十分	高一二国三四合二十四人
第一农校	潭腿(六路)附游技	丁谦益	十分	农预科二十人
一女师附小	哑铃操	周莲溪	十五分	高一二十人
一师附小	行进(月中疏影)	胡坤元	十五分	国三四年级
第一农校	四分钟体操(中国式)	丁谦益	十分	农科一年二十六人

续表

校名	体操种类	担任教员	所需时间	学年级
□平开小学	徒手步操	汪兆贤	十五分	国三四年级
第一师范	连教练	张锦明	二十分	本科二三年级
第一工校	连教练	洪植其	二十分	一二年预科
六邑中学	连教练	张锦明	二十分	二四年级
第一中学	连教练	张彭龄	二十分	三四年级

会场布置,为节省经济起见,决以偏重精神方面,不尚形式,设备简便,不求完美,仅使各校学生观摩成绩,引起运动之旨趣,督促来日之进步。亦为日后普及体育起见,故在运动圈之外,略圈以绳区分路线,并未布置来宾席次。此次对于来宾抱歉实多,幸来宾洞悉此情,不为诘责也。场地泥土未曾悉平,学生席地面狭小,不能宽裕,评判席列在高处,势难接近运动圈,此为一大缺点。临时办事处与卫生部新闻记者席,均附在评判席之旁,以便接洽,其他场地布置大略如图。

会操秩序与夜间管理场地器物者,省立第一师范附属小学校之第三团童子军,省立第一模范小学校之第一团童子军,省立第二模范小学校之第二团童子军,担任其事,驻营于此,终夜巡逻,劳苦万分,亦所不辞。夫年幼儿童竟能心情愉快,胜任其职者,实为难得,将来毕业之后,定有无穷之希望也,兹以第一日之服务地点,支配于左。

第一团童子军狗队羊队牛队雀队马队鸦队,任甲区东区西区,每区分内外两队。

第二团童子军羊队狗队猫队,任南区之外方,北区之内外方,每区两队。第三团童子军羊队虎队豹队,任南区之内方,及乙区之内外方,每区两队。

场地分为东南西北甲乙六区,自清真小学至法政学校为北区地段,自女师范至女团体来宾席为东区地段,自第二模范至第一师范为南区地段,自科学研究会至圣保罗学校为西区地段,自男宾参观席至出入口为甲区地段,自女宾参观席至出入口为乙区地段。

五月二十四日午后一时本厅职员会议

是日演习完毕后,即在本厅会议维持会场秩序方法,以期改善,兹得其会议结果如次，一件议决翌日童子军专任维持出入口一带区域之职(各队童子军之指定地点参观下图)。一件议决本厅职员指定地点后，各担责任。一件议决将改良紧要事情，油印分送，其油印品之内容附录于后。

敬敷者本日各校会操精神甚好，惟秩序尚欠整齐，此乃筹备不周之故。兹将明日(即二十五日)应行改良诸事厘举于下尚祈各界注意是幸。

一道署西巷及卫山头巷道，只许女学生女宾出入，一湖北会馆巷道及张公祠巷道只许男学生男宾出入，一洋车只能在巷外停止不许入巷，一评判席办事处卫生部帐棚前非参观之地，请来宾勿在此坐立，一来宾只能在学生队伍以后坐立，一各校学生不得越出预定范围，一不运动时之学生及各校职员一律席地而坐，一遇必要时，纠察员或警士童子军有所劝告，务祈来宾鉴原采纳，共维秩序。教育厅启五月二十四日维持会场秩序之童子军，年幼力弱，颇能胜任其职者，实属可敬。第二日(即二十五日)得怀宁县立第一高等小学校童子军来场协助维持秩序，兹以会操之第二日，各团童子军之服务地点，规定如右图，除童子军外，尚有警士相助维持，并有本厅职员全体到场，分任招待纠察书记庶务报告五科，卫生部聘请医学士于福生君主任其事，其他各科职员姓氏如左列。

招待兼纠察员

印拥侯　潘毅清　周祎侯　刘梅岑　朱似愚　章澧芝

徐东平　程士范　汪东木

收券员

刘悔鑫　赵镜明　张慎之　江邦烈　祁鹏升　钱敏中

杨善铨　杨慕韩　王金严　刘筱泉　李宏卿　董练青

胡恕齐　周孝华　刘蔚生

纠察员

吴星榆　洪惠九　朱少伊　解白荪

罗绶之　陈际云　秋文蔚　王金严

报告兼庶务员

赵衣言

女招待员

舒德进　苏筱梅　董嘉仪　董谟正

书记员

何子坦

庶务员

王幼元　程先达

会操成绩以省立第一女子师范学校之克洛梅氏手巾操为第一，省立第一师范学校之连教练为第二，省立第七中学之早操(呼吸运动)为第三，其余各校成绩优者多而劣者少，足见皖省体育之进步，半年之内竟有若是之效果，实出于希望之外者，兹将高厚恩君、史星珊君以及本厅董厅长对于各校运动得奖之评语列表于左。

省立第一女子师范学校	克洛梅氏手巾操	做法优妙	甲等奖状
省立第一师范学校	连教练	精神优美	甲等奖状
省立第七中学校	早操(呼吸运动)	优美整齐	甲等奖状
省立第一甲种农业学校	功力拳(附游技)	颇有优妙	甲等奖状
省立第一甲种工业学校	连教练	操法颇佳	乙等奖状
安庆六邑中学	连教练	操法颇佳	乙等奖状
省立第一师范附属小学校	连教练	习练精熟	甲等奖状
省立第一女师范附属小学校	哑铃操	极其精美	甲等奖状
木铃操	正确整齐	甲等奖状	
省立第一模范小学校	持枪教练	精神严整	甲等奖状
省立第二模范小学校	持枪教练	操法齐整	乙等奖状
省立第一女子模范小学校	花园操	颇有可观	乙等奖状
怀宁县立第一高等小学校	柔软操	动作齐整	乙等奖状
养平小学校	徒手操	动作齐整	乙等奖状
开连小学校	徒手操	动作齐整	乙等奖状
清真小学校	小排兵式体操	操法尚佳	乙等奖状
童子军第一团	会操	成绩优良	甲等奖状
童子军第二团	会操	成绩优良	甲等奖状
童子军第三团	会操	成绩优良	甲等奖状
童子军第一团	维持秩序	服务勤劳	甲等奖状

续表

省立第一女子师范学校	克洛梅氏手巾操	做法优妙	甲等奖状
童子军第二团	维持秩序	服务勤劳	甲等奖状
童子军第三团	维持秩序	服务勤劳	甲等奖状

——安徽省教育厅:会操纪事,《安徽教育月刊》,1919年5月,第17期,记录(一至七).

公函省教育会第八一号(函复省教育会中师各校捐助欧战协济会款项请查照由)十二月二十六日

迳复者案准贵会函知第五届第九次职员会暨学校联合会议决捐助欧战协济会款项办法,请由敝厅转咨财政厅并分行各校及各教育机关分别办理等,因到厅准此除将中学以上及师范各校捐助款项按照月领经常费总数应扣数目开列一览表转咨财政厅,于各该校十二月份应领经常费项下分别照数扣除并分行各公立各小学校暨省立各图书馆并通俗教育报社自行酌量捐助,外相应抄录原表一纸备文函复查照,至贵会如何办理请即自行酌定,见复为荷此致。

省立中学以上暨师范各学校捐助欧战协济会款项应扣数目一览表

校名	经常数	应扣数
公立法政专门学校	2725	270
第一甲种农业学校	1932	190
第二甲种农业学校	192	190
第一甲种工业学校	2982	300
第一中学校	2199	300
第二中学校	1415	140
第三中学校	1215	120
第四中学校	1218	120
第五中学校	823	80
第六中学校	1209	120
第七中学校	982	100
第一师范学校	2859	196

续表

校名	经常数	应扣数
第二师范学校	2210	154
第三师范学校	2359	161
第四师范学校	2358	161

——安徽省教育厅:捐助欧战协济会,安徽教育月刊,1918年12月,第12期.

皖省高等农业学校迩因考试学生修身教员韦格六君因到省议会拟就题目(系智仁勇三者为修身之本)交与吴监学剑届时吴君将题写出各学生以此题功课中尚未讲过请另换一题否则我们一定不作吴监学告以此题系章君所出不能更换等语维时学生中有储生等一齐跑出讲堂吴监学以学生如此胡闹即请校长程小苏来堂将为首滋事之储生等各记过一次各生即蛊惑全堂学生到监学室内寻殴吴君众教员一律至监学处排解学生仍汹汹不休嗣经姚庶对众学生跪求吴君始得未遭毒手仍请程校长到堂处置讵程畏学生势焰不特不予申斥反袒护学生于是监学教员均大起不平一律出堂至教育司申诉乃程校长又将吴监学开除另派方国展接充于是各教员更怀不服均决定不回堂江司长因两方面相持不下极力调停嘱程校长敦请各教员回堂开除为省滋事学生二人程比即面允照办讵程阳奉阴违迨各教员同堂及至午膳又不开伙食上课时各学生又不知去向各教员受此奇辱一齐出堂即面诉教育司刻江司长已质问程校长以学生如此斗嚣不斥革学生反开除教员不知是何居心等语想此事尚有一番风潮也

——申报馆:安庆高等农业学校风潮,《申报》,1912年12月05日,第6版,第14293期.

皖省立第一甲种农业学校学生、近因工□以日前□货怀疑、致函质问会长、该会长遂与农校代表余犹龙冲突、农校学生乃大发公愤、以会长不得其□□特于昨日宣言退出学生会、其文云学生联合会之组织、纯系我们爱国热忱、以精神良心所产生所团结的、慷慨激昂、举动正大、以为政府外交之后盾、同人等对于本会抱有重大的□望、执意今春以还、办事非人、□动暧昧、黑幕重重、令同人等灰心丧气、忍无可忍、是以敢冒不韪、自由退会、谨将所以退会之原因、分述于下、根自今春改选以后、毫无表示、前次罢课要求目的、全等子虚、枪害学生凶手、未得圆满结果、绩又先各省上课迎合官厅、简直把我们当作他的献媚品但我们合群救国、职分当然、岂能盲从附和、供人儿戏、是同人不能不退会者此其一尤可怪者、以前我们牺牲无量精神学业、查获大批日货、近十万金之多、后乃无形消灭、不过焚毁机件、以掩耳盗铃、似此举动、安能免人疑□、所以道旁传闻、有谓会长受贿、有谓会长手段、究竟个中黑幕、同人毋庸置办、良心不死、自有公论、但据同人管见、此货若学惜金钱、保全商家血本、但期彼下次不办可矣、何取于焚、既不得已而出于焚、以杜奸商而警将来、自应一律焚毁、又安有那家当焚那家不当焚之理、私相授受、举动不明、同人所费无量汗血之劳、不啻供他奔走、回首前事、无限伤心、此同人不能不退会者此其二、更可骇者、对于日货一节、公论所在、有口皆碑、所以日昨本校接工校公函质问会长、会长比即托学监招集代表到会、为他拥护、林一代表、未获出席、晚间会长回校、愤怒填膺、即多方向林一牴牾、并诬余君犹龙与工校代表说他受贿余君辩白、渠竟不容置喙、遂招集一班党羽、肆毒行凶、齐声殴打、余君比受重伤、并有预科王君洪业无故被殴、似此野蛮举动、良心丧尽、公理何存、即此会长之自馁可知、会长之人格可知、以此人而当会长、联合会之价值可知、我们不从此急起直追、安徽全省学生最高尚之名誉、就被一人蹂躏尽了、所以同人睹此现象、咸怀公愤、不得不急急谋去联合会羁绊者此□三、有上三因、退会斯决、知我罪我、听诸公评、倘有同情、同声义举、再造一个有声有色之新联合会、此同人之志也此外又有该校林本科一年级学生出校宣言书略云、月前所查大宗日货经各界议决焚毁十分之三五、乃日前焚毁、不过数件、舆论所在、无可讳言、同人因此多抱不平、绝志退出联合会、故前日工业来函邀请各级代表开会质问会长童正常焚货太少之原因、敝班代表未曾出席、讵童正常因此恨敝班未赴会、代为争辩、是晚回校□开会报告情形时、突称敝班余犹龙告工业代表某、谓会长受贿□坏其名誉云云、犹龙比即质问所谓工业代表者、果系何人、说于何时何地、是否有□□凭证、会长无以□、但六不便说出、讵方辩论□、正常忽高声呼打串靳数人、团围殴打、当时郑舍监在场、出为调停、而若□仿气焰勃勃、握拳透爪、或见一斑、此事发后、杨监□味勋招正常犹龙面询情节、并不责正常不韪之□、反责犹龙无理取闹、同人因公理所在、义愤不平、公推级长请予以相当之处罚、而监学不加理论、反为斥责、同人因杨监学徇私左袒、公理难伸、乃派代表往工业调查是否属实、比□工业全体代表复函、据称是日出席代表、并无一人闻此说、是则正常之说、均属子虚、正常何人、敢揑词□隙、纠党逞凶、杨味勋身膺学监、应如何秉公惩办、以肃校风、显乃同人一再请求、而学监一再拒绝、一则曰正常行为、无甚差错、再则曰犹龙有无此言、□敢断定、冀以糊糊涂涂、敷衍了事、同人思维再四、名誉既败、人格亦亡、爰于昨早恳予退学、比时经各教员出为排解、且谓校长下午来校、自有相当办法、同人等因感情关系、惟命是从、及校长来校、同人等派级长再四往谒、而杨监学即再四不允、及后招集我庚同人、齐集□堂谈话、在校长之意、尚有一线转□之机、而杨学监坚持前□、故与同人为难、同人知杨学监关心□正常者深、知公理复有伸张之一日、遂相率出校、而各班同学、齐集门首、极力挽留、暂回学校、谓必有取缔之方法、同人等相处数载、感情浓厚、不得已勾留一夜、与同学作最后伤心之别离、及各班往杨学监处请求公正处理时、如石投水、毫无效力、态度强硬、传厉□前、并声言全班退学亦不足惜、其用心阴狠、摧残教育、可见一斑、同人遂于昨早脱离农校、而作旅□之实鸿矣、

——申报馆:皖省第一农校之风潮,《申报》,1920年06月09日,第7版,第16990期.

皖省第一甲种农业学校林科一年级学生、以同班学生余犹龙与童正常冲突、无端受辱、特代鸣不平、宣言退学、其宣言书已志本报、兹闻该校已奉教育厅训令、据该校林科学生等三十五人呈称、该班学生余犹龙与童正常发生冲突、无故受辱、本班代为不平、全体退学、恳予保全学业前来、查迩来学校、气习嚣张、往往因细故动辄以全体退学为要挟、不明事理、无谓牺牲、极可浩叹,该生等既知青年失学非宜、何以因余犹龙个人之事、全体出面干涉学校行政此次肇衅争端原因、是否有正当理由、余犹龙是否实在被屈受辱、学校管理规则具在、自不难照章办理、用明是非、该生等一时意气用事、不服职教员开导、冒昧全班出校、实属自甘废弃学业、不守校规、退学不足惜、兹据前情、究竟其中实在情形及学校处分办法若何、合行抄发原呈、令仰该校详细查明、拟具整顿办法、呈报核夺、并转该生等知照云云、刻闻该班全体学生、经人劝慰、已有转圜

余地、可望即时回校、此次风潮、想可告一段落矣、

——申报馆：皖省农校风潮转圆说，《申报》，1920年06月15日，第7版，第16996期.

省垣农业学校、昨二十八晚因换校长起衅、学生与教员间大起冲突、竟至用武、该校技师教员被殴受伤者数人、已赴怀宁地检厅请验起诉、缘该校有皖南皖北两派、旧校长孙小初皖北人、新委校长胡国镠皖南人、皖南一派拥护胡国镠、皖北一派则竭力反对、互相倾轧、暗潮起有日矣、迨至昨日暴发、至于不可收拾、该校离城有五里之遥、冲突时无人救护、以至酿成刑事案件、闻实业厅高炳麟厅长拟派员调停、新旧校长一概取消、另委相当人员接充、未识能否消弭风潮也、

——申报馆：农校易长风潮，申报，1921年10月02日，第11版，第17462期.

训令省立第一甲种农业学校第三九零号（为转送甲种农校农林预科生一览表由）十一月二十日

前据该校呈送农林预科生一览表请予核转到厅当经指令并转呈在案兹奉教育部第一四零二号指令内开呈表均悉查省立第一甲种农业学校新招农林预科学生王绍会等九十八名人学资格大致尚合应准备案惟未在高小毕业者甚多应饬于学期学年试验时严加考验以重学业为要仰即转令遵照此令等因奉此合行令仰遵照办理此令指令省立第一农业学校第二三二零号（为呈报定期举行农科毕业试验请予派员监试由）十二月十一日据呈已悉应俟届期由厅酌择科目命题派员前往监试仍迅待试验科目及时间开单先期送□以凭酌核委派仰即知照此令

——安徽省教育厅：1918年农林预科生一览表毕业实验，《安徽教育月刊》，1918年12月，第12期.

八月七日

迳咨者顷准留法俭学华法教育会函开迳咨者法国之语言文字科学艺术在

世界上占重要之位置，于中国亦然，国际交涉科学公会皆用法国语文，法国之度量权衡亦几为世界各国所同，用至科学艺术重要发明出自法人者最多，天算大家之“戴楷尔”(劳百宿)发明物理学最新最大(类电母)问题之(居易安)无机有机生物化学三大发创家之(鹿华西)(裴在辂)(巴斯德)，生物生理学巨子之(陆谟克)(裴乃德)，社会学发创之家(孔德)，政法哲学之(卢梭)(孟德斯究)，汽机无线电之先导(巴班)(伯昂里)，皆法人也。其他各国重要之发明固亦有之，然如法国之既多且巨者几无伦比，学术难为世界之公物。然既与法国有若是之渊源则法国语文学术占重要之位置自为当然者也。吾国与法国交通最早而所受之感想亦至深，不惜以数千年习用之国体一变而与法同，乃其明证惟若于所谓语言文字科学艺术之实际，求之其输于法国者至早。然对于法国学术之提倡则至缺乏，此不能不引为大憾者也。近十年来中国多倾向德国之学术，德文在中国应用之程度较法文固鲜，而提倡者则转多以北京，而论中学中有授德文者而法文则无之以，故德文学生于大学尚可成班，而法文则不能(此民国六年之事实)由此可见中国法文教育之乏于提倡矣。自欧战以来，中法亲善之程度日增，而关系亦日密切，战前在法之华侨以百计，今则以万计且日增，无已以后法国与中国关系之深，必不亚于英美，有可断言，此于实用方面亦足见。法文教育之要而愈知，乏于提倡法文之不可通也。鉴于法国学术之要与国内之乏，于提倡本会同人久怀补救之志，愿留法俭学会组织于民国元年，华法教育会成立，于民国五年皆以介绍法国学术为宗旨而以留学设校刊行书籍为实行惟法国学术于全国中之问题，其事至重非少数私人团体之力所能而必望国立公立诸机关为之提倡，事关发展学术，本会同人用敢有此请求提倡法国学术之法自亦甚多。鄙意以为最要者则有三端，略陈于左。

一中学与高等小学外国文采用法文按照部章，中学高小可用英法德俄为外国语之教科，惟事实上则多用英文，今宜于旧有学校英文班外加增法文，若新设之校则宜全用法文以资补救。

二中学以上学校增设法文或于预科正科中增设或招考时，列为应考之一门。

三实业教育各校增设法文，如农工商诸校宜增设法文，其理由有二。一法国此等教育或具特长或其国中情形与中国相近皆可供吾人之取法。二中国在法国之华侨日增，实业之关系亦日增。故应预备法文实业之人材，其实行之法或于已有学校增设法文或于新设学校采用法文。

以上三者最切要而亦最易实行者，则为中学高小增设法文似宜以此为提倡法国文语学术之第一步。今关于此项之实行，本会所请求者又有二端，一易得法文教材之区域，于本年暑假后在已有之学校中试设法文新班，二有法文教材不易得之区域或有他种困难须求根本之解决者，可于本年全国中学会议时讨论之并可于教育界中促成提倡法文之舆论。以上为本会对于提倡法国语文学术之意见与请求，是否有当，尚乞教正更有法国教育之详情，不能于函楮尽之者另将本会刊行之书说呈上并希赐教等因到厅查法文一科对于国际上颇多关系，诚如该会所云但本省各小学校经费支绌势难延聘法文教员，各中学亦以班次甚少一时尚难办到惟贵校班数较多省城法文人才亦尚易得。本期所收新生若能酌量改授法文似于学业上不无裨益更可为他校之先导，兹准前因相应函致贵校即希查照酌核办理并望见复耑此即颂台绥。

指令池州六邑中学校第一二六七号（为呈请暂将该校原有器具图书仪器等件移归省立第七中学借用由）八月一日来牍阅悉准予备案仍候省长指令只遵此复

附原呈

为呈请事窃查池州驻省公立中校现蒙省长令准接收改办省立第七中学并委任胡仲山为校长到校接办业经照交具报在案所有池校原有之校舍器具自应遵照移交接收惟查池校系驻省性质与徽庐等处情形不同原有校舍坐落贵池县城内现有省立第一桑蚕讲习所修葺借用旧有校具图书仪器被黎宗获之光复军抄毁无遗会经呈报前教育部暨前都督有案嗣移驻省所用校舍系属租借官属遵即移交第七中学照常作用至绩办之器具及图书仪器等件皆在六邑公款项下逐年购备本年迭经六邑士绅集议决定筹建池州会馆并就会馆内附立六邑旅省小学，拟即以公置校具图书仪器为开办旅学之用但目前小学尚未成立第七中学年内不及迁往贵池所有池校原有器具及图书仪器等件暂可移归第七中学借用俟六邑旅省小学开办时再向该校取回应用除呈报省长并开单移明第七中学查照外理合具文呈请厅长鉴核备案批示施行谨呈

指令池州六邑驻省公立中学校第一二七二号（为呈报现存己庚两班学生一律归入省立第七中学校肄业请查核备案由）八月六日呈及清折均悉应准存

备查核此令折存

附原呈

为呈报事窃查池州驻省中学校现奉省令收为省立第七中学并委任校长胡仲山到校接收办理在案池校自民国元年就省垣成立以来教授乙丙丁戊等班学生俱已毕业现存己庚两班计己班学生三十八人已满三年庚班学生五十三人已满二学年各科课程皆按部规定程教授所有该生等自应随校递嬗归入第七中学校接续肄业俾竟全功除呈报并移交接收外理合抄同己庚两班学生名折具文呈请厅长查核备案批示施行谨呈

功等毕业一案并表一本到部查表开学生施亮功等十九名核与原案相符成绩亦均及格应准毕业备案相应咨请贵省长查照令知可也等因到署合行令仰该校知照施亮功等毕业证书十九张一并印发即由该校转给具领到可也此令

计发证书十九张省令省立(农事试验局第一二甲种农业学校农林局)第一三一九号(准教育部咨送国立北京农业专门学校皖籍毕业生金邦直等名册请呈予录用由)八月八日案准教育部咨开据国立北京农业专门学校校长金邦正呈称本校农林两科学生毕业成绩尚属可观若再加以经验庶可扩其学识藉图深造伏念各行省中设立甲乙种农业学校以及农事试验场传习所等随在皆有对于此项学生不无需用之处拟恳分别转咨各本省省长量予任用俾资练习等情到部相应抄录名册咨请贵省长查照量予录用等因并附抄名册一纸到署准此合行抄录部咨名册随文令发仰该(局)(校)长即便查照酌量呈请任用此令计抄名册一纸

公文

金邦直农学科乙等毕业年二十三岁安徽黟县人

贾成章林学科乙等毕业年二十五岁安徽合肥县人

以上共二名

省令省立第一甲种工业学校校长史浩然第一五二一号(准教育部咨送北京工业专门学校应用化学科毕业生朱勉鋆履历请查照录用由)八月三十一日案准教育部咨开案据北京工业专门学校呈称本校历届毕业生均经先后择优呈请咨送回籍录用在案兹有应用化学科毕业生朱勉鋆邓翔海杨桪机械科毕业生角同赓等成绩优美堪资任使理合缮具该生等履历清单呈祈察核分别咨回本省量予录用等情并附履历清单一纸到部查该生朱勉鋆成绩尚优以之办理工业裨

益必多相应抄送履历咨请贵省长查照办理等因到署合将该生履历照抄一份令行该校仰即酌量延聘可也此令

附抄件

姓名	年岁	籍贯	科目
朱勉鋆	二十四岁	安徽怀宁	本校应用化学科

训令第一甲种工业学校校长史浩然第一四二五号(准教育部咨复第一甲种工业学校预科及本科插班生资格均合应准备案请饬知由)八月十九日案准教育部咨开准第五八三号咨送省立第一甲种工业学校六年度预科及本科插班学生一览表二份转学证书三纸并请予备案等因到部查该校预科学生张瑞临等五十八名及本科插班学生孔昭谦等三名资格均无不合应准备案除将证书发还外相应咨行贵省长转饬知照可也等因到署合行令仰该校知照此令

省令教育厅厅长第六五五八号(呈据省立第一甲种工校请令饬贫民工厂迅予迁移以符原案由)八月二十八日呈悉查贫民工厂虽经令行归并模范工厂尚未据呈报移交模范工厂亦未成立所请饬令迁移之处应候该厂呈报到署后再行令知仰即转饬知照此令

呈省长第一九六号(转呈省立第一工业学校呈请将贫民工厂迅予迁移以便筹备校务由)八月十四日呈为据情转呈请饬令贫民工厂迅予迁移以符原案事案据省立第一甲种工业学校校长史浩然呈称案查属校校舍原拟前清府署完全改充开办之时学生班级无多大堂以前暂归工厂应用厥后学校每年升级添班后院除留操场一方外余均建筑屋宇及添租校西房屋已觉极不敷用,本学年开始在迩化学工场又须成立暨各科生升级并添招新生工场室教室宿室自修室势所必须工厂迅速迁移即将前面两廊以及房屋因陋就简分别修理改建或不可误开学之时期业奉省长六年五百十七号暨七年二千二百九十号先后训令指令两令准予迁移工厂以免校址局促在案兹值贫民工厂改组事极纠纷听其迁移未知何日敝校应用前面房屋又成迫不待缓之势所有贫民工场应请迁移缘由理合呈请鉴核迅赐施行实为公便等情据此窃查上年及本年钧署两次训令令饬该工厂迁移他处实因工校工厂混合一处该校设备因之种种不能完全现该工厂已归并省立模范工厂自应迅速迁移将房屋点交该工校接收俾得早日从事修改应用以符原案兹据前情理合备文转呈

仰祈钧署鉴核分别令遵实为公便谨呈(以上实业)

——安徽省教育厅:1918年增设法文学生毕业,《安徽教育月刊》,1918年8月,第8期.

安徽省立第一甲种农业学校农本科第三班

葛昱明	柯陵	鲍浚初	梁珍学	陶诒荪	祖心传	丁星枢	张祖汉	黄舒维
二三	二二	二二	二四	二四	二三	二三	二三	二三
怀宁	舒城	巢县	巢县	舒城	庐江	五河	五河	舒城
周可大	**唐本固**	**刘自明**	**江德麟**	**鲍育英**	**江世铭**	**范期鳌**	**方涣**	**吴体善**
二二	二四	二一	二一	二五	二二	二三	二三	二三
巢县	和县	和县	全椒	青阳	和县	和县	舒城	颍上

安徽省立各学校学生呈请更名改籍一览表

姓名	陶仁鋆	储德慧	吴国骅	王崇典	周际权	熊宏振	朱完民	盛石如	钱旭
籍贯	当涂	霍山	休宁	宣城	湖南	怀宁	当涂	怀宁	江苏武进
所请事项	原名仁鉴因犯祖讳更名仁鋆	原名达辉因犯祖讳更名德辉	原名得训因事更名国骅	原名钰元因犯祖讳更名崇典	原名沣因事更名际权	寄居铜陵请改怀宁原籍	寄居芜湖请改当涂原籍	原籍江苏江宁因居怀宁甚久请改怀宁	因误书扬子请改武进
会在何项学校	法政专门学校毕业	省立第一中学校毕业	省立第二师范学校	公立无关中学	公立法政专门学校简易科卒业	省立第二师范学校	省立第一甲种农业学校	省立第一甲种农业学校	安徽六邑中学校
核准年月	七年五月	八年二月	八年六月	八年六月	八年六月	八年六月	八年六月	八年六月	八年六月

民国八年夏季安徽公/省立中等以上各学校毕业学生姓名籍贯一览表

吴以煌	吴亦楚	周其煦	唐荣第	王恒缙	章正磐	汪本清	邵天锡	潘政善	曹震	许祖树	朱起棘	张扩	黄淮	汪祖武	邵宗溥	戴星五	丁从龙	单怀
二〇	二三	二〇	二一	一九	二〇	二一	一九	二〇	二二	二二	二〇	二三	二四	二二	二一	二二	二三	二三
歙县	歙县	绩溪	歙县	绩溪	绩溪	歙县	歙县	歙县	歙县	歙县	太湖	灵璧	怀宁	潜山	来安	潜山	霍邱	巢县
潘医俗	吴云瞻	陈澹庵	吴肇州	郑绳武	罗时新	吴承毅	吴秉彝	汪志崇	舒润根		张宗礼	翟恩龄	柳鸣祥	周辉亚	钱昌龄	田子良	杨官远	杨端民
二四	一八	二一	二一	一九	二三	二二	一九	二二	二二		二二	二〇	二三	二〇	二〇	二三	二二	二一
歙县	歙县	旌德	歙县	歙县	歙县	歙县	歙县	歙县	黟县		五河	巢县	巢县	来安	巢县	蒙城	太湖	太湖

省立第一甲种农业学校蚕本科第二班

单怀	丁从龙	戴星五	邵宗溥	汪祖武	黄淮	张扩	朱起棘	吴毓梅	汪显俊
二三	二三	二二	二一	二二	二四	二三	二零	二一	二一
巢县	霍邱	潜山	来安	潜山	怀宁	灵璧	太湖	潜山	潜山
杨端民	杨官远	田子良	钱昌龄	周辉亚	柳鸣详细	翟恩龄	张宗礼	丁林	孔养素
二一	二二	二三	二零	二零	二三	二零	二二	二五	二四
太湖	太湖	蒙城	巢县	来安	巢县	巢县	五河	五河	合肥

省立第二甲种农业学校农本科第二班

方仪	叶家鼐	李孝存	刘国瑞	王同仁	夏其恕	潘子安
二二	一九	二〇	二〇	二〇	一九	二三
桐城	无为	霍山	浙江绍兴	当涂	宿松	桐城

段天增	王在勤	段季林	吴立元	张学诗	张绳祖	陈勤训
二〇	二二	一七	二一	一九	二二	二三
合肥	来安	合肥	桐城	无为	怀宁	怀宁

——安徽省教育厅:1920年部分学生表册及更名情况,《安徽教育月刊》,1920年4月,第28期.

省立第一甲种农业学校林本科第二班

储晋	方资	俞国璋	金先诰	支百荣	柯德广	刘祎	石秉炎	李光灿	孙庆斌	杨启昌	张世希	杨翰远	何云嵩	何乃毅	许家训	卢鸣盛
二三	二〇	二四	二二	二〇	二〇	二二	二〇	一九	二一	二一	二〇	一八	二二	二一	二三	一九
潜山	婺源	霍山	庐江	霍邱	庐江	江西奉新	宿松	霍山	霍邱	霍山	来安	太湖	霍山	霍邱	舒城	太湖
王志诰	金世仁	林方正	周存凤	林方元	周益炽	孙庆会	舒天汉	方震坤	黄庆云	赵恩豹	章寿松	萧寿考	何云航	李德粹	赵恩苏	
二二	二五	二〇	二二	一八	二二	二二	二一	一八	二五	二一	二二	二一	二一	二一	一九	
婺源	和县	郎溪	和县	郎溪	霍邱	霍邱	黟县	太湖	和县	太湖	庐江	天长	霍山	霍山	太湖	

——安徽省教育厅:1920年林本科第三班名册,《安徽教育月刊》,1920年5月,第29期.

报告：

省立第一甲种农业学校体育实施报告　体操教员丁仁

(1)体操　谚曰精神可以成万事，体育足以练精神。又曰健全之精神必寓于强壮之身体。是则万事之成就，精神之健全，实非体育不为功也，明矣。故本校体育要旨在锻炼生徒己身之强健及将来谋生活之幸福，体操虽为体育之一部而学校既有此教科为学者即当洞明其理论与方法，尤必先自正确姿势。修养精神。一旦毕业出校或进学于大学或从事于社会，其任务至为繁重，非具有较强之体格，何足以当。本校于实习工作外对于体操学科，仍若别校之注意。仁于民国八年春，应校长之约到校充当体育教科，恨学薄才浅，无所主张，幸而学者特自请求对于体育颇饶兴味。五月间，省垣各校举行联合会操会，本校以平日所习表而出之，尚能引起当时体育家之注意，惟少数生徒，未明体育之原理，平时稍感不快，每逢操课便思请假，以为他课多坐而静听犹可休息于无形。体操则进退屈伸非常耐劳者，决不能当讵知人无病体格已强，不操尚恐筋肉收缩，身体怠惰，易受疾病之侵害。况其体弱而多病者乎，故体弱而多病者必须日日按时操练以期身体日进于健康防之于未然，且适当之体操具有疗病之作用也。

(2)兵式操　本校兵操向不注意，似无成绩之可言。仁来校无法可施，枪械又没有，因之停顿半载。八年夏应时势之要求领到枪枝九十。秋季开学按时教练，半载以来，成绩尚有可观。且本校向例旅行参观均应用军队编制风纪赖以整肃。亦当薄有虚声。此未始非兵操之成绩也。

(3)运动　本校运动器械之设备虽因经济恐慌甚形简单。然自仁来校添制各种器械所费实较他年为多，又择校之东北隙地，辟一小操场四周筑以围墙，工程耗费甚大，并设置铁杠平台、肋木、跳下台、秋千、木马、平杠助跃台等器械，操具室添制棍棒百对、球杆百根、哑铃百对、木环百双。凡事力求新式。皆以特制为宜。生徒于是方便练习，体育之进步。青年学子日达于康强精健之途。此亦八年间极快意事也。

(一)球类　本校足球队之组织，向年有之，自八年春加力改良，夏初会与师范学校比赛。幸未形见拙，于是球员之练习更生趣味，且同时有棍球篮球网球队之组织。莘莘学子，循轨蹈范。偶遇课暇，无不赖以消遣而恢复精神也。

(二)田径赛　本校田径赛运动。自金校长邦正去职后即不注意，及之八年春,受世界之潮流得校长同人之提倡,特制跳栏数十架跳高架数副及铅球铅饼等。长短距离之赛跑。跳高跳远之运动,生徒于每日课后无有不择其性之所近者。而自由练习之可奈全省联合运动会未曾举行生徒之练习是项竞技运动,颇乏趣味云。

(三)国技 教育部通令各校加习拳术武器,本校从来未讲求之,八年春,于体操功课外有拳术会之组织,生徒练习颇能注意,其效果亦较体操为速,惟吾国固有之国技便传授个人,施行学校多数生徒,其编配必要如何改良。乃不背乎学理,实一可研究之问题,本校对于此科取团体之教材注重基本之动作,每日课毕莘莘学子无不勇为练习,将来普及于全体,定可预操左券也。八年五月间者省垣各校举行联合会操会,本校各级选手数十人,操演拳术成绩颇有可观。得给甲等奖状,此课外国技运动。未尝非本校体育之成绩也。

由此观之,则本校之体育,似不无成绩之可言矣。然所谓成绩究何如乎,学校体育之成绩不在设备之完全,不在种类之繁多,不在练习之形式,尤不在所得之奖章,而在发育学生之本体,就学生言之,亦不在少数选手之技能,而在全体生徒之体格之强健,即以体格论。更不在一部分之发达,而在能使全身之调和,然必观其全身发达,必取其平均调和,则体育之本旨,使人得有健全之身体,高尚之人格,增益其智能也,不诬矣。本校体育是否具有如此之成绩或进步已达于何程。仁尚不敢信言。惟觉有种种之事实。令人不能无疑者。提倡体育之主张。而不喜自动者。对于竞技运动之剧烈无论矣。和平之球术。亦视为畏途。即每日之早操尚引为苦事。于是分组也。点名也。校长管理员之驱策也。烦劳运动时间之支配,力求普遍而兴味索然,则何以故。任何讲求体育之方法,而动辄生病,是若时疫之流行操作偶多,则疲劳滋甚。而柔脆依然,则又何故,然体格优良,品行高尚。脑力充足,学校中未尝不有其人,少数生徒,往往不注意于身体之发育,极意调和而提倡之,成效茫然,则又何故,凡此疑问非难者固振振有词,即自问亦殊难索解,窃愿体育家有以校正之也。

——安徽省教育厅:1920年体育实施报告,《安徽教育》,1920年4月,第28期.

安徽省立第一甲种农业学校农本科三年级学生当行毕业人数表（民国十四年四月呈报）					所学门类	前在何校毕业或修业几年	备考
					农本科	安徽省立第五师范学校预科毕业	查该生于民国八年秋季插入农本科第一年级肄业当经呈请教育厅核转教育部奉准行知在案登明
					同	本邑高等小学校毕业本校预科毕业	以下六名均于民国六年十月间呈由省署咨部核准在案登明
姓名	年岁	籍贯	入校年月	现在年级	同	同	
余鸿德	二四	来安	民国七年九月	三年级	同	同	
徐邦樾	二三	灵璧	民国六年八月	同	同	同	
李懋功	二四	涡阳	同	同	同	庐江中学修业生本校预科毕业	
徐孝宽	二二	秋浦	同	同	同	本邑县立高小学校毕业本校预科毕业	
钟时杰	二〇	庐江	同	同	同	本校预科毕业	
宛敏洛	二二	同	同	同	同	本邑高等小学毕业本校预科毕业	
何云岱	一七	霍山	同	同	同	同	
杨雪门	二四	舒城	同	同	同	本校预科毕业	
赵振鸾	二二	盱眙	同	同	同	同	
翟尚奎	二一	泗县	同	同	同	本邑高等小学毕业本校预科毕业	
崔晋六	二〇	同	同	同	同	同	
许　霖	二二	同	同	同	同	本校预科毕业	
黄亚庭	二二	贵池	同	同	同	本邑高等小学毕业本校预科毕业	
马如海	二〇	阜阳	同	同			
杨可钦	二二	霍邱	同	同			
童正常	二二	凤台	同	同	同	同	
储诚彰	一七	霍山	同	同	同	同	以下六名均于民国七年春季插入预科肄业当经呈请省署核转教育部奉准行知在案登明
宣　问	二一	天长	民国七年三月	同			
胡遵柏	二一	含山	同	同	同	同	

许海平	江献图	周文祀	郑祖康	吴镇东	吕惟偶	高文绩	韩尧恭	何大魁
二四	二二	二二	一九	二三	一九	二〇	二二	二一
同	泗县	同	巢县	庐江	无为	和县	怀远	天长
同	同	同	同	民国七年九月	同	同	同	同
同	同	同	同	同	同	同	同	同
同	同	同	同	同	同	同	同	同
芜湖圣雅各学校中等班修业三学期	安徽省立第五师范学校请习科毕业	安徽省立师范学校修业二年	安徽省立第二甲种农业学校预科毕业	安徽圣保罗学校修业二年	本邑高等小学毕业本校预科毕业	本校预科毕业	同	同
查该生资格于民国七年十二月间呈复教育厅核转在案登明				以下五名均于民国七年秋季插入本科第一年级肄业当经呈请省署核转教育部奉准行知在案登明				

安徽省立第一甲种农业学校蚕本科三年级学生当行毕业人数表
民国十年四月呈报

姓名	年岁	籍贯	入校年月	前在何校毕业或修业几年	备考
彭时	二五	潜山	民国七年三月	本校预科毕业	查彭生于民国七年春季插入预科肄业当经呈请省署核转教育部奉准行知在案登明
王成周	二二	颍上	民国六年八月	同	
史文晋	二四	凤台	同	本邑高等小学毕业本校预科毕业	
夏朝佐	二一	合肥	民国九年三月	安徽省立第二甲种农业学校蚕本科修业一年半	查夏林二生于民国九年春季插入蚕本科第二学年第二学期肄业当经呈请教育厅核转教育部奉准行知在案登明
林朝庆	二三	来安	同	安徽省立第二甲种农业学校蚕本科修业一年半	
陶辉中	二三	含山	民国七年三月	安徽省立第五中学校肄业一学年	以下二十名均于民国七年春季插入预科肄业当经呈请省署核转教育部奉准行知在案登明
任国光	二二	灵璧	同	本邑高等小学毕业本校预科毕业	
汪德钦	二三	霍山	同	同	
胡崇岚	二一	同	同	同	
胡崇矩	二〇	同	同	同	
张仲国	二二	同	同	同	

刘启钧	二五	五河	同	本县县立高等小学毕业本校预科毕业	
陈济安	二三	同	同	池州六邑中学肄业两学期	
焦震	二一	贵池	同	本校预科毕业	
童国楷	二三	同	同	同	
李学慎	二三	同	同	同	
余传铭	二一	同	同	同	
余传习	二一	凤台	同	安徽省立第四中学修业二学期	
董兆麟	二四	宣城	同	本校预科毕业	查董生祖籍潜山县登明
王志谐	二二	婺源	同	本县县立高等小学校毕业本校预科毕业	
蔡立贤	二四	巢县	同	本校预科毕业	
陈锡畴	二〇	湖南湘阴	同	大通和悦洲高等小学校毕业本校预科毕业	
刘维杰	二〇	江苏上元	同	安庆圣保罗学校新班肄业二学期本校预科毕业	
王镜秋	二三	同	同	同	
陈雪香	二二	宿县	同	同	

——安徽省教育厅：1921年农本科应毕业生表，《安徽教育月刊》，1921年6月，第42期.

函

省长公署函七月十六日

迳启者查省议会议决十年度省地方预算总分各册业经由署详加校对付印惟册内总散各数讹舛甚多兹特先将总册抄送查阅以便收付一俟校对清楚印刷成书再行分布除分函外此致

附预算总册

安徽省中华民国十年度省地方岁入岁出预算总册

岁入经常门

第款杂收入

第二项学务收入共银币四万一千八百二十三元

第一目省立第一中学校学费银币二千九百六十元

第二目省立第二中学校学费银币一千八百五十元

第三目省立第三中学校学费银币一千四百八十元

第四目省立第四中学校学费银币一千四百八十元

第五目省立第五中学校学费银币一千四百八十元

第六目省立第六中学校学费银币一千八百五十元

第七目省立第七中学校学费银币一千四百八十元

第八目省立第八中学校学费银币一千四百九十五元

第九目省立第九中学校学费银币一千一百二十五元

第十目省立第一甲种农业学校租息暨农场收入关系变价银币七千二百元

第十一目省立第二甲种农业学校农场收入银币三百元

第十二目省立第三甲种农业学校农场收入银币二百元

第十三目省立第四甲种农业学校农场收入银币二百元

第十四目省立第五甲种农业学校农场收入银币二百元

第十五目省立第六甲种农业学校农场收入银币二百元

第十六目省立女子职业学校蚕桑科关系变价银币四百元

第十七目公立工业专门学校学费银币九百二十四元

第十八目公立法政专门学校学费银币七千二百八十元

第十九目省立第一师范学校附属小学校学费银币四百八十六元

第二十目省立第二师范学校附属小学校学费银币二百四十三元

第二十一目省立第三师范学校附属小学校学费银币二百四十三元

第七款省立第七中学校经费一万四千五百二十元

第八款省立第八中学校经费一万四千五百二十元

第九款省立第九中学校经费一万一千八百七十六元

第十款省立第一师范学校暨附属小学校经费三万八千七百九十二元

第十一款省立第二师范学校暨附属小学校经费三万一千六百二十一元

第十二款省立第三师范学校暨附属小学校经费三万一千六百二十一元

第十三款省立第四师范学校暨附属小学校经费三万一千六百二十一元

第十四款省立第五师范学校暨附属小学校经费三万一千六百二十一元

第十五款省立第六师范学校暨附属小学校经费两万六千四十六元

第十六款省立第七师范学校暨附属小学校经费两万一千二百六十六元

第十七款省立第八师范学校暨附属小学校经费一万一千八百五十六元

第十八款省立第九师范学校暨附属小学校经费一万一千八百五十六元

第十九款省立第一女子师范学校暨附属小学校核并附女子中学班经费三万七千二百七元

第二十款省立第二女子师范学校暨附属小学校经费二万八千六百二十三元

第二十一款省立第三女子师范学校经费一万一千八百五十六元

第二十二款省立第一甲种农业学校经费二万五千三百四十二元

第二十三款省立第二甲种农业学校经费二万二千七百三十八元

第二十四款省立第三甲种农业学校经费一万九千九百十二元

第二十五款省立第四甲种农业学校经费一万九千九百十二元

第二十六款省立第五甲种农业学校经费九千三十六元

第二十七款省立第六甲种农业学校经费九千三十六元

第二十八款省立第一甲种工业学校经费三万六千八百七十八元

第二十九款省立第二甲种工业学校经费九千七十四元

第三十款省立第一甲种商业学校经费一万三千九百三十元

第三十一款省立女子职业学校经费二万四千三百四十八元

第三十二款公立法政专门学校经费三万六千八十四元

第三十三款公立矿业专门学校经费一万六千八十四元
第三十四款公立工业专门学校经费二万五千九百八十八元
第三十五款省立图书馆兼办通俗部经费三千六百元
第三十六款省立通俗教育报经费五千三百五十二元
第三十七款省立通俗教育讲演所经费三千三百三十六元
第三十八款教育月刊经费五千一百十六元
第三十二款省立第六甲种农业学校经费八千八百元
第三十三款省立第一甲种工业学校经费二万元
第三十四款省立第二甲种工业学校经费一万五千元
第三十五款省立第一甲种商业学校经费七千一百元
第三十六款省立女子职业学校经费一万一百元
第三十七款公立法政专门学校经费二千五百六十元
第三十八款公立矿业专门学校经费二万五千元
第三十九款公立工业专门学校经费六万五千元
第四十款省立图书馆经费一千元
第四十一款省立芜湖通俗教育馆经费五千元
第四十二款省立蚌埠通俗教育馆经费五千元
第四十三款省立通俗教育讲演所经费四百元
第四十四款省立宣讲传习所经费二千元
第四十五款省立公共讲演场建筑暨设备经费一万二千元
第四十六款教育月刊经费三百元
第四十七款省立公共体育场经费一千四百元
第十六款省立第七师范学校暨附属小学校经费八千一百元
第十七款省立第八师范学校经费一万元
第十八款省立第九师范学校经费一万元
第十九款省立第十师范学校经费一万元
第二十款省立第十一师范学校经费一万元
第二十一款省立第十二师范学校经费一万元
第二十二款省立第十三师范学校经费一万元

第二十三款省立第一女子师范学校暨附属小学校并附属中学班经费一万二千二百四十元

第二十四款省立第二女子师范学校暨附属小学校经费五千六百四十元

第二十五款省立第三女子师范学校经费一万元

第二十六款省立第四女子师范学校经费一万元

第二十七款省立第一甲种农业学校经费五千九百元

第二十八款省立第二甲种农业学校经费五千二百元

第二十九款省立第三甲种农业学校经费一万元

第三十款省立第四甲种农业学校经费八千一百元

第三十一款省立第五甲种农业学校经费四千九百元

第三十二款省立第六甲种农业学校经费八千八百元

第三十三款省立第一甲种工业学校经费二万元

第三十四款省立第二甲种工业学校经费一万五千元

第三十五款省立第一甲种商业学校经费七千一百元

第三十六款省立女子职业学校经费一万一百元

第三十七款公立法政专门学校经费二千五百六十元

第三十八款公立矿业专门学校经费二万五千元

第三十九款公立工业专门学校经费六万五千元

第四十款省立图书馆经费一千元

第四十一款省立芜湖通俗教育馆经费五千元

第四十二款省立蚌埠通俗教育馆经费五千元

第四十三款省立通俗教育讲演所经费四百元

第四十四款省立宣讲传习所经费二千元

第四十五款省立公共讲演场建筑暨设备经费一万二千元

第四十六款教育月刊经费三百元

第四十七款省立公共体育场经费一千四百元

——安徽省教育厅:1921年预算册,《安徽教育月刊》,1921年7月,第43期.

呈省长第四九号(呈据省立第一农校改组林科情形请备案由)

一月九日

呈为呈报省立第一农校改科办法仰祈鉴核事案据省立第一甲种农业学校校长徐准呈称窃查属校向分农林蚕三科所有历届班数成绩迭经先后呈报在案嗣以农校分科太多经费有限欲设备完全则款嫌无著苟办理简陋又何取科多遂曾经陈请每一农校祗办二科当时并斟酌各农校所在地之环境情形一一指定所办二科名目属校定为专办农林二科十年暑假预科毕业后拟即改编因学潮倏起以致不果校长十月任事后始将第一年级第一学期新蚕科实行改为林科计十年下季属校共分八班除预科二班外计农科三年级一班二年级一班一年级一班林科三年级一班二年级一班一年级一班照此办法班次均属完全每年皆有一班毕业办理较为适当至蚕业一科本省省立农校已四校设有专科更不患缺乏除将蚕科改组按照林科一年级支配课程外所有属校专办农林二科缘由理合备文呈报仰祈鉴核转呈备案实为公便等情据此职厅查本省省立农校先后成立已有六所自应就该校地方需要情形分科办理俾期实用该校所陈专办农林二科自系为完全班次起见且所改之第一年级林科系预科毕业后第一学期办理尚无窒碍应请准予照办除指令暨分呈送外理合备文呈请钧署鉴核备案示遵谨呈

呈省长第一二九号(呈为转呈法政学校庚级本科毕业分数表并证书请印发由)一月二十六日

呈为转报法政学校庚级法律本科学生宣开等毕业分数一览表并检同证书仰祈鉴核验印事案据公立法政专门学校校长徐光炜呈称案查职校庚级法律本科学生宣开等修业期满业经呈请钧厅转呈省长暨教育部各在案兹于日前举行毕业试验并蒙钧厅派员莅校监试在案各生所考各门分数现经连同各前学年成绩计算均能及格拟请一律准予毕业理合造具该生等毕业分数一览表三份并填就证书三十八张一并具文呈送即请鉴核转呈省长印发并呈教育部备案实为公便再查职校庚级法律本科呈请毕业原册共学生四十二名现宋傅杰华赓虞二名因病未经毕业试验又朱启宽李冠英二名因事转学除宋傅杰华赓虞朱启宽李冠英四名外共计学生三十八名均经毕业试验合格合并声明等情前来职厅覆核无异除指令并分呈外理合检同原具证书及分数表备文呈报仰乞钧署鉴核备案并将证书验印以便转给具领实为公便谨呈

附毕业表

安徽公立法政专门学校造送法律本科庚级学生毕业分数一览表

姓名	年岁	籍贯	入校年月	毕业年月	毕业总平均分数
宣开	二五	天长	民国七年二月	民国十一年一月	八〇六三
周法祖	二九	芜湖	同	同	七九五一
蔡功德	二八	广德	同	同	七八二四
沈振乾	三一	合肥	同	同	七七六七
李启光	二八	太湖	同	同	七七五六
许茂骍	二三	天长	同	同	七七〇四
翟靖球	二五	无为	同	同	七六一三
汤志先	三〇	宣城	同	同	七六〇〇
黎季鹗	二四	河南罗山	同	同	七五八二
刘卓	二七	太湖	同	同	七五一八
周发	三〇	桐城	同	同	七五一八
张韵笙	三〇	宿县	同	同	七四〇八
胡□依	二七	无为	同	同	七四〇七
汪宣献	二八	芜湖	同	同	七三九六
汪家宜	二八	桐城	同	同	七三五四
李振声	二六	太湖	同	同	七三四〇
任效忠	二七	泗县	同	同	七二三三
陈家荫	二四	歙县	同	同	七二〇三
方宜中	二三	桐城	同	同	七一八一
卢少模	三二	怀宁	同	同	七一七一
周维礼	二八	天长	同	同	七一七一
谢永祝	一六	寿县	同	同	七一六九
叶润千	二七	贵池	同	同	七一六五
程云漠	二六	婺源	同	同	七一五三
黄钟灵	二九	宿松	同	同	七一一〇
王在□	二三	婺源	同	同	七〇九一

何其隆	楚懋昆	王树贵	杨学纯	汪蕖荪	王传峰	汪教生	沈振洋	李少刚	阎维绅	殷澄宇	刘以材
二九	二六	二四	二七	二六	二九	三〇	二八	二八	二七	二五	二七
怀宁	贵池	铜陵	广德	盱眙	怀远	怀宁	合肥	桐城	霍邱	太湖	颍上
同	同	同	同	同	同	同	同	同	同	同	同
同	同	同	同	同	同	同	同	同	同	同	同
六六〇九	六六八七	六七〇〇	六七五四	六八二四	六八七六	六九二一	六九二一	六九二三	六九二三	六九七五	七〇三〇

——安徽省教育厅：1922年改科办法，《安徽教育月刊》，1922年1月，第49期.

表册安徽省立第一甲种农业学校本科学生毕业表

万世炎	徐柏春	常家让	王鸿信	纪大蔚	刘绍鼎	孙家坊	于法广	林家同	邹德辉	姓名
二一	二二	二〇	二四	二一	二二	二三	二一	二一	二五	年岁
霍山	同	同	和县	霍山	青阳	天长	同	盱眙	宣城	籍贯
										备考
邵义林	秦德埏	陈万良	陈万富	葛信五	孙立犹	何受全	戴天泽	汪鹤龄	王廷才	姓名
二八	二五	二四	二四	二五	二一	二一	二四	二二	二一	年岁
和县	盱眙	同	泗县	蒙城	盱眙	庐江	宣城	含山	涡阳	籍贯
										备考

石秉德	谢壁如	龚荣冕	李卓梁	王心端	何念功	王湛葆	王士德	高道统	元阜康	陈敬衡	钱凤岐
二一	二一	二〇	二二	二三	二四	二四	二三	二三	二三	二一	二〇
宿松	太平	合肥	太湖	颍上	宿松	盱眙	寿县	舒城	阜阳	盱眙	巢县

姚鉴	张韫鑫	包家康	徐峥高	邓恩硕	周朝珠	吴建犹	韦光钺	赵传书	尹先举	刘家桢	伋允坎
二五	二一	二三	二〇	二三	二四	一九	二二	二五	二五	二六	二三
盱眙	太湖	贵池	凤阳	巢县	盱眙	太湖	舒城	秋浦	宿县	同	和县

——安徽省教育厅:1922年林本科和农本科学生毕业表,《安徽教育月刊》,1922年6月,第54期.

函省立甲种农业学校第六三九号(函准中学职业教育社函发起召集讨论改良全国农业并送讨论会宣言由)六月五日

迳启者顷接中华职业教育社等函称我国农业重要众所咸知无俟赘陈惟此时共策进行应有一致办法本会之联合发起召集讨论实即此意兹定本年七月四日至七日在济南省教育会开议届期务乞驾临或派代表莅会庶集思广益进行上可收出门合辙之效但议案以关于发展改良全国农业问题为限尊稿如能六月十五日以前寄到南京东南大学农科尤所欢迎因可印送各机关先事研究也至与济南交通之轮船火车价目及到济南后膳宿地方现正分别筹商冀减费用如派代表即希将代表人姓名及何日从何处乘火车或轮船至何处再从何处取道至会所逐一示知俾豫筹备等因并送全国农业讨论会宣言一份到厅事关讨论农业教育除分函外用特附抄原件函送查照即希酌派代表届时赴会讨论并将议案稿件如期迳寄东南大学农科以便先行印送提供研究是为至企此敬

——安徽省教育厅:1922年中华教育社发起改良全国农业,《安徽教育月刊》,1922年6月,第54期.

皖省教育界之黑暗(二)

(淮阴)

此外还有三事皆与此次学生风潮有密切关系兹分节述之亦可见安徽省城教育内幕之真象

㈠第一农业学校校长马振武素为人所不齿此次学生爱国运动潮流波及安

徽之时彼即在教育厅董家会前献制止学生开会游行之策董氏为人本与同类遂嘉纳之马之百计钳制学生不遗余力凡有各校发来传单概为彼所没收一日各校学生代表在圣保罗开联合会农校学生代表已在途矣忽为马氏瞥见即强迫该生等回校而自往圣保罗学校自认学生代表各校代表痛责马之无耻并谓农校各同学均是狠爱国的都被尔这样奴隶性成饭碗主义的校长压得一点生气也没有了众复厉声曰今日请的是学生代表尔来何为马氏此时变色答曰诸君不必生气有何见教弟当回校一一照办众代表曰今日之事两言而决尔愿尔校学生游行还是不愿马连声答曰愿…愿…愿但众代表知马之无信遂又厉声曰尔之食言多矣今日必要尔签代表赞成之字以取信不然将不能出此门马哀告再四曰签字我不能我另外亲写一负责任凭证可乎众曰可马始得以脱险然亦魂惊胆落矣

——申报馆:第一农校之黑暗,《申报》,1919年06月15日,第8版,第16638期.

㈦第一农业学校校长、新委吴复振接充、该校内部、亦无甚改革、教职员方面、略有更换、已于三月一日开学、迄今只到学生二三十人、闻拟稍缓两星期再行上課、㈧省立三模范小学、第一校长杨继诚、系照旧加委者、第二校长新委胡远惠、第三为女校、校长仍系舒德进、均系二月二十五日开学、二十八日上课、惟学生多有随父兄他往者、均有缺额、皆招插班生若干名、试验新生、以杨继成最为认真、

——申报馆:变动,《申报》,1924年03月09日,第7版,第18327期.

指令

指令安徽教育厅第四二三号(令为呈送省立一二三四五甲农校毕业生表由)二月十八日

呈表均悉查省立第一甲种农业学校农科学生陈时杰等十五名林科学生,李守谓等十九名第二甲种农业学校农本科学生苏登璜等十四名蚕本科学生,王刚等十三名第三甲种农业学校本科学生,胡开翰等十六名林本科学生,戴其昌等十九名第四甲种农业学校农本科学生,杜尚文等十九名蚕本科学生,邵金元等二十一名第五甲种农业学校蚕学别科学生,陈保仁等二十五名考试成绩均能及格核

与原案亦符应准毕业备案,惟第二甲农校蚕科学生赵家谋原案作嘉谋未知因何错误,应饬该校查复以凭核办合及并案办理,仰即转行知照,此令。

——安徽省教育厅:1924年呈送二三四甲种农校毕业表,安徽教育月刊,1924年5月,第58期.

疏星	二一	桐城	同	同	七二六四	
吴南	二一	繁昌	同	同	七二五八	
李承霖	一九	和县	同	同	七一七二	
关文珩	二〇	五河	九年八月	同	七一七〇	省立第一甲种农业学校农科肄业一年

安徽省立第二甲种农业学校蚕学本科毕业学生表

姓名	年岁	籍贯	入校年份	毕业年份	毕业总平均分数	备注
张仁康	二三	合肥	八年八月	十一年六月	八一七六	
梁珍璧	二二	同	九年二月	同	七七九〇	省立第六师范本科修业一学期
李本智	二二	同	八年八月	同	七七六二	
周如富	二〇	江苏六合	同	同	七七四二	
胡功清	一九	芜湖	同	同	七七三〇	
奚琛	二三	同	同	同	七五七六	
周焜	二一	同	同	同	七四五二	
姚宗华	二三	南陵	同	同	七四二六	

张永昌	二〇	合肥	十年二月	同	七四一〇	省立第五中学校肄业三年
戴宗勤	二一	来安	八年八月	同	七一五二	
李馥	二二	繁昌	同	同	七一三〇	
刘志寿	二二	六安	十年二月	同	六八七六	省立第五中学校毕业
马一杰	二〇	桐城	同	同	六二八〇	南洋中学肄业三学年

安徽省立第三师范学校第四级学生毕业表

姓名	年岁	籍贯	入校年月	毕业年月	毕业总平均分数	备注
陈职新	二二	霍邱	六年八月	十一年六月	八一三四	以下国文部学生十六名
奥继文	二五	蒙城	同	同	八〇五四	
鲁守让	二四	亳县	同	同	七七二一	
刘金铭	二五	阜阳	同	同	七七〇四	
屈学时	二三	霍邱	同	同	七五九一	
李光奎	二三	阜阳	同	同	七五七六	
马鸿宾	二二	霍邱	同	同	七五六六	

——安徽教育月刊：安徽省立第二甲种农业学校蚕学本科毕业学生表，安徽教育月刊，1922年，第56期，第13—14页.

表册省立第二甲种农业学校农蚕两科毕业学生姓名表农科毕业学生二十一名

姓名	胡济	胡德祥	胡金台	徐复扁	安士龙	杨霈	陈忠勤	周登镐	江志达	余邦华	沈德源
姓名	周锡畴	胡汁	胡颂暄	陈传忠	邢溯昆	任昌政	疏星	吴南	李承霖	阚文珩	

王奉琼	严颂贤	陈秀□	姓名	安徽省立第六甲种农业学校蚕桑讲习科学生毕业表
一八	一八	一八	年岁	
同	同	繁昌	籍贯	
		十年九月	入校年月	
		十一年六月	毕业年月	
八三六	八四一	八四一五	毕业总平均分数	
		入校年月及毕业年月各该生等均同	备注	

周烺	奚琛	胡功清	周如富	李本智	梁珍璧	张仁康	姓名
	马一璨	刘志涛	李龙	戴宗勤	张永昌	姚宗华	姓名

任吕政	邢溯昆	陈传忠	胡顿暄	胡汁	周锡啸	沈德源	余邦华	江志远	周登镇	陈忠勤	杨霈	安士龙	徐富临
二二	二四	二三	一八	二〇	二〇	二一	一九	二三	二一	二二	二一	二二	二〇
无为	同	繁昌	同	同	芜湖	来安	潜山	太平	滁县	合肥	江苏□城	无为	桐城
同	同	同	同	同	同	同	同	同	同	八年八月	十年八月	同	同
同	同	同	同	同	同	同	同	同	同	同	同	同	同
七三三六	七四三二	七五九二	七六四二	七六八八	七七一八	七七二四	七七九〇	八〇四〇	八〇六四	八〇八八	八一〇〇	八一六八	八一九六
											南通甲农本科修业二年		

疏星	二一	桐城	同	同	七二六四	
吴南	二一	繁昌	同	同	七二五八	
李承霖	一九	和县	同	同	七一七二	
关文行	二零	五河	九年八月	同	七一七零	省立第一甲种农业学校农科肄业一年

安徽省立第二甲种农业学校蚕学本科毕业学生表

姓名	年龄	籍贯	入校年月	毕业年月	毕业总平均分	备注
张仁康	二三	合肥	八年八月	十一年六月	八一七九	
梁珍璧	二二	同	九年二月	同	七七九零	省立第六师范本科修业一学期
李本智	二二	同	八年八月	同	七七六二	
周如富	二零	江苏六合	同	同	七七四二	
胡功清	一九	芜湖	同	同	七七三零	
奚琛	二三	同	同	同	七五七六	
周烺	二一	同	同	同	七四五二	
姚宗华	二三	南陵	同	同	七四二六	

——安徽教育月刊：安徽省立第二甲种农业学校农蚕桑两科毕业生姓名表，《安徽教育月刊》，1922年，第55期，第1—2页.

调查　安徽省立第二甲种农业学校学生暑假作业拔萃

甲　调查门(续)

庐江县之稻　桐城县方仪

中国稻作栽培最广，中南各省尤甚。第因土质气候之不同，而栽培方法遂各异。余假中无事，辄在附近佃家，其有耕于庐江者，因咨询焉，雅有得于中，

遂不单为之详细调查,尚希有心农事者,其宜先注意于各地方之土质气候,而相地制宜。无事拘拘于作物栽培方法也可。桐城方仪识

一地势　地势多为山地,颇形不平,倾斜如石磴,每田递高,平地云雨之际。每不免注集淤泥,致伤禾苗者有之,其圩田堤筑基,□水不易冲兹也。土人多习集大村落群居。

二土质　土壤粘土居多,而砂土壤宾砂土壤质植土等亦有之,农人对于粘土改良方法,盛行冬日灌水法,俗谓蓄□水是也。或径栽培大麦,据其经验。后者常较前者著效。

三肥料　稻作当不施肥,只利用其土质粘重养分,保蓄力强,多行冬日灌水。或栽培大麦,以当绿肥,据其地农家云,栽培大麦,可二年稻作不须施肥,其功效有如是者。

四人工　农事之开否,而人工因之,每值插秧灌溉除草收获诸期节。人工最贵,有工资日一角五分者,而伙食杂费,则均取给于雇主,开时则不等,此竣邻吾县诸地方而言,至其他地方,则各有异同,固未可概论也。

五栽培　栽培方法,因土质与气候而异,毗连吾县诸地,往往与吾县北乡取同法栽培,而该县之北乡,则栽培时期,不免少变,大抵近北地,播种移植除草收获诸事稍迟。近南地,栽培期较早,普通于清明前三四日浸种,北方则于清明后五六日播种于苗田,二十五日左右,即行移植本田,本田有先行排水而后移植者,有移植后而行排水,使受日光一二日者,移植后十日。行第一除草,再二十日左右,排水而行,第二次除草,至此管理事竣,专俟收获矣,此就丰年而言,若岁歉则灌溉宣泄。诸乎数綦杂。移植本田后八十日左右,稻穗多仆伏,而黄熟期臻矣。于是即行收获,迩此时期者。则子实易脱离也。

六病虫害　病害为稻麦病稻萎缩病二种,前者于稻之开花期多雨时发生之,后者在苗田及移植后雨期间发生,叶带浓绿色,由叶脉现出无数黄白色小斑点,叶遂硬化而萎缩。虫害有二化螟虫,及蝗类,要以蝗类为最盛,又有所谓节虫者,发生于稻近结实时,茎之一部隆起,稻遂不稔实面枯死,其地农家多为拔起被害稻,而烧弃之。

七收获　以戽桶为收获具,不择天气之晴阴,皆可行之,法与吾乡会宫一带,及芜湖相儆,每亩收量约三石。

桐城烟之调查 桐城县方仪

吾邑烟之栽培东乡最早,获利之丰,尤非他作物所可及,近年几全邑莫不栽培,虽云利益之大,有以引起农民之栽培,要亦气候土质之适宜也,据吾乡烟商云,他地出产者,不得桐邑之烟以掺和之,则其色不美,于是可见,今岁余假归,道过官镇,因略为调查,以备它日磋商于诸师友,以求改良,而广利权焉,一县之利,未始不可推之全国也,方仪识

地势 地势宜平坦,稍向南方倾斜亦可,北方倾斜地,播种烟子,甚非所宜,业烟者多于业园中播种。

土质 土质以富有腐植质之粘土为宜,砂土易于干燥,且渗透力强,施肥后若雨水频加,则肥质尽随雨水逸去,故栽培烟者,不可不选择土质。

肥料 肥料以胡麻油粕人粪尿为宜,通常元肥用油粕,补肥用人粪尿。

气候 烟好温暖干湿适宜之气候

栽培 烟之栽培可分数项述于左

1 整地 冬至前四五日,即行整地,先碎土作畦,距离宜取均一,水路尤宜理清

2 播种 整地后,即行播种,可直接播种畦上,播后行镇压,愈坚愈佳,然后覆以青松毛于其上,盖防霜雪之侵入,且保烟子于一定温度,使其不致失发芽率也。

3 移植 当翌年春季,社风初发,烟子遂发芽,至芽伸长二三寸,即行移植,移植时,先滋润苗圃,然后拔起移植,每穴五六本

4 施肥 施肥依土质之肥否,而增减其次数,平均三四次可矣,盖烟性最喜肥,虽肥沃之地,犹须施肥在两次以上者,瘠地可想见矣,但施肥时宜注意者,即肥料不可接近根际,宜距株二三寸处施之,反者有害于生长

5 除草 视烟地之有无杂草,而行除草,乡农不知中耕,盖中耕即腐于除草中也,但中耕除草时,不可伤及烟之游根,是为至要

6 灌溉 移植后,烟之生活力甚弱,每日须分早晚行灌水,至主根流入土中,生活已固,不复再行灌水。可行施肥手术矣。

7 捕虫 烟无病害,而虫害甚多,尤以地蚕为最有害,黄蠋之幼虫次之,地蚕潜伏地下,切断烟根,欲免其害,只有捕捉一法,一般农人,多于每日清晨,掘起根际之土,击而杀之,被害之征,视土质轻松,而烟叶枯萎者,即可断定地蚕之潜伏其下,于是遁掘之,无不获者,黄蠋之幼虫,当晨即出,更不难捕杀。

收获　旧历七月间,烟已近成熟之期,但视烟叶上有黄色小孢,即为成熟之征,收获时,捡成熟叶而取之,未成熟者勿摘。

管理　采取烟叶后,分上叶中叶下叶三等而置之,上叶中叶,则用篾簾夹好而晒之,下叶则用草索相组而晒之,但晒时不可过干,盖过干易于粉碎也,大雨时,宜置之室中高燥地,勿使湿气侵入,有伤其色泽,是为主要。

价值　烟叶之价值甚昂,上叶中叶之以簾晒者,每百斤可二十余元,稍低亦在十六七元左右,下叶之以索晒者,每百斤可十元,稍低亦在五六元左右。

棉　霍山县李孝存

吾邑棉产甚盛,所产除供本境之用外,余皆转出邻县。其论出量每岁以数万计,兹将其栽培法,条举之如左。

土壤　棉适于砂质壤土之地,其栽培于砂土者,亦能生长,惟收量减少,若栽培于粘土壤土墟土等,则徒使茎叶繁茂,而棉絮之生育不良。

气候　棉为热带及温带之作物,当其初期生长之温度,须有摄氏十五度,至成熟之时,更须有适宜之热,以促进开蒴之作用,若遇阴雨之天,则土壤湿润,有使根及蒴等之腐败,其在开花结实之时期,最忌寒风之害。

选种　棉之选种,须选其具有品种之特性之母本,而枝叶之繁茂,不失之过密,且多结大蒴者,由其中部之枝,采取十分成熟者为宜,其当播种前,宜行浸水选种法,先投种子于水中,而揉搓之,其沉下者,是为佳种。

整地　棉之根浅,其整地无须深耕,若在粘重之土地,不可不行深耕,通常整地,于秋后耕起土壤,暴露风霜,以促进风化作用,至立春复耕锄一次,而行作畦,畦宽八九寸许,畦间距离一尺五寸乃至二尺。

调查　播种棉之播种期,通常在清明谷雨之间,迟在立夏间,法将所作之畦,每距一尺内外,掘一小穴,穴深约寸许,每穴中播种子五六粒,施以草木灰厩肥骨灰等为基肥,然后覆土二三寸,行镇压而置之。

肥料　以草木灰骨粉磷肥叶屑或糠等为最佳。

管理　当棉发芽时,若雨水调和,则成长迅速,否则须行灌溉,发芽后及生三四叶时,则行第一次间拔,间拔时,须除去弱苗,而强大者,则宜留蓄之,俟苗长至四五寸时,再行第二次间拔,每株仅留强者二三本,迨苗长至六七寸时,更行第三次间拔,每株仅留一本,以遂其发育,迨苗既长,则行中耕,但中耕宜浅不宜深，棉苗高达一尺四五寸，发生六七枝时，则行摘心，如枝生有傍芽，亦宜摘去之，凡摘心摘芽，均以晴天日中行之最宜，当棉成长旺盛之时，易招风害或虫害，此时不能不随时巡视之，以为预防。

收获　收获之期，大抵自八月起，至十月止，当此时间，见有裂蒴吐絮者，即采之，不可使遇雨，收获后，扩于席上，曝以日光，使其干燥，始可贮存，收量普通每亩约得一百斤至一百五十斤，其种子可以制油，每担约得油十余斤乃至二十斤，其油粕可作肥料。

病虫害　病害，有炭疽病，此病发生于茎叶，专害果实，其发病之状况，恰如砒霜害，而凋萎之茎变黑色，遂致枯死，其在果实者，初生赤褐色，有微细凹入之病斑也，此外有落蒴病立枯病等，虫害有蚜虫根切虫赤实虫菜实虫叶卷虫虎子毛虫等。

蜜蜂　石埭县沈在祥

（一）蜜蜂形态之区别

蜜蜂有雄蜂雌蜂工蜂（即职蜂）三种，雄蜂体大色黑，尾无毒刺，除供生殖外，惟食蜜而已，毫无他能，雌蜂即蜂王体长大，呈微黄色，每群中只具一只雌蜂，发号施令之权，彼独操焉，工蜂体较小，尾有毒刺，专以采蜜营巢防敌为事，兹将其分封收蜂管理收蜜及制密等法列之于后

（二）分封

雌蜂于初春产卵，孵化后，蜂数大增，则旧王蜂群故蜂群，仍营一巢。是为分封，分封之时，在春夏之交，温度约七十度以上，此时少数职蜂，必在箱外飞翔，嗣由群蜂拥让蜂王而出，俟其飞离蜂箱数尺，即以土沙撒扑之，必能不高翔而远飞，收之者可少费劳力焉。

（三）收蜂

收蜂之法甚多，兹就普通收法述之，以草笠反面，涂以蜜，盖于蜂群栖息之所，但不可按触蜂体，以惊动蜂群，蜂觉蜜香，不数分时，则全附着笠上，待其静稳后，可提笠之项端，纳于箱中木制之桶，故乡农亦曰，蜂桶愈旧愈佳，不可有木臭及其他恶臭。若尿桶改造更宜。于是将蜂桶（即蜂巢）口向下，铺以光滑之石板，木板易罹虫害，置于空气流通阳光透射多花草之地，出入之口，宜向东南。前无障碍物，若其近旁，栽植蒿荞麦，则更宜也，其出入之口，不可过大，否

则蜂王便于出入,有逃走之患,且害敌亦易侵入。

(四)管理

每一养蜂场所,置蜂桶不可过多,以五桶至八九桶为适,指普通场所而言,桶间之距离,以一丈之二丈为度,如在阴雨之际,由野外收来新蜂,必有绝粮之患,或饿死,或逃逸,此时可以鸡卵白和白糖少许,盛以盘,置于蜂桶内,可保无虞,蜂最喜阳光,因阳光透射,蜂室温暖,其操作必勤,但在盛夏之时,蜂巢常有(崩)堕之虞,此时可以草叶及不易传热之物遮盖之,此患可免。

(五)蜂之害敌及防除法

蜂之害敌甚多,黄蜂蛹虫,其最著者也,黄蜂在八九月间,作巢于蜂桶之近旁高处,最喜食蜜蜂,日捕数十个,以为食料,久之蜂群尽饱其腹矣。若见黄蜂飞翔蜂桶之近旁,可以竹帚击毙之,或以火燃其巢穴,此害可免,蛹虫为害,亦甚于四五月发生,常于夜间飞入蜂桶口,振其两翅,体似蝉而较大,虽不食蜂,然易发生蛆害,至于全桶蜜蜡,为其所食,蜂群必尽逃去,勤扫蜂粪,此害稍减,当蛹虫飞入蜂桶时,闻其振翅之声,即扑杀之,其害更少,总之蜜蜂虽属细小虫类,其生活程度,高出他类多矣,苟能勤于管理,决无失败之事,可断言也。

(六)收蜜及蜜之制造法

蜂之生产物,蜜与蜡是也,视年景之如何,而增减其产量,大约每年每桶之产量,自五斤至二十斤,蜡自四两至斤半,就桶直径一尺五寸高二尺五寸而言过大道小不在此例,蜜与蜡之产量成反比,蜜多则蜡少,蜡多则蜜少,于农家经济上无大影响。

取蜜之时,在霜降之后,择严寒天气夜间行之,将蜂桶倒翻其口,以麻袋套之,以二手拍桶,蜂惊恐而上升,入于麻袋中。于是束其口而置之他处。桶内之蜂,须完全入袋中而后可,否则收蜜者不能施其手术矣,收蜜过多及过少,均非所宜,收蜜过多,值此冰天雪地,草木零落之时,无处可以觅食,遂饿死巢中,取蜜过少,农家经济之损失,固不待言,且可引其专食不作之惰性,损失则更巨也,制蜜之法,将蜂巢取三分之二,入于布袋中,袋须施以清水,压榨之,其滤出者为蜜,其不出者之渣滓,煮于沸水中,上浮而质轻松者为蜡,可以铁具收集之,再入签内蒸之,即得蝇蜡,凡农人养蜂,固宜少费资本而多获收益为有利,不但此也。若田圃害虫之刺杀,果实花粉之媒介,其利益更大矣,以上所述,戚吾乡养蜂家所调查，姑述之以记现状，是否有应改革之处，当俟异日之研究，并以之质诸养蜂家，其亦有以教我乎。

紫云英　无为县叶家鼐

无为农作物中之新发展，而为稻之裹作，足与芸苔豆麦等相抵抗者，紫云英是也，盖芸苔豆麦等，向为无为稻作后之正当作物，兹因紫云英，而减少其出产，旁观者不无疑议，然后据乡农之说，亦各有理由，今特详细调查，以与有识者，共评论其是否，并谋改良进步之点焉。

（一）播种　紫云英之栽培，即直接播种子田中，不有移植之必要，惟播种应注意之事项，约有数端，分述于左。

（1）播种地　紫云英为稻之后作物，故其播种也，当在稻田中，乘其余水未尽，撒布种子，播种后二三日，即发芽，发芽后，即行排水，（此时稻已近黄熟故水急宜排去，）又播种之地，有向日冬季蓄水者，有为麦作田者种种不一，而该地则多以麦作田为之，盖紫云英虽比其他旱田作物，要水湿稍多，则不宜于水湿停滞之土地也。

（2）播种期　水稻将获，田中蓄木，固可即时播种，设无水可蓄，则获稻后，以至十月以前，随时皆可行之。

（3）播种式　机行撒种。

（4）播种量　每亩三升至四升。

（二）管理　紫云英田中最忌多水，如逢天雨之后，当巡行田内，察阅一次，排水之渠，不可闭塞，并注意牲畜入田践踏或贪食。

（三）收获　紫云英之收获物，可分二种，一曰收获茎叶，一曰收获子实，收获茎叶者，在开花极盛时行之，收获子实者，五月下旬或六月上旬行之。

（四）用途　收获茎叶者，可为肥料或饲料，收获子实者，可以制油并繁殖用。

（五）利益　紫云英一亩收获，作为肥料者，可分施二亩五分之田，能多收稻二石，麦二担，而紫云英之根，留于本田中，又可多收稻一石，叶一担，如无紫云英，则该三亩五分田，当施用之肥料，价值约洋五元，且稻少收三担，值洋六元，叶三担，值洋一元，故栽培紫云英一亩，可获洋十二元之利益，若收获子实可获洋约十四元云。不种紫云英，而种芸苔者，能收种子一石，值洋七元，叶价值洋二元，又芸茎畦侧，可种蚕豆，值洋一元，计洋十元，比较二者之优劣，则种紫云英为胜计,不待言矣。

(六)现在状况　一般农民,概以紫云英为可欢迎之作物,但农业范围稍大者,皆不肯将全数之田均种之,据云芸苔可以接济春日农业之经济,二来可以供青黄不接之民食,且恐紫云英子实之减价也,因此每年种子所出无几,而其价值愈高,一元仅购一斗以下。

现种者尚未将全数叶麦推倒,又以大多数做肥料用,故收种子者,仅足销于本县各乡,外部来购者尚少。

(七)将来推测　紫云英创下发展之原因,以其茎叶,不以其种实,不过人爱其茎叶之功用,因争购其种子,而使种子大昂,嗣后种者既多,种价当然下降,惟其茎叶之价值,当愈增高,若紫云英种子榨油,鲜明胜利,或有他种用途,则种子之价值,当更高涨也。

菝鸭法

菝法　以蛋连之于鸡内,置于泥涂草瓦下,设一锅,下以木炭炙之。然火上必覆以草灰,俾火力平和,过十五日后,又连于木架草席之上,覆以被绵。每日必连转三四次。

检视　蚕卵五日后,则于草瓦中取出,向明朗处持照之,便有验其可用与否之效,能用者,卵黄马中,微凝点形,不能用者,卵黄如故。惟征移于一边,不能用者除去之,有疑问者,做以记号,此一次试验,又五日再取向明朗处检视之,能用者,则其中有似欲凝构之形,不能用者,浑然浊色,又五日后取验照之,则其形已成,能成者,向明朗处持照,其形敞动,不能成者,旋照数次,亦危然不动,经三次照验之后,其不能成者,千数中不过十数焉,菝出之时期,自初菝日,以至孵化时期,约二十八九日,然初菝积半月即成形,廿日而生毛羽于卵内,至期以口啄壳一孔,然后以身足力,渐揣破其壳而出。菝时之管理,当斯任者,务必勤恳,夙夜惊心,每日连转三次,夜连转一次,尤必时间刘一,不宜过于早迟。即当日夕不运转时,尤必时临农息,如遇(后面字迹模糊)

幼鸭饲养法　当初孵化时,性最较最忌燥热烈日,却又忌寒凉,当温度高燥时,宜日夜抄喝,恐其聚处,易致炎热故也,日午日光巨烈,不宜外出,恐受日光之凌逼,当天气风凉时,尤宜时刻巡暍,恐其因凉相聚而致炎热也,尤忌高燥之地,以其性喜水故也,故饲养必于沿水地,初饲养时,以芦席及竹干搭棚水边地,天气炎燥，宜时挥会于水焉，恐其风凉者，于初风之际，多以席遮其焉，但凉者多发于夜。

幼鸭管理法　预防寒凉燥热之法，前已略言之矣，如已凉已热者，则必有以治之，如凉者则宜以麦酒拌而为之食。每千双则宜以麦酒约五斤拌之，又当昏夜昧口之际，偶有凉风，宜为遮而蔽之，不数日可愈。热之病甚于凉者，每日早晨挥之于河水边，长驱之，至早膳后，挥而还之，晚间宿于星露之下。二更后，收还于棚内，尤必巡抄勤殷如是者数日可愈。

幼鸭之饲料(字体模糊)　且皆为营养分最佳者也，(之单食谷米)而不食此等物类者，相差不少，初饲养时，以米和虾鳝类煮食之，经八九日，煮以熟稻，至十八九日，食以生稻，然后就食于农家已刈之稻田，此亦尚饲养者巧于经营之机也。

资本　每千双约百余元，以上饲养费在内，外加工资

人工　每四名工资食费约百元。

生长之时期饲养十余日，则其毛色稍便变，至十八九日，则尾毛改革，随后羽毛渐增，体质渐长，不过百日，即可售之于市场。

获利　此物近来价值，甚为不贱，每百双自三十四元，以至五六十元不等，已成长者之售价，除去资本人工食用，以及出售时船关连用等费，获利甚丰，其他如专麧小鸭，使天年不旱，则出售亦甚经济。

销路　如成长之鸭，销路以江浙为最优，近日吾乡饲养之数，不下数十万。每于秋稻刈获之后，辄行售，其间沿路逐放，至而辄销之，初麧出之小鸭，其销路以广德附近地，及梁县庐江山河等县为首，如巢县等次之。

无为黄豆之调查　前人

吾乡栽培黄豆，悉为点播点种，不过(深)，初以锄掘土，继而点种，压之以灰，微覆以上，取以疏松土质，而豆芽易生者也，然所施之肥料，不过以草木灰及地灰而已，黄豆每播于高陇之地，因其性不好潮湿地故也，然亦不宜过干，干则结角无多，故点播后，宜灌之以水，黄豆尤宜砂粘土地，吾乡江岸洲地多点之，较之他种土地，收获丰，价值亦昂，销路亦广，此亦经济上之一大裨补也，点播之时期，于四五月间，收获之时期，八九月间不等。

鱼花　桐城县方仪

桐邑位于群山之中，惟棕阳滨大江，故渔业最盛，为全邑鱼源，滨江居民，多不习耕种，咸以渔业为生涯，予少时会读书其地，当初春之时，尝与二三同学

闲游江岸,见两滨竹杆,遍插水中,时有小舟,往来其间,余怪之,因间诸附近居民,遒知收采鱼子也,余常欲咨业渔者之收采鱼子及培养鱼花诸方法而未果,今夏假临,道过棕川,因略为调查,庶宿愿可以少值,而亦吾辈学农者不可不知之常识也,桐邑方仪识。

一鱼子采取之时期　每当初春雷发,江水澎时,为收采鱼子最适当之时期,过此则鱼子孵化矣。

二鱼子采取之方法　鱼子多产于江滨浅水之处,且皆沿江滨而下流,采取时,故可用麻布网于逆水,而张罗之网,孔宜疏密均匀,以免鱼子脱漏,及碍流急水,而遭澎湃之弊。

三培养之装置　采取鱼子后,以鱼数之多少,而定池之宽狭,池形正方,入鱼子其中,宜取均匀,不可偏多或偏少。

四培养时之温度　培养时,池水之温度视诸天气,而温凉之,务使得鱼子得以自适为要,大约与人体平均温度,便可发生,过热过凉,皆非所宜,盖过热则鱼子发生速,而不齐一,过冷则鱼子发生迟,于经济殊觉不当,故业渔者,对于鱼子之发生温度尤宜注意也。

五培养中之饲料　鱼于发生后,即须食物,一如蚁蚕之扫收后,即须给桑也,此时鱼花极小,仅知餉食,故以黄豆粉和水饲之,每日通常分早晚两次给之,其他或以大麦麸食等皆可也。

六家鱼之选择　鱼子培养中,杂家野鱼而共饲之,但至贩卖时,每因地方之习性,必去野鱼,故选择家鱼,为最要之手数,其法以大碟盛水少许,杂家野两种鱼其中,用匙形大鱼甲以选择之,或于近塘边钉置四椿,张夏布袱于其上,次以夏布兜捞鱼苗,倾入袱内,选去杂鱼,是亦至便法也。

七贩卖之装置　鱼花培养后,必须贩卖,但盛置之品,必取量轻而便于搬运者为宜。若重量而大者,殊碍搬运,且于鱼花每多伤害,甚非所宜,通常用藕节形之竹箬,箬以油纸蜜糊,以防水之浸出,且搬运时得便其搬动,以令苗鱼活泼健全,否则质重之器,于运搬时不易振荡,则鱼苗每致蠢死,是与运搬鱼子大异之点,此业斯业者,宜注意焉。

八贩卖之时期　鱼花培养后,不得其时而贩卖,仍非经济家庭所尚也,故贩卖之时期,不可不知,大抵以五六月间为最适。

九贩卖之手数　贩卖甚繁，今括略之，可分两事。

(1)搬运盛置之管理　盛水舟中时，用小车以转换舟中之水。

(2)鱼花贩卖之价值　鱼花价值，以时而贵贱之，贵时每百斤可三四十元，贱时则得利甚微。

十搬运时之饲料　鱼花盛舟中，必须给食，此时鱼花较前为大，故饲料多以鸭饵之，但鸭卵必须煮熟，除去其卵白，专用卵黄饲之。

十一贩卖之地点　棕阳鱼花，每年出产，供全邑而有余，故贩卖必须远运，如芜湖南京一带，多取给焉，然则棕阳渔业之利，固不大哉。

十二家鱼之种类　家鱼之种类甚杂，今仅就吾邑棕阳每年所选择之种类。揭之如后

1青鲲2白鲲3鲢4鳗

——安徽省教育会季报：调查：安徽省立第二甲种农业学校学生暑假作业拔萃，《安徽省教育会季报》，1919年，秋季，第1—23页．

专件安徽省立第六甲种农业学校计划书

民国十年增设第六甲种农业学校于宣城，诚以宣城夙为农产物特产之区，而壤地相接之南陵宁国旌德泾县太平郎溪广德，又各有大宗之特产，急待科学方法。以改良之振兴之，而增其产额耳，农产物之量既增，则工商业因之兴盛，而小民之生计以裕国家之税额以增矣，虽然凡事之成败，恒视其计划之疏密以为断，本校创办伊始，关于建设之计划，自不能不审慎出之，兹就本校设立之地，及邻壤各县之产物土壤气候，暨社会需要之情形，分别调查以为本校将来学科设置之根据，实施发展之地步也，乃预定计划如下。

第一纲　关于土壤气候农产物及社会需要情形之调查

一土壤之调查

(宣城)自县治以东抵广德郎溪皆膏腴平畴，一望无际，均系耕种适宜之砂质壤土，而近宛水双谷湖南之田，则间有砾质壤土，自县治以西薄南陵。凡清弋江附近之田，亦纯系砂质壤土，而长山福定行廊天门诸山左右之岗田旱地，则多壤质粘土。自县治以南极泾县宁国，亦多岗田旱地，为壤质粘土，而文脊柏枧华阳高峰诸山一带之岗田，则多为砂纸砾土与壤质粘土，与壤质铄土矣，自县治以北

至当涂芜湖,迤东至江苏高淳,则川流漫衍,圩田最多,亦均系砂质壤土,而敬亭山豹山九里山狼山牛首山方山之间之岗田,则为壤质砂土,与壤质砾土云。

(南陵)自县治迤东,川泽沃衍,水田纯系砂质壤土,西南在工山峨岭吕山附近之岗田旱地,则均系黏质壤土,而鱼塘湖淮水漳水深坑涧十都湖雁荡湖西溪附近之田,则又为砂质壤土矣,北乡一带,川泽亦多平坦田畴,亦系砂质壤土。

(泾县)四境皆山,岗田多系砂质铄土,与植质砾土,而岩潭赏溪幙溪琴溪丁溪沿岸之田地。则纯为砂质壤土。此外平原沃野。亦系砂质壤土。

(宁国)山多于水,故田地多为砾质壤土。而东津西津及众浔附近之田地,则为极肥沃之砂质壤土。

(旌德)高山极多,其岗田旱地皆系壤质砾土而霞溪东溪衡水三溪陶环溪附近之平坦田地,则系饶确之泥灰质土。与石灰质土。(太平)山水环绕之区也,而梅溪廊川富溪磻石溪白港舒麻口附近少数之田地,多系饶确之泥灰质土,而西南西北诸山则皆为最肥沃砾质砂土,与极质砂土。及适当之石灰质土,盖县志所谓土薄石肥者是也。

(郎溪)圩田极多,约占全县面积十分之七,凡汭水南湖附近之田地,均系砂质壤土,狮子山白茆岭一带之田地,则系黏质壤土,若山地岗田则皆为壤质黏土。

(广德)平畈田地,多系黏质壤土,惟汭水附近之田,则为砂质壤土,至五峰山一带之平岗旱地,则土质略嫌黏重。其南与浙江之昌化于潜毗壤之处,则高山为多,然山皆多石少土,盖亦所谓石肥者也。

二气候之调查

(宣城)气候温和,五月以后则温度渐高,雨量亦少,而风力亦极平和,盖宜穀之气候也。惟初春多雨,寒冷湿重,故不甚宜麦,而于油菜则无妨也。

(南陵)气候大抵与宣城相若惟春夏湿气略重。

(泾县)温度较宣城略高湿气略重,盖其山尝戴云雾也。然冬日独无甚霜害。此其所以宜茶饮。

(宁国)气候亦与宣城相近盖壤土相去不远也。

(旌德)高山亦尝戴云雾,故春夏之交,气候湿润而温和,秋冬之际,则较宣城稍寒。

(太平)气候与泾旌略同,盖亦为其高山尝戴云雾也。

(郎溪)气候亦与宣城相仿佛,但春日雨水稍少湿气略轻耳。

(广德)气湿不燥,高原平野,大致不差,冬日亦不甚寒。

三农产物之调查

(宣城)出口大宗,以米菜子焉,最竹木豆麦次之,姜漆栗蜂,蜜蚕丝香菌又次之,若雪梨木瓜萝葡。虽为著名特产,然为量不多。

(南陵)亦以米菜子为输出大宗,其他物产与宣城略同。惟豆与姜则为著名特产。而输出亦多,盖因其豆肥大,而姜无筋耳,故县志称种豆种姜之利,倍于他邑也。

(宁国)茶漆柏油蔴苧之类,所产甚多,而橡栗银杏榧及其他杂木尤众,故采薪作炭者甚多,盖亦出口之大宗也,即米麦菜子蜜严之输出者。亦不甚少。

(旌德)木材最多,枣榧栗禅柿亦不少,而药材亦略有出产,惟米麦菜子之产额极少,所产不足供本邑半年之食,盖土地硗确为之,而无可如何者也。旌川志谓其地土宜秔宜糯盖臆说也。

(泾县)以竹木笋茶为出口大宗。而宣纸输出之量尤多,盖以其山多榖树楮树檀皮树,足供制宣纸原料而无乏也,至琴溪所产之笋。味厚而不作耗。志称其钟山川之秀。饱风露之华,虽歙之问政。无以过之,是也。然来麦所产亦多。即丝麻木棉亦略有输出者。

(太平)以茶竹木苧蔴药材为大宗出产,故与贩木材之客甚众,彼山居无田者,则专艺蔴穄粟豆稗莰之属,而少种来麦者,故米麦出口不多,彼药材之产所以多者。缘黄山盘亘五百里,奥区神皋。实英华之所聚也。

(郎溪)以米草纸为出口大宗,麦菜子次之,茶又次之。

(广德)以竹木为出口大宗,米麦油菜豆次之,茶又次之。

四社会需要之情形

按宣城邻近各县,皆宜于禾榖蚕桑森林,盖其山川土质气候产物灌溉连轮,于斯数业。皆适合也,此本校之所以注重蚕桑森林,及农产物中特殊之茶,与森林副产物中之纸也。若乃宣南郎广,夙以产米著称,本校似宜并重农科,今本校建设计划独不计及,而付诸关如者。盖因其地之农人,于禾榖菜麦之栽培,皆甚合法。而整地施肥除草之方。胥与学理之技术无达焉,至蔬菜果实,需用不多,且其汁多而质柔,难于久藏,不便远运。而此地又非人烟稠密之通商大埠,故园艺事业。亦非所急。此本校之所以暂不设农科。而俟诸异日之微旨也。

第二纲　关于本校内外将来实施之计划

甲　校内将来实施之计划

一关于现授学科之设置

本校建设计划,先设蚕科,及蚕桑讲习科,候著成效,再遵照部令,参酌社会需要情形,增设他科,以谋推广。

二关于现在实习之设置

本学现仅有原租桑园一区,此外应行推广之实习计划。拟随时择要设置。

三关于将来教授学科之选择分合及增设之计划

本校现设蚕科,所有应习学科均照部章完全设置,其所以先设蚕科者,诚以宣城及邻近各县之土质气候,皆宜桑宜蚕,而独乏栽桑养蚕之学识,致民有余力无所用。地有遣利无以取,殊为可惜。而特为关此莫大之利源也。彼江浙财富之所以甲天下者,其不以此哉。蚕桑故富庶之原也。故将来蚕科,拟于部章所定学科外,增置柞树栽培法,柞蚕饲育法,柳树栽培法,柳蚕饲育法,然考宣城邻近各县之固有产物,暨社会需要情形。其应改良推广提倡者,又不仅蚕业一科已也,若林业茶业造纸业,亦实为当务之急,盖此地山岗丘陵甚多,而土质气候又甚相宜,故将来拟增设森林一科,更拟以次附设茶业讲习科。暨造纸讲习科。

四关于将来实习设置之选择,分合及增设之计划。本校关于将来增设学科,应行附殖学科之实习设置,及现在蚕科科目中,实习应增之设置。列举如下。

(1)蚕科除现在原租桑园外,将来拟购地二三十亩,划为五区,以三区专植湖桑鲁桑火桑。以为实习取叶养蚕之用,以一区专做桑树苗圃,以为实习栽桑接桑之用。以一区栽植作柳以为柞蚕及柳蚕饲育试验之用。

(2)林科将来拟设森林苗圃一区。造林地八区,关于林产制造实习之设置,并拟增设樟漆竹檀皮树苗圃林地,并制樟脑采漆用之器械。

(3)茶业讲习科本校附近各县产茶夙多,而因茶树之栽培。茶业之焙制,俱乏学理技术,而遭失败。故拟附设此科,以冀灌输此业学理技术,俾得从连改良而推广耳。至关于实习之设置,则添置茶树苗圃一区,茶园一区,制茶实习厂一所。

(4)造纸讲习科造纸原料,本为林科副产,故林产制造中,有造纸之法,而本校所以拟设专科者,盖以泾太节广竹木甚多,制宣纸草纸之原料极富,而宣纸又为名满天下之特产，且有大宗之输出耳。将来关于实习之设置，除林科已设竹檀苗圃林地可以利用外，更增置楮树雁皮之椏荆桑苗圃林地各一区，及造纸实习厂一所。

乙 校外将来实施之计划

一督促改良并研究改进之机关及营业组合之团体

(1)农会 为促进农校之机关。举凡农业上之应提倡改良推广者，皆当研究其进行方法。将来本校学生，一律入会，分担义务，并调查报告一切。

(2)公会 为各业经营之营业集合团体，如养蚕家制丝家与兰商丝商合组之蚕丝业公会。森林家与木商合组之林业公会。种茶者制茶者与茶商合组之茶业公会。森林家与造纸者合组之纸业公会。美者。散给各处，并附以说明书，俾农人知其品种，宜何土质，宜何气候，宜何肥料，宜何栽培。

施业技术之改良拟利用本校学生在寒暑假中，分往各地为简单之演讲。

农具之改良本校所制农具。如有较农家轻便者，则传知一般农民仿制之。

土壤之改良拟由本校毕业生或肄业生中之精于土壤学者。分往各地考查而指导之。

关于推广者

产额之推广 本校拟调查各地出产总额后，应用学理方法，督促经营。如遇有公共组合经营之团体，足资模范者，则呈请官厅奖励之。

产区之推广 所有各地荒山荒地，无论公有私有，一律呈请官厅从事垦殖。

作业者之推广 凡无业游民，严行取缔，皆使从事农业，其成效卓著。

专件者呈请官厅奖励之

——安徽教育月刊：安徽省立第六甲种农业学校计划书，《安徽教育月刊》，1921年，第44期，第1—12页.

安徽省立第六甲种农业学校学则（民国十一年七月）

第一章 总则

第一条 本校以安徽省教育费设立，定名安徽省立第六甲种农业学校。

第二条 本校以教授农业必需之学识技能，养成农业实用人才为宗旨。

第三条　本校编制暂分农学本科、蚕学别科及预科。

第四条　修业年限,预科一年,别科二年,本科三年。

第二章　学科课程及教授时数

(一)预科课程表

总计	乐歌	图书	体操	地理	历史	化学	物理	博物	数学	英文	国文	修身	科目/学期
		自在	柔软	农业地理	农业历史				算术				第一学期
三六	一	二	二	二	二	二	二	四	六	六	六	一	每周时数
													第二学期
三六	一	二	二	二	二	二	二	四	六	六	六	一	每周时数
													第三学期
三六	一	二	二	二	二	二	二	四	六	六	六	一	每周时数

(二)农学本科课程表

病害	园艺	畜产	气象	肥料	土壤	作物	昆虫	化学	物理	生物	英文	数学	国文	修身	科目/学年
						通论及各论	害虫	无机				代数			第一学期
				二	二	三	二	二	二	二	四	四	四	一	每周时数
病理	通论	通论				各论		有机				几何			第二学期
二	二	二	二			三		二			三	三	三	一	每周时数
	各论	各论										三角及测量			第三学期
	三	三									三	三	三	一	每周时数

农场实习	制造实习	测量实验	化学实验	动植物实验	科学时间合计	体操	图书	林学大意	兽医学大意	水产学大意	细菌学大意	经济及农业经济	法制及农业法规	农业制造	养蚕	农业土木	农具
无定时				一回	三一	二	一										
无定时			一回		三一	二								二	二	一	一
无定时	一回	一回			三零	二		二	一	一	一	三	二	二			

(三)蚕学别科课程表

制种	养蚕	桑树病虫害	栽桑	体操	英语或日语	数学	国文	科目/学年
						算术		第一学期
二	二	二	二	二	三	四	四	每周时数
						代数		第二学期
	三		三	二	二	三	三	每周时数

蚕业经济	蚕业薄记	制丝业经营论	杀蛹干茧法	制丝	蚕体解剖	蚕体病理	蚕体生理	理化大意	博物大意	气象	肥料	土壤	显微镜使用法
								二	二	二	二	二	一
一	一	一	一	二	二	二	二						

实习	合计	农学大意	蚕业法规
无定时	三二		
无定时	三一	二	一

第五条　关于实习事项由主任教员临时酌定。

第三章　学年学期休业日

第六条　自八月一日起至翌年七月三十一日止,为一学年。分为三学期。八月一日起至十二月三十一日止,为第一学期。一月一日起至三月三十一日止为第二学期,四月一日起至七月三十一日止,为第三学期。

第七条　休业日如左。

(一)日曜日(二)孔圣诞日(三)国辰日(四)本校纪念日(五)春假(六)暑假(七)年假

第四章　入学退学及敬戒

第八条　本科入学之资格须在本校预科毕业,或经试验有同等学力者。

第九条　预科及别科入学之资格,须品端志坚身体强健,年在十四岁以上,曾在高等小学毕业,或具有同等学力者。

第十条　入学试验按照左列科目施行之。

(一)预科国文英文算术口问

(二)别科国文算术口问

第十一条　志愿入学者须先来校报名,随缴本人四寸照片一张,保证金一元,录取者在膳费内扣算,不取退还,取而不来者,概不给还。

第十二条　经入学许可者，须同妥实保证人到校，填写志愿书及保证书。

第十三条　学生疾病，或因事故欲请退学者，由家长提出事由书，经本校认可后得许其退学。

第十四条　凡学生行检有坏全校风纪，或逾越规约者，得加左列之惩戒。

(一)训诫(二)记过(三)停学(四)退学。

第十五条　学生有犯左列事项之一者得令其退学。

(一)性行不良无改善之望者；

(二)学业劣等无成业之望者；

(三)体质虚弱难期造就者；

(四)无故缺课在一月以上者；

(五)滞纳各费屡催不缴者。

第五章　纳费

第十六条　学费免收膳费每年三十元，杂费四元，操衣书籍贯费二十元。于春秋始业时预缴。

第十七条　学生每期应缴之各项费用须缴足给予收据后，方准入校。

第十八条　凡中途退学之学生，所缴各费除膳费外概不退还。

第六章　服制

第十九条　本校学生均须穿着制服(其细则另定之)。

第七章　附则

第二十条　学生学业操行体育成绩考查方法另定之。

第二十一条　管理学生事项。由训育部掌之其规则另定之。

第二十二条　本学则应遵照教育部及本省法令体察本校情形随时修正。

——安徽教育月刊：安徽省立第六甲种农业学校学则，《安徽教育月刊》，1922年，第56期，1—9页.

安徽省立第六甲种农业学校学则(中华民国十年)

第一章　总则

第一条　本校依照甲种农业学校程度，以安徽省教育费设立，定名安徽省立第六甲种农业学校。

第二条　本校以教授农业必需之学识技能,养成农业实用人材为宗旨。

第三条　本校编制暂分蚕学本科及预科,附设蚕桑讲习所。

第四条　修业年限,预科一年,本科三年,讲习科一年。

第五条　预科讲习科入学定额各四十名,但本科一年级遇有缺额时,得招考插班。

第六条　本校暂以宜城南门内奉公街第三蚕桑讲习所旧址为校址。

第二章　学年学期修业日

第七条　每年八月一日为学年之始至次年七月三十一日为学年之终。

第八条　一学年分为三学期。

第一学期自八月一日至十二月三十一日。

第二学期自一月一日至三月三十一日。

第三学期自四月一日至七月三十一日。

第九条　例定之休业日如左。

一日曜日;

二国庆日;

三圣诞日;

四本校成立纪念日;

五冬期休业(年假)以两星期为限;

六春期休业(春假)以一星期为限;

七夏期休业(暑假)以五十日为限。

春夏两季中,有必须实习者,得停止休假。

第十条　除例假外,学生请假时,须有家庭及保证人切实函件,经学监许可后,注入假簿。

第十一条　特假期不减缺席分数,遭祖父母承重丧暨父母丧者均五星期,遭期丧者一星期,除此凡请假逾四星期者留级,未续假逾两星期除名,行礼不到及无故缺者,酌扣修身分数。

第三章　学科课程实习

第十二条　预科科目为修身、国文、数学、博物、历史、地理、英文、图书、体操、理化、乐歌。

第十三条 蚕学本科科目为国文、数学、英文、图书、体操、桑树栽培、桑树病虫害、养蚕学、制种学、显微镜使用法、蚕体解剖、蚕体生理、蚕体病理、土壤肥料、气象、制丝、杀蛹干茧论、制作丝业经营论、野蚕论、蚕业薄记、农学通论、经济及蚕业经济、法制及蚕业法规、细菌学。

第十四条 蚕业讲习科科目为国文、简易教学、体操、桑树栽培、养蚕学、制种学、蚕体生理、蚕体病理、土壤大意、肥料大意、气象大意、制丝、杀蛹乾兰论、野蚕论、蚕业薄记、蚕业经济。

第十五条 课程及每周时数分表如左。

(一)预科课程表

合计	乐歌	理化	体操	图书	英文	地理	历史	博物	数学	国文	修身	科目时数
			柔软	自在书		农业地理	农业历史		算术	读译作	道德要旨及本校规约	第一学期
三六	一	三	二	二	六	三	三	五	五	五	一	每周时数
												第二学期
三六	一	三	二	二	六	三	三	五	五	五	一	每周时数
												第三学期
三六	一	三	二	二	六	三	三	五	五	五	一	每周时数

(二)蚕学本科课程表

显微镜使用法	制种	养蚕	桑树病虫害	桑树栽培	体操	图书	英文	蚕业薄记	数学	国文	学科学年
		蚕室蚕具及消毒		(□)栽培法	柔软	用器			代数		第一学年
一	一	三	二	三	二	一	二	一	二	三	每周时数

续表

显微镜使用法	制种	养蚕	桑树病虫害	桑树栽培	体操	图书	英文	蚕业薄记	数学	国文	学科学年
		春夏冬蚕饲育法		各种仕立法培蚕法整理法特种桑树仕立法	器械				同上		第二学年
一	一	二	二	二	二	一	二	一	二	三	每周时数
					兵式				同上		第三学年
	一		二		二	一	二	一	二	三	每周时数

实习	合计	细菌学	法制及蚕业法规	经济及蚕业经济	农学通论	野蚕论	制丝业经济论	杀蛹乾茧论	制丝	气象	肥料	土壤	蚕体生理	蚕体解剖
无定时										理论及规则	性质施用继定			
	三一		一	一	一		一			二	一	一	一	一
								杀蛹□□□	理论品质鉴定购买处理		试验法	性质种类改良		卵蚕蛹蛾
同上	三一	一	一	一			一	一	一		一	二	一	二

续表

实习	合计	细菌学	法制及蚕业法规	经济及蚕业经济	农学通论	野蚕论	制丝业经济论	杀蛹乾茧论	制丝	气象	肥料	土壤	蚕体生理	蚕体解剖
						栽培饲育			制法整理检查质物整理				卵蚕蛹蛾	
同上	三一	二	一	一		二	二	一	三				一	二

实习	合计	蚕业经济	蚕业薄记	野蚕论	杀蛹干茧论	制丝	气象大意	肥料大意	土壤大意	蚕体病理	蚕体生理	制种学	养蚕学	桑树栽培	体操	数学	国文	科目学期
															柔软	算术	讲读	第一学期
无定时	二八	一	一	一	一	一	一	一	一	二	二	二	三	三	二	三	三	每周时数
															同上	同上	同上	第二学期
同上	二八	一	一	一	一	一	一	一	一	二	二	二	三	三	二	三	三	每周时数

续表

第三学期	同上	同上	同上															
每周时数	三	三	二	三	三	二	二	二	一	一	一	一	一	一	一	一	二八	同上

第十六条　实习科目列表于左。

(一)蚕学本科实习科目列表于左。

桑树栽培　桑地测量、桑地整理、桑树繁殖、桑树栽植、桑树仕立、桑树修整、桑树培养、特种桑树仕立、病虫害预防及驱除。

养蚕　春蚕饲育、夏蚕饲育、秋蚕饲育、蚕室蚕具、消毒、制种、蚕种制造、蚕种检查、显微镜使用。

解剖　卵体解剖、蚕体解剖、蛹体解剖、蛾体解剖、蚕体病理、病蚕实验、病蚕饲养、标本制作、药品调剂。

蚕具　蚕具制造、蚕具使用。

制丝　茧之检查、杀蛹乾茧、丝之缫制、生丝检查、生丝整理、屑物整理。

野蚕　柞树栽培、柞蚕饲育。

土壤　理学实验、化学实验。

肥料　堆肥制造、人粪尿管理、肥料配合、鉴定分析及实验。

气象　观测。

蚕业经济　养蚕薄记、载桑薄记、制丝业薄记、调查及视察、蚕家视察、桑园视察、茧行视察、制丝工厂视察。贩卖、桑苗、蚕种、蚕茧、生丝。

(二)蚕桑讲习科实习科目列表于左。

桑树栽培　桑地整理、桑树繁殖、桑树栽植、桑树修整、桑树仕立、桑树培养、病虫预防及驱除。

养蚕　春蚕饲育、蚕室蚕具消毒。

制种　蚕种制造、蚕种检查、显微镜使用。

蚕体病理　病蚕实验、病蚕饲养。

制丝　茧之检查、丝之缫制、生丝检查、屑物整理。

野蚕　柞树栽培、铁树栽培、野蚕饲育。

土壤　各种土质鉴别。

肥料　普通肥料制造及配合鉴定。

气象　观测。

蚕业经济　养蚕栽桑及制丝薄记。

第十七条　实习时数依作业繁简临时规定。

第十八条　于休业期内，学生归省时，给予问题数则。令调查其事项，到校后即详记所得于报告书，送事务室检定之。

第四章　入学休学退学奖励惩戒

第十九条　入学期规定每学期到校新生来学，须由本校考验考期临时规定。

第二十条　本科入学之资格，须在本校预科毕业或经试验有同等学力者。

第二十一条　（甲）预科入学，应具左列之资格。

一品端志坚者；

二体质强健者；

三年在十四岁以上十八岁以下者；

四中学校一二年级修业得有证书者；

五曾在高等小学毕业，或经本校试验有同等学力者。

（乙）蚕桑讲习科入学，应具左列之资格。

一品端志坚者；

二体质强健者；

三年在二十岁以上者；

四国文通顺，略知算术者。

第二十二条　入学试验，按照左列科目施行之。

（甲）预科

国文、算术（分数比例）、英文（读法拼法口句翻译），理科（理化及博物大意）。

（乙）讲习科。

国文、数学。

第二十三条　允许第二学年以上入学者,须辅左记之资格,修业前年之课程,领有证明书者。(于前学年程度之合否依学年科目课程试验之)

第二十四条　入学试验,须先期来校报名填册,并缴存四寸相片及保证金一元,录取者在学费内扣算,否则退还,录取而不到校者没收。

第二十五条　经入学许可者于开学日偕同保证人来校,填写愿书及保证书。

第二十六条　保证人为入学者之家长,保证人须年在二十五岁以上,具有相当职业,与入学者有亲友关系,本校认为能负完全责任者。

第二十七条　学生因确有疾病事故,缺席至二月以上者,得命其休学,至次年仍复其原级。

第二十八条　学生在校有左列之一项,得命其退学(退学者所缴之学膳费概不发还)。

一性行不良,败坏校风者;

二学业不进,两年不能升级者;

三屡犯校规,劝诫不悛者;

四无故缺课,在一月以上者;

五修业不专,或作或辍者;

六滞纳学膳费,屡催不缴者;

七体质羸弱,难期造就者;

八谬视实习,成功无望者。

第二十九条　凡学期试验后,学生有操行完美,学业优良,足为同学之楷模者,得选为特待生,选拔后之一学期,免收其学费。

第三十条　学生有过失时,分别事实轻重,或规诫,或记过,记过后,犯者停学,停学二次者退学。(记过一次扣一学期中操行分数十分停学一次扣一学年中操行平均分数十分)

第三十一条　学生毁坏校中物件,须以原物或原价赔偿。

第五章　服制

第三十二条　本校生须置备制帽制度。

第三十三条　制服细则,另条规定。

第六章　试验升级毕业

第三十四条　试验分临时试验学期试验学年试验毕业试验之四项。

第三十五条　临时试验由各教员于平日教授时间，考察学生勤惰，或命题考问。其成绩并入学期试验成绩计算。

第三十六条　学期试验于学期末行之，由校长会同各教员命题考试，各科分数平均计算，一百分位极点，满八十分以上者为甲等，其实分以上者为乙等，六十分以上者为丙等。

第三十七条　学年试验于各学年举行，其手续准前条规定，并将学期试验成绩并入平均计算，不满六十分者为落第，留级补习，但无级可留时，得命其休学。

第三十八条　本科毕业试验于第三学年终举行本校呈请省公署，转咨教育部核准后，由校长会同各教员分别考试，不及格者留级补习。

第三十九条　评定成绩方法，悉照部定试验规程，学业成绩占五分之二至五分之三，实习成绩占五分之一至五分之二。

第四十条　凡学生在试验期内，如有特别事故，不能于考者，得于次学期开课后一月补行试验，但分数须减十分之三，不补者留级，一科目或数科目未与考者，以该级所授全级科目数平均其已考科目之总数。

第四十一条　于一学期或一学年，缺课至授课日数三分之一以上者，不得受该学期或该学年之试验。

第四十二条　操行分数依照学监舍监及各教员考察之总数，由校长判定之。

第四十三条　学期及学年试验合格者准予升级，毕业试验合格者给予毕业证书。

第七章　纳费

第四十四条　本校规定每学年膳费三十元，于春秋始业时预缴。

第四十五条　学生书籍讲义用品操衣实习衣等费概由学生于春秋始业时预缴缴纳数目由本校先期牌示。

第八章　杂则

第四十六条以上各条件外，无明文记载者另订细则。

第四十七条　本学则得按教育部及省公署法令，随时修改，并由本校体察情形随时修正。

附沿革

本校系民国十年三月由省立第三蚕桑讲习所改办,先是民国八年秋由实业厅委李松植,就宣城奉公街旧游击署,创设第三蚕桑讲习所招收学生一班,计三十七名,命为二年级。九年八月,复添招新生一班,计五十人,命为一年级。是年九年,李松植因事辞职,任者为丁子莘。而接办未久,又复辞去。茆献宗继其任。十一月间,因风潮停办。省议会提议,即以该所改为省立第六甲种农业学校。十年三月,士瀛奉教育厅令委来宣筹备。即将该所原有二年级学生改为别科,一年级学生改为讲习科。

——安徽教育月刊:安徽省立第六甲种农业学校学则(中华民国十年),《安徽教育月刊》,1921年,第44期,第1—16页.

安徽省立第四甲种农业学校九年度周年概况报告

一、学科及时间变更情形

本校九年度农蚕两本科,一年级及预科,所有学科目及教授时数,列表于左。

(一)农本科第一二两学期授课时间表

合计	园艺学	肥料学	体操	图画	土壤学	养蚕学	作物学	博物	理化	数学	英文	修身	国文	科目
二七			二	一	二	二	二	二	四	三	四	一	四	第一学期每周课时
三零	一	一	二		二	二	二	二	四	五	四	一	四	第二学期每周课时

(二)蚕本科第一二两学期授课时间表

合计	制造蚕具	蚕体解剖	体操	图书	农学大意	土壤学	桑树栽培法	蚕桑学	博物	理化	数学	英文	修身	国文	科目
二八			二	一	一	二	二	二	二	四	三	四	一	四	第一学期每周时数
三三	二	二	二		一	二	二	三	一	四	五	四	一	四	第二学期每周时数

(三)预科第一二两学期授课时间表

合计	体操	图书	农业历史	农业地理	博物	理化	代数	算术	英文	修身	国文	科目
三五	三	二	二	二	四	四	二	四	六	一	五	第一学期每周时数
三五	三	二	二	二	五	四	二	四	五	一	五	第二学期每周时数

二、职教员

(一)职员数

本校于校长外,设学监二人,舍监一人,庶务一人,会计一人,书记二人,于本年三月将文牍兼统计一人裁去。本校上学期职员九人,下学期职员八人。

(二)教员数

职员兼史地教员一人,职员兼理化教员一人,国文兼修身教员二人,理化兼算学教员一人,英文兼算学教员一人,农科兼博物教员一人,算学兼图书教员一人,蚕科教员一人,体操教员一人,农科兼博物教员一人,算学兼图书教员一人,蚕科教员一人,体操教员一人,共十人。

(三)比前学年之增减

九年度添预科两班,职教员数比前学年增四人。

三、学生

(一)各学级人数共计一百三十四人

农本科一年级二十五名,蚕本科一年级二十六名,农预科考取三十八人,十年春收转学生二人。因事退学者二人,无故久不到校除名者二人,因滋事斥革者二人,蚕预科考取四十人,是年春收转学生二人,久不到校除名者五人,因滋事斥革者四人。

(二)比前学年之增减

本校八年度除退学者外,实有五十一人,九年度添预科两班,比前学年增八十三人。

(三)毕业

无

(四)学生家庭职业之百分比例

一属于农者百分之六十五。

一属于商者百分之二十。

一属于士者百分之八。

一属于工者百分之三。

一属于政者百分之二。

一属于医者百分之二。

(五)前学年毕业生状况

无

四、经费

(一)俸薪总数一万零四百七十五元九角六分三厘。

（二）俸薪最高额与最低额，最高额八十元，最低额十二元。

（三）设备费六千零九十元零八角三分。

（四）杂费二千一百四十五元一角七分五厘。

（五）总数一万八千七百十一元九角六分八厘。

（六）比前学年之增减。

本校八年度经费一万三千零五十九元八角九分六厘，九年度经费比前学年增五千六百五十二元零七分二厘。

（七）地方生活状况与学校之影响

本年度内因北五省灾荒，粮价昂贵，百物之价随之，经济上所受影响甚大。

五、训练实施状况

（一）校训

本校以劝诚敬三字为校训，而以诚字为中心，职员以身作则，务使学生对此三字身体力行。

（二）训话

行训话分为四种，一曰全体训话，于开学散学或有关全体事故及各纪念式时行之。二曰服务训话，于星期日更换各项服务生时，由学监在事务室行之。三曰，学级训话，一级中有特别事故或偶发事项，由修身教员教授修身时行之。四曰个人训话，于学生过失时，传至训话室行之。

（三）揭示

教师走廊及过道，揭示教令与古圣贤之嘉言以资警劝。

（四）服务

本校教师寝室均置级长室长值日生整洁生，阅报室浣洗室饮茶食，亦各有值日生轮流经理各室事务，其他如讲演会贩卖部，均由学生分组练习之。

六、卫生实施状况

本校卫生概分为三种。

（一）清洁

甲起居。各室整洁事宜，每日值日生清理后，管理员逐一检查。

乙饮食。对于寄膳学生，开办以来，概行素食，既合卫生又合俭德。

丙衣服。学会服饰被褥等项，令其勤加曝晒，行日光消毒之法。

（二）运动

每日下午于体操正课外，分班练习各种运动，以强健其身体，而发展其精神。

（三）疾病

学生患病者另室调养以防其转染。

——安徽教育月刊：安徽省立第四甲种农业学校九年度周年概况报告，《安徽教育月刊》，1921年，第45期，第30—38页.

安徽省立第一甲种农业学校林本科学生毕业表

石秉德	谢璧如	巽荣冕	李卓梁	王心端	何念功	王湛葆	钟时俊	韩绍琦	宛志益	杨志麟	燔定瀛	**姓名**
二一	二一	二〇	二二	二三	二四	二四	二四	二三	二四	二一	一九	**年岁**
宿松	太平	合肥	太湖	颍上	宿松	盱眙	庐江	贵池	同	同	庐江	**籍贯**
												备考
姚鉴	张韫鑫	包家康	徐峥高	邓恩硕	周朝珠	吴建献	叶济安	刘瑞麟	汪鸿龄	汪鹏龄	胡国瑞	**姓名**
二五	二一	二三	二〇	二三	二四	一九	二四	二四	二一	二〇	二二	**年岁**
盱眙	太湖	贵池	凤阳	巢县	盱眙	太湖	潜山	巢县	含山	含山	贵池	**籍贯**
												备考

——安徽教月刊：安徽省立第一甲种农业学校林本科学生毕业表，《安徽教育月刊》，1922年，第54期，第2—3页.

安徽省立第一甲种农业学校演说词　胡春林

余今日与诸生系第一次会晤，先以友谊的与诸生作恳切之谈话，愿诸生应觉悟者约有数端。诸生非皆所谓青年者乎，先与诸生言青年责任，国家值此五千年非常大变，五洲交通，万国比邻，竞相角逐，适者生存，有识之士莫不认此为天演公例矣。我国变更国体，化专制为共和，上复唐处公天下之宏规，外追法美先进国之盛轨，改弦更张，建设匪易，百端待理，事事需才。丁此过渡时期，强也恒于斯，亡也恒于斯。国家兴学育才，无非为养成适于时势人才计，期挽回厄运，不致陷种族于沦胥。诸生既系青年，即有兴亡之责任。学校为培植人才之薮，考取诸生人校，既认诸生为有造才，诸生须知足入今日之校门，即肩负他年之责任，学成之后，无论在国家各面服务，抑在地方一面服务，凡风俗之转移，习惯之改良，社会状况之维持，人心陷溺之待拯拔，生人幸福之待图谋，非诸生青年继起之责任而谁责任乎。诸生果能体认本身关系之大，在校当如何愤发以勤修为，出校当如何自重以博信用。况诸生各有桑梓，果名誉著于平时，即不能远适有为，岂地方忍置诸生于闲散。方今教育事业，需人才尤亟，要在诸生有以得乡邦信仰耳，先圣有训不患莫己知，求为可知，是之谓也。但使诸生明于责任所在，摒除情欲，谢绝嗜好，人无不可造之才，即世无不可成之事。人世万千变态，不外正善邪恶两途，诸生有诸生知识中之经验，凡正善者不可不为，邪恶者必不可为，且认他方志举为正善者务扶翼之，为邪恶者务移化之，自勉勉人。之死廪他，积之久而精神之作用著。斯及身之事业以彰，国家兴亡强弱，端视人为，吾种族争存之道在此，即诸生青年责任之重任在此。此诸生不可不觉悟者，一再与诸生言青年求学，与父母与国家与个人独立生活诸关系，诸生得父母之赐而克来受教，诸生一反念吾亲，对于吾身求学等费之负担，夫岂易易，诸生此时之内疚当如何。诸生受国家之赐而得有所学，诸生一仰体吾国，对于吾僭教育经费之筹措，至为艰难，诸生此时之内疚又当如何。英雄不忘一饭之报，吾亲吾国待我如是，我求学而不能发觉心以定生平所志与所事，不能坚信力以期达所志所事之目的。诸生自问，何以慰亲，何以报国，即何以立于天地之间。诸生每年在学费用平均约耗去百数十元，按四年期限计算，当时去六七百元之谱，加以逐年应生之息金，与诸生本身作业之生财，约计当达千元以外，此千元现有之金钱。无论以之经营农工商若何事业，每年所得，当不失为小康之家。内顾无不赡之患，室人无交口之嫌，欢承堂上，惠及亲朋精神之乐。孰逾于此，愿诸生不乐出此者，非以学成之后恃有倍蓰之代价乎。使视学校为安乐场，将岁月作等闲观。诸生具有良知，平旦扪心何以自解。传曰："晏安鸩毒，不可怀也"。诗曰："既曰未知，亦既报子"。我先民警惕人之心，亦有良苦矣。即汎观当世，凡吾习闻习见诸侪辈之家，冬暖而儿号寒，年丰而妻啼饥者,何一非由失学辍业之所致乎。诸生一念及此,何事能夺诸生修业之心,何人能移诸生进德之志,凡此切近诸关系,至易体认,特患诸生不思耳,此诸生不可不觉悟者二。再进与诸生言对于农业教育,应具有之观念。我国素称世界第一农国,气候得温带之和,土地占优胜之势,每岁农产收获之利,应为世界冠。徒以农学不昌,民日以贫,国日以为病,使泱泱大国民风,几于人皆菜色,野尽哀鸿,何痛如之。尝谓国与国处,必有其一国之长。始足出所有易所无而救其短。我之长在农,即我之长在米穀。他群之长在工商,即他群之长在器物。以我米穀生活之至宝,与彼器物应用之赘品战,其优胜自在我,况衣富蚕桑,住富材木,经史所载,在在可按。独怪我国上下不思发达农业利用,此衣食住必需之至宝,以与彼贡品战,岂不大昧救国根本上之至计乎。今欲为我国发挥其农战之长,而救其工商战之短,则谋农业知识之普及,诚汲汲矣。诸生置身农校讲农学,将来灌输农业新知识于社会,惟诸生是赖。即强富国家之根本,集于诸生之身,诸生岂可忽哉。诸生学此专门之学,诸生当知实用所在。我国先民之重视农业者,如管子度地篇,商子垦令篇,其言最切实用。至孟子五亩之宅,树墙下以桑诸训言,尤为易见推行。诸生当放观外势,内参国本,务为切近之谋,勿杂流俗之见,庶几毕业出校,小之为地方树农业之模范,大之为国家策农业之进行。诸生有志实业,当务于此,万勿视学校为博取资格之地。视所学为预谋衣食之资,故无论资格之不足恃,衣食之不可幸获也。就令可恃幸获,而赵孟能贵之,赵孟能贱之,危险孰甚,尤不可于农业妄生鄙夷之心,或中途改变初志。人生只患无学,路路皆可出头,惟视诸生决心何如耳。昔舜耕耕懋山,伊尹耕于有莘之野,诸葛孔明躬耕南阳,我国历史最荣誉有数之人物,舜伊尹孔明皆其选也,而其事业皆讬始于耕。况此农业学校,为国所重,岂可不计其大而徒思其细乎,此诸生不可不觉悟者三。更进与诸生言对于本校一切规划,应有绝对保持遵守之天职,舍其田而耘人之田,谓不知务,不爱其家而爱人之家,非狂即妄。本校为诸生进德修业之场所,本校名誉之增进堕落,即诸生将来成功失败所攸击。凡教职员之管理教授,无非为诸生尽指导之责,部章校规之所规订,无非为诸生示匡救之方,如谓指导我者为多事,匡救我者为不情,岂能免沐猴而冠之诮。在昔离群索居,既病孤闻寡陋,今则合群讲学,又病不义之嫌。我之为我,其与能几何。凡事各有真理,论事贵得其情,苟不审理之当否,不问情之安否。贸贸然动是谓盲动,贸贸然从,是谓盲从。

夫在校时盲动盲从，其害犹小，出校时之盲动盲从，其害必大。揆诸国家培植人才至意，与夫父兄期望子弟之深心，岂不大相刺谬乎。诸生苟有此病，当痛加鞭策。以前种种，譬如昨日死，以后种种，譬如今日生，所谓亡羊补牢，尚未为晚。大道多歧，是在自审，当次留校之日，不能变化气质成优美学生，即他日出校，何以发抒怀抱作优越份子，此诸生不可不觉悟者四。尤有进者，本校为安徽农校，吾安徽居吾国南北之中，历史地理颇占重要。吾皖诸生，尤宜有长江大淮之风。值此之外祸煎迫，日俄协约，東北已不支，欧战未移，交涉日益棘，瞻望前途，隐忧滋大，诸生青年当知世界不掀翻，要当争亚陆之霍霍，身首可异处，不可堕奴海之沉沉。吾以上所举数端，不过为诸生略示方针，谬附老马识途之前导耳。听之诸生青年最大希望，不出学问事业两途，而学问事业之成就与否，要视诸生自觉心自信力何如以为断，此觉心信力四字。苟诸生欲求为主动人才，不甘务为机械人才，吾尤愿诸生不可不共勉者也。某今日仅以友谊的关切，为诸生贡其一得之愚，如是日后，即本此旨与诸生交相劝勉，惟诸生详察而猛省是幸。

校长仰蕃先生阅是稿竞，立成五言一则，余读之殊深感喟，亟录以示诸生，仰诸生深加反省，勿负校长期望诸生之深心也幸甚。

穷通奚足论，气节重所守。纷兹世变乘，道义复何有。常山舌不存，学士颜惭厚。中原一邱貉，岂必别谁某。学衰待人与，斯事非可苟。要令辨义利，惧为流俗诱。相期二三子，矢精勤抖擞。

——胡春林：安徽省立第一甲种农业学校演说词，《安徽实业杂志》，1917年，续刊，第1期，第1—5页.

指令第五十二号九年一月十三日

令安徽教育厅

呈一件送省立第二甲种农校学则由

呈表均悉查省立第二甲种农校修正学则所列各节大致尚合应准备案仰即转令知照此令。

——教育公报：部令：指令：第五十二号（九年一月十三日）：令安徽教育厅：呈一件送省立第二甲种农校学则由，《教育公报》，1920年，第7卷，第3期，第36页.

呈为转呈省立第二甲种农业学校呈送修正学则仰祈鉴核备案事案据省立第二甲种农业学校校长吴光祖呈称窃属校学则前于六年春季修正一次业经送呈在案兹因逐年实行尚多窒碍特又详加修正刊印成册理合检送三份具文请核转备案等情并修正学则三份到厅据此职厅查核尚无不合除指明令并存留一份暨分呈外理合检同学则一份具文呈请钧(部署)鉴核备案指令只遵谨呈附安徽省立第二甲种农业学校学则(中华民国八年七月)

第一章　总则

第一条　本校依照甲种农业学校程度,以安徽省教育费设立,定名安徽省立第二甲种农业学校。

第二条　本校以教授农业必需之学识技能,养成农业实用人材为宗旨。

第三条　本校编制,暂分农学本科蚕学本科及预科。

第四条　修业年限,预科一年,本科三年。

第五条　每年预科入学定额三十名,但本科一年级遇有缺额时,得招考插班。

第二章　学年学期修业日

第六条　每年八月一日为学年之始,次年七月三十一日为学年之终,六年度春季添招预科一级。(系奉省令办理不在此例)

第七条　一学年分为三学期。

第一学期自八年一日至十二月三十一日。

第二学期自一月一日至三月三十一日。

第三学期自四月一日至七月三十一日。

第八条　例定之休业日如左

一日曜日;

二国庆日;

三圣诞日;

四本校成立纪念日(阴历三月初六日);

五冬期休业(年假);

六春期休业(春假);

七夏期休业(暑假)。

春夏两季中有必须实习者,得停止休假。

第九条　除例假外，学生请假时，须有家庭及保证人切实函件，经学监许可后注入假薄。

第十条　特假期不减缺席分数，遭祖父母承重丧暨父母丧者，均三星期遭期服丧者一星期。

第三章　学科课程实习

第十一条　预科科目分修身、国文、数学、理化、博物、历史、地理、英文、图书、体操、农学大意、手工、乐歌。

第十二条　农学本科科目分为修身、国文、数学、物理、化学、博物、英文、图书、体操、作物学、园艺学、畜产学、气象学。病虫害学、经济及农业经济、法制及农业法规、土壤学、肥料学、养蚕学、农产制造学、农业工学、森林学大意、兽医学大意、水产学大意。

第十三条　蚕学本科科目分为修身、国文、数学、物理、化学、博物、英文、图书、体操、桑树栽培法、养蚕学、制种学、蚕体解剖学、蚕体生理学、蚕体病理学、土壤学、肥料学、气象学、制丝法、野蚕论、农学通论、经济及蚕业经济、法制及蚕业法规、细菌学。

第十四条　课程及每周时数分表如左。

（一）预科课程表

实习实验	合计	乐歌	手工	农学大意	体操	图书	英文	地理	历史	博物	理化	数学	国文	修身	科目学期
					柔软	自在书		农业地理	农业历史			算术			第一学期
无定时	三三	一	一	一	三	二	三	二	二	三	三	五	六	一	每周时数
															第二学期
同上	三三	一	一	一	三	二	三	二	二	三	三	五	六	一	每周时数
															第三学期
同上	三三	一	一	一	三	二	三	二	二	三	三	五	六	一	每周时数

(二)农学本科课程表

作物学	体操	图书	英文	博物	化学	物理	数学	国文	修身	科目 学年
通论及各论	柔软	自在书		动物及植物	无机	热学音学光学	代数			第一学年
三	二	一	四	四	二	二	四	四	一	每周时数
各论	器械	用器书		矿物及地质	有机	力学磁学电学	几何			第二学年
二	二	一	三	二	二	二	三	三	一	每周时数
	兵式			生理卫生	农用分析		三角测量			第三学年
	二		三	一	四		三	三	一	每周时数

实习及实验	合计	水产学大意	兽医学大意	森林学大意	农业工学	农产制造学	养蚕学	肥料学	土壤学	法制及农业法规	经济及农业经济	病虫害学	气象学	畜产学	园艺学
												害虫驱除及预防法		通论	通论
无定时	三三											二		二	二
							栽桑养蚕制种制丝		性质种类改良			作物病理及细菌		各论	各论
同上	三三						二		二			二		三	三

续表

实习及实验	合计	水产学大意	兽医学大意	森林学大意	农业工学	农产制造学	养蚕学	肥料学	土壤学	法制及农业法规	经济及农业经济	病虫害学	气象学	畜产学	园艺学
					农具及农业土木	植产制造及畜产制造		性质施用鉴定及试验法					理论及观测		
同上	三零	一	一	一	一	二		二		二	二		一		

（三）蚕学本科课程表

桑树栽培法	体操	图书	英文	博物	化学	物理	数学	国文	修身	科目 学年
（□）苗水鉴定法整地法栽植法	柔软	自在书		植物及动物	无机	热学音学光学	代数			第一学年
三	二	一	四	四	二	二	四	四	一	每周时数
各种仕立法培养法整理法特种桑树仕立法	器械	用器书		矿物及地质	有机	力学磁学电学	几何			第二学年
二	二	一	三	二	二	二	三	三	一	每周时数
	兵式			生理卫生	农用分析		三角测量			第三学年
	二		三	一	四		三	三	一	每周时数

实习及试验	合计	细菌学	法制及蚕业法规	经济及蚕业经济	农学通论	野蚕学	制丝学	气象学	肥料学	土壤学	蚕体病理学	蚕体生理学	蚕体解剖学	制种学	养蚕学
														种类特性春夏秋蚕制造及显微镜使用法	蚕室蚕具及消毒
无定时	三二													二	三
								茧之品质鉴定购买处理杀蛹干茧贮茧			性质种类改良		卵蚕蛹蛾		春夏秋蚕饲育法
同上	三一		一		一		二			二			二		二
						柞树栽培柞蚕饲育	制丝生丝整理及检查屑物整理	理论及观测	性质施用鉴定及试验法		通论各论预防消毒	卵蚕蛹蛾			
同上	三零	一				一	二	二	二		二	二			

第十五条　实习科目列表于左。

(一)农学本科实习科目表

作物:食用作物耕种、工艺作物耕种、桑树栽培、牧草栽培、耕作试验。园艺:蔬菜栽培、果树栽培、促成及软化栽培、草花栽培、花卉栽培、果树繁殖及整校。畜产:家畜家禽之繁殖及饲养管理、养蜂、养蚕。农具:手用农具制造及使用、牛马耕练习。土壤:理学实验、化学实验。肥料:堆肥制造、人粪尿管理、肥料配合、鉴定分析及实验。病虫害:预防及驱除、药品调剂、标本采集及制作、病虫害实验、昆虫饲养。手工:□工、木工、农具修理。农产制造:植产制造、畜产制造、园艺制造。气象:观测。农业经济:实习日记、作物栽培薄、农场日记、农场薄记、农场管理。审查:农产物及园艺、蚕种、蚕茧、生丝、秧田及立作。调查及视察:田家观察、作物栽培养蜂及其他农事、作物畜产园艺山林农业公司圈体及其他制造所。贩卖:蔬菜类、园艺品、制造品。

(二)蚕学本科实习科目表

桑树栽培:桑地测量、桑地整理、桑树繁殖、桑树栽植、桑树仕立、桑树修整、桑树培养、特种桑树仕立、病虫害预防及驱除。

养蚕:春蚕饲育、夏蚕饲育、秋蚕饲育、蚕室蚕具消毒。

制种:蚕种制造、蚕种检查、显微镜使用。

解剖:卵体解剖、蚕体解剖、蛹体解剖、蛾体解剖。

蚕体病理:病蚕实验、病蚕饲养、标本制作、药品调剂。

蚕具:蚕具制造、蚕具使用。

制丝:茧之检查、杀蛹干茧、丝之缫制、生丝检查、生丝整理、屑物整理。

野蚕:柞树栽培、柞蚕饲育。

土壤:理学实验、化学实验。

肥料:堆肥制造、人粪尿管理、肥料配合、鉴定分析及实验。

气象:观测。

蚕业经济:养蚕薄记、载桑薄记、制丝业薄记。

调查及观察:蚕家观察、桑园观察、茧行观察、制丝工厂观察。

贩卖:桑苗、蚕种、桑茧、生丝。

第十六条　实习时数依作业繁简临时规定。

第十七条　于休业期内学生归省时,公布作业规约,令实行其事项,到校时,即详报所得,交事务室分别检定之。

第四章　入学休学退学奖励惩戒

第十八条　入学期规定,每学期前到校新生来学,须由本校考验,考期临时规定,于春秋始业前布告。

第十九条　本科入学之资格,须在本校预科毕业,或经试验,有同等学力者。

第二十条　预科入学应具左列之资格。

一品端志坚者;

二体质强健者;

三年在十四岁以上者;

四曾在乙种实业学校毕业,及高等小学毕业呈验证书,或经本校试验有同等学力者。

第二十一条　入学试验按照左列科目施行之。

(甲)预科

国文、算术、英文、理科。

(乙)本科

国文、代数、博物、理化、英文。

第二十二条　允许第二学年以上入学者须备左记之资格

修毕前学年之课程,领有证明书者(于前学年程度之合否依该学年科目课程试验之)。

第二十三条　入学试验须先期来校报名填册并缴存四寸半身相片及保证金一元,录取者在膳费内扣算,否则退还,录取而不到校者没收。

第二十四条　经入学许可者于开学日偕同保证人来校填写愿书及保证书。

第二十五条　保证人为入学者之家长保证人,须年在二十五岁以上,具有相当职业与入学者有亲友关系,本校认为能负完全则责任者。

第二十六条　学生因确有疾病或事故缺席至二月以上者,得命其休学至次年仍复其原级。

第二十九七条　学生在校有左列之一项,得命其退学(退学者所缴各费概不发还)。

一性行不良,败坏校风者;

二学业不精两年不能升级者;

三案屡犯校规劝诫不悛者;

四无故缺课在一月以上者；

五修业不专或作或辍者；

六滞纳各费屡催不缴者；

七体质虚弱难期造就者；

八藐视实习成功无望者。

第二十八条　凡学期试验后，学生有操行完美，学业优良，其成绩均列甲等，可为同学之模范者，得选为特待生，本校酌予奖励。

第二十九条　学生有过失时，分别事实轻重，或规诫或记过至三次者退学（记过一次扣一学期中操行分数十分）。

第三十条　学生毁坏校中物件，须以原物或原价赔偿还则准照二十七条办理。

第五章　服制

第三十一条　本校生徒须置备制帽制服。

第三十二条　制服细则另条规定。

第六章　试验升级毕业

第三十三条　试验分临时试验学期、学年试验、毕业试验之四项。

第三十四条　临时试验又各教员于平日教授时间，考察学生勤惰或命题考问，其成绩并入学期试验成绩计算。

第三十五条　学期试验于学期末行之，由校长会同各教员命题考试，各科分数平均计算以百分位极点，满八十分以上者为甲点，七十分以上者为乙点，六十分以上者为丙点。

第三十六条　学年试验于各学年举行，其手续准前条规定，并将学期试验成绩并入平均计算，不满六十分者为落第留级补习，但无级可留时，得命其休学。

第三十七条　本科毕业试验于第三学年终举行，经本校呈请，省行政长官转咨教育部核准后，由校长会同各教员分别考试，不及格者留级补习。

第三十八条　评定成绩方法悉照部定试验规程，学业成绩占五分之三，实习成绩占五分之二。

第三十九条　凡学生在试验期内，如有特别事故不能与考者，得于次学期开课前补行试验，但分数须减十分之三，不补者留级，一科目或数科目未与考者,以该级所授全级科目数,平均其已考科目之总数。

第四十条　学生缺席在一学年内至四十小时者,应减学业成绩总平均一分,多于四十小时者,每逾二十小时,逐减总平均半分,不满二十小时者免减。

第四十一条　于一学期或一学年缺课至授课日数三分之一以上者,不得受该学期或该学年之试验。

第四十二条　操行分数依照学监舍监及各教员考察之总数,由校长判定,亦分甲乙丙丁四等。

第四十三条　学期及学年试验合格者,准予升级,毕业实验合格者,准予毕业证书。

第四十四条　学生升级及毕业以操行成绩与学业成绩参酌定之,凡学业成绩未及格,其分数相减,不及十分之一,而操行成绩列乙等以上者,得升级,或毕业学业成绩仅能及格而操行成绩丁等者,得停止其升级或毕业。

第四十五条　学生毕业后,自愿再学者,酌予升送分科大学,其品学兼优,无力求学者,本校留充校士,或介绍农业机关任便延聘。

第七章　纳费

第四十六条　本校不收学费(因犯过退学者得酌量情形追缴在学期之学费)每学年膳宿费三十元,于初秋始业时预缴,通学生不在此例,如遇寒暑假内留校作业时,膳宿各费临时另缴。

第四十七条　学生书籍用品操衣实习衣等概归自理。

第八章　杂则

第四十八条　以上各条外,无明文记载者另订细则。

第四十九条　本学则得按教育部及省行政长官法令,临时修改,并得由本校体察情形,随时修正。

附沿革

本校由李德膏创办,李经迈、李经义、刘光典、吴闻生等赞助,募集本省士绅捐赀,于前清光绪三十年三月在湖南省城开学,名旅湘公学。三十一年,迁至芜湖,租定三圣坊民房为校舍,更名安徽公学。宣统二年,始建今校舍于芜湖东门外校场街。民国元年七月复由李德膏等公同议决,改办甲种实业学校,分设农商两科。二年春季,添设蚕科,并分商科为甲种商业学校,添置试验场所图书仪器标本药品，并建西式蚕室。是年秋季，赣宁兵变，奉省令停办半年。原定计划未能悉数举办。三年春季，又奉省令罢去商业学校，因即改称今名。

——安徽教育月刊：公文：普通：呈：教育部、省公署：第一一八五号（据第二农校呈送修正学则请核转由）（十一月三十日），附安徽省立第二甲种农业学校学则（中华民国八年七月），《安徽教育月刊》，1919 年，第 24 期，第 11—26 页.

指令

指令第五甲种农校第一六〇三号（呈一件呈为遵令补送计划说明书请查案核转由）

六月一日

呈及计划说明书均悉查核调查状况及建设计划书尚属详尽，应准并案核转至称改编之蚕学别科及副教员讲习科。两班学生均扣本年度终休业期满例应举行毕业。如该两科学生应习功课实能教授完竣，应准届时举行毕业试验，仰即知照此令附件存送。

附计划说明书

安徽省立第五甲种农业学校调查土地宜状况及建设计划说明书

——安徽教育月刊：指令：指令第五甲种农校：第一六〇三号（呈一件呈为遵令补送计划说明书请查案核转由）（六月一日），附计划说明书：安徽省立第五甲种农业学校调查土宜状况及建设计划说明书，《安徽教育月刊》，1921 年，第 42 期，第 32—34 页.

皖省东门外农业学校近为提倡蚕桑，起见于该校内添设蚕桑传习一班，不惟不收学费且每月津贴各学生膳费一元，以便开通种桑育蚕之风气。业经聘请周树棠为主任教员，闻周君愿尽纯粹义务，又聘请钱开智为临时协助，已于前日分别考试各学生开课矣。

——申报馆：蚕桑传习所成立，《申报》，1915 年 04 月 11 日，第 7 版，第 15143 期.

皖省实业教育谈

(进齐)

皖省实业教育之不振久矣,前韩国钧长皖在任不久,未能达其宏远之规划,然实业机关逐渐增添,迄今,数年其成绩略有可纪者,兹将考查所得分述如次。

省立农事试验场　自开办以来,今已六年,尚无试验报告书,其成绩无从探考,就其农场外面观之既欠整齐又多荒无,试验范围亦甚狭小,惟农作物科既花卉园艺科稍可观耳。场长郑焕之君对于农学颇有研究,惜所任用之各科技师洞晓农学者甚为寥寥,如化学科、蚕桑科、蔬菜园艺科各技师均未能有切实试验之成绩为可惜也。

省立森林局民国五年开办,局长孔寿农君办事热心,三年之内所种木苗不下百万,现分设造林已三处,每区造林约有十数万皆能合法,尤望该局长加意推广,则皖省林业前途大有可观。

省立模范畜牧场始归部立聘用西人为创办员,规模宏大,办理四年无大成绩,民国六年改为省立,由森林局长孔寿农君兼理其事,年来亦无进步可言。

省立模范缫丝厂今秋始委李广汉君创办刻正在筹备之中他无可述。

省立第一甲种农业学校　校长马德骥君今夏接办修葺校舍,即被人控告吞款,校内事件全委学监己则不常到校,而学监既任省议员又在校兼任课程管理事项,无力兼顾以致校规不肃,学生随意出游,授课时不出席者常有也。所可观者农场试验尚能合法种植布置,亦甚整齐较之省立农事试验场则稍优美,想此乃技师之得当耳。

省立第二甲种农业学校　校规甚为严整,生徒亦能慎守范围,书籍仪器均甚完备,学生成绩蔚然可观,主任教员陈介仁君学术优长,教授能得要旨,惟学生名数无多是一缺点也。

——申报馆:皖省实业教育谈,《申报》,1918年12月24日,第7版,第16473期.

参观江浙教育实业日记

辛酉之夏，五月十三日，为吾校农蚕两科赴江浙参观团出发之期。是日风平浪静，天朗气清。午后二时，由陶学监麓逸赵主任稼书，率队至招商码头，搭江新轮下水船。六时登轮，七时开驶，汽笛一声，船已离浦，回首宜城，笼单于万家烟火中，隐约而不可辨矣。离时尚有同学三五，欢舞于江干之上，若极表示欢送之意者，余等发飞巾以答之。未几，暝色下霁，万景俱敛，迺各自归船，藉衣而睡。翌日下午，船抵宁埠，落碇后，陆续登岸，齐至沪宁车站候车。十一时，乘夜快车赴沪，时夜既半，且无月色，窗外景物，俱归于黑暗，不克骋其焕彩矣。而余等乘此夜车，行此黑暗世界中，兴致益觉索然。及行至姑苏城下，天始光明，其时已是十五日清晨六点钟矣。余等方从梦裹乍回，睡眼朦胧，凭窗遐眺，见姑苏城逼近于铁道，河流交错，水利至便，陇亩整洁，作物繁茂，农业一般，于此可见矣。少顷，车行抵沪，转沪杭甬车往杭，自苏达沪，更由沪至杭，沿途之农业颇优，凡食用工艺用各作物，随在皆有，且能参用新法，冀图改良，是其农业进步之标征也。又沿途虽不乏河泽，然灌水仍有赖于车。车以牛力运转之，故有牛力水车之称，蜗然车棚，瞩目皆是也。盖田面与水面几等高，不便于开渠直放也。而其稻作之预备田，悉种以紫云英，红花初放，娇艳非常，望之不啻美女之敷脂然。自嘉善以往，直达杭城，虽路旁堤上，农田之隅，悉树以桑，可谓野无旷土矣。其山麓堤边，陇头河畔，虽有木如藁，长不达一二尺者，悉能加以保护，绝无任意砍伐之者。于此可见浙省非特蚕业发达，而农民于林业知识上，亦略备矣，否则谁不砍伐之而为薪耶。下午二点钟，至杭城城站下车，寓羊市街新迎宾旅馆，甫卸装下榻，聊浣风尘，以资休息焉。

十六日清晨，由羊市街徒步赴浙江省立女子蚕桑讲习所参观，由吴所长招待余等于应接室。茶话移时，导往各处参观。先至上簇室缫丝室、干茧室等处，次至饲育室调桑室。上簇室计共十间，簇用蜈蚣簇伞形簇二种，均由人工所捻制，并无制簇专用之器械。饲育室亦无专用者，由普通房舍兼用，且无换气之装设，故换气极感困难。蚕种计十有七种，以新元诸桂诸夏一三种为最多，均四龄一日，有已饷食者，间有未饷食者。缫丝车系旧式改良，计念余部。缫锅用自来水管注水，惟无排水之装设。煮茧用口径约一尺五寸之红铜制锅，装于与缫锅同列之前端。更于其前方,装一水瓶,高约三尺,自来水管,亦利用此瓶之水。调桑室不连属于蚕室,且其室之中央,为出入之通衢。各处既已观毕,复回至应接室休息。室之左右,陈列成绩标本厨各一部,内陈设丝之成绩及蚕学用之模型。丝则有文锡诸秋四诸秋三等,其制法精美,装潢亦甚雅洁。此外尚有模型数种,如蚕体之解剖,蚕卵之解剖,化蛹之形态等。旋出讲习所,回寓休息。午后参观工业专门学校,该校纺织捻丝,与吾辈学农者有关,故特往参观。校长许炳堃德清人,招待余等于第一应接室,茶罢移时,由教务主任导往各处参观。先至修理室铸工室木工室,而后手织室、手织第一室、手织准备室、纹工室。手织准备室内有弹棉机一部纺纱机二部,皆系舶来品,我国盖无专制者,若从事仿造,亦甚简易,惟弹棉机稍复杂。手织第一室,专织绸丝,并各种美术品,如三潭映月、曲院风荷等风景画,织法精巧,制作玲珑,可见吾国织工进步之一斑。纹工室为织工室之预备室,专制各种花纹之图板,亦应用机械力。次及捻丝室,室内有法国式合丝机、法国式络生丝机、法国式捻丝机等数部,每部价合规元六百五十至八百余元,实习生约百名。次及应用化学室,内分三部,曰制革部、油脂部、制纸部,虽为学校试验性质,颇有大工厂形式。其时制革部正行柔皮手术,制纸部洗涤原料,油脂部炼油及包装肥皂,实习生约六七十名。更至力织室、染色室。力织室内备有丰田式摇纬机一部,木本式丝织经机一部,价合规元百两左右。染色室分染布、染绸两部,内陈设丝上光机一部,亦系外产。次及原动室,室有原动力两部,应用化学科试验室,分化学试验室与分析室,器械仪器室备化学用、物理用、仪器约二百种,并陈列有本校学生自制之汽船一只,船之左右,具有飞轮,即利用此轮以进行云。

十七日晨八时,往虎林公司第一分厂参观缫丝。是厂分两部,曰车间检查间,每间置管工一人。检查间管工,备检查器数种,如检尺器检力计检位衡等。以检查生丝之优劣,而分别其等第,给与工资。缫丝车约八九十部,生丝机约四五十部,选茧束装以及包装,俱附于检查间内行之。束装器俱用欧洲式工人,悉用女子,约有百四五十名之多,盖蚕丝事业,轻且易举,正可利用女子,共图经济之发展,谓非女子适当之职业而何。午后赴纬成公司缫丝部,该部干茧灶,系旧式改良,共三十余间,缫丝女工二百余名,均缫六头,施缴二百五十回,手术纯炼,操作活泼,出品优美且丰饶。再缫女工约四十名,束装二十人,纯系妙龄之女子,最少者仅十龄左右,平均每人每日可得工资洋三角,较之安庆女子之生活程度,不啻霄渊矣。又制绪丝工人三十余名，惟制绪丝，尚无精巧之机器可用，纯用手力拉扯，较为费力，非气力稍强者，不甚操作，故以中年妇人任之，旋离缫丝部，赴浙江省立原蚕种制造场，参观种蚕，该场在艮山门外，成立未久，屋宇不多，设备尚未完全，桑地亦不敷用，现正拟从事扩充，并添设分场及试验编译两科，以期发展。原只有蚕种二十一种，后由各县知事及各农蚕业机关与各养蚕家，陆续送到中外蚕种六十二种，大抵多系我国及法意日各国之著名蚕种。余等至时，由该场执事某君，招待于应接室茶话。室内悬一浙江省各县蚕桑叶比较表，系该场所制，据表浙江业蚕桑者，占全省十分之八九，不从事斯业者，仅最少数县，以杭城吴兴海监海宁四处为最发达，其他发达者居多数，始发达者数县，方从事斯业者，亦有数县。现正从事推广，愈演愈进，大有蒸蒸日上之势，直谓浙江省为我中华民国之蚕桑区，无不可也。茶话二十分时，乃往各处参观，先至饲育室，参观蚕儿，以诸暨之大拗子小拗子大桂圆小桂圆礅礷种，嵊县之大圆头嵊夏，新昌之新框，吴兴之三蚕正种四蚕正种，余杭之大圆白皮余夏，海宁之青皮沔红碧连，法国之大元新元等为最多。成绩室陈列丝之成绩数种，如赵多丝诸夏余夏等。该场干茧灶与纬成公司同，亦由旧式改良而成，贮种箱计四部，内有一部名低温度冷藏函者，系日本冷藏株式会社所制，其构造与普通贮种箱，无大差异，惟其内部之周围，可以入冰耳。其他尚有检查蚕种及制种器械显微镜等十余种。旋离制造场，入艮山门，及回至寓所，电灯已着火矣。

十八日，连日奔波，体倦神劳，故今日起身最迟，余等离榻时，壁上钟已八响矣。早点后整队至公共运动场，雇小舟赴蚕业学校即前之蚕学馆参观。该校居于湖心，面对苏堤，且距堤逼近，风景绝佳。余等来时，阴云密布，微雨淅沥，及登岸时，衣湿重衿矣。然余等兴致益豪，一跃登岸。刺入校长出迎，延至接待室，茶话有顷，导往各处参观。接待室陈列植物标本六十余种，矿物标本约二百种，动物标本五十余种，并有广东蚕业学校及江苏女子蚕业讲习所所制之丝，如仙桃鹅黄尖、仙桃白圆、意国六号东亭等，又申景昌洋行出口之丝数种，俱优品也。该校本年饲蚕凡念余种，如青桂、轰青、新元、诸桂、大元、桂元（一化性）、新元（一蛾育）、法新元、法大元、新轰、赤熟、纬成、长新、龙角、湖色馀一、嵊二、沔三、碧连、花新元、一化性碧连、诸夏玉蚕、抑制诸夏（二化性）、九里松、馀九、台白、新元原种等。成绩室陈列一本校学生制之丝绵象，及各种丝茧之成绩，丝则有大元（织度12/14）

铺利及哇而戊青桂欧黄碧连(以上四种织度俱11/13)等,均由浮缫法所制成。茧之成绩有龙角、大轰、大圆、新元、柞蚕茧、榧子、诸桂、嵊二、沔五、沔三、滚圆、青桂、海宁黄、勃林芍、嵊一、长良、又昔、金巢、欧黄、鲁诸桂、嵊四、余杭、浒新元、奉白、掰伦衰沙、诸四化、诸二化、诸元、葑黄、葑白、黄栖凫、轰青、余金种、泺阳、余姚等,其贮桑室去于茧灶甚近,灶用二重铁板,中贮以沙,上层铁板之中央,穿有二圆孔,所以使沙内蓄积之热,得容易徐徐上升也。另有烘茧厨一部,其构造颇简易,普通养蚕家用之,最为适宜。即以竹木合制成形似贮种厨之厨,下方入以火盆,上方备竹制,或藤编之筛数层,以便盛茧之用。惟火盆宜较大,合于厨下方之容积,入以已燃熟之炭火,使不发生火焰及烟。为其使用之注意点,其缫丝车及再缫车,计各十四部,并有纺绵车十二部,日本产也,每部价值合我国银币十余元,其构造与我国纺绵车相仿佛,殆由纺绵车改良而成欤。如其果然,则我国原有之物,不思所以改良利用,而让之外人,转以重价购自外人,良可慨也。旋出蚕校,带雨登舟,驶至岳王庙前上岸,遵湖沿奔至西湖公园。雨益大,道路泥泞,衣靴尽湿矣,爰就公园稍憩,并摄影于此,以志纪念。既毕,天色渐近黄昏,而雨仍未稍止,不得已雇大船一只,驶归运动场,转乘人力车返寓。

十九日,是日雨犹未止,不能出寓门一步,枯坐旅邸。岑寂无聊,或下军旗,或随意谈话,或作黑酣乡之游。刹那间,一日之光阴,已成为过去,少顷,电火齐亮,市声渐息,又是黄昏候矣。

二十日,六时起身,饭罢束装至城站,搭早车返沪。下午二点钟抵沪,由关北下车,住四马路瀛洲旅馆。

二十一日,沪上工厂林立,缫丝厂亦甚众,然其总办多用外人,大队参观,良非易事,余等初来沪上,人地生疏,又苦无介绍人,偕同参观,正筹思间,茶房以商务印书馆招待周君名刺入,不禁大喜,逐延入室。周君说明来意,并招待一切,陶师爰请其介绍参观吴翥丝厂。该丝厂共有缫车四百一十六部,欧洲式束装器二十部,制绪丝工人凡二百名,剥茧工人三四百名,选茧工人约二百人,缫丝及再缫工人四五百人,纯系女工。内中半数为北五省之灾民,惟其缫丝手术,不甚精炼,仅缫三头,其缫车与杭州各丝厂所用者,微有不同。其丝篗装于木制之厨内,可以预防尘埃落于丝上有损丝之色泽也,其选茧手续,殊为复杂,其品质大相悬殊者。如污茧,微锈茧,同宫茧,蛆茧,薄皮茧,破口茧等,自当严为区别,即同一种类，复按其形状大小，茧层厚薄，详加选择，对于选茧一节，可谓详尽矣。旋离丝厂，拟往泰丰罐头制造厂，参观一切，继因时间关系，遂返寓休息。

二十一日，天雨，上午十时，雇车随行，以运行装，由四马路赴黄浦滩。乘大达公司大苏轮船，往南通进发，正所谓汽笛一声，飞出黄歇浦矣。

二十三日，晨六时，抵通，由姚港登岸。去南通城，尚有八里，乃雇小车五辆，运载行李。步行至城南有裴旅馆，是馆面对公园，风景尚佳，内部亦颇雅洁，并设有弹子房，供住客游玩。自姚港上岸，沿途多麦作，而畦畔间种以豆，此为通地一般农民习行之法，惟小麦多患黑穗病。而稞麦则否，然间有罹赤涩病者，且甚剧烈，约占全田十分之八九云。

二十四日，南通棉业之发达，为国人所公认，以一县之地方，纱厂竟多至七十有二，可想见其植棉事业之盛矣。通地普通农民，全年作业，分为两期，一期麦作，一期棉作，其植棉颇富经验，且参用新法。其新法授自农校，该校为张蔷翁私人所办，内容堪羡，办理悉心，在全国甲种农业学校中，不逊人先。余等此次来通，目的其在斯乎。但该校既为私人所办，故来通参观者，必得其许可，始得参观，否则敬谢参观牌高标，自不能越雷池一步。余等初次来通，尚未谙其情形，闻之于有裴经理，始知详细。陶赵二师，爰往会张孝若君，索得参观证一纸，故今日午前十时，遂往是校，由农科主任郭守纯君，导往各处参观。其蔬菜园，由学生分担实习，现有蔬菜十余种，以香菜、塔窠菜、荠菜为多。余等至时，日渐近午，阳光已烈，其时实习生正在除草。旋过测候所，本日温度，竟增加两度，天气闷热，又有作雨之势，复行至果树园，果树计凡十数种，内中有莱阳梨一株，系张南通所手植，为农场规成之纪念。此外尚有樗园蔬菜种苗园，因为时间关系，未克往观，乃造农场，场内俱为棉作试验，亦为学生所分担试验，计棉种凡百五十六种，俱系美棉埃及棉印度棉及南通棉中之优良种类，名目繁多，不及备载，分为种类试验、肥料种类试验、距离试验、深浅试验、摘心试验、断根试验、灌溉试验、间引试验、中耕试验、加热试验、开絮促成试验、连作试验、期节试验、交配试验。种类试验，注重分别栽植，以比较其成绩，及品种之优劣，为抉择良种普及农民之预备，分为茎长花色结铃强弱比较、棉量纤度纺纱支数比较、经济损益比较。肥料种类试验，以人造肥料及各种肥料，施于同等之地积。区分试验，比较成绩，以定若何种棉，施以若何肥料为有利，用若干分量为最适宜。距离试验，以同等地积十三区，每区肥料相同,而异其栽植距离,以比较其收获量之多寡。深浅试验,以同种之棉,施以相同之肥料,同法栽培,而异其植付之度,以比较其收量。摘心试验,以同等地积,同种之棉,施肥除草,一切处理俱同,惟摘心异期,以比较其成绩。灌溉断根间引等试验,亦如摘心试验,惟异其灌溉断根间引之期节,以考究其收获之成绩。加热试验,以同等地积八区,而加减发热材料之用量,分别栽植,以比较其收获量,按比重试验,因为南通较南美稍寒冷,且降霜亦早,故栽植美棉,往往开铃时遇天气寒冷而停止其作用,势不得不以加热方法补救之。开絮促成试验,以各地早生棉,同地积同肥料同法栽植之,惟异其种类,而比较其收量之多寡。连作实验,以同地积同植法同肥料连年栽植,以考证棉之连作适否,及其年限之多寡。期节试验,为播种适期之研究,其法亦如前,惟异播种期节,而比较其收获之成绩,以定播种适宜之期节。交配试验,则完全为改良品种起见,其主要之目的,在利用棉之变性,造成适于我国栽培之新品种,用美棉之优良种类,与南通棉相交配。此外尚有害虫毒杀试验,其所用之药剂,为砒酸钙砒酸铅二种,施用次数,随棉之生长及被害情形为转移,大概三次至六次为最普通。其所习见之害虫,厥为地蚕,专害棉根及幼苗。又该校百五十六种棉中,以鸡脚棉收量为最丰。近复由通地农民家,重价觅得一种名小白花者,其收量竟超过鸡脚棉四五十斤,每亩有百二十斤收量。其收量所以如是之大者,因为此种花形甚小,开花之期,不畏霖雨,非如他棉一过阴雨,即有落花之虞。……天门冬恶实或称牛蒡车前苍耳栝楼牡蒿蠡实三七草贝母俱出本草。土三七出于植物名实图考。此外尚有大蓟、小蓟、蒲公英、何首乌、虎杖、酸模、藿香草、石蚕、紫苏、薄荷、黄精、萎蕤、玉簪、乌敛莓、泽漆、乌臼、续随子、茜沙参、桔梗、蛇莓、牛膝、木贼、王不留行、乌头、白头翁、皂荚、苦参、合欢木、商陆、紫花地丁、旋花、马兜铃、延胡索、石蒜、地黄、十大功劳、枸杞、香椿、射干、鸭跖草、襄荷、羊踯躅、黄杨、清风藤、女贞、忍冬、枸橘、络石、由跋、马鞭草等。无暇细载,乃摄影而去。

二十五日,晨六时整队,匆赴天生港搭船。雇小车随行,运载行囊。步行十八里,至则船已开矣。复返至芦泾港,住永朝夕旅馆。午后无事,随意投趾于江畔石路之上,信步至陈氏园。是园之周围,种柏成篱,园之中央,峨然一冰室在焉,其冰室之构造,半居地上,半处地中,宽广约二亩。屋甚高大,内部分成若干小间,每间有小门相通,下铺以砖,黑暗无光,冰入其内,历暑不融,其所贮之冰，出售兼自用，每年可得二百元之入款。另有红白两种玫瑰千余株，葡萄三四百株，俱系垣作，天津水蜜桃约三千株。此外尚有森林苗木五六种，如法国梧桐、油桐、乌臼、杞柳等，计各三四千株。旋出陈园，信步所之，每行一村，莫不闻有机杼之声。足见南通之棉业，亦犹之乎。杭城之蚕业矣。

二十六日，午后一时，由芦泾港搭武昌轮船，沿途风顺，三宿抵皖。回校后，闭目思之，情景如在目前，爰拈以志之。

——安徽省教育厅：参观日记，《安徽教育月刊》，1921年6月，第42期.

省立第二甲种农业学校时期（1912—1926）

1919年的芜湖县志记载："省立第二甲种农业学校在县东门外校场街，民国元年七月就安徽公学改办……由李德膏等公议改办甲种实业学堂，分设农商两科。二年春季添设蚕科，并分商科为甲种商业学校，增置试验场，图书、仪器、标本、药品并建西式蚕室。是年赣宁事起，停办半载。三年春季始奉省令改办今校。"

1934年出版的《第一次中国教育年鉴》也记述"（1912年）湖南移归芜湖之旅湘公学，亦于此时改称甲种实业学堂。……民元以后，安徽职业教育逐渐发达，安徽都督柏文蔚将以前之高等农业学堂及实业学堂合并为省立第一甲种农业学校。二年，都督柏文蔚将芜湖甲种实业学堂分为省立第二甲种农业学校与省立甲种商业学校。"

甲商迁出后，省立第二甲种农业学校仍在原校址，保留了学制为三年的农蚕两科。1915年元月，增设预科，学制为二年。1917年又增设学制为一年的乙级预科，原预科称为甲级。1919年起，只设学制一年的预科，1924年取消。新生进校先读预科，然后才升入农、蚕本科。预科以学习文化课为主，本科以学习专业课为主，也上必要的文化课。

安徽公学改办甲种实业学堂时由卢仲农主持，改为省立第二甲种农业学校初期是李寅恭校长。其后先后担任二农校长的有胡延禧、吴光祖、卢仲农、汪雨相、王仁峰、后宏开、沈子修、段天爵等人。二农校长更迭频繁，他们虽然任职不久，都因故去职，但对办学却十分认真。他们注意延聘具有真才实学，热心教育的学者任教。先后聘用了国内著名农学家吴觉农、朱凤美、汤惠荪、沈宗翰、朱心畬等担任教学工作。他们教学要求严格，效果很好。

省立第二甲种农业学校在教育上具有显著的特色。

首先,不仅重视课堂教学,还强调劳动实践。学校不断扩大实验农场,开辟了植物园、工艺作物园,校园四周遍植桑树,还开辟了以示范为主的模范桑园。学生经常在校长、老师的带领下,到田头地间参加劳动。农科学生自播种第一日起至成熟日止,不但参与劳作,还制作不同生长期的植物标本,蚕科学生在养蚕期,轮流值班育蚕。吴光祖校长在职期间就终日奔忙于田头、桑园、课堂、蚕室予以督促与指导。学校重视劳动实践,使学生增强了感性认识,提高了实践操作能力,获得了扎实的农业知识。

其次,除了专业课,还重视国文、数学与英文的教学。这三门课在整个学时中占有很大的比重。因此,二农学生能讲能写能算,英语程度也很好。

再次,学生的课余活动极其丰富。学校曾多次举办过演讲会、成绩展览会、菊花会。同时,学校兴建了不同类型的运动场所,经常举行运动会,使学生都有一个健壮的体魄。

省立第二甲种农业学校还有一个很重要的特点就是具有爱国民主的革命传统,并能发扬光大。早在清朝末年,安徽公学的革命师生就对我省的辛亥革命运动作出了重大贡献,到二农时,公学的一部分教师仍在继续执教,如卢仲农、王肖山等人,他们都具有民主主义思想,对其他教师学生有着很大影响。此外,二农学生大都是农家子弟,革命精神都比较强而且年龄都比较大。因此,二农师生能在“五四”运动中冲锋陷阵,成为芜湖青年学生运动中的支柱,在社会上有很大影响,被时人尊称为“老二农”。经过“五四”运动的洗礼,有许多二农学生走在时代的前列,他们有的奔赴德国勤工俭学,成为早期共产党人;有的在大革命时期南下广州,报考黄埔军校与农民运动讲习所;有的是芜湖早期的青年团员和共产党员;有的在大革命失败后,投笔从戎,回到家乡参加武装起义并成为骨干力量。以上这些都为二农的历史写下了光辉的篇章。

1926年冬,省立第二甲种农业学校因军事原因而暂时停办。

附录

一、一九一五年《安徽省立第二甲种农业学校同学录》序

胡延禧

慨自神农尝百草，后稷树五谷，农业兴焉。天子亲耕，王后亲桑，国以农立由来旧矣。然秦汉而降，风俗靡敝，士习游宦，其力耕，以奉上资。椎鲁无能为者，虽劝农有诏，贵粟有议，而上为虚文，下亦不省，自封故步，无所可言。呜呼！千年农国任其寝微寝息，而不稍事挽回焉，岂不痛哉！欧风东渐，实业蔚兴，始知农为专门之学，乃稍稍设学校以研求之。吾皖地届江淮土壤膏沃，物产饶裕，盖亦农政切要之乡。辛亥以来，分设农校数区。本校系由安徽公学改建，校址缘山而立，去城市嚣尘远甚，实验区城较易扩充。诸来学者慨系吾皖缙绅子弟，切磋讲贯必有心得。易曰："同声相应，同气相求。"又曰："二人同心，其利断金。"凡百事业宜求同志，矧在农事尤贵能群勉焉，孜孜日进无已，则我数千年农国，庶几一日报兴焉，岂异人任哉！

诸生以编辑同学录，为请余深韪之因，为具列职教各员暨学生姓名於篇，成为一卷，以志盛迹云。

二、省立第二甲种农业学校一九一六年度周年概况报告

(一)关于职员事项

(甲)管理员　一九一六年十月十日，校长吴光祖奉前省长倪委任到校，同时聘学监王肖山、谢家鹄，舍监吴天民，文牍兼统计潘世璜，庶务兼会计汪仁晖。图书仪器管理吴传薪一九一七年一月辞职，由吴天民兼任。农场管理员兼稽查李跃祖，校医陈翰增一九一七年一月辞职改聘翟味之。技士杨懋经、夏道湘于一九一七年一月辞职，由刘平丞、卢焕勋充任。司事由潘秉文充任。

(乙)教员　农科主课教员章鑫培一九一七年一月辞职，改聘吴球担任。实习教员杨忠辅一九一六年八月到校，一九一七年一月辞职，改聘蒋步瀛担任。预科数学教员查绍夔一九一七年一月辞职，由方振东兼任。英语教员赵应和一九一七年一月辞职，改聘胡塍担任。体操教员鲍光宇一九一六年十一月辞职，由陈国钧担任，一九一七年一月辞职，改聘祁元政兼乐歌教授。蚕科主课教员由陈之藩担任。国文教员方希乾一九一六年十月就职，马光晔一九一七年二月就职。各级修身兼预科乙级历史教员由学监王肖山兼任。预科乙级理化、地理教员一九一七年一月聘施普担任。预科乙级博物教员由学监谢家鹄兼任。本科数学教员方振东，理化教员汪树德，历史地理教员查瑞，图画教员齐宗浩均如旧。

(二)关于建筑及设备事项

(甲)校舍之修理　查校内礼堂、教室、自修室所有屋顶、墙壁、阶檐、地板、窗扇各处积久失修,大半损坏。去年冬季及本年春季竭力经营。凡需瓦木金漆各项工程,最要紧者提前修理,惟时期短促,经营有限,所有未了工程均于一九一七年度继续举办。

(乙)农科之建筑及整理　前安徽公学收买之永春庵,年久倾坏不能应用,已重加修理改作农工宿舍。宿舍东首建造茅盖畜舍四间,又于校门西首划地一段为植物园。校舍北阜辟地一段为工艺作物园。校舍东围墙外,有地二十余亩,向系招佃耕种,今已先后收回作为普通农场,下年可供学生实习之用,惟其中尚杂有乡民田地住宅约占面积二十余亩。又校舍西面除开辟桑园、植物园外,所有田地划为实验农场,专供教师及高级生研究学理之用,其中亦杂有乡民田地住宅约占面积三十余亩,愚氓无知混杂一隅,时被侵害,将来均拟备价购买,以谋管理之利便而求区划之整齐。

(丙)蚕科之建筑及整理　一九一七年春间,择在蚕室左侧新造瓦盖储桑室四间。蚕室北面新造瓦盖调理室三间,专备学生育蚕之用。蚕室西首向有乡民坟山一片,亦经出资劝令迁葬,一律垦熟,并从浙江增购双枪、单枪桑苗一千余株,分别栽植,名为模范桑园,以期学理之实用而资乡民之取法。

(丁)书籍仪器之购置　书籍原有六千五百五十一册,新购一百六十九册,二共六千七百二十册。物理仪器原有五千六百九十六件(损坏未除),新购三百一十件,二共六千零六件。农具原有三百七十七件(未除损坏),新购五百四十件,二共九百一十七件。蚕具原有八千二百九十四件(未除损坏),新购四百二十三件,二共八千七百一十七件。

(三)关于学生事项

农本科二年级学生原有十八名,招收插班生二名,一九一七年一月除试验不及格者降入农本科一年级一名外,共计十九名。农本科一年级由一九一五年度预科毕业生升入五名,招收插班生七名,原共十二名,一九一七年一月招收插班生十名,二年级降入者一名,除孙联甲、高振吾、黄杰、余鸿翥、葛元栋等五名甄别退学外,共计十八名。蚕本科一年级由预科毕业升入者十四名,招收插班生八名,农本科降入者一名,原共二十三名,除一九一七年一月甄别退学张长明、方其兴二名外，共计二十一名。预科甲级新招学生十四名，一九一七年一月招考插班生十名，除甄别退学张伯操、邓光禹、吕绍曾、萧寿生、何念颐、夏鼎新等六名外，共计十八名。一九一七年一月，奉省令增设预科乙级一班，招收学生二十二名。

（四）关于经费事项

（甲）经常费　岁入统计（自一九一六年七月至一九一七年六月），全年奉拨银元一万四千九百二十八元。岁出统计（自一九一六年七月至一九一七年六月），全年共支银元一万四千九百二十八元。

（乙）临时费　一九一六年十月前校长移交银元二百元零九角二分三厘，一九一七年上半年规定银元一千五百元，合计银元一千七百零九角二分三厘，业经开支无存。

（丙）学费　每学生一名，全年征学费八元。本年度除特待生及贫苦力学生例不收费，并滞纳学费不计外，共计收入银元四百二十八元。

（丁）农场收入　一九一六年十月以前均由前校长经收呈报，开支在案。自十月以后所有绿营校军旧址及校址附近地亩，先后陆续收回，作为学生实习及规划为普通、经济、模范三种农场之用，惟因该佃贫苦垦熟有年，去秋菜麦又经先期播种，恳求免征一季租金，当即分别豁免，故所入亦属有限。总共地租并今年春+原有实习场收入，除留存种子、标本及消耗外，共计银五十五元八角零八厘。

上列学费及农场收入两项，因校费不敷，业于六月呈请省署批准，截留弥补在案。

（五）关于课外游艺事项

（甲）讲习会　由职教员及全体学生组织而成，每逢星期六午后课余时行之。

（乙）游艺会　由各级学生共同组织之，分军乐，球、田赛、径赛、技击五部，每日上午早膳前或下午课余后行之。

（丙）二分间体操　集合全体学生于每日晨起未授课以前行之。

（六）关于临时发生事项

校舍西面向有芜湖县春耕田七亩，共计五坵。农塘一口已于民国元年十二月划规本校收管。近年校长更迭致将田种遗失二坵，农塘水利亦失。一九一六年十一月，清查农场始知该田及农塘均被附近居民杨志远侵占，当经函请芜湖县余知事勘明，即饬杨志远将田塘一并退还，仍归本校收管。余知事念其母老家贫，商由校内津贴银圆十元寝事。

（七）关于未来计划事项

（甲）建筑及设备　本校系就前安徽公学改组，校舍多不敷用。查自民国改办农校，而后教员多携带眷外宿，本年规定教员一律住校。一九一七年一月又增设预科一级，将来学生加多，所有教室、教员室、学生寝室、自修室均受拥挤，自作添造房屋决无客留之余地。他如农产制造室、温室、禽舍、堆肥室、测候所、细菌室、分析室、烘茧室、缫丝室、陈列室、各科研究室、储藏仓库均付阙如。又如化验、土壤、肥料、观测、气候以及农产制造、蚕丝检查所用各项器械亦未齐办。现急待发给专款，尅期建置，以资应用，否则教授管理极形困难，此尤不可不预为筹划者也。

（乙）教科之整理　本科学生定章三年毕业，科目繁多仍恐难得要领。欲求农事改良，仍应另设研究专科，务使毕业学生各就性之所近，分别讲求，以达精密地步，而后，施诸实用，方有把握。兹拟本科毕业后再增设农产制造及病虫害，均为吾国农民最所困难之事，如苏州设农产制造科，通州又设农业工科，是皆切中时弊而为，吾省所亟须注意之事也。至如森林兽医各科只有俟诸农蚕两科设备完全之后，再行开办。

（丙）经费之整理　本校农场均系民国初元随时收买，东鳞西爪，每苦不成片段，而各科必须之建筑与设备亦苦不能完全如上所述，每年仅拨临时费千余金，用途既广而限制又严实，属无可措手。兹拟请拨特别费银一万五千元，专供收买东西农场内夹杂之乡民田地住宅，并增筑校舍购置器械之用，庶几奉行有自，不至顾此失彼，前途发展有其时矣。

（丁）学风之养成　本校管理纯取严格主义，每周有全体训话，临时各有训话，早晚有实物训话，一载以来稍有整齐严肃之气象。一九一七年春季又在寝室前面新辟学级园，分栽各种花卉，悉由各级学生分别处理，朝夕无间。要于优游藏息之间，不忘勤朴坚实之义，并于寒暑假期内规定服务规则，考察各地农业状况。春秋始，业时造具报告以增进其必需之能力，将来各县农会及试验场如经组织就绪，则巡回讲演或指导等事不难胜任愉快矣。

摘自1918年第一期安徽教育月刊.

三、省政府(为呈复参观省立第二农业学校开会展览由)指令

指令省视学向道成第二十二号(为呈复参观省立第二农业学校开会展览由)。一九一八年一月八日,据呈报参观省立第二农业学校展览会成绩情形及清折,均悉该会成绩昭著,良由平日办事认真至深。嘉许该视学报告各节,亦皆井井有条,除训令外,合亟令仰该视学知照此令清揩存。

附原呈

呈为呈报事。窃道成于上午十二月二十八日,奉钧令内开案,据省立第二农业学校校长吴光祖呈称:窃属校前拟年假期内,将各科教授成绩开会展览,业经呈奉省长核准在案。兹订于一九一八年一月二日至三日为正式会期,理合呈请训示批评,以策进行而昭慎重等情到厅。据此,除指令外,合行令仰该员即便遵照前往参观。事峻仍将参观成绩情形,报候察核等因。奉此,遵于三十一日赴芜。本年本月二日至三日为该校正式会期,会场布置尚称周妥。各项展览物品,亦皆朴洁无华,且有管理员从傍殷勤说明,故参观颇觉兴味盎然。而农科成绩于种苗顺序,蓼蓝顺序,均自播种第一日起,至成熟日止,逐次制成标本八十余付,各种害虫细菌实验图七十余付。各国各省各种谷类输出输入比较三十余付。种子数量检查,稻穗度数检查,均列表一览。至蚕科成绩亦颇可观,足证该校对于研究上素多均实。除将该校分部陈列,抄单另呈外,所有奉委参观展览会情形,理合具文呈报,优乞鉴赐察核,实为公便。谨呈。

该展览会陈列分部细目抄单附后。

计开

(甲)农艺部

①农具室②成绩室③测候所④花房⑤家禽场⑥软化室⑦促成室⑧作物研究室⑨农业实验室⑩作菜室⑪家畜场⑫普通农场⑬经济农场⑭试验农场⑮露天堆肥场

(乙)蚕桑部

①蚕具室②研究室③成绩室④缫丝室⑤实习桑园区⑥模范桑园区⑦采苗桑园区⑧速成桑园区

(丙)博物部

①动物室②植物矿物室

(丁)理化部

①物理器械室②化学预备室③化学分析室

(戊)图书馆

图书室

(己)游艺部

①锦绣河山②社会现象③成绩室④缫丝室⑤武陵别墅⑥始祖西陵室⑦衣食住⑧丐史⑨新月令⑩讲演⑪否极泰来⑫人力夺天工⑬喷水泉⑭黄山模型

(庚)征集部

①省立农业试验场出品②各道县出品③各农业机关出品

(辛)沿革部

①本校模型②雪泥鸿爪

(壬)运动部

①游艺武库

(癸)化装演剧

二日　三十年前后之农业

三日　英雄义气

摘自1918年第一期安徽教育月刊.

四、安徽教育厅训令各属酌量聘用本省第二甲种

农业学校毕业生由安徽教育厅训令:令省立各学校六十县知事

案奉省长公署第八八五号训令内开,案据省立第二甲种农业学校校长吴光祖呈称,窍属校本年暑假农本科,蚕本科三年级学生修业期满,业经呈奉。

教育部核准举行毕业,并由教育厅派员到校监试完竣,先后具报在案,当查皖省农业教育及农业行政现在均属萌芽,各机关对于此项人才不免有所缺乏,甲种农业学校专供社会实用之需要而设,毕业生徒当不可听其闲散。属校此次农本科毕业生方仪等十三名,蚕本科杨士彬等十七名,均经习有年,自作漫无一得。兹值省长振兴实业,正在赖人经营,理合开送。农蚕两本科毕业生名单备文呈请钧鉴,俯赐通令各厅、各县知事,查照该生等所学科目,分别聘

用,实为公便。等情据此除指令外,合亟令仰该厅即便转饬所属各机关酌量聘用可也。此令等因并抄发名单一纸到厅,奉此除分行外,合行令仰该县、校酌量情形,分别转饬,聘用可也。此令。

计抄发名单一纸

代理厅长:董嘉会

1919年7月

附抄名单

安徽省立第二甲种农业学校毕业生名单

姓名	年岁	籍贯	科别	备考
方仪	二二	安徽桐城	农学本科	
段天增	二〇	合肥	同	
叶家鼎	一九	无为	同	
王在勤	二二	来安	同	
李孝存	二〇	霍山	同	
段季休	一七	合肥	同	
刘国瑞	二〇	浙江绍兴	同	
吴立元	二一	安徽桐城	同	
王同仁	二〇	当涂	同	
张学诗	一九	无为	同	
吴树森	二二	桐城	同	
张心一	二一	当涂	同	
沈在祥	二一	石埭	同	
杨士彬	二三	巢县	蚕学本科	
夏传鸿	二五	和县	同	
李作霖	二九	霍邱	同	
张继炳	一八	滁县	蚕学本科	
吴肇东	二一	当涂	同	
余问农	二六	宣城	同	
陆宗义	二一	来安	同	
单昌祺	二二	滁县	同	
杨士淦	二二	滁县	同	
李茹涵	二三	宣城	同	
李尚恩	二三	巢县	同	
张尚嵎	二二	六安	同	
陆晋云	二〇	来安	同	
单尚仁	二一	巢县	同	
成安明	二二	巢县	同	
孙德恺	二二	巢县	同	
谢继翼	二一	浙江绍县	同	

摘自1919年《安徽公报》第五〇五期.

五、安徽省立第二农业学校招生通告

(一)学科及名额:农科一年级四十名,蚕科一年级四十名。

(二)修业年级:四年毕业。

(三)投考资格:高级小学毕业生或初级中学肄业一学年者。

(四)报名日期:自七月一五日(即阴历六月十四日)起,至试验前一日止。

(五)报名手续:报名时应缴①毕业证书或修业证书。②最近四寸相片。③试验费一元(缴后无论取否概不退还)。

(六)试验日期:八月十四、五两日(即阴历七月十四、五两日)。

(七)试验科目:国文、英语、数学、常识、口试。

(八)缴费:①学费免收。②每学期缴纳膳费二十元(自开学日起算至放假日止余还缺找)。③杂费两元。④体育费一元。⑤制服费七元(余还缺找)。书籍自备。

(九)校址芜湖东门外。

(十)附告,本校农蚕旧制二、三级均有缺额,如有同等农校年级相当之学生,志原插班得缴呈转学证,验明后,准与一年级新生试验日期同时受编级试验。

摘自1924年7月17日《皖江日报》第二版.

六、一九二四年《安徽省立第二农业学校同学录》序

后宏开

记曰:“敬出乐群”,又曰:“离群居索也”者。有相聚之时,亦有相离之时也。及读斯宾塞尔之群学肄言与克鲁泡特金之互相论,又叹群之为义,贯彻中外,且生物界皆有之,况我神明之华胄乎?当此二十世纪之舞台,文明之花日形灿烂果。何自而呈此神奇不可思议之状态?与曰:“人类协助本能之产物也。”予供役省立第二农业学校,欲以今曰之合其群,谋学业之进化;他曰之涣其群,放世界之光明,而同学录其枢纽焉。虽人之能群,有精神之结合,似无取于形式。同学录形式也,然无形式其精神将奚以附丽乎?此同学录之所以编也,或谓人群之互相大抵宜于都市。农业之目的实用在于乡村,以吾国欲合其群于乡村难矣!然证之于古出入相友,守望相助,疾病相扶持。我国善于合群

者，莫如乡里之农村制度也。矧吾华以农立国，人类多数相处于田间。吾同学而不谋结合之，将来何以结合农民乎？故欲求农民之结合，莫先于吾同学之结合，然同学不能有聚而不离也。迺藉此为继续，为永久之结合，庶几他日之离群，无殊今日之乐群，以备实现理想之农村，而为大多数人谋最大之幸福焉。

——《芜湖农校志》编辑室：《芜湖农校志》，芜湖：皖南医学院印刷厂，1990年版，第2—9页．

二、芜湖农校历史沿革年表（1903年—1988年）

年月	校名	校长	校址
1903年7月	安徽旅湘公学	李光炯 卢仲农	湖南长沙
1904年— 1912年7月	安徽公学	李光炯 卢仲农 邓绳候	芜湖二街柳春园米捐局 1910年迁至芜湖东门外校场街
1912年8月—	芜湖甲种实业学堂	卢仲农	芜湖东门外校场街
1914年春—	安徽省立第二甲种农业学校	李寅恭	//
1915年—	//	胡延禧	//
1916年10月—	//	吴光祖	//
1919年9月—	//	卢仲农	//
1920年2月—	//	汪雨相	//
1920年9月—	//	王任峰	//
1924年2月—	//	后宏开	//
1924年9月—	//	沈子修	//
1925年9月—	//	段天爵	//
1926年12月—	//		//
1928年2月— 1928年7月—	安徽省立第二中等 职业学校	路调鼎 王应生	// //
1929年8月—	//	叶振钧	//

续表

年月	校名	校长	校址
1932年2月—	//	唐道海	//
1934年2月—	安徽省立芜湖高级	高锡福	//
1936年7月—	农业学校	赖毓壎	//
1949年8月—	芜湖市高级职业学校	石原皋	芜湖市环城东路
1951年10月—	皖南区芜湖市中级	吴廓民	芜湖市东门外校场东村
1952年8月—	农业技术学校	常曼克	芜湖市康复路99号
1953年4月—	安徽省芜湖农业学校	诸明	//
1954年3月—	//	谢捷三	//
1960年11月—	//	//	//
1962年11月—	安徽省芜湖农业专科学校	//	//
1963年—	安徽省芜湖农业学校	杜庭芸	//
1965年—	下迁当涂县分点办年陡、	陶冶民	//
1970年—	国屏、塘南、黄山四所公社中学	//	//
1978年4月—	安徽省芜湖农业学校	史纪昌	芜湖市康复路99号
1981年10月—	//	张庆广	//
1984年6月—	//	潘连英	芜湖市康复路107号
1988年6月—	//	张庆	

——《芜湖农校志》编辑室:《芜湖农校志》,芜湖:皖南医学院印刷厂,1990年版,第19页.

省立第二甲种农业学校在县东门外校场街,民国元年七月就安徽公学改办,先是桐城人李德膏于光绪三十年在湖南省城开办旅湘公学,三十一年迁至芜湖更名安徽公学,宣统二年始就校场公地建立校舍,民国元年七月由李德膏等公议改办甲种实业学校,分设农商两科。二年春季,添设蚕科并分商科为甲种商业学校,增置试验场、图书、仪器、标本、药品并建西式蚕室。是年,赣宁事起,停办半载,三年春季,始奉省令改办,今校本年度规定学生七班,经常费二万九百九十元,临时费一千六百元。

——余谊密著,《(民国)芜湖县志》,卷十九,民国八年石印本.

指令省立第二甲种农业学校(第一九三三号为呈报学生章澍培补行毕业考试请示遵由)十月十一日

呈悉查该生章澍培前经奉部核准举行毕业嗣据该校声明因病未与考试当经指令准予续行补考在案兹据呈请前来查案相符应予照准仰即遵章严格试验依式造表送厅以凭察核转报此令

指令省立第二甲种农业学校(一五七六号为呈送展览会刊及旅行报告请予鉴核由)十月四日

呈及会刊报告两册均悉该校前开展览会及学生前赴南通江宁两处参观各农业机关业经完竣造送展览会刊及旅行报告各一册呈请鉴核前来察阅所编会刊暨报告书研究纪录颇有心得足臻该校办事实心良深嘉许应准存备查考此后当益求进步无令南通专美于前也仰并知照此令书册两份均存

呈教育总长第二四三号(为呈报参考本省情形陈拟实业教育教材调查办法由)九月五日

为呈报参酌本省情形陈拟实业教育教材调查办法恳予鉴核事查接管卷内奉钧部训令第五四号内开案查全国实业学校校长会议议覆本部交议第七案内称实业学校教材欲求切合地方情形应请教育部咨农商部会饬各省教实两厅特设实业教育教材调查员将调查结果一年一次编成表册分发各校藉资参考等语查该校长等为征求实业教材起见所拟办法尚属可行除各省实业厅应由本部咨行农商部转令外合行令仰该厅长即便查照采录施行等因奉此职厅自应遵照参考本省情形筹拟办法以仰副钧部注重实业教育之至意查本省省视学每年视察全省一周皖南北省县公立实业学校共有十一所上项各该视学校长平时于实业教育教材自必随时留心考察现拟由厅确定办法即以此两项人员加委兼充实业教育教材调查员饬令各就平时考察所得每年详实编具说明书附以图表具文送厅由职厅考核后再会同实业厅将审查结果遵照原议一年一次编成表册分发各校参考似此办理于实业教育教材调查事宜不裨益除分别令委各该员遵照切实

办理外理合将遵令办理情形备文呈请钧部鉴核示遵谨呈

(以上实业)

——安徽省教育厅:1918年-展览会刊及旅行报告,《安徽教育月刊》,1918年9月,第9期.

训令(省立各学校六十县知事)第六五三号(省令转饬所属聘用第二甲种农毕业生由)七月五日(不另膳发)

案奉省长公署第八八五号训令内开,案据省立第二甲种农业学校校长吴光祖呈称,窃属校本年暑假农本科、蚕本科三年级学生修业期满,业经呈奉教育部核准举行毕业,并由教育厅派员到校监试,完竣先后具报在案。当查皖省农业教育及农业行政现在均属萌芽,各机关对于此项人才不免有所缺乏。甲种农业学校专供社会实用之需要,而设毕业生徒当不可听。其闲散属校此次农本科毕业生方仪等十三名、蚕本科杨士彬等十七名均经学习有年,自非漫无一得。兹值省长振兴实业,正在赖人经营,理合开送,农蚕两本科毕业生名单备文呈请钧鉴,俯赐通令各厅、各道、各县知事。查照该生等所学科目,分别聘用,实为公便。等情据此除指令外,合亟令仰该厅即便转饬所属各机关酌量聘用可。也此令等因,并抄发名单一纸到厅,奉此除分行外,合行令仰该(校县)酌量情形,分别转饬聘用可也。此令

安徽省立第二甲种学校毕业生名单

夏傅鸿	杨士彬	沈在祥	张心一	吴树森	张学时	王同仁	吴文元	刘国瑞	段季休	李孝存	王在勤	叶家鼎	段天增	方仪	**姓名**
二五	二三	二一	二一	二一	一九	二零	二一	二零	一七	二零	二二	一九	二零	二二	**年岁**
和县	巢县	石埭	当涂	桐城	无为	当涂	安徽桐城	浙江绍兴	合肥	霍山	来安	无为	合肥	安徽桐城	**籍贯**
同	蚕学本科	同	同	同	同	同	同	同	同	同	同	同	农学本科	农学本科	**科别**
															备考

姓名	年岁	籍贯	科别	备考
李作霖	一九	安徽霍邱	蚕学本科	
张继炳	一八	滁县	蚕学本科	
吴肇东	二一	当涂	同	
余间农	二六	宣城	同	
陆宗义	二一	来安	同	
单昌祺	二二	滁县	同	
杨士淦	二二	滁县	同	
李如涵	二三	宣城	同	
李尚恩	二三	巢县	同	
张尚嵑	二二	六安	同	
陆晋云	二零	来安	同	
单尚仁	二一	巢县	同	
成安明	二二	巢县	同	
孙德恺	二二	巢县	同	
谢维翼	二一	浙江绍兴	同	

——安徽省教育厅:1919年-毕业生名单,《安徽教育月刊》,1919年7月,第19期.

训令六十县知事第九八四号(据第二甲种农校呈送征求农产物品表式请分行各县并农事各机关)九月三十日

案据省立第二甲种农业学校校长吴光祖呈称,窃属校前于国民七年举行第一展览会,曾经呈请前省长黄通令各县征集农产物品。当时如期送到者计有蒙城太和东流婺源等县,业将开会情形,发行会刊具报在案,维是物质进化实与科学以俱新,而农事改良尤以教育为切要。甲种农业学校之设应就各地之情形施以适宜之修养,彼此不求交换消长无以推敲利弊,苟能详明观摩益收效验。寒来暑往,化机层出而不穷东作西成殖产有加而无已。皖以江分南北由来之习惯多歧,今以力求贯通最近之调查必要。虽行政程序有缓急之不同,而立教精神无斯须之,或息属校鉴于第一次展览之缺略。因有第二次展览之进行,兹拟本年十一月二十二日即旧历十月初一日为开会之期。关于省内外农产物品尤应广为搜罗庶足以资借镜。凡农耕及之地,即属校征求之心运送务先期而来,品种以极多为贵,勿以繁琐而耽搁,勿远阻而疑难实事之说明,乃乡土之胜概疑义之商榷,尤教学所欢迎。逐物审查,随谋试验之征,实分部陈列,悉供众览而无遗。天地不以爱宝而独私学术,断无居奇而终秘所有筹备第二次展览会,缘由理合造具表式,附呈鉴核迅予令发六十县知事,并转知各农业机关将地方农产物品统于十一月十七日,即旧历九月二十五日。以前迳寄来校,俾得知期展览等情,并表式到厅。据此除分行外,合行检发原表一份,令仰该知事查照如期征集地方农产物品填表迳寄该校陈列可也。此令

——安徽省教育厅:1919年-对农校训令,《安徽教育月刊》,1919年10月,第22期.

训令省立第二甲种农业学校(第七五二号,据省视学报告视察该校状况由)七月二十日

案据省视学汪声应呈报视察该校教育状况,并填送调查各表册前来查该校近年设备逐渐完全管理,训练均能切实,各科教授条例明晰,具有精神成绩亦多可观,足征任事实心深堪嘉许。应仍督率各教职员认真办理,注重实习勿懈始终是为至要,除呈报并将调查各表册存厅备查外,合行钞录报告,令仰该校即便遵照,仍将办理情形随时具报备核。切切此令

附省视学视察第二甲种农业报告

该校近年以来,对于设备加意,讲求农场桑园茶圃及玻璃温室设置,大有可观,图书仪器用品亦完全不缺。视察时值校长吴光祖请假回里修墓,察其管理状况尚能认真,表薄内有调话录,要调练一端切实进行非同敷衍。学生编为农本科两级,预科一级共六十二名,蚕本科两级,预科一级,共计五十八名。检查人数尚少缺席,各种表薄详细无遗,视察张教员若臣授农本科三年级作物病理(稻热病),讲解精细,汪教员树德授农本科一年级化学(硫磺),说明爽朗,学生易于倾悟。陈列教员维璟授农预科英文,启发具有条理,方教员振东授蚕本科三年级三角讲解明晰,陈教员之藩授蚕本科二年级实习预备尚未开始,学生权生实习场所自修,王教员露授农蚕预科,体操亦有精神,抽阅成绩各科均有可取之处。

——安徽省教育厅:1919年-视察情况,《安徽教育月刊》,1919年7月,第19期.

呈教育部省公署第一一八五号(据第二农校呈送修正学则请核转由)十一月三十日

呈为转呈省立第二甲种农业学校呈送修正学则仰祈鉴核备案事,案据省立第二甲种农业学校校长吴光祖呈称,窃属校学则前于六年春季修正一次,业经送

呈在案，兹因逐年实行尚多窒碍，特又详加修正刊册合检，送三份具文呈请核转备案等情，并修正学则三份到厅，据此职厅查核，尚无不合，除指令并存留一份暨分呈外，理合检同学则一份具文呈请钧府（部署）鉴核备案，指令只遵。谨呈

附安徽省立第二甲种农业学校学则中华民国八年七月（前已收录，此处略）

——安徽省教育厅：1919年－校则，《安徽教育月刊》，1919年12月，第24期．

指令省立第二甲种农业学校第一二六二号（呈一件呈送校内运动会影片及会场新闻目表请鉴核由）七月二日　呈及附件均阅悉，应予存查，选登教育月刊，仰知照。此令

附原呈

呈为呈送运动会影片及会场新闻事案，属校本年（1919年）举行夏季运动会，前经呈报，奉钧鉴指令九七号批准在案，所有会场情形曾摄影片五张，并发会场新闻九号，兹查影片业已印就，理合以一份计五张连同新闻九号计九张，并运动节目表，职员名单各一张，送请钧鉴俯赐，发登教育月刊，敬祈核夺施行。谨呈

运动会职员名单

司令	吴光祖																								
宣告员	方启贤																								
招集员	夏翰		陈维璟	胡长荣	蔡杰	余向农	安士龙	段天增	吴宜起	吴家珉															
纠察员	陈之藩	邬祥庆	方希干	王肖山	刘国瑞	孙伟恺	程达人	刁松龙	朱奎士	万徵祥															
发令员	王露																								

续表

记分员	李尔珍																								
记时员	方振东																								
丈量员	陈爽棠	李兴勃																							
评判员	曾球	张若臣	杨有绪																						
记录员	刘平丞	何其叶																							
报告员	吴天民	谢维翼	张继炳	杨士淦																					
救护员	汪树德	汪任远	李尚恩	夏傅鸿	章玉泉	吴希扎	沈继高	任昌正	李作霖	姚颙	黄大禧														
招待员	汪岳城	李竹溪	谢家鹄	卢光柄	汪志伊	蒋步瀛	褚华钦	计自澄	单昌祺	李如涵	成安明	姚宗华	张仁康	李洪模	沈岳高	叶家鼐	朱坤	朱扎阳	汪岳城夫人	江莘农夫人	王肖山夫人	单志伊夫人	江耘青女士	汪陈揖华女士	周陈姶文女士
庶务员	汪仁晖	吴榴荫	奚琛	沈在祥	尹宽	沈德源	汪祖安	季苏																	
新闻记者	方希正																								
书记员	诸思赛	程子固																							

会场新闻选录

校长训词

我们这个学校，原来是甲种农业，现在节令已经过了小满，渐渐的要热起来。为什么赶这个时候开运动会咧？农学校本是个劳苦的事业，我们平时实习也不知出了多少汗珠儿，已经天天在那里运动，又为什么开这个会，要大家都来运动咧？这个里面却还是有许多缘故，大家不可不想一想。《论语》上有"四体不勤，五谷不分"两句话，是那荷蓧丈人责备子路的；《孟子》上有"胁肩谄笑，病于夏畦"两句话，是那孟子告示公孙丑的。我想现在天气却是快要热了，大家能够在夏畦里讨生活不及比那胁肩谄笑的人更舒服吗？平时实习都是出了汗珠儿，大家能够把四体都操得勤快，不是比那荷蓧丈人更活泼？美国大学校学生有因游泳一科不及格都不准他毕业，看那美国人的身体，个个是精敏强干，果决有为的。我们中国出洋的学生没有一个人能和他争胜，菲律宾的学生比美国总要差些，今年远东运动第一名多半是他占去了。照这样看起来，我们农学生运动会算得甚么稀奇咧？安庆方面各学校今天也在公共体育场会操，可见得同我们是一样的心理，这些都是我们安徽教育界很好的现象。大家身上穿上运动衣和那兵士身上披了武装差不多是一样的意思，他们兵士的武装是捍卫国家外侮用的，我们学生的运动衣是促进身体发育用的。会场上做出的事体，却是含着许多许多的意味。团体操是表示我们公忠；田径操是表示我们义务；器械操是表示我们胆量；拳术操是表示我们风度；救护队是表示我们血性；贩卖团是表示我们经济；童子军是表示我们的道德。将来替国家做大事的时候，都像这样做去，中华民国还有什么外患咧？今天来宾很多，大家抖起精神来，做点儿技能。也就可以证明我们农业学生的体魄，也就可以实行农学校的校训，也就可以不辜负来宾在这里苦站着半天了。

记事摘录

乙商学生之可敬　午前九时半，乙种商业学校学生三十余人，由该校集队列会，并无教职员督率，而队伍整齐，精神活泼，于此可见该校学生自活力之强也。

省中派来代表　安庆教育会代表沈子修、法政专门学校教员周松甫，同于午前十一时到会,比由吴司令出席接见引至特别来宾休息室款洽,并参观本校各部成绩,颇为赞美云。

民德学校莅会　午前十一时,民德两小学,由管教员督率全体学生到会,通着黄色制服,步伐安详,举动敏活,由接待员引至参观地点,分排休息,极有秩序云。

芜关中学学生莅会　正午　芜关中学教职员率全体学生莅会,队伍整齐,精神亦壮,观者称之。

清真及北乡第一国民学校,午后一时　清真学校教职员率全体学生到会。一时,北乡第一国民学校学生继至,精神步武均属至善也。

警厅及县署派到之保护员　午前十时,芜湖县公署派来警备队二名,十一时,警察厅派来警士六名、队长一名,维持会场秩序,颇著热心,当由吴司令出席慰劳云。

萃文学校学生爱国之可风　午后一时,萃文学校教职员率全体学生莅会,精神步武,极有可观。尤足称者,该校学生以螺钿扣多属倭产,因是将操衣服上螺钿扣一律除去,改用布绳以代之。其爱国诚可风也。

芜关中学学生爱国之可敬　据访员报告,谓芜湖关中学学生全体之胸前佩有"勿忘国耻"四字,以示永远不忘也。

潭腿拳术　潭腿拳术由体育主任教员王秋如君率领各组运动员入场演技。就中以王君之拳术及运动员夏朝佐之板橙花为来宾最所资赏,拍掌之声震动全场。

好现象　现会场中之各界来宾所戴草帽,多系本埠及大东公司制品,鲜有戴用倭人之制品者,即乎此可见维持国货之心理,尽人皆同,从此坚持到底,岂非国民之大好现象乎?

圣雅各学校学生莅会　圣雅各学校李校长率同全体学生,整队到会,由招待员导入,由本校英文教师陈唐卿出席接见,并以英语与李校长畅谈甚乐云。

八百八十码赛跑之可风　八百八十码运动员汪育松跑至第末圈时,因观者拍掌过早,该员疑为已至终点,预备止赛,后又赶上跑道,仍然与赛,先后告终,虽评判员未准列入前茅,而该员之矢志不渝,实可风也。

器械操之五花八门　器械操有平台、单杠、跳高台、木马等技。校长及英文、体操教员并运动员均出赛。就中以英文,体操教员之单杠及木马为来宾最所称许。运动员之平台、单杠、木马、跳高等技,亦颇优美绝伦,自非平时练习,曷克臻此。深望青年学生从此大加振作,将来远东运动会中不难占一优席也。

跑步跳远之竞争　跑步跳远之前三名预赛已经评定，复经各员主张决赛，当得司令许可，赛后前三名又行更动云。

各校学生之队容　今日到会参观学生与普通人数大致相等，尚闻数校学生身着便服自由到会者甚多，此盖出于芜湖县视学奔走之力，姑志之，为以学界之一大纪念。

参观本校内部之评语　运动之休息期间内，来宾中由招待员导入内部参观者，先后不下三十人，颇蒙赞许，并谓规模宏大，成绩灿然。足征贵校校长教职员办事之热心也。

第五中学校长，教职员及学生莅会　午后四时，第五中学校长潘仰先君，教职员柯硕庭君、职员刘西屏君率领长服学生数十人到会。

胡君对于运动会之感言　胡君澄清告记者曰："秋季联合运动会之举，迭经集议，以女师范学校为筹办处。此次贵校运动会实为联合运动会之预备，而默察各校皆持沈静态度，殊不可解"。

快报

百码预赛
甲组第一名单尚仁，第二名周锡畴；乙组第一名李孝存，第二名王宝珍。
掷铁球
第一名杨士彬，第二名刘志涛，第三名李孝存。
一百二十码低栏预赛
甲组第一段季休，第二单尚仁；乙组第一吴立元，第二吴家珉；丙组第一吴宝起，第二黎文如；丁组第一胡长荣。
二百二十码预赛
甲组第一杨士淦；乙组第一胡长荣；丙组第一李承霖；丁组第一胡汁。
四百四十码预赛
甲组第一杨士淦，第二陆宗义；乙组第一刘志涛，第二周登高；丙组第一周锡畴，第二奚逌光。
百码决赛
第一单尚志，第二周锡畴，第三王宝珍。

续表

静姿远眺
甲组第一,乙组第二,丙组第三。
二百二十码决赛
第一胡长荣,第二杨士淦,第三李承霖。
八百八十码决赛
第一杨士彬,第二周烺,第三刘志涛、汪育松。
跑步跳远
第一单尚仁,第二吴立元,第三李孝存。
高杠
第一单尚仁,第二吴家珉,第三李孝存。
四百四十码决赛
第一周锡涛,第二刘志涛,第三杨士淦。
一百二十码低栏决赛
第一单尚仁,第二黎文如,第三吴宣起。
八百八十码替换竞走
丙组第一,甲组第二,乙组第三。
教职员百码赛跑(余兴)
第一李尔珍,第二王露,第三蒋步赢。

——安徽省教育厅:1919年-运动会,《安徽教育月刊》,1919年6月,第18期.

训令第一甲种农业学校校长马德骥号同前(由同前)四月十五日

案据省视学程滨遗、蔡继榕会同呈报、视察该校办理状况、并填送调查表册前来查该校各科教授大致均合,惟学级编制未能衔接实习场所尚应扩充,固有校产亦宜设法清理藉图整理,除呈报并将调查各表册存厅备查外,合行抄录报告,令仰该校即便遵照,切实办理,仍将办理情形随时具报备核。切切此令

省立第一甲种农业学校

该校学生七班蚕预科一本科二年级一农预科一本科一年级二年级一林本科

一三年级各一，其编制似不相衔接。视察时孙教员授土壤之有机成分，叶教员授物理之光线反射，尚无不合，惟该校自兴农事场分离后，实习场所不足，斡旋，于温室测侯所且缺而未备。又查该校成立于宣统三年，当时岁入全仰给于八都湖大沙凸之不动产。八都湖已有成数大沙子凸为新生地，其沙滩直抵螃蟹矶蔓延一二十里以外。初年计算岁增必在千亩或数百亩以上，合之渔课芦课，至今日供校用而有余，想未继续经营至毗届官荒为他人所先占，是则该校急宜注义者也。

——安徽省教育厅：1920年-视察训令，《安徽教育月刊》，1920年5月，第29期.

建国前的学校行政

一、校长

从一九〇三年到一九三七年，先后担任安徽公学、二农、二职、高农的校长李光炯、卢仲农、邓绳候、李寅恭、胡延禧、吴光祖、汪雨相、王任峰、后宏开、沈子修、段天爵、路调鼎、王应生、叶振钧、唐道海、高锡福、赖毓壎等人。

李光炯是安徽公学的主要创始人，他用爱国主义精神教育学生，提倡学生关心国家大事，开创了爱国、民主、自由的校风。

卢仲农是安徽公学的创始人之一，他几度出任安徽公学及二农的校长，他进一步发扬了安徽公学的爱国民主的传统，支持工农的学生参加爱国运动，受到爱国师生的拥戴。

李寅恭是合肥人，英国亚泊汀大学农林系毕业。未担任二农校长之前，曾担任英国剑桥大学林学院技师，安徽省第一甲种农校林科主任。后为江苏省国立中央大学副教授。

吴光祖是桐城人，他治校严谨，在二农主校时，积极倡导理论联系实践，重视学生生产实习，对二农的教学与实习并重的教育原则的形成起了很大作用。

汪雨相是嘉山县人，一九一四年就在二农任教，一九二〇年任校长，他对学校情况了如指掌，管理上驾轻就熟。他向学生灌输民主思想，在“五四”运动中积极支持学生的爱国运动，受到爱国学生的拥护。

王任峰是舒城县人，前清两江优级师范理化科毕业。他早年加入同盟会，制造炸弹,不幸雷管爆炸,伤左臂,仅存右手。任二农校长前,曾担任合肥二中校长。

沈子修是安徽霍山县人,早年毕业两江师范学堂。1907年参加同盟会,与朱蕴山、刘希平策划安庆讨袁起义,后曾在安徽公学任教,1924年担任二农校长。解放后曾担任安徽省人民政府副省长。

段天爵是合肥人,1916年毕业于省立第二甲种农业学校。1926年至1927年期间担任二农校长。现为安徽省农科院研究员。

路调鼎是怀远人,毕业于北京民国大学经济科,曾任大通市党部改组委员,安徽省党部秘书。在任二职校长时,压制民主,受到爱国学生的反对,被迫辞职。

王应生是日本农业大学的毕业生。

叶振钧是庐江人,法国南锡大学科学博士,在安徽农学界享有很高的声望。担任二职校长后,严肃校纪,制定了各项管理制度,一边抓教学,一边抓农业技术推广,使学校在各方面都有了很大发展。

唐道海是繁昌人,早年就读芜湖五中,后赴日本留学,专攻商科。担任二职校长前,曾在安徽大学执教。

高锡福是巢县人,国立武昌师范大学毕业。担任二职校长前,曾任省立芜湖初级中学校长,教育厅教育委员会常务委员,省立民众教育馆馆长。

赖毓壎是福建永定县人,私立金陵大学农学士。任高农校长之前,曾任金陵大学棉作系技术员,安徽省立二农教员,福建永定县立中学校长,江苏省立教育学院农业教育系副教授等职。

二、行政组织

公学时期,学校行政组织十分简单,监督(校长)之下,设学监、舍监各一人。

二农时期,学生人数增多,且又分设农蚕两科,行政组织也随之相应扩大。早期校长之下设总务主任、农科主任、蚕科主任。办事员有统计、文牍、庶务、会计、校医、农场管理员、技士、书记等。后期行政组织扩大为校长之下设教务主任、管理主任、事务主任、农科主任及蚕科主任。办事员有会计、庶务、技士、图书仪器管理、校医、事务员、农场管理员及书记员。“五四”运动后,又成立了学生自治会。

二职时期，学校行政组织较庞大，校长之下设事务主任，农部主任、商部主任‘事务主任下设会计股、事务股、校医股、图书股、书记股。农部主任之下设农科主任、蚕科主任、训育主任。商部主任之下设商科主任、训育主任。学校为了发动教职员工关心学校设立经济稽查委员会、推广委员会、群育委员会、卫生委员会、校刊编辑委员会、成绩展览委员会等。

高农时期，学校行政组织也采取部股制，校长之下设教导部、总务部、推广部、农场。教导部正主任由校长兼，下设教务股、训育股。总务部下设文书股、会计股、庶务股。推广部下设教育股、社会股、出版股、医药股。农场下设畜养股、管理股。各部场设正副主任，各股设正副股长。

——《芜湖农校志》编辑室编:《芜湖农校志》，芜湖:皖南医学院印刷厂1990年版，第20—21页.

教师状况

一、解放前的教师状况

解放前在学校登坛执教的教师多为饱学之士，有的是国内学者名流；有的是国外求学归来的；有的是国内名牌大学毕业的；有的是旧学底子深厚的，一般都能授几门课。他们教学认真，对学生要求严格，许多教师还对学生灌输民主爱国思想。学校于解放前为社会输送了近三千名有用人才，教师在其中作出了重大贡献。

曾在安徽公学(含旅湘公学)执教的部分教师：

赵声、黄兴、张继、刘师培、苏曼殊、陈独秀、陶成章、柏文蔚、张伯纯、房秩五、江彤侯、胡渭清、邓绳候、谢无量、周震鳞、俞子夷，某日本科学家。

曾在省立第二甲种农业学校执教的部分教师：

汪雨相、林楷青、郑杞、杨贡璠、周纲仁、于国梁、陈奭棠、章鑫培、吴怀林、刘寿曾、高语军、吴球、杨忠辅、蒋步瀛、查绍夔、方振东、赵应和、胡塍、鲍光宇、陈国钧、陈之藩、方希乾、王肖山、施普、谢家鹄、查瑞、齐宗浩、吴庶晨、邬歌云、佘小宋、沈海槎、方汉城、金镜芙、陈禹成、王一尘、吴笔峰、都耕仁、朱心畬、单菊亭、汤惠荪，郑之元、倪仲坦、金先漠、杨镇坤、陈之藩、夏道湘、李林云、朱凤美、方仪、尹蒿、程滋汶、朱宜民、周学祖、齐宗浩、耿伯威、沈天白、杨士彬、恽代贤、沈宗翰、江志伊。

曾在省立第二中等职业学校执教的部分教师：

黄玉珂、葛克瀛、徐晋钟、吕超、石代豪、向瑞春、叶杏村、程本立、章春木、张培宽、华鉴三、宛风仪、唐大刚、徐锡才、杨叔青、张眠月、刘家裕、吕惠生、张宗良、胡苏明、张月潭、马西苓、钱耘芜。

曾在省立芜湖高级农业学校执教的部分教师：

徐明、石祖慰、翟光炽、刘继宗、胡国栋、童德兴、李醒愚、杨嘉勇、寿锡璋、杨涌经、马应鹏、王凤仁、刘寄尘、程华珍、葛宋愚、曾敏、毁坟源、潘心航。

二、解放后的教师状况

建国以来，教师队伍逐步壮大，师资力量不断增强，大专毕业学历，逐年提高，1950年占教师数的85%，1952年占教师数的86.3%，1956年占教师数的87.7%，1965年占教师数的90.7%，1978年占教师数的90.3%，1987年占教师数的93.3%，1988年占教师数的94.2%。

教师结构：

1950年在校学生2班，教师7名，男6人，女1人，其中大学生毕业6人，高中毕业1人，年龄最小25岁，最大43岁。

1952年在校学生5班，教师22名，男18人，女4人，其中大学毕业18人，专科毕业1人，高中毕业3人，年龄最大45岁，最小21岁。

1956年在校学生9班，教师41人，男39人，女2人，其中大学毕业24人，专科毕业12人，高中毕业5人，年龄最大51岁，最小21岁，5年以上教龄15人，3—4年教龄9人，1—2年教龄17人。

1965年在校学生9个班，教师43人，男39人，女4人，其中大学毕业27人，专科毕业12人，高中毕业4人，年龄最大42岁，最小27岁。15年以上教龄4人，10年以上教龄20人，5年以上教龄7人。

——《芜湖农校志》编辑室：《芜湖农校志》，芜湖：皖南医学院印刷厂，1990年版，第30页.

一九一八年省立二农每周授课时间表

级别/时间/科目	农科二年级		农科一年级		蚕科一年级		预科甲级		预科乙级
	一学期	二三学期	一学期	二三学期	一学期	二三学期	一学期	二三学期	一学期
修身	一	一	一	一	一	一	一	一	一
国文	三	四	四	四	四	四	七	六	六
数学	四	四	四	四	四	四	七	六	六
英文	四	四	四	四	四	四	五	五	五
物理	二	二	二	二	二	二			
化学	二	二	二	二	二	二	三	三	三
博物	二	二	二	二	二	二	三	三	三
历史							二	二	二
地理							二	二	二
经济及农村经济	一	一	一	一	一	一			
土壤			二	二	二	二			
肥料	一	一							
作物	一	一	二	二					
农学通论			二						
农作物病学	二								
畜产	二	二							
气象	二	二							
植物生理				二					
植物病理		二							
农学大意								一	一
养蚕学	二	二			三	三			

续表

级别 时间 科目	农科二年级		农科一年级		蚕科一年级		预科甲级		预科乙级
	一学期	二三学期	一学期	二三学期	一学期	二三学期	一学期	二三学期	一学期
桑树栽培					三	三			
制丝学					二	二			
乐歌							一	一	一
图画	一	一	一	一	一	一	二	二	二
体操	二	二	二	二	二	二	二	四	四
实验及实习	无定时	同	同	同	同	同	同		

——《芜湖农校志》编辑室：芜湖农校志，芜湖：皖南医学院印刷厂，1990年版，第50页.

解放前学校的专业设置

省立二农为职业学校，设农科、蚕科及预科。课目分为文化课和专业课。预科以上文化课为主，另上农学大意。农科、蚕科以上专业课为主，同时也上文化课。文化课有修身、国文、数学、英文、物理、化学、博物、历史、地理、图画、体操、乐歌。农科专业课有经济及农业经济、土壤、肥料、作物、农学通论、农作物病理、畜产、气象、植物生理、植物病理。蚕科专业课有经济及农业经济、土壤、肥料、作物、植物生理、植物病理、养蚕学、桑树栽培、制丝学等，农蚕两科都有试验实习课。

——《芜湖农校志》编辑室：《芜湖农校志》，芜湖：皖南医学院印刷厂，1990年版，第44—45页.

安庆

▲请款赴日本留学之学生　第二甲种农业学校农蚕科学生叶家鼒等连名

具禀省公署以本年暑假生等均可毕业咸具升学之希望亟思前赴日本留学请饬各县于地方学款内提拨经费三百元等情省长批各该县有无学款可拨难以悬揣所请碍难照准仰各生向本籍县知事禀请可也

——申报馆:请款赴日本留学之学生,《申报》,1919年07月15日,第8版,第16668期.

芜湖之职业教育

安徽省立第二农业学校　学生共七级,计预科一级、农科蚕科各三级。学生总数一百八十四人,常年费二万八千元,农科实习地五十八亩,稻麦蔬菜烟叶果树均备。蚕科有桑田十四亩,上半年实习养蚕,下半年实习制丝,实习兴味,据云蚕科胜于农科。

——申报馆:安徽省立第二农业学校,《申报》,1921年12月27日,第12版,第17549期.

卢仲农传略(与省立第二甲种农业学校)

卢仲农名光浩,1877年出生于无为县城。卢仲农少时好学,广览经史,能文章善词赋。由于当时清廷极端腐败,民族矛盾日益加深,爱国之士纷纷寻求救国之路。光浩乃弃旧学,于1900年考入江南陆师学堂,同窗学习的还有章士钊、赵声等人。其后又赴日本,考入日本东京明治大学。

1903年,卢仲农从日本归来,在湖南长沙任湖南高等学堂数学教习。在此期间结识历史教习李光炯先生。他俩都具有反清革命思想,都有着为革命培养人才的心愿,于是共同创办了安徽旅湘公学,并由卢仲农主持校务。后因该校教师黄兴、赵声等人组织"华兴会"起义事泄,公学在湖南难以立足,于1904年由卢仲农与李光炯将学校迁回安徽芜湖,更名为安徽公学。所聘教员均为国内知名人士,大多是革命党人,由此,安徽公学成为安徽民主革命发祥地。这些与卢仲农的努力是不可分的。1906年卢仲农加入同盟会,积极鼓吹革命。

1912年,卢仲农与李光炯鉴于安徽职业教育落后,主动将学校改为甲种实业学堂,传授科学知识和实用技术。1914年学校又改办安徽省立第二甲种农业学校。

1919年,芜湖《皖江日报》副刊改为《皖江新潮》以响应“五四”运动。该刊主编为二农语文教师郝耕仁,卢仲农与钱杏村、蒋光慈、高语罕等革命先进人物长期为该刊撰稿,宣传科学,反对迷信,提倡民主,反对专制,提倡自由,反对封建礼教,使该刊成为民主启蒙运动时一支响亮号角。陈独秀在北京被北洋军阀所逮捕,卢仲农甚为关心,即与各方面联系,积极参加救援活动,6月份他与潘赞化等人在上海联名写信给北京的李辛白、胡适等,把其与上海、江苏、安徽等社会名流和社会团体救援陈独秀的联络情况通告给他们。这些对营救陈独秀都起到了好的作用。是年秋,卢仲农与李光炯、阮仲勉、朱蕴山、刘希平等有感于安徽工业的落后,缺乏技术人才,共同创办了芜湖私立职业学校,内设染织、机械各科,以造就生产建设人才。是年秋,二农校长吴光祖因学生闹学潮无法在二农再主持下去,卢仲农应学生请求,回二农主持校务。

1920年春,职校经费拮据,大家推选卢仲农到屯溪当茶厘局局长,为职校提供经费。卢仲农一向鄙视茶厘局长这一类被社会公认的能发财的肥缺,但他为了职校能维持下去,还是违心地辞去二农校长到屯溪上任。

1921年卢仲农又奉调回到二农任校长,他改革教育,民主治校,在他主校期间,二农革命气氛浓厚,出现了团组织及其它一些进步团体,涌现出一大批革命者,如薛单汉、陈原道等人。这些都与卢仲农的思想开明有很大关系。

1923年底卢仲农因肺病严重,辞职休养。1924年,安徽教育界的先进、五中校长刘希平先生病逝,卢仲农与李光炯等人与刘希平的长子志夔将刘希平葬于芜湖赭山之巅。刘希平的学生在墓旁建爱晚亭以纪念先生。卢仲农亲自撰写亭联:“细雨霏霏,朝露微迷衰草泣;晚霞点点,秋风摇落故人稀。”感时怀友,致革命悼情。1932年,卢仲农病愈,因职校经费故,他又不得已到大胜关做监督,收米捐,为职校筹措款项。

1934年至1935年卢仲农在安庆的省通志馆编志。抗战爆发后,他流亡到湖南、广西、贵州等地,1939年被选为安徽省临时参议员,他辗转江西、皖南,北渡到立煌县任省参议会驻会委员。在参议会上,他宣传抗日,力主一致对外,抨击省政府及下属的一些腐败现象。后患肺、胃等病,生活较艰难,得到朱子帆照顾,朱待卢如父,卢视朱如子。1942年初,仲农先生病逝于大别山。

汪雨相传略(与安徽省立第二甲种农业学校)

汪雨相名树德,安徽嘉山县明光集人。早年立志从事教育事业,曾担任省立第二甲种农业学校、省立第九师范学校校长,以及省教育厅督学、盱眙县教育局长。1937年率全家奔赴延安,并先后担任陕甘宁地区政府民政厅秘书长,延安市参议会副议长、市政府委员等职。1948年加入中国共产党,成为一名坚强的共产主义战士。

汪雨相1878年出生于一个清贫的家庭。少时喜爱读书,虽家境贫寒而其志甚远。光绪二十四年(公元1898年)考入县学,中秀才。后因父母去世,未能参加乡试,且为家庭生活计,在明光集开设蒙馆,教授蒙童。不久雨相有机会详尽阅读梁启超在日本主编的《清议报》,受其影响,开始关注国家大事。此时清王朝经鸦片战争、甲午海战之后,国势日颓,清政府更加腐败,人民生活在水深火热之中。对此汪雨相心怀不满与愤恨。怎样才能救国救民于危难之中?他认为首先要开发民智,而开发民智必须从教育入手。他就抱着这样一个宏愿,于1904年东渡日本,考入东京明治大学经济学堂附设速成师范班。在留学期间,他接受了孙中山的反帝、反封建的民主主义思想,曾参加了反对日本文部省代满清政府发《取缔留学生规则》的罢课运动,为学生纠察队长之一。并由川籍同学李誉龙介绍加入同盟会。1905年,雨相毕业后回国返回盱眙,他自感“本人心慈,英勇不足”,立志终身从事教育工作,倡导新学。但是地方官吏倾向守旧,对“新学”格格不入,因此对雨相进行排挤。雨相先生愤而离开盱眙,赴南京控诉盱眙官吏的劣迹,因官官相护,收效甚微。后接表兄李浦青来信,约其回明光洽商同办缉熙学堂事宜。他以学识浅陋,难当重任推辞,希望补习后再回去共事。李遂资助他三年生活费,于1906年雨相先生考入南京两江优级师范学堂数理化分类科深造。

1909年,汪雨相从两江师范毕业,翌年春,受聘于宿州志成师范任教员。是年秋,受聘于湖南长沙楚怡初等工业学校任教。旋接表兄李浦青来函,邀他回明光襄助地方教育。先生向重道义,考虑昔日得李资助,便回家乡就任缉熙丙等小学堂堂长。

1911年辛亥革命兴起,一直关注国事变化的雨相先生认为已经到了用武力彻底推翻满清政府的时机到了,作为一名老同盟会(会)员,不能等闲视之,他便断然停教从戎,参加了浦口国民军第一军团,担任秘书兼教授柏文蔚军长之子女。

1912年,民国成立,雨相先生又离开军队转入教育,任安徽旅宁教育会评议部长,并当选为全国教育会议的代表,出席了在北京召开的第一届全国教育代表会议。1913年,汪雨相出任《安徽通俗教育报》社社长兼编辑,该报主要是宣传教育,同时也发表一些文笔锋利、痛抨时弊的文章,因而得罪当局,汪雨相也由于政见不和而退归故里。

1914年,雨相先生接受省立第二甲种农业学校聘请任理化教员,执教六年后,因教学成绩显著,知识渊博,德高望重,于1920年春被委任为二农校长。在二农执教与长校期间,先生思想开明,重视学生的德智体发展。二农本身有着优良革命传统,加之汪雨相、王肖山、卢仲农等人的影响,民主主义的进步思想已在二农占了主导地位,反帝、反封建、反军阀的革命主张已为广大师生所接受。"五四"运动爆发时,二农学生群情激昂,一马当先,冲向社会,与五中学生一道,成为芜湖青年学生运动的主力军。汪雨相不但积极支持学生的正义斗争,还参加了"芜湖市教职员联合会",与"芜湖市学生联合会"并肩战斗。因此,雨相先生在二农深受师生的好评与爱戴。

雨相先生在二农任职期间还兼任明光学务专员,首席校董,提倡"借材异地,校长聘任,校董负责选请"的人事制度,此制度一直沿用到解放前夕。

——《芜湖农校志》编辑室:《芜湖农校志》,芜湖:皖南医学院印刷厂,1990年版,第23—26页.

芜湖第二农业学校校长已更吴光祖接办前校长胡敬之移交时亏空公款八百余元及损失校中器具一千一百余件闻已报告省教育会解决

——申报馆:亏空,《申报》,1916年10月26日,第7版,第15700期.

三、文艺

日为未来地球月为过去地球说　第一甲种农业学校　施亮功

抟抟大地，环运长空，未知其始，谁识其终。盖吾人虽具灵敏之资，饶思考之力，而寄形世界者，不过数十年或百余年，讵能以短促之时光，观悠久之变相，故吾人生于斯，死于斯，而不能知其过去与未来之现象。譬彼朝菌不知晦朔，蟪蛄不识春秋。诚无足怪也，虽然电光乍闪，尚留幻影于灵台，沧桑频更。距无遗痕于大地，自未始有始以来，其间递嬗变迁，不知凡几。以成今日之地球，而要皆不离乎一定之程，精而考之，阶级厘然，苟据此以溯其既往，则地球经过之现象，固不难断而知也。今日地球表面本为个体，若掘地面至六十里以下，则地质皆熔如炉化铁，是盖地球前此统为流质，热度甚高，迨然渐放散质渐以凝，外部放热尤甚，遂成固体。此由液而之固之一定阶级也，更由液体时代，而溯其前，热力必尤大，分子愈疏，又可决其为瓦斯体焉，此瓦斯体乃由他一极热极庞大之瓦斯，沸躍飞腾，其一部离心力过大，遂离母体而存于太空，此地球成立之初基也。然此极热极庞大瓦斯究为何物，以今考之，诸星体中无有极热且大逾于太阳者，则可决太阳即地球之母体矣。当地球与太阳分离时，同为瓦斯体，而地球体积小，故热量少，而其放热也速，由瓦斯而熔液由溶液，而凝固，遂成今日之地球。太阳体积大，故热量多，而其放热也缓，至今尚为液质。然其表面已现有黑色斑文，是亦渐成固体之征也。据天文家之考证，今日之日已不如昔日之热。则再经亿万年后，热力愈放，黯淡无光，外面成一固体，与今日之地球何异，故谓今日之日即为未来之地球，其理诚足据者。虽然地球过去之现象，固可以日为模型，而地球未来之情形，更何所据而推测，曰是不难。吾人欲知地球未来现象，其取譬固不在远也。观于月而知之矣，月球经过之程，已由固而冰，大气全清，几无生物，被月光照人，冷然如水者，乃受日光而返射于地球，其本体不能发光，故无热力及于地球也。试于三五之夜，月明如镜，观其圆体中现凸凹之痕者，山岳之影也，余则茫茫浩渺，计惟有耐寒水草，杂生于冰天雪海中耳。夫月为地球卫星，绕地而行，犹地为太阳属星，绕日而行也。地既由太阳一部分离而成，则月必由地球成立伊始，复有一部分离而生。然月球成立迟而变迁速者，则亦因月球体积小于地球，而易放热之故，犹地球之于太阳耳。由是以思，则吾人所处地球，经亿万年后，热力放散净尽，虽地心亦成固体。生物减绝，空余冰球，其有不如今日之月者乎，故月者不啻为未来地球之代表也。嗟乎悠悠宇宙，日月地球，同因同果，互可推求，孰主张是而运行是，非大慧固不能了此。

——安徽省教育厅：地球说，《安徽教育月刊》，1918年12月，第12期.

术数一方面。传曰：黄帝数，使羲和占日常仪占月，臾区占星气，大挠作甲子，伶伦造律吕，隶首作算数，容成综此六术而作历。又曰：黄帝将上天次，召其三子而告之曰：吾昔受此龙首经于玄女，今以告汝。其术以天一居中，而以大吉神后登明河魁所游，以占吉凶，是谓六壬。（见汉书□奉传）。自后世凡百术数之学，莫不托始于黄帝，征诸汉书艺文志之兹类目录。知其要非无因也，盖黄帝者，一方为泰初道教集大成之人，其清净无为任天而治之迹，见于老庄所称道者，章然甚明，即鼎湖乘龙，亦为后世神仙家之祖。而一方又以任天渐穷于术，深知天人之际，必有隐隐相关之理存，而欲探测之以辅世而长治，此术数之学所由兴于其时也。

术数多方，总之不外乎阴阳之义，故黄帝之学，即提阴阳二字为体，观其经如灵枢素问等。可为斯说证也。若凡百术数，则由此体以致用焉。尔降及神禹以阴阳为不足，又拈出五行，自是阴阳五行之说，遂为吾国学术上一大质幹。虽然阴阳五行，出之吾族，尔时又有鬼神之说，则原本三苗，匪吾族所固有也。自夏以来，二说迭为盛衰，夏启则以威侮五行之故而伐有扈，孔甲则以信鬼神之故而失诸侯。盖一为国教，一为夷学，其不能相容，盖如是也。

黄帝起阴阳消息，固已。而传言其游五山与神会，则知黄帝不绝鬼神之说，盖吾族未徂东以前。神州江河之间，皆为三苗文化所支配，故黄帝后虽斩蚩尤而弱其种。然主客杂处，不能不略采其教学，以为调和之需，又况帝国建设之初，尚无统一文明之实力，其未能遽以一学术易天下，甚章然也。而嗣是已来。异文化之间，水火町畦，遂閴然长此以终古，观于古史有言，当少皞之衰，九黎乱德，民神杂糅，不可方物。颛顼受之，乃使南正重司天以属神，命火正黎。司地以属民，使复旧常，无相侵渎，是谓绝地天通。其后三苗服九黎之德，故二官咸废所职。畴人子弟分散，或在诸夏，或在夷狄，是以其吉祥废而不统云云。按此说即谓当时以文化不同之故，而引起教争。亦即吾国阴阳之学，与苗民鬼神之学，两相竞胜，迭为消长，既永难同化，亦莫定一尊，古史虽简，数语已不啻曲尽之矣。

至于夏时，证诸禹贡所言三苗既宅，与夫三苗丕叙云云，则洞庭彭蠡之间。皆王迹之所被，于是帝国之基础已固。乃衍九洛，凡声味容色，暨于人事，皆笼以五行，以是耀民而思易天下，声教所暨，辅以武力，中国至今所以称为诸夏者，以禹故也，呜呼！禹学至矣。洪范以为教典，夏小正以为历朔，声洪实大，天下同风，其后越千年间，而文王之学，遂代之以兴。盖由夏迄商实为禹学专擅之时代，商之末，代表禹学以张教者，粤惟箕子，夫禹学言五行，文王之学言八卦，玉门演易，明夷之象。抗衡而言文王箕子，八卦五行之相竞也。易与五行牾，是以阴阳气无箕子。彼禹学横行于东夏，而不西被于关中，文王之在丰镐鄠杜，有扈之墟也，故守易千岁，而不言五行，比其厉周，南度黎丘，氾移东渐，而箕子不得不穷于极东玄菟之域矣。周史录洪范，以著东西教学之异，非尚之也。

易亦术数也。而与五行异者，盖一数五，一数八故也。然此乃用术之别，匪根本上不能相通，故非久而术数家，遂混合洪范与周易而言之矣。此其枢机，在于周公一人。夫周公之学，以天下为量，凡前黄帝之学，禹之学，文王之学，甚至苗黎鬼神之学，无不甄采，而施以调和。俾适用于当出之务，故言阴阳而并言鬼神，言八卦而并言五行，一纳诸礼中而经纬之，所谓综合学派者，其近之乎，于是西周数百年间，皆行周公之学，而阴阳五行乃至易道，汇成术数之大枢，外复糅剂苗黎鬼神之说于一炉中。故周礼明定鬼神之等级，凡有四焉，在天曰神，在地曰祇，在人祖曰鬼，在万物曰彪，此直南方巫教之精神，而周公特列诸官书，为国家行政之需要，则禹以来之禁例，盖由周公而解除之矣。

自周公为术数兴鬼神通其邮，其后二者遂合一而不复分，盖在西周时，以为鬼神之情状，不可直接而知也。乃以五行八卦之理，间接而知之，于是其术厮为六，一曰天文，二曰历谱，三曰五行，四曰著龟，五曰杂占，六曰形法，此六者非演之于洪范,即演之于周易,而五行八卦,融通并用,则文武以来之禁例。又由周公而解除之矣。

夫周公之学,行于西周,浸淫至于春秋之初,流风犹未沫焉。观于左氏内外传。所记载各国之故,大半言神鬼,至其关于上述之六术者,事例丰富,尤不胜捃摭,试读其书,几于随楮叶而皆可拾取,以为征信,此周公学术之本质盖如是。而其时尚在兹项学术专擅之期中,又从可知也。然东迁已远,人事进化,骎骎有一日千里之势,鬼神术数之学,渐不足以牢笼一切,春秋之末,明哲之士,时有怀疑,左传所引,如史□曰,国将兴,听于民,国将亡,听于神。子产曰:天道远,人道近,非所及也,何以知之。仲几曰:薛征于人,宋征于鬼,宋罪大矣。自此以来,障蔽渐开,至老子逐一洗古人之面目,九流百家,无不源于老子。老子楚人,周室藏室之史也。周制,学术艺文,朝章国故。凡寄于语言文字之物,咸为史官所专司,故世人之咨异闻,质疑事者,莫不于史焉。史之学识,于通国为独高,亦犹之埃及印度之祭司也,老子以犹龙之资,读藏室之富,乃慨然欲起夺周公之席,黜术数,贬鬼神,而己之学取代之矣。

二

书曰作之君,作之师,盖君师皆召化民训俗之责者也。然自泰初以迄周京,属于君学时代,其间倡学者,莫非大君,如黄帝,如禹,如文王,乃至其他皇煌帝谛,云亭封禅之诸姓氏。何一不然。盖其期中,大君之职权,以倡学为建极之要枢,而政治乃其余事,缘是知上古之文化,学为先政为后,周公虽未跻九五,然召扆摄政,亦当君临天下,犹之君也,故远而黄帝,近而周公,上下千余年间,实为君学流行之一大起讫。然君学时代,君之一人,于教学必不能周偏也,于是而官学又兴焉。

官学者君学之补助机关,而代大君以分其职任者也,故上自炎黄,下讫三代,设官掌学,无代不然。此种官名,又复非一,有五行之官,掌五行;有羲和之官,掌天文星历;有卜官,掌蓍龟,有祝官,掌祭祀,其他犹不能殚述。要此诸种所职,仍不外术数与鬼神之两大范畴,其名实尤高者,粤惟史官,盖泰古学术因缘,一切垄断于此诸官之手,民间无与焉。而史官更综其全,夫泰古史官,之职权,其若何规定之明文,虽无可考,然观来知往,当不甚相悬。据左氏传有云,狄人囚史华龙滑与礼孔,以逐卫人,二人曰,我太史也,实掌其祭此史官兼司祝之证。又周礼有云:太史掌建邦之六典,大祭祀与执事卜日,列子有云,谒史而史之弗占。此史官兼司卜筮之证。又后汉书百官志有云,太史之职,凡国家有瑞应灾异,常记之,此史官兼司五行之证。又国语有云,太史告稷曰,自今至于初吉,阳气俱蒸。汉官旧仪有云,太史待诏三十七人。(中略)嘉法请雨解事各二人。灵台待诏四十二人。其十四人候星,二人候日,三人候风,十二人候气,三人候晷景,此史官兼司天文星历之证。又易巽卦有云,九二,巽在床下,用史巫纷若,国语有云,家为巫史,无有要质,此更史官兼司巫术之证。由此种种观之,史之兼综上述诸官之职,事实彰著,虽古与今,未必一丘之貉,然可悬想其无大差池也。

然则由泰初以迄西周,所谓君学与官学之"二重制"时代。大君者学之主权也,诸官者学之分权也,所谓老子者,本身为泰古官学最后结局之人。而因以倡师学以与君学抗衡俾得胜之者也。故学成而龙逐潜于野矣。道德说于民间而图书之林,遂长此黯然寡色矣。浸假孔墨二圣,闻风继兴,于是君学之根株,拔除殆尽,而师学时代一大新纪元之幕开矣。

老子以师学与君学战,即以其道德之学,与鬼神术数之学战也。盖老子前为柱史,时曾兼司星卜巫祝等事,于所谓鬼神术数之学,能洞见其疗结,而知其决难适用于方来。又以博览藏书,学识渊富,故能举此改革之业,而为一时大师,惟当旧学说□□□□千百年之久,积重难返,自不待言,老子一切刍狗之,为势颇逆,往往先时之人物。每为天下所不容,将隐著书,流沙西度,其避祸之意耶。今观道经五千言,大约以反复申明鬼神术数之误为宗旨,万物芸芸,各归其根,归根则静,是为复命,是知鬼神之情状,不可以人理推,而一切祷祀之说破矣。有物浑成,先天地生,则知天地山川五行百物之非原质,不足以明天人之故,而占验之说废矣。祸兮福所倚,福兮祸所伏,则知祸福纯乎人事,非能有前定之者,而天命之说破矣。鬼神五行前定既破,而后知天地不仁,以万物为刍狗。圣人不仁,以百姓为刍狗,关宫清庙明堂辟雍之制,衣裳钟鼓揖让升降之文,之更不足言也。老子之意盖若此。自主观言,宗旨过高,自客观言,矫枉过正,老子虽欲以其学易天下,恐如孟子所言先生之志则大矣。先生之号则不可也。

此以云老子改革周公之学耳,或谓黄老并称,老子书亦多述黄帝语因疑老子于“革命”“复古”二主义,同时并行,一方为周公之学革命,一方即为黄帝之学复古也。不知黄帝起阴阳明术数者也,老子则极端反对术数者也。宗旨已根本上不同。窃意黄老之名,当起于西汉文景之际,其时必有以黄帝老子之书,合而成一学说者,学既盛行,谓之黄老。日久习惯成为名词,乃至于古人之单治老子术者,亦举谓之黄老,其例在史记汉书中,曾见叠出,不胜捃摭。盖西京已来,民间盛行壬禽占验之术,皆谓之黄帝书。今所传黄帝龙首经,黄帝金匮玉衡经,黄帝元女经。备列家庭琐屑诸杂占,而其文字间,皆汉时名物,是必汉时民间日用之书也。黄老学者,则以此等书,而合之老子书,别为一种因循诡随之言,不可究诘,故辕固斥黄生之论汤武革命。为家人言,凡以此也。考史记自序,太史公学道论于黄子,是司马谈者,黄生之弟子也。今观谈所述六家指要,归本道家,此老学也。而其将死,则执迁手而泣曰,其命也夫,其命也夫,其命也夫,此黄学也。黄生者贵无而又信命者也,故曰黄老也。然则老学贵无,黄学信命。强以相合,实则宗旨绝对不同,老子非为黄帝之学复古明矣。夫观西汉所流行之黄学,即吾向言黄帝起阴阳明术数之本质,当如是也。然黄帝一方又宗尚自然,任天而治。吾向亦言之矣。老子破神秘势必归于自然,故不期而与黄帝一部分之言论合符,亦即不期而与泰古流行之道教合符也。盖自然派之学理,原若斯焉尔。老子惟明自然,故鬼神术数并去,且有破坏而无建设,仅以备一家之哲论,而不足为千古之教宗,此其所以尚有待于孔子也。

孔子亦改革周公之旧学者,岂惟孔子,即墨子亦然,孔子为老子之弟子,而墨子则又孔子之弟子也。三人之学同出于周之史官,而说各异撰。昔孔子问礼于老聃,有犹龙之叹,然虽学于老子,而知教理太高必与民智不相适而废,于是去其泰甚,留其次者,故去鬼神而留术数,论语言未知生,焉知死。又言,不知命,无以无君子,即其例也。墨子亦然,然墨子去术数而留鬼神,与孔子又自标异,墨子书有非命明鬼等篇,即其例也。夫孔子之宗旨,较老子为近人矣,然仍与普通社会弗相应,故其教祇行于士君子间,旧日学风终不能改。至汉儒乃以鬼神术数之理解经,此大非孔子之初意也。墨子留鬼神而去术数,似较孔子更近,然有天志而无天堂之福,有明鬼而无地狱之罪,是人之从墨子者,苦身焦思而无报,违墨子者,放辟邪侈而无罚也。故上下社会之人,均不乐之,而其学遂亡。至佛法西来,兼老墨之长,而去其短,爰大行于中国,此其消息,非偶然也。

大中华安徽省地理志要篇节录

闽侯林传甲先生前来皖垣,编纂大中华安徽省地理志。初稿脱后,其中间有讹误,及文字须加修正之处。九月间,省教育会开职员会,公推不慧特任校雠之役,辞不获命,顷翻拣通志,及他种经籍,从事于此。告竣尚稍时日,即经告竣。而稿本交林先生付印,恐更非经年不能出版。吾皖人士,早般先观为快之心,兹敢将其中已校之各篇,摘要披露于本月刊,不标章目,不按原次,盖书浩繁,此仅甄采。

——施亮功:日地说,《安徽教育月刊》,1918年10月,第10期.

乐天说

安徽省立第一甲种农业学校林本科生　储晋

洪荒之世,榛榛狉狉,浑浑焉,噩噩焉,日出而作,日入而息,耕田而食,凿井而饮,击缶而歌,其乐无极。余读史至此,不禁神往而寻其乐之源,人皆谓其乐升平也。曰帝力何有于我哉,噫吾知之矣。古所谓乐天之说,不有类于是乎,惟是禹跡神州。江山如故,光天化日,终古依然。且人同此心,心同此理。孰不欲就乐而避忧戚乎。乃以观今之人多具悲观者何也,曰是未由果而溯其因也。夫乐之主義而标曰乐天,岂尚假诸人力以求之乎。天地一乐场也,山水花木鸟兽虫鱼,靡一非乐具也。春夏秋冬,靡一非乐时也,生者乐之始也,死者乐之终也。至乃富贵贫贱,胥吾人之乐境也,殆无人而不自得焉。宁复知悲之一字为何物乎,胡为今之人头脑冬烘,唾弃天然之乐,而专恃人力以求夫非分之乐。藩离之鷃也,而欲与凤料天地之高,尺泽之貌也,而欲与鲲量江涛之大。是以自呱呱坠地而后,鱼鱼鹿鹿,攘攘熙熙。所谓作伪心劳日拙,非此辈耶,举世苦恼,无足怪者,或者曰:如子之言,则是乐者,属于先天者也。悲者,属于后天者也。乐乃天然,悲乃自取。然则人之喜怒哀乐爱恶欲七情,可以乐之一情赅之乎。他若屈子之离骚,贾谊之鹏赋,阮籍之哭,江淹之恨,又岂徒然哉,曰:是亦耳食之谈,而未诸乐天之真谛也。夫吾人苟胸次悠然,一尘不染,行乎其所不得不行,止乎其所不得不止。斯谓之乐天,是以临丧则哀,必哀而后乐也。

受屈则怒,必怒而后乐也。此外诸情,皆乐之因也。质言之,即乐之变形,虽谓之乐可也。离骚鹏赋之与哭也恨也,貌视之,若屈子贾谊阮籍江淹,含酸茹叹人不堪其忧。庸讵知正所谓乐天者耶,何则据其所居之位,寻其分内之乐,初无别图有所希冀也。推之烟霞纳履,隐士之乐也。马革裹尸,英雄之乐也。柏舟誓志,节妇之乐也。至乃婆罗门梵志之乐,佛教净土之乐,耶稣天国之乐。其乐之途径各殊,其所以乐天一也,余夙以天为乐之鹄,故泚笔而为之说。

——安徽省教育厅:乐天说,《安徽教育月刊》,1919年8月,第20期.

旅行九华日记并序

安徽省立第一甲种农业学校蚕本科三年级学生　彭时

哲学家有云"斐罗索斐"之旅行,其鹄的在广求世界知识,谅哉斯言,此学校旅行所由昉欤。丁兹时维九月,节属重阳,秋风挹爽,宇宙澄清。于是偕同人渡江而东,过铜邑,历蓉城,步九华之顶、摩天台之巅,以穷宇宙之奇,探山水之奥。骋目东南,吴楚风光,都来袖底,洋洋乎与造物者游而不知其所穹,悠悠乎与灏气俱而莫得其涯。斯宁非吾人乐事耶,因据所得,爰为之记。

先是出发之前一日,齐聚编队,分前访音乐足球记事采集写生卫生勤务八组。以便专职责成,总分五队。首音乐次足球次采集写生卫生,并由校长马仲五先生,监学陶麓逸刘觉凡两先生相继致训辞。竞竞以自治服从相勗勉。某月之九日,束装首途,绕道市城,陆续登舟,汽笛一声,遂唱大江东去。是时舟声鞺鞳,秋风萧条,两岸芦花疏柳,迎面而来。吾党游兴酣勃,击楫中流,不禁有破釜沉舟之慨。舟行数十里,南望太子矶峙立中流,四面环水,浩瀚流转,纡徐委折,水国逍遥。太子盖乐居之矣。无何抵枞阳镇,白鹤峰耸立江干,射蛟台高踞绝顶,古木参差,楼台隐见,未获亲游,何憾如之。迨午风扑面,日影西斜,江水歧流,中成大平原者,为和悦洲。洲北为大江,南为支江,支江两岸,船舶辐辏,楼阁参差,固亦滨江雄镇也。舟抵大通码头,遂率队登岸寓焉。餐毕,偕友人北渡游和悦洲。该洲面积长可六里许,幅如之,中有马路,垂杨映带,宽敞清洁。友人陈君招入其家,款以茶点,可感。返寓已渔灯蟹火,杂现大江两岸矣。是行也，同游者共百五十四人，教职员三人，夫役五名。翌日，由该镇警署，买棹十三，泛崗窰湖，布帆高挂，双桨风横，轴轳蔽天，舟争利涉，湖中水藻缤纷，岛屿清奇，鸡峰绿竹猗猗，鹳鸣山灌木丛茸，其旁两山并峙，口仅容舟，曰鹳鸣口。口内形大而圆，水色深碧，状大类镜，清风偶生，面若织纹响若操琴，四周群峰缭绕，蜿蜒莫知来源。自舟望之，宛然一幅画图也。稍前次老鼠石，达青阳县治，约童埠湖，面积较广，旁有人头石，以石质疏松，受水侵蚀，状似人头故名。越人头石，达合山口，两山锁抱，为青邑东乡门户，口内为袁桥湖，面积长而狭。旁有镇，曰袁桥镇。吾侪就此舍舟登岸，岸左右有中刈桑园两处。面积可数亩许，柔条纷披，绿阴冉冉，惜栽植剪定施肥除草，多本成规，地面污秽，菌虫孔多，树势多就衰弱，青邑桑蚕，可觇一班。陆行越里许，旁有范文正公读书台，征客倥偬，未遑拜访，其遗迹想犹有存者，惟此台前后左右数里许。田塍荒凉，无秽不治，使能开辟种植，利洵渥也。自此前十里抵青阳城，就东门某旅舍寓焉。行装甫卸，整队入城，参观省立模范缫丝厂，及省立第七师范学校。该校开办甫一载，建设均未就绪，形式精神俱无足观。须臾返旆，吾侪以置身蚕业界。对于蚕事，尤当格外注意，旋偕夏君重游丝厂，调查一是。蒙徐行孚先生开诚指导，谨将所得，列表如左，以资参考云。

调查事项表说明

丝厂名	本厂定名为省立模范缫丝厂		
本厂沿革	民国三年陆某江苏八创蚕桑模范厂迨七年李君墨林改名为省立模范缫丝厂		
职员	厂长一人男女主任各一人女技工二人会计庶务文牍书记各一人共计九人		
女工	二十名		
夫役	男三名女四名		
一女工每日缫丝量	自六两至十两		

续表

一女工每日工金	每缫丝二十五两付工金一元月终分数一次		
付工金法	论丝量用名不用号		
女工膳食	每月二元五角在公金内扣算		
工作时间	自午前六时起至午后四时止,中间休息半小时,但无定星期		
女工养成	三月不给工金但缫丝单绪		
丝缕配合	自五头至七头		
每岁出产	约可出细丝七石之谱但无经丝及粗丝		
每斤茧缫丝量	二两八钱至三两之谱(以鲜茧计算)		
丝之织度	自十五但尼尔至十七但尼尔		
茧之出产地	本邑以东乡为最多		
茧之收入	直接向育蚕家收买		
每石茧价格鲜茧	分别三等自四五元至五五元		
茧之贮存	藏诸布袋每二袋约百斤		
贮茧器	用贮藏库其上下四围俱覆,以洋铁板惟下层距地高九尺许略嫌过低云		
干茧灶	中国式下层无铅板		
丝车	二十架		
丝车式	系双式足踏车(两边各十架车与车之距离仅尺许中间近缫锅之距离约三尺)		

续表

缫丝室式样	长方形(两端有门南北边各有窗惟日光反射不强光线太弱上下洼湮有碍丝色)		
煮茧灶式样			
再缫车			
缫具	杓及索绪帚	杓系长圆行铅制索绪帚大把一束	
用水	池蓄法面积长可六尺许幅半之深数尺殊不适宜		
缫丝水	每日换十数次不定		
煮茧水	每二回换一次		
束装器	日本式绞丝钩		
屑丝	每石价二百元至一百四十元之谱出上海多为制绸之用		
蛹□	即内层茧衣	每石可三十元之谱其制法先将此层用高度水煮之再以棒搅拌数次则蛹自脱离	将此晒干束就即可出售大约多为制棉之原料
土丝	本厂另有车一架专缫落绪茧谓之土丝每百两之价可三十元	丝之销售法及销路	每箱贮一石运售上海丝行

该厂施设布置，略尽此表。但房舍湫隘，规模狭陋，地面潮湮，其缺点也。观毕，拜辞而出，市道腥秽，空气恶浊，游者皆掩鼻过之，交通甚寂。惟茧行至多，城内外为数共十有四，为各县所无者，统计全邑出产。每岁可达九十余万之多，以天然生产，可得若是巨额。稍事改良，虽数倍之不难也。无如当道者不知提倡，而滥竽蚕业机关者，又非其人，只知自肥私囊，假公济私，长此沈沈，国事伊于胡底，吾侪蚕业后进，敢不勉焉。

驻青一宿,即整队之九华。出南门数武,田畴交错,阡陌纵横,人家三五相望,桑麻蔚然。前行数里,道旁有嫘祖庙。虽愚夫迷信,亦可想其注重蚕桑矣。行行重行行,两山夹峙,中通一径,瞻彼中林,绿竹严密,瀚瀚继茂者,曰西峰巅。是时遇诸中途……穷民向礼佛者乞钱甚厉,沿途塞道,不可数,尤以三天门旁为众。入三天门,复豁然开朗,陡落平原,有原田数十亩。桑麻鸡犬,交通往还,悉如外人。一望群峰盘纡,楼台层立,丹青赭垩,照耀龙鳞者,琳宇梵宫也,由西入左经百岁宫祗园寺阴骘堂诸庵,以跋涉困惫,未及游览,径往东崖下院寓焉。

由九华东麓登天台,尚十五里,道皆砌石为磴,其级四千有余,由丁师率同学七三人登焉。行三里次回香阁,遥望众山怒吼,峰峦耸翠,逶迤盘踞,不可名状,其中一峰隆崇嵂崒……

昔有右族吴刘等姓居此,今尽散为编氓,荒堙零落。吾人叹世事沧桑,感人物废兴,为之欷歔者久之。出此载息载征,回首九华,已白云回望合矣。前行过华阳桥,次西峰岭,同人兴高采烈,或采集昆虫,或撷捋种子,游兴勃勃,无异来时,足征毅力也。无何抵青邑城寓,偕同人重游丝厂,并晤同乡王君于七师焉。

一宿,收拾行装,反旆而东,行次员桥镇。因来时见旁多隙地,留意考查,询之,士人云:昔曾有人开垦,因沙土泄水,功未克就。想滨湖膏腴,经营无法,致成废地,殊可惜也。就员桥镇,买舟东渡,扁舟一叶,飘荡江湖,两岸风光,依然如旧。后因双桨摇拽,头目晕眩,小卧舱头,随波所至,间与二三友人纵目湖山。吟啸唱和,伊人秋水,真飘飘宛若仙子云。

舟次大通镇,一宿赋归,搭筝笛浦,溯洄西上。行人拥挤,游客过多,同学向舟人交涉,多历时间。迨开驶时已晨钟十下矣。江涛汹涌,载浮载沉,清风徐来,飘飘吹衣,予以清游备顿,假卧舱内,江天无限大好风光,都于梦中渡之。迨汽笛一吼,轻舟抵宜城江头矣。出舱外望,时已浩魄东升,长天秋水,映成一色。予疑为玻璃世界也。留连移时,遂鱼贯登岸,陶然步月而归,而予之日记,遂告结束。

——彭时:旅行九华日记,《安徽教育月刊》,1920年10月,第34期.

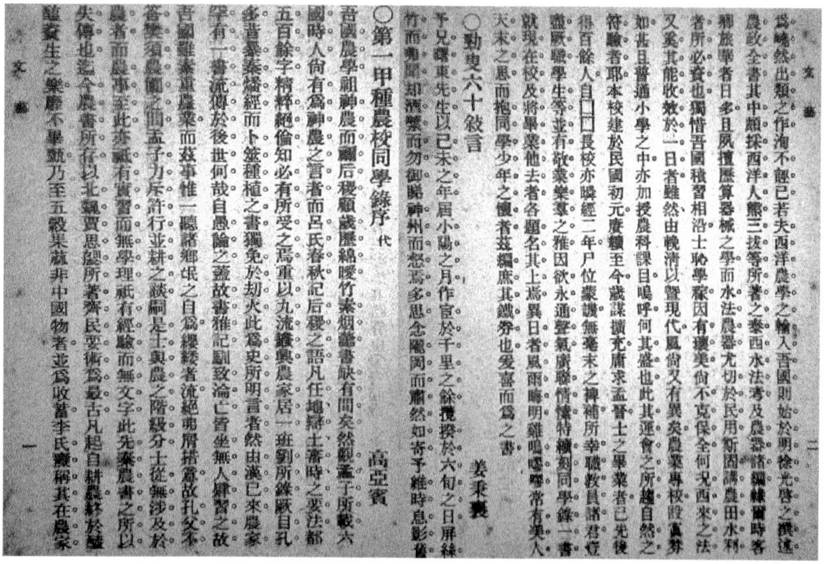

為曉然出類之作洵不誣已若夫西洋農學之輸入吾國則始於明徐光啓之撰述農政全書其中頗採西洋人熊三拔等所著之泰西水法考及農器諸編蓋當時客卿旅華者日多且夙擅歷算器械之學而水法農器尤切於民用斯固講農田水利者所必資也獨惜吾國積習相沿士恥學稼因有瓌美尚不克保全何況西來之法又奚其能收效於一日者雖然由晚清以暨現代風尚又有異矣農業專校設真夥如甚且普通小學之中亦加授農科課目嗚呼何其盛也此其運會之所趨自然之符驗者耶本校建於民國初元賡續至今歲謀擴充廣求孟晉士之畢業者已先後得百餘人自□□長校亦瞬經二年尸位彙讚無毫末之裨補所幸職教員諸君曁盡厥職學生等並有敬業樂羣之雅因欲永通聲氣廣聯情懷特輯刻同學錄一書就現在校及將畢業他去者各題名其上焉異日者風雨晦明雞鳴喈喈常有美人天末之思而抱同學少年之懷者茲編庶其鐵券也爰書而為之書

○勤叟六十敘言　　姜秉襄

予兄蘇東先生以己未之年居小陽之月作宦於千里之餘攬揆於六旬之日屏絲竹而勿聞却酒饌而勿御睠神州而愁焉多思念閭閻而肅然如寄予雖時息影僑

○第一甲種農校同學錄序 代　　高亞賓

吾國農學祖神農而禰后稷顧歲歷綿曖竹素烟銷書缺有間矣然觀孟子所載六國時人尚有為神農之言者而呂氏春秋記后稷之語凡任地辯土審時之要法都五百餘字精粹絕倫知必有所受之焉重以九流錄與農家居一班劉所錄厥目孔多暨秦燔經而卜筮種植之書獨免於劫火此為史所明言者然由漢已來農家學有一書流傳於後世何哉自愚論之蓋故書雅記闕致淪亡皆坐無人肄習之故吾國雖素重農業而玆事惟一聽諸鄉氓之自為縉紳者流絕弗屑措意故孔父不荅樊須農圃之問孟子力斥許行並耕之謬嗣是士與農之階級分士從無涉及於農者而農事至此亦祇有實習而無學理祇有經驗而無文字此先秦農書之所以失傳也迄今農書所存以北魏賈思勰所著齊民要術為最古凡起自耕農終於醯醢資生之業靡不畢甄乃至五穀果蓏非中國物者並為收著李氏瓛稱其在農家

——高亚宾:第一甲种农校同学录序,《安徽教育月刊》,1920年1月,第25期.

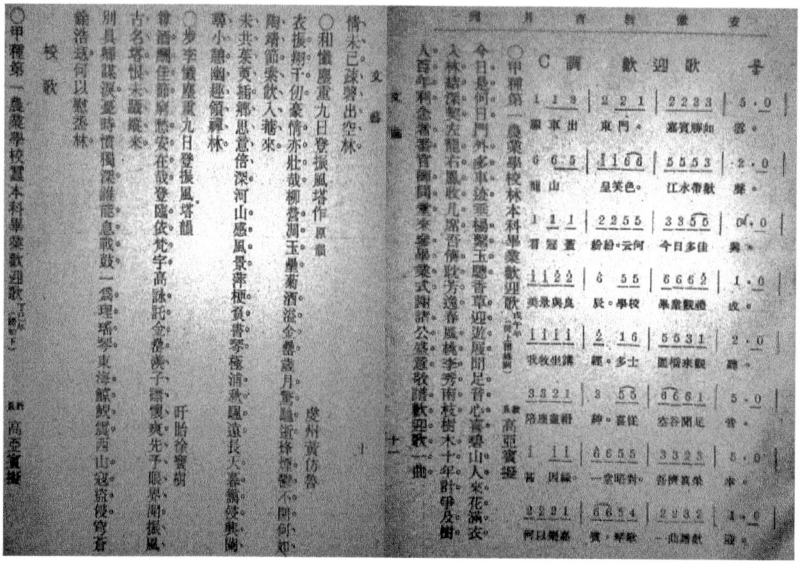

○甲種第一農業學校林本科畢業歡迎歌　　高亞賓擬

C調　歡迎歌

○和懷塵重九日登振風塔作 原韻　　虔州黃仿魯

○步李懷塵重九日登振風塔韻　　盱眙徐寶樹

校歌

○甲種第一農業學校蠶本科畢業歡迎歌　　高亞賓擬

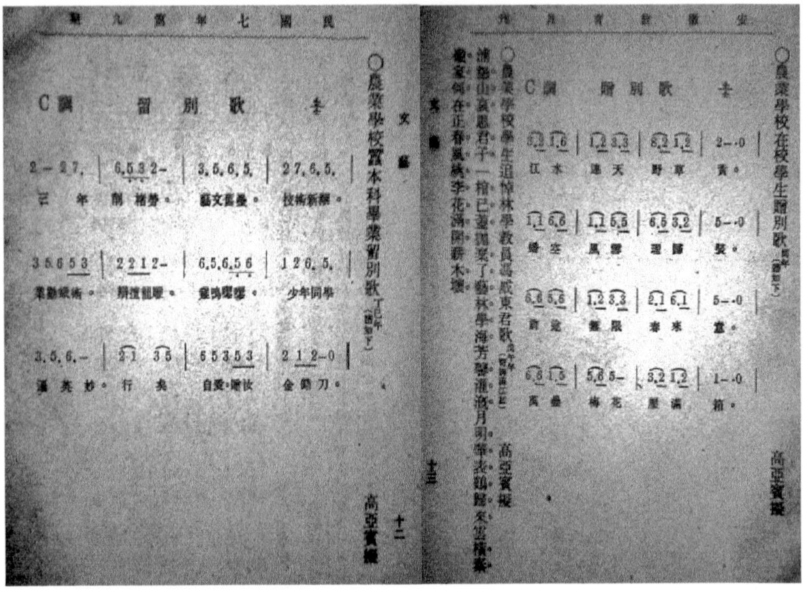

——第一甲种农校:校歌,《安徽教育月刊》,1918年9月,第9期.

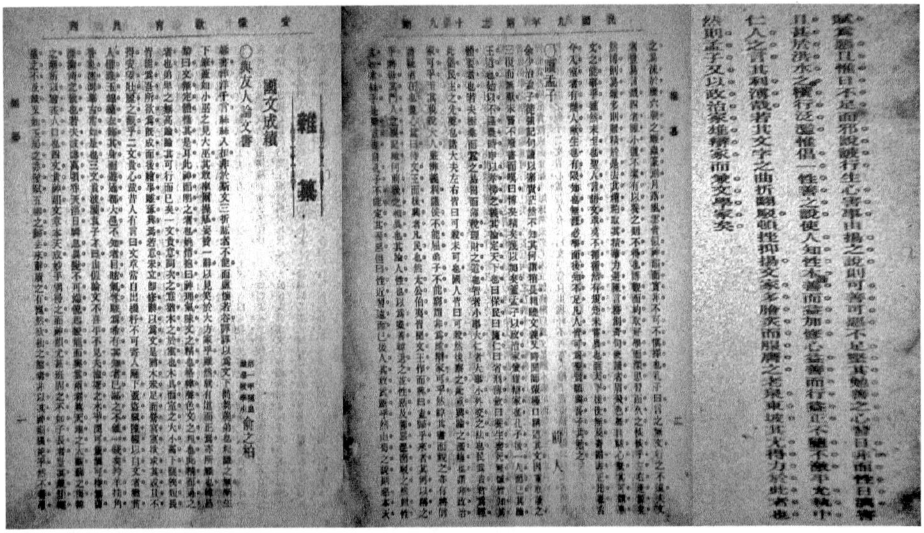

——第一甲种农校:与友人论文书,《安徽教育月刊》,1920年5月,第29期.

○第一農校追悼林科主任教員馮君威東暨陳方鄒三生啓　高亞賓撰
湖鄒山黑風明雨晦賦女蘿之窈窕折梅花兮誰遺既靈生離況爲死別川原無語悽閔牧笛馮君威東贛南雋才太學上英夙結入林之契好讀種樹之書爰於丙辰來潛蕪校滋蘭九畹植蕙百畝杖履生春珊瑚交柯作人之功棫樸式其休詠成物之能薪木銘其芳烈豈意朝露溘至山梁頹壞秋氣蕭瑟大樹飄零悲夫嘅嘅白雲悠悠江水念彼逝者永歎實深矧春風不吹桃李並萎陳生資方生家鄒生安馨今夏之間相繼殂謝顏淵好學竟遭短命之厄李賀嘔心遽赴修文之召黃鳥哀良紫蓴[illegible]才朝落一華夕隕一秀曾幾何時宿草如煙斯尤驟亮之慟因而士林所軫惜者也九原可作弔隋會於何年三徑就荒思陶公之遺蹤悵[illegible]社高賢[illegible]蓼莪衰杏壇及門興嗟古人生有求友之什死有感逝之文芒芒千古其此伊鬱夫招魂樂操士風鍾情正在我輩持神理之會傷氣類之孤乃命靈氛占之日月之剛日吉可開會追悼想在天之精爽發懷舊之喜念敢告有衆庶有同情
○蕪埠各界慶賀協約國勝利祝辭　高亞賓撰
惟淡水已柔天清地寧蒸民宅居以綏以康至今五千有餘祀爾族異種龍興雲集

——高亚宾:追悼文,《安徽教育月刊》,1918年10月,第10期.

四、活动

安徽公学具有光荣的革命历史,在改办为省立第二甲种农业学校之后,学校尚余存着一种革命气氛。教师中王雨相、卢仲农、王仁峰、王肖山等都是辛亥革命时期的活动者,陈唐卿、恽代贤等青年教师思想也比较激进,教师的民主思想对学生产生了很大影响。加之,二农学生大都是农家子弟,年龄都比较大,对社会有着较深的认识,容易接受新思想的熏陶。面对北洋军政府腐败无能;日本帝国主义经济侵略;军阀倪嗣冲盘踞安徽,实施暴力统治,二农师生更日益加深了对现实的不满。他们关心着国家的前途,民族的命运。他们在黑暗中渴望着光明,在沉默中蕴含着革命。

一九一九年五月四日,北京爆发了反帝反封建,倡导科学和民主的"五四"运动。这一惊天动地的消息,震动了芜湖全市。二农顿时沸腾起来,群情激愤,当时与各校联系,采取统一行动,投入这场史无前例的运动中去,很快地二农与五中成为芜湖学生运动的支柱。这场斗争为芜湖的新民主主义革命揭开了序幕。

五月七日上午,二农,五中等校全部罢课,二千多名学生在二农附近的东门外铁路埂集合,通过了宣言和通电,然后有秩序地涌向商业中心的十里长街。一路上游行队伍呼喊口号:“废除二十一条卖国条约”!“收回山东一切权利,还我青岛”!“惩办卖国贼”!“誓死为北京被捕同学复仇!”……口号声似阵阵惊雷在芜湖上空震荡。游行队伍沿途散发传单,发表演说。

游行队伍到达河南日本领事馆时,领事馆大门紧闭。学生们抑制不住内心怒火,包围了领事馆,并将碎砖石块象雨点一样抛向领事馆屋顶,“打倒日本帝国主义”!“把日本鬼子赶走”! 等口号喊得震天动地。军阀马联甲派来大批军警弹压,并朝天开枪威吓,但学生们毫不畏惧,仍意气奋发地进行到镇守署和公署示威,迫使马联甲的代表和县知事余谊密接受了请愿书。

五月十日,二农教师王肖山与学生朱大猷、何其巩等参加了在西门詹家巷乙种商业学校召开的各校代表联席会议。会议决定:组织芜湖市教职员联合会;组织芜湖市学生联合会;致电北京各大学表示极力支持;致电巴黎和会中国代表施肇基等,请其对损害中国主权利益的任何决定拒绝签字;致电北京政府要求惩办曹汝霖等卖国贼;通电全国大中学校请其一致声援北京学生爱国运动;派代表与宁沪学生取得联系;全市罢市、罢工、罢课;举行示威游行;要求全市商人抵制日货等。并推选二农朱大猷为学联的第一任会长,萃文翟宗文、五中蒋光慈为副会长,五中胡澍为总务部长,二农何其巩为文书。学联会址设在西门吕风岐公馆,各校设立分会,分会长由学生选举。二农会长是何其巩。教联也同时成立,与学联并肩战斗。会议还推选代表出席上海的“全国各界联合会”,为中华全国学生联合会芜湖分会驻会代表,与全国各革命团体取得联系,协调行动,从此,芜湖的革命运动与全国联成一片。

五月十九日,芜湖学联为了响应北京学联发出的全国大罢课的号召而举行了全市学生三天大罢课,并组织了“爱国十人团”。二农与其他学校学生一道走出校门,涌上街头进行反帝爱国宣传,所到之处,群众立即聚集起来,送茶递水,搬桌子凳子,殷勤接待。学生热情高涨,演讲到国势危亡,声泪俱下,听众也掩面而泣,连跟在后面意在监视的警察也受感动,表示同情。

学生们在爱国宣传的同时,还开展了抵制日货的活动。最初,是学生自觉的行动，各自检查衣物用品，很多人将箱子什物搬到寝室门外，请别人检查，凡是日货，不分好坏，不论贵贱，全部砸碎，撕毁，有的放火烧掉。不久，各校组织日货检查队，全市成立了“芜湖各界日货检查所”和“芜湖外交后援会”，发表宣言，通电全国，使抵制日货，提倡国货的运动在全市展开。

五月下旬，商会正在开秘密会议的消息传出，于是各校紧急集合，立即出队。二农队伍在老铁路埂与其他学校汇合后径往二街包围了商会。当时商会董事正在开会，讨论对待学生要求禁止日货进口的对策。学生出其不意，一拥而入，把住大门，并派人守电话，开始直接谈判，提出要求：1.即日起封存所有日货，不再出售；2.保证不再购进日货；3.商会、各业公会负责人签字。双方坚持足有一个多小时，商公会长汤善福最后表态：“救国重要，我们本钱更重要。要我们签字，这是坚决办不到的”！他的话激起了学生的愤怒，高喊：“奸商！”“亡国奴”！“不签字就打”！顿时哄了起来。这时二农青年教师陈唐卿拿起茶杯，向汤善福头上砸去，其他学生怒气未息，还要打。最后，汤善福在学生的正义行动面前终于签了字。

当年冬天，二农校内发生学潮，事情是由军阀马联甲派人要去两盆菊花引起的，最后变成复杂化的新旧思想的斗争，领导这次斗争的主要是高语罕、王肖山等人。高语罕于秋季被二农聘为国文教师，他思想进步，是芜湖“五四”运动时期的领袖人物，因而在校内威信很高。马联甲派人从学校拿去两盆菊花，高语罕认为是校长吴光祖“献媚军阀”，并以此为由发动了学潮。由于二农学潮发生在学生运动开展不久的时候，所以引起了马联甲的重视，他把情况电告督军倪嗣冲，接着又把倪嗣冲的语气十分严厉的回电送到二农公布。电文大意为限令风潮五日内平息，否则即以武力解散学校，并饬开除为首滋事的学生。就在电文公布的当天下午，大批军队包围了学校，虽经广大师生的斗争还是被军队镇压，结果出席学联的代表何其巩、王思、马寅寿等五名学生被开除，高语罕与王肖山也被迫离开了二农。但是，校长吴光祖也在师生的斗争压力下被迫辞职，换了思想开明的卢仲农担任校长。

一九二一年初，恽代英到二农给师生作了题为《打倒日本帝国主义，废除二十一条》的演讲。他慷慨激昂，深入浅出，一边讲，一边做撕毁条约的手势，富有号召力和感染力。他指出：“只有打倒帝国主义，打倒军阀，取消不平等条约,才能求得中华民族的彻底解放”,他还说,“读死书是没有什么用的,国亡了没有什么书读!”恽代英的讲演在二农产生了很大的革命影响。

六月二日,安徽各地师生为要求增加教育经费,改进本省教育事业,发动了请愿运动,安庆各校站在斗争前列。军阀马联甲、倪道烺指使爪牙毒打残杀安庆学生,学生姜高琦、周肇基身受重伤,抢救无效,先后身亡,史称“六二惨案”。消息传到芜湖,二农学生义愤填膺,和其他学校的学生二三千人抬着从安庆转来的姜高琦同学的血衣,高举“杀马”的漫画和标语,举行声势浩大的游行示威,二农的教师王肖山和学生马寅寿、薛卓汉、胡金召等还参加了“芜湖援助姜案代表团”,奔赴安庆,与省会教职员、学生联合斗争。代表团住在安庆很久,直到关于姜高琦葬事及教育经费的斗争取得了一定的胜利才返回芜湖。

经过“五四”时期的急风暴雨似的斗争,二农学生中一些先进分子更加渴望光明,迫切寻求真理,于是他们纷纷在毕业后前往法国留学。如李慰农、尹宽、杨士彬、季苏、李洪模、蒋步瀛、周云锦等七人都是在一九二〇年初到达法国勤工俭学,中国共产党诞生后,他们都在法国加入了共产党,成为早期的共产党人。

二农师生经过“五四”运动的战斗洗礼,政治觉悟都有了很大的提高,校园里充满了革命的气氛。自一九二二年至一九二六年期间,团的组织、进步团体及党的组织相继成立,从而使二农的民主爱国运动进入了一个崭新的阶段,同时还造就了一大批革命人才。

一九二二年三月,二农的进步学生组织和策动了芜湖黄包车工人第一次罢工。一天,薛卓汉、胡金召、王思等学生在晚饭后散步到铁路埂,看见黄包车工人三五成群地蹲在地上,发出低声的怨叹:“日子真过不下去,行里又加租了……”。薛、胡两人都是皖北人,他们语音相近,大家坐到一起,细谈原因,才知道行老板因为警察厅增加黄包车牌照税,遂把这层负担转嫁给黄包车工人。于是薛卓汉等激发义愤,报告学联,决定予以大力支援。具体办法是:1.分区、分段组织黄包车工人实行大罢工;2.向教员、学生募捐现金,支持黄包车工人及其家属两天生活;3.推派代表向芜湖警察厅请愿;4.假歌舞台召开“芜湖劳动大会”。各项办法决定后,薛卓汉、胡金台二人深入黄包车工人当中,跟他们一道拉车,帮助他们组成十多个小队,推定指挥及联络人,作好一切准备。三月二十一日,打扮成黄包车工人模样的薛卓汉、胡金台及黄包车工代表一百多人赴警察厅请愿,提出四点要求:

1.批准假歌舞台召开大会;2.取消增加黄包车牌照税及车行加租;3.命令车行退回已收的新加车租;4.车行应顾念车夫生活困苦,按照原租减少一成。警察厅长徐绍修表示除第二点可以考虑外,其他概不接受,尤其是不准开大会,最后他板着铁青面孔说,“我不能跟你们多谈,你们若是一定开那个会,就只有各行其是。”他的话刚说完,一个二农的学生气愤地吐他一脸唾沫,说了一声:“看你们的吧!”请愿回来,大家一致决定第二天举行大罢工。

三月二十二日,天微微亮,大群的黄包车工人和来自各校的学生在铁路埂集合,临时做了混合编排,一支几千人的队伍浩浩荡荡地抬着“芜湖劳动大会”的横匾向歌舞台前进。军阀马联甲妄图阻止工人们集合,把戏院大门锁上,并在门口的木牌上贴着一张“戒严期间禁止集会”的布告,两旁站满了持枪的军警,游行队伍到此,群情激昂,高呼“打倒军阀!”“劳工神圣!”等口号,一个学生一口气冲到门前气愤地撕毁了布告、砸碎了木牌,游行队伍一拥而上,吓得那些军警仓惶逃走。

由于人多,会场临时改在十三道门的广场上,周围环绕市民足有上万人。罢工进行了三四天,使全市交通中止,警察厅不得不向工人们让步,宣布“取消增加牌照税的决定”,把租价也就降到原来的标准。这次罢工所取得的胜利不但震动了芜湖,还震动了全省。

同年四月,二农学生就日本对芜湖的经济侵略与日本领事作斗争。一天晚上,二农一个学生经过大马路日本商盐冈洋行门前,发现它把大宗货物交给中国商人搬运,就及时报告给学校自治会和市学联。第二天夜晚,学联派了一些同学前往察看,果然又有一些货物正在搬运,学生就要求在那里提货的中国商人把那些货物送往商会封存,商人不愿意,双方发生争执,盐冈的日本管事出来干涉,他说,“货是我们行里的,你们管不着。”学生认为货已出门,就不属该行所有,争论很久,不得结果。这时从盐冈出来十几个人,对着学生大骂“你们是什么东西,也配管我们的事。”此时已入深夜,学生人数不多,只得忍着气回去。

第二天,学联为了维护中国人的尊严,决定跟日本人展开面对面的斗争,各校结合成大队捣毁了日本的盐冈洋行。事件发生后,日本领事到警察厅提出惩办学生、赔偿损失及由中国官方向日本道歉,保证以后不再干涉日商销售货物等无理要求。学联获悉这一情况,立即通知各校结队上警察厅,同日本领事辩论。日本领事理屈词穷,举起拳头要动武,学生代表薛卓汉迎上前去,一掌把他推开,周围的同学齐声喊道:“把日本鬼子拖下来,打死他....”那位日本帝国的外交官,脸色顿时变得灰白,一声不响了。这件事后来就不了了之,学生们都自豪地说:“这是国民外交的胜利。”

通过上述两次较大的斗争,二农学生的政治觉悟得到进一步的提高,在此基础上,于五六月间,由早年在武汉就参加了革命团体的卢春山与薛卓汉等四人成立了社会主义青年团团小组,直接与团中央联系并接受领导。

与此同时,曹定淮、徐梦秋、徐梦周、胡宏让、毕耀、孙方俊、鲁平阶、方运炽等以寿县籍学生为主的成立了“爱社”这一青年进步团体。“爱社”的活动内容主要是“对社会改造的方法进行研究与探讨”。爱社在其活动过程中遇到困难,并对前途感到迷惑之时,团小组给予了及时的帮助,还介绍了《中国青年》《向导》和新译出版的有关十月社会主义革命的书籍给他们阅读学习。卢春山在一九二二年十二月三日给团中央的信中曾写道:“他们多数人已对他们的理想的天堂发生了路程规定的困难问题,我已决定加入活动。这或许是一团有望的青年……还有青年协进会,我们也有加入的计划”。由于团组织的指导,爱社中大多数成员后来都走上了革命的道路。

十二月下旬,团中央同意成立芜湖团地委,卢春山等人及时召开了筹备会并于一九二三年一月五日正式成立。大会选出委员王坦甫、余天觉、卢春山三人,下设五个团小组,二农为第二组,组长卢春山,成员有薛卓汉、张友德。

同年五月,团地委决定发起马氏学说研究会,以便能公开地进行青年运动和吸收进步学生,薛卓汉等根据团地委的决定精神在二农也成立了马氏学说研究会,作为团的外围组织,参加的有曹定淮、徐梦秋、徐梦周、陶淮、胡宏让、陶新畲、鲁平阶,还有五中的裴济,职校的王坦甫、方运炽、薛卓俊、薛卓江参加,并发表了成立宣言。该组织的成员后来多数成为共产党员。

六月,柯庆施在安庆召开社会主义青年团成立大会,王逸常、卢春山等作为芜湖代表出席了会议。

十月,直系军阀头子贿买国会议员,当选为大总统,引起全国声讨。芜湖学联在刘希平的领导下,也积极投入了这场斗争。国会议员彭昌福、吕祖翼家都在芜湖,芜湖学联决定一方面通电全国各大报,否认曹锟当选,要求惩办“猪仔议员”,另一方面采取行动,严惩为虎作伥的彭、吕二人。一天上午,各校学生兵分两路,一队以二农为首,奔赴吕祖翼家,把其家的一箱钞票烧个精光;另一队由刘希平带领五中学生到彭昌福家,将其家打得落花流水。

卷土重来的皖省军阀马联甲就此事件通缉有关学生,二农的薛卓汉、徐梦秋、王逸常被迫退学,离开芜湖到上海考入上海大学,并于十一月份以团员身份加入中国共产党。

一九二四年,社会主义青年团改名为共产主义青年团,王本培为二农团小组长。继团地委书记曹国芸离开芜湖,二农学生陈原道、周范文先后担任团地委书记。此时,著名进步人士沈子修来二农任校长,政治上很开明,因此,二农的学生运动在团组织领导下能蓬勃发展。这个阶段二农团的力量较强,一九二五年一月七日,芜湖团地委给团中央的《报告及意见书》中写道:“二农同志在十五人以上,在校颇能活动。团费亦较能收齐”。

一九二五年初,芜湖团地委将各校团小组并为三个支部。二农为第一支部;甲商、职业合为第二支部;其余合为第三支部。第一支部推定王培吾为支部书记。

同年三月十二日,伟大的革命先进者孙中山先生逝世,帝国主义接二连三地制造了屠杀中国人民的惨案——“福州惨案”和“青岛惨案”,终于激起了一场广泛宣传革命的政治运动。这时,党组织派了大批得力干部分赴全国各地领导这场运动,恽代英同志接受党的指派于四月二十二日到芜湖宣传,这天下午,恽代英在二农给二农与甲商两校的学生作了一次生动的演说。代英同志告诉学生;“我们宣传不同基督教一样,基督教为‘上帝’,我们‘传教’为国家…”

“你们学蚕的,学农的,学工的,学商的,毕业出来只可以教书,同师范生争饭碗子…此外,能有什么事情可做呢?……中国的社会没有什么地方可以容纳人才。”“社会上没有饭吃,只有‘抢’,‘老先生’必定说:你们是‘过激党’。现在逼得人家走这条路。‘抢’,不见得能‘抢’得到……教育经费统统被军饷占去了”。

“最近,段祺瑞政府承认什么‘金佛朗案’,金佛即纸换金,中国每年要折七万块钱……这样,都加在我们老百姓身上。”

他接着又谈到了洋货倾销问题。他说:“侵略者吸尽了中国人民的鲜血。”

最后,他号召青年学生起来革命,革外国侵略者的命,革军阀专制政府的命!要进行坚决的斗争,把一切不平等的条约都废除掉。

恽代英的演说,使二农的学生更进一步认清了帝国主义侵略者的本质和中国政府的腐败,激发了二农学生以更大的热情投身于革命运动。

这年夏季,二农学生陈原道、周范文被选为芜湖学生会的代表,赴沪出席全国学生联合会,与会期间,每晚又参加由团中央任弼时、恽代英等召集的党团会议,汇报芜湖团的活动情况,并接受团中央对芜湖团的工作的布置。

这年秋季,团中央派张秋人同志到芜湖任团地委书记,并负责组织工作。不久,张秋人即向党中央提名介绍周范文入党。冬季,原二农学生杨士彬从法国留学回国,在二农任教,他在留法期间加入了共产党。随后不久,美术教员沈天白也加入了党。因此,二农也就成了党组织在芜湖活动的重要据点。党、团组织的重要会议一般都是在二农召开。

一九二五年中,二农学生在团组织的领导下还参加了芜湖的一系列重大斗争。

主要有:一月芜湖学联召开的悼念孙中山先生逝世大会。春季,芜湖学生爆发了反对帝国主义奴化教育、收回教育权的斗争。五月四日,二农,五中各校学生停课一日举行纪念活动,并召开演讲大会。

六月六日,芜湖人民声援上海五卅运动的游行示威,各校纷纷罢课。

十二月二十五日,芜湖各界举行的反教会,反对日本出兵满洲的游行并召开了市民大会。在大会上共产党员沈天白、张秋人被邀请演讲,沈天白讲反基督教,张秋人讲反帝国主义。大会还向全国各界、各报馆通电,反对日本帝国主义侵略满洲。

一九二六年初,二农团员已发展到十九人之多,书记仍有王培吾担任。三月,党中央总书记陈独秀召周范文赴沪,当面指示如何加强安徽党及有关国民党的党务活动。周范文返芜不久,经党中央批准,成立了中共芜湖地委,周范文任书记。自此,党与团的组织分开活动。

一九二七年四月一日,芜湖人民举行了欢迎北伐军第六军(以林伯渠为政治部主任)来芜的祝捷大会,二农学生积极参加支前工作,还担任宣传慰问等工作。

不久,大地主大资产阶级的代表蒋介石发动了"四·一二"反革命政变,轰轰烈烈的第一次国内革命战争遂告失败,全国一片白色恐怖,革命转入低潮,时局混乱,学校被迫停办。但是,在这大革命低潮之时,还有许多学生仍奔赴革命斗争的第一线,领导或参与了武装起义,与国民党反动派作殊死的战斗,如王效亭、诸余领导了岳西的“清水寨暴动”，吴代新领导了六安“独山暴动”，王培吾领导了著名的皖西“立夏节起义”。

二农在“五四”运动及大革命时期培养了一大批革命志士，为中华民族的解放作出了贡献，如中国共产党早期工人运动领袖李慰农（事迹见附录），安徽党的创始人薛卓汉（事迹见附录），鄂豫皖军委政治部主任王培吾（事迹见附录），红三十四师师长王效亭（事迹见附录），政委诸余，还有革命烈士陈原道（事迹见附录），杨士彬（事迹见附录），夏雨初、徐孟周、王金林、陶淮、胡宏让、曹定淮、周兆璜、刘行成等。学校在一九二三年至一九二四年向由共产党和国民党左派创办的上海大学输送了薛卓汉、王逸常、徐梦秋、徐梦周、鲁平阶、徐德据、徐德文、陶淮、曹蕴真、胡允恭等人。一九二五年，陈原道、汪菊农、陈维祺受党的派遣，直接从二农启程赴苏联莫斯科中山大学深造。薛卓汉、胡宏让为广州农民运动讲习所第五届学员。胡济为广州农民运动讲习所第六届学员。还有王逸常为黄埔军校第一期学员，并担任中共黄埔特别支部委员，薛蓦、孟宪仁、鲁平阶为黄埔军校第四期学员。

“五四”运动及大革命时期二农人才辈出，可谓一时之盛。

——《芜湖农校志》编辑室：《芜湖农校志》，芜湖：皖南医学院印刷厂，1990年版，第116—122页.

农校之风潮　皖省第二农校、前为某职员因挟私忿鼓动学潮、幸□学生觉悟□早、业将秩序恢复、乃舍监某氏、以所举未□、□以□夫送来亲笔私函、改易字句、揭载某报、藉以淆惑听闻、掀起波澜、校长李寅恭、以其品行不端、一面辞职、一面函呈省长派员澈究以分皂白、其呈文略云、敝校风潮甫息、一切幸复原状而舍监忽因斋夫送来私函、改易字句、投登某报妄开各款、淆乱听闻、藉图鼓动风潮、校□□性愚拙、狷介自守、毁坏名誉、实不甘心、□虽辞职、纵不能留去后之思、亦绝不愿遗此污点于校、以昭终身之谤、除将□职员立时辞退外、理合将原函抄录、连同报章、备文呈送钧鉴、请速派员到校、逐件根查、倘或坐实、校长自甘认罪、如系诬枉、务请依法究办、以重学务而端士风、□此事尚未了结也、

——申报馆：农校之风潮，《申报》，1920年11月22日，第8版，第17156期.

芜湖

第二高级农校植物学会开会纪闻

前日安徽省立第二高级农业学校植物学会开第二次大会、首由会长徐乃康报告会务经过情形、并提议改选会长、次由常林士提议、谓本会成立以来、仅有四月、对于会长一席、无改选之必要、仍由徐君继续云云、卢迪生鲁德著等附议通过、再次陈原道提议修改会章、及本校植物园之准备、以及一切进行方法、时已五点五十分钟、遂散会、

——申报馆:第二高级农校植物学会开会纪闻,《申报》,1923年09月30日,第10版,第18174期.

▲芜湖东门外省立第二甲种农业学校、自卢仲农接任校长以来、一载有余、相安无事、日前农蚕两科学生、因误会而冲突、致发生罢课风潮、被辱学生、纷纷离校、双方已发表宣言、各执一词、要求各界援助、卢校长于此事发生后、即电省辞职、教育厅已来电慰留、现由五中校长刘希平及二农在校学生等、出而疏通、双方均能谅解、大约日内即可照常上课、

——申报馆:农校冲突,《申报》,1923年05月31日,第7版,第18053期.

张伯衍何雯两宅均毁　结果和平办理

芜湖学生界于国庆日游行、将受贿议员彭昌福吕祖翼两家抄毁、风声所播、皖垣议员张伯衍何雯两家眷属、极为戒心、各学校早有跃跃欲试之势、乃因教育厅长江炜防范甚严、致未得逞、前日芜湖第二农业学校学生八十人、由九江旅行回、经过皖垣、有拟登岸向各学校考察一切之说、江炜闻信、始而去电阻止、继而派一工教员佘小宋赴江干阻止登岸、该生等见江此等举动、尤不服阻止、全体下船入城、下榻于宁广学舍、据说、该生等因川资不敷、已多数变更主张、直接回芜、乃愤江以处置溃兵之法处置学生、遂临时商定、决然下船、江复传学生数人到厅、加以恫吓、勒令该生等如赴各校参观考察、不许列队而往、其用意所在、固为一般人所明瞭、二农学生在省城旅居三天、业已安然而去、适值国货检查所、预备本月

二十二日在公共体育场焚毁日货、遍发传单、届时请各学校各公团前往参观、(焚毁日货、刻因手续未备、宣告展期、)场中高搭演讲台、各校学生、先期秘密计划、趁此时机、顺便将张何两议员宅捣毁、以泄国民公愤、二十二日清晨九点钟、各校学生先后齐集公共体育场、开会演说、莫不痛骂曹锟贿选、议员卖身、说毕、即由该场出发、人各手执反对贿选旗帜、经过省长公署、即将带去写就之长幡数面、粘贴于该署照壁上、一尺建方大字、上书种种激刺字样、与大门头上国庆日所扎之普天同庆四字相辉映、经过该处者、均望见之、张伯衍新建住宅在状元府街、学生大队至、先撞大门不得入、历时甚久、正预备他顾、适警察厅长潘怡然、派保安队数十人前往弹压、大呼拿人、学生愤极、遂数人扛一巨大木柱、将左边墙撞开一大洞、学生等蜂拥攒洞而进、不料张宅内重要物件、早已搬往乡间、所留者皆笨重家具、派家丁仆妇数人看守而已、学生等见无物可毁、乃将张伯衍之母新丧所供之灵牌并遗像撕碎、纳于门首之阴沟内、大总统颁赐之匾额、亦被毁、里面正在毁物、外面一部人则与警察奋斗、打得头破血流、学生虽非警察敌手、以各校计之、足有千余人、警察抵敌不过、即请军队帮助、乃团长吴大鹤亦颇解事、虽派有军队到场、但呼“不要打了”“还打什么”等语、学生等以张宅已打无可打、遂轰往西门内五挡坡、捣毁何雯住宅、学生大队前走、保安队即随后追往、所过之处、街市上秩序大乱、商号有不知为何事者、纷纷闭门、学生大队轰至五挡坡何宅、亦系撞开门旁墙壁而入、混打一场、该屋甚为宽敞、系何雯之弟何霁所居、仅有一重、为何之家人所住、且数日前已搬往江家嘴老家去矣、其左边租与刘以臧居住、后重租与秋浦周学辉之母(即周玉山之老三姨太)居住、学生大队进屋、楼上楼下均皆抄到、妇女孩童、不知何故、嚎哭乱窜、衣物被毁甚多、附近流氓乘火打劫者、亦复不少、公债票掷得满地、皮衣撕得片片如蝴蝶舞、何宅损失、反不甚多、周母电告津寓、谓损失万金、刘姓报告、亦云损失数千元、未卜确否、张何两宅捣毁后、各校查点人数、职工学校被捕学生一人、为唐耕尧、一中学校被捕学生一人、为金鸣球均看守于警察厅内、闻被捕时、颇受重伤、当抄毁张家纷乱之际、学生等亦捉获凶殴人之巡士一名、带回看守省教育会内、此外学生受伤者、共计四人、法政专门学校刘旭光王同荣、第一师范学校黄新富濮德治等、当时即车送医院诊治、各学校上午九时即出发、迨至下午两点钟始各收队、吕调元当召军警长官及各厅道、在省公署开紧急会议、同时学校联合会亦在省教育会开会、双方均拍发公电、官厅方面、则报告北京蚌埠、谓暴民捣毁议员张何两宅、教育各团体则谓、学生游行、警厅长潘怡然派队逮捕学生、激动公愤、捣毁议员住宅、各执一词、教育界方面旋即公推陶知行等、先赴省署、与吕调元交涉、吕云事到如此、有何办法、学生殴警察、警察打学生、双方均有受伤、就此抵消、陶等见吕氏主张和平解决、遂折至警厅、乃潘怡然尚不肯释放学生、经陶等力争、方允将学生唐耕尧金鸣球两人释放、教育会内之警察、亦即放出、据说、此案虽然和平解决、惟负有重要责任之教警两厅、恐不能就此无事、教厅方面、闻江炜颇有引咎辞职之说、全于警厅方面、潘怡然接事未久、当然恋栈不舍、惟闻芜湖警察厅长袁先杰、已因学生捣毁议员吕祖翼等家宅案撤任、改委储莘接充、潘氏异常恐慌、未识张伯衔何雯以及刘姓家能否免予追究、以保全潘之位置否也、

——申报馆:皖学生惩创受贿议员之运动,《申报》,1923年10月25日,第7版,第18199期.

皖省三农校之风潮详志　因教员学生在寓赌博而起

皖省立第三农业学校、在六安县城外、此次该校发生风潮、迄今已有一星期、曾略志本报专电中、兹闻此次该校发生风潮原因、因该校校长刘先藜于上月二十四日、请领经费由省回校、刘有老母亦迎养至六、其母见刘回、大加责备、谓尔所请教员、终日在东方旅馆、嫖赌逍遥、误人子弟、尔如此不如辞职罢了、说毕刘先藜即从事查访、次日刘遂只身前往、果见林科主任齐坚如等四人、在东方旅馆聚赌、并见有学生数人在内、刘大愤、即当面向众人曰、诸君何不将被褥携来、说罢又发冷笑、众人不解、尚相与粲然、当日刘先藜回校、即将在东方旅馆所见之教员、林科主任齐坚如、农科主任姚仲白、数学教授陈纯一、国文教授方乐陶、一律辞退、并饬校役、搬出齐等行李、管理苏瑾、出为阻止、刘旋亦自知办事孟浪、然无法挽回、次日地理教授陈武撑、文牍陈洗陈、会计徐中昌、出为调停、仍留齐等、正待解决、忽于二十七日、学生桂尊夏等提议、要求退还本学期膳余、刘先藜答称、尚未至于假时间、如何能知、桂等则谓现距假期不及一月、膳费之有余、我等已有决算、刘谓俟会计算清再说、桂等未得要领而散、学生退后、刘知此中必然有人鼓动、遂

抽身入城、以避嚣乱、该生等不一时又寻校长、要求退还学费、比未寻着、该生等遂至讲堂开会、斯时校内已乱、管理等人、亦无法维持、即派人飞奔进城、报告刘先藜、请速回校、刘即就近赴县署、请丁知事派卫队十余人保护回校、学生等正在纷乱之际、刘遂摇铃、召集开训话会、刘提出退还膳余办法三条、

㈠本届毕业及退学者、照膳余之数退还、仍在本校肄业者、由下学期应缴费内扣抵、㈡本期膳费、按照开学日起、至于假日止计算、㈢退还膳余、应俟本校领到六月份经费时发给、先由会计给予条据云云、说毕再问各学生有无异议、各学生均认可、刘先藜以为无事、甫出讲堂门、后面又复大闹、叫打之声不绝、刘见事不妙、不便转身、迳由带去之卫队、保护进城、学生方面、见校长已走、众人一轰而至校长室、乱打一顿、打过之后、又至会计室见门锁不得入、乃将窗户玻璃打毁多块、于是各教职员、皆恐波及、均逃避一空、幸会计徐中昌、赶往二团团部、请派第八连兵士多名到校、学生等始住手未打、后县卫队与警察亦相继而至、是夜刘即未敢回校、与文牍陈洗陈、同在其戚家、拟电呈报教厅、刘先藜一面仍预备召集各学生、举行毕业考试、并查出有学生十六名、系为首滋事者、预备悬牌开除、惟全校学生、均已搬出校外、寄居各旅馆、恐一时不易解决也、刘先藜已来电引咎辞职、省署代行政务厅长余谊密、艳日复电慰留、并饬六安丁知事维护、同日刘先藜亦有电到省、谓拟即举行农林两科、及初三甲乙两组毕业试验、观此则该校学生、已有召回之望、容探再志、

——申报馆：皖省三农校之风潮详志，《申报》，1924年06月07日，第7版，第18417期.

▲六安省立第三农业学校学生、反对校长王与序、风潮甚烈、芜埠六英霍学生同乡会、七日特开会讨论、决定援助驱王、并电教育厅撤王、以维学校、

——申报馆：三农学生反对校长，《申报》，1926年06月10日，第7版，第19134期.

皖人对学潮之公愤

皖省自武人戕杀学界之惨变起后、激动全省人民公愤、各团体之起而援助者、纷纷不绝、本报接得此项快邮代电、几至盈尺、以限于篇幅、不能全载为憾、兹姑节录一二要言、以见一斑、一、怀远县学生联合会、议决对付办法五条、(一)取消议员资格、使永久不能当选、(二)解除倪道烺马联甲职权、(三)教育经费案、由下届议会完全通过、(四)严办杀伤学生之当事人、(五)优恤死伤学生、二、无为县教育会、公决两条办法、(一)要求惩办马联甲倪道烺以及祸首诸人、(二)要求解散省议会、暨赵刘王行凶当事人、三、无为县学生联合会称、同人等目极心痛、不得已恳乞诸君子同声援助、以开吾皖一线光明、同人等誓死以待、此恶不除、何必更言教育、四、来安县各团体、称务乞主持公道、群起声讨、严惩祸首、藉慰冤魂、五、来安学生联合会、称学生等激于义愤、用特电乞吾安徽诸同乡父老兄弟、主张公论、一致进行、并乞转电政府、请其依法惩办祸首、解散省议会、褫夺现在省议员之公权、庶不使死者冤沉海底、六、寿县劝学所教育会、称诸公关怀桑梓、素具热忱、尚望一致主张、分呈大总统国务院及本省司法行政军警各长官、依法惩办、以为摧残教育者戒、七、省立第三甲种农业学校学生自治会、致省垣各校慰问书、称已于本月十日一律罢课、散布宣言、要请各界援助、与诸君一致行动、伏望诸君坚持奋斗、敝会同人愿为后盾、八、灵璧二三区各校学生罢课宣言、(一)呈请省长督军严办嗾使军人殴辱学生之议员与军官、(二)宣布恶劣议员刘赵等之罪状、并通知全皖学生联合会、监督其下届省议会初选复选、(三)要求省长将十年度教育经费照原案施行、(四)呈请省长优恤死伤之学生、(五)不达目的不止、九、潜山县教育会劝学所农会自治协进会、称省会芜凤各校、均已罢课、纷纷交涉、不达到惩办祸首之目的、誓不甘心、潜山各校、亦均罢课、并电军民两长依法惩办、十、繁昌县学生联合会、称本县各学校、已于本月八日一律起始罢课、至于以后对待方法、一面呈请大总统惩办肇衅之武人及教唆之议员、并抚恤已死受伤之学生、一面通知六十县地方父老、对于前届议员、剥夺其下届选举权、十一、北京安徽同乡会、今午同乡大会议决赴府院请愿、向财陆两部控倪马、电诘督军省长、依法诉惩首犯议员、并通电本省各县、取消本届议员下次当选资格、十二、安徽旅宁回学会、称教育关系全皖命脉、急待发展、应请省长悉照原拟十年度教育预算案、明令施行、俟下届议会、再行追认、十三、安徽旅宁教职员陶知行等致京电、吾民何辜、受此荼毒、乞将马联甲等尽法惩治、并将其军队解散、以安人心、

——申报馆:学潮之公愤,《申报》,1921年06月21日,第7版,第17359期.

指令省立第三甲种农业学校第八九八号(令为呈送拟定学生操行成绩考查方法请鉴核由)三月二十九日

呈暨附件均悉查核尚无不合应准备案仰即知照此令附件存附原呈

呈为呈报事案查教育部令第二十四号修正学生学业成绩考查规程第十二条操行成绩及体育成绩考查方法由学校定之属校学生身体检查方法业经遵照钧鉴第三二一号训令查照江苏教育厅所定学生身体检查暂行办法办理呈报在案兹更查照修正学生学业成绩考查规程订定属校学生操行成绩考查法十条理合备文呈送钧厅鉴核备案谨呈附考查方法

安徽省立第三甲种农业学校操行成绩考查方法

——安徽省教育厅:1921年学生考察,《安徽教育月刊》,1921年3月,第39期.

▲皖三农遭匪不能开校、安徽省立第三农业学校校址地点在六安县城、此次六安城被匪占据多日、该校遂变为匪徒驻扎之所、后兵米匪去、又为地方小土匪(流氓)将校内设备、一概搬去所有建筑、□多被毁坏、现教厅中已派委员穆翼南前往调查实况、究被毁至若何程度、以期早日恢复、闻该校现因刘校长在省、仅一二职员在校守门、招生开课、尚无一定时期也、

——申报馆:第三农业学校校址变更,《申报》,1924年08月29日,第11版,第18500期.

附 录

安徽师范大学校史起始时间考证*

陈孔祥①,吴冬冬②

摘　要:传统的观点认为,安徽师范大学最早的前身为安徽省立安徽大学,创建于1928年。另一种观点则认为,安徽师范大学最早的前身可追溯到敬敷书院,或求是学堂,或安徽大学堂,或安徽高等学堂,至少应从1906年创办的安徽法政学堂算起。但对安徽师范大学校史资料深度挖掘考证后,可以清楚地发现,安徽师范大学最早的前身可以追溯到安徽法政学堂和安徽私立农工学堂,敬敷书院、求是学堂、安徽大学堂、安徽高等学堂与安徽师范大学之间没有明显的传承关系,安徽师范大学校史的起始时间最早可定在1906年,最迟是1910年。

关键词:安徽师范大学;安徽省立安徽大学;起始时间

安徽师范大学是全国建校最早的高等学府之一,是安徽省建校最早的高等学府。它是安徽省高等教育的"母体"和"母机",为安徽乃至全国高等教育事业的发展作出了巨大的贡献。该校所享有的社会地位及所作的社会贡献,反映出了其一贯坚持的办学宗旨和历史传统,更彰显了安徽师范大学全体师生的价值追求和理想信念。

长期以来,对于安徽师范大学校史的起始时间,学界有不同的看法。围绕这一问题,相关的考证也有一些,但似乎不能令人信服。为此,我们以国家图书馆、中国第一历史档案馆、安徽省档案馆、芜湖市档案馆、安庆市档案馆、安徽师范大学档案馆馆藏的有关安徽师范大学校史资料为基础,结合现有的研究成果,考察了安徽师范大学校史的起始时间问题,现具体介绍如下,以期为

*基金项目:安徽师范大学校史研究专项课题(791755)

① 作者简介:陈孔祥(1962—　),男,安徽巢湖市人,安徽师范大学档案馆教授、博士,从事中国近代史研究。

② 吴冬冬(1991—　),男,安徽铜陵市人,历史与社会学院2016级研究生。

弄清安徽师范大学校史的起始时间提供参考。

一、安徽师范大学校史起始时间的讨论

关于安徽师范大学校史起始时间的讨论，目前学术界主要有两种观点。

第一种观点认为它最早起始于1928年，即安徽省立安徽大学（以下简称“省立安徽大学”）成立的时间。此种看法最早出现在陕西人民教育出版社出版的《师范群英，光耀中华》第四卷（安徽卷）收录的《誉满江淮大地的教师摇篮——安徽师范大学》一文中，该文由安徽师范大学提供，认为“安徽师范大学最早的前身是省立安徽大学，创建于1928年4月10日，校址在安庆”①。《安徽师范大学校史》（1928—2008）和《安徽师范大学校史校情简明读本》均持有这种观点，指出：安徽师范大学是安徽建校最早的高等学府，创建于1928年，至今经历了省立安徽大学、省立安徽学院、国立安徽大学、安徽大学、安徽师范学院、皖南大学、安徽工农大学、安徽师范大学等八个办学阶段。②

另一种观点认为安徽师范大学校史起始的时间，最早可追溯到1736年，即安徽昔日的敬敷书院成立的时间；最迟应溯源至1906年，即安徽法政学堂成立的时间。持此种观点的学者以安徽师范大学的一批老教授、老干部为代表，如安徽师范大学原党委副书记、副研究员袁起河所撰《关于我校“最早前身”的一点异议》，转引安徽师范大学教育科学学院柳之榘教授所述说：“安徽师范大学最早的前身不追溯到敬敷书院、求是学堂、安徽大学堂和安徽高等学堂，至少应从1906年在省城创办、以文史专业为支柱的法政学堂算起。”③

应该说，上述两种观点都值得商榷。第一种观点认为省立安徽大学是安徽师范大学的前身，省立安徽大学成立于1928年，这是肯定无疑的。但是认为省立安徽大学是安徽师范大学最早的前身，省立安徽大学成立于1928年，1928年就是安徽师范大学校史的起始时间，这就有失偏颇。众所周知，安徽省立安徽大学的创建过程十分曲折，其间时有中断。早在1921年，省内外一些皖籍学者名流就提出要创建安徽本省的大学，其中尤以蔡晓舟最为积极。“1921年7

① 朱仇美，刘玉环．师范群英　光耀中华［M］．西安：陕西人民教育出版社，1992：217.

② 安徽师范大学校史研究中心．安徽师范大学校史校情简明读本［M］．芜湖：安徽师范大学出版社，2017：1.

③ 袁起河．关于我校“最早前身”的一点异议［N］．安徽师大报，2016-5-10（4）.

月,以蔡晓舟为首组成了'安徽大学期成会',开展筹建安徽大学的准备工作"[1]蔡晓舟四处奔波呼吁,游说上海、北京等地的皖籍学者,希望各界共同支持创建皖省大学。后来,由于安徽军阀混战,筹备工作不得不中断。1926年10月,安徽省政府重提前议,聘姚永朴为安徽大学校长,着手加快大学的创建。但是,北伐战争又于此时兴起,筹建工作又告中辍。除了时局的影响,安徽教育自身的落后也是筹备工作缓慢的重要原因。"皖省教育素称不甚发展,远不逮于苏晋各省,中等以下学校尚可星罗棋布,至中等以上学校则寥如晨星。"[2]尤其是在高等教育方面,安徽省在很长一段时间内没有自己的大学,以至于适龄学子不得不远赴他省就学。时局的动荡以及教育的落后使得大学的创建困难重重,如若没有可利用的专业学校资源,省立安徽大学几乎是不可能创建起来的。如《筹备期中之安徽大学》记载[3],安徽省立安徽大学筹备委员会很早便议定将安徽省立第一农业学校和安徽公立法政专门学校作为主要的办学场所。除此之外,该委员会还准备接收两校的部分学生,让他们完成学业。持第一种观点的学者显然忽略了当时安徽专业学校发展、省立安徽大学筹建的这种状况。

相比较而言,上文中的第二种观点有可取之处。该观点考虑到了民国时期安徽教育的状况,没有人为割裂教育发展的延续性和传承性,上溯到了省立安徽大学成立前的时期,提出了考察一些学校的必要性和可能性。但是,该观点并没有就此给出有说服力的证据,也没有进一步论证安徽师范大学校史开始的具体时间。据此观点和看法,与安徽师范大学可能存在传承关系的学校较多,包括敬敷书院、求是学堂、安徽大学堂、安徽高等学堂、法政学堂、优级师范学堂等。若以此来推导安徽师范大学校史的起始时间,那么便有了1736年、1898年、1901年、1904年、1906年等诸多说法,仍然无法解决实质问题。

综上,以上的两种观点都不足以回答安徽师范大学校史起始时间的问题,但其中的一些思路是值得借鉴的。例如,第二种观点对于教育历史发展规律的把握是值得肯定的,能够将省立安徽大学的创建放到具体的历史条件下去

---

① 安徽师范大学校史编写组. 安徽师范大学校史(1928—2008)[M]. 合肥:安徽人民出版社,2008:11.

② 申报馆. 皖省将办大学[N]. 申报,1914-3-24(2).

③ 安徽省教育厅. 筹备期中之安徽大学[J]. 安徽教育行政周刊,1928,1(1):27-28.

考察，而不是简单在时间线上划分校史的起始界限。诚然，要回答上文提出的最终问题，就必须梳理省立安徽大学的创建历程，尤其要关注那些与省立安徽大学有传承关系的专业学校。只有理清省立安徽大学创办前后与省内一些专业学校的传承关系，才能找到省立安徽大学的源头，进而确定安徽师范大学校史的起始时间。

二、安徽师范大学校史起始时间的考证

在进行了深入分析后，我们发现安徽公立法政专门学校和安徽省立第一农业学校与省立安徽大学有直接的承继关系。

安徽公立法政专门学校简称“法专”，其与省立安徽大学之间的关系素有定论，但过于笼统。例如《安徽省志·教育志》(1999年版)、《安庆市志》(1997年版)及《安庆文史资料·教育史料专辑》等，皆以“法政专门学校被改为安徽大学”概之。需要注意的是，“法专”在省立安徽大学成立之前就已经停办。1921年，安庆发生了震惊全国“六·二”惨案，皖省教育界群情激奋。法政专门学校教师蔡晓舟及学生周新民等人筹建了安庆社会主义青年团，反抗军阀统治。1926年，陈调元就任安徽总司令，对法政专门学校严厉镇压，“下令查封法政专门学校，校长光明甫等遭通缉”[①]。“法专”停办后，该校的学生不得不另寻他处。“其预科及本科一年级生，多有投考安大者。惟本科二年级生，因无相当班次可以容纳。”[②]针对此种情况，安徽省教育厅委托省立安徽大学接收这一批学生。根据民国十八年度的“安徽省立大学一览”[③]，省立安徽大学成立了代办法政专班，招收“法专”本科二年级的学生。据统计，该年法政专班学生有35人，原习科目有法律和政经两门。法政专班设法律班和政经班，具体课程与前法政专门学校并无二致。另外，对于那些尚未在毕业班的“法专”学生，大学预科会加以甄别录取。“法专”的教师也有一部分进入了省立安徽大学任教，在代办法政专班及法学院中都能看到他们的身影。除了接收学生和聘请老师，省立安徽大学还接收了“法专”的校舍。大学预科于1928年2月开始招生，4月份在“法专”的旧址上正式开学。1930年，省立安徽大

① 安庆市地方志编纂委员会.安庆地区志[M].合肥：黄山出版社，1992(12)：930.

② 安徽省教育厅.安大代办法政专班学生一览[J].安徽教育行政周刊，1928，2(20)：24-27.

③ 李森.民国时期高等教育史料汇编第33册[M].北京：国家图书馆出版社，2014(12)：473-480.

学又在“法专”的旧址上建设了新的校舍。

安徽省立第一农业学校简称“一农”,它与省立安徽大学之间的联系十分紧密。与“法专”相比,省立安徽大学对“一农”的接收更为彻底。1927年,安徽大学筹备委员会成立,负责筹建省立安徽大学。为了筹办农学院,省立安徽大学筹委会很早就准备接收省立第一农业学校,但是过程并不顺利。1928年,安徽大学筹备委员第五次会议报告了接收“一农”的情况:“一农校舍,校具,校产,前经教育厅来函内开:先正派员严催交接中。”[①]省立安徽大学正式成立后,“一农”的接收依然停滞不前。“农学院院址即一农旧址及校具校产,至今仍未准教厅转交应用。”[②]关于“一农”接收缓慢的原因,筹委会的会议中并没有明确提及。但从随后的几次会议所记载的议事项目,能找到一些解释。安徽大学筹委会常务员第十三次会议曾有一则报告事项:“大学院令国立劳动大学安徽劳农学院改为安徽大学劳农学院,仍由中央委任人员负责办理,请予查照”[③]。在随后的安徽大学筹备委员第七次会议上,委员们讨论后表示不予执行。“农学院应否改称劳农学院,决议名称仍用农学院。”[④]不难看出,“大学院”与省立安徽大学在农学院的问题上有分歧。分歧的关键不在于名称,而在于办学地点。“省立第一农业学校前经大学院指令为安徽劳农学院院址,嗣因安徽大学亦指定为该大学农学院院址,该校则早由劳农学院筹备员方梦超接收,方坚决不能交予安大,并召集学生开学”[⑤]。省立安徽大学筹委会不愿放弃对农学院的主导权,更不会放弃接收“一农”。围绕这一问题,安徽劳农学院与省立安徽大学相持,彼此不肯让步。经过安徽省教育厅的一再交涉,“一农”最终由省立安徽大学来接收,用以筹办农学院。至于劳农学院,“由教厅提议并入安徽大学办理,该委员等即经先后辞职,现已完全离皖”[⑥]。具体情况是:“教厅来函二四一号公函,已令行科员何履程醒初两同志,会同本会吴保管员寿山,办理接收一农校址校产校具。”[⑦]除了接收“一农”的不动产,安徽大学筹备委员会对

① 安徽省教育厅.筹备期中之安徽大学[J].安徽教育行政周刊,1928,1(1):27.

② 安徽省教育厅.安徽大学正式成立[J].安徽教育行政周刊,1928,1(2):18.

③ 安徽省教育厅.安徽大学近讯[J].安徽教育行政周刊,1928,1(5):21.

④ 安徽省教育厅.安徽大学近讯[J].安徽教育行政周刊,1928,1(5):23.

⑤ 申报馆.一农交代清楚[N].申报,1928-6-30(5).

⑥ 申报馆.劳农学院委员辞职[N].申报,1928-5-10(3).

⑦ 安徽省教育厅.安徽大学近讯[J].安徽教育行政周刊,1928,1(10):18.

"一农"学生也有所安排。"一农"被迫停办以后，大量学生无处就学，向省立安徽大学寻求帮助。"一农学生会前来函本会，并迭推代表到会，请予开学，以全学业。"[①]安徽大学筹委会原则上同意接收"一农"的学生，依旧制开课，至学生毕业。"本期应行毕业之学生，由本会依照教育厅来函，接收开学办理至毕业。"[②]对于不在毕业期之内的学生，筹委会建议教育厅就近委托一所同性质的职业学校接收，准许他们免试入学。为了更好接收"一农"的学生，安徽大学筹委会设有"一农学生本期毕业事宜之暂设委员会"[③]。

如果我们继续上溯安徽公立法政专门学校、省立第一农业学校的源头，可以发现，安徽公立法政专门学校、省立第一农业学校的源头分别是安徽法政学堂和安徽私立农工学堂。

据史料所载，安徽法政学堂分为官立、公立、私立三种。安徽官立法政学堂成立于光绪三十二(1906)年，以安徽课吏馆为基础择新址创建。安徽曾设课吏馆，专门培养在职的官员。"但章程未为详尽，各学员作辍无常，殊无成效。"[④]时任安徽巡抚的诚勋按照课吏馆的办学宗旨，"督饬司道按照原奏内开各节，另行择地建造法政学堂"[⑤]。该学堂的常年经费由当时的铜元局拨付，具体事务由官府人员主持，此即安徽官立法政学堂。由于《京师法政学堂章程》还未颁布，法政学堂的办学办法参照了大学堂和日本法政速成科。学堂的科目以各类法律为主，教务由藩、臬、学三司总理。据《安庆市志》(1997年)所载，官立法政学堂的校址在姚家口都司署旧址。光绪三十四年(1908年)八月，学堂加以扩充，入堂学生达到500人。安徽公立法政学堂成立于光绪三十四年(1908年)，由皖北教育会会长李国栋等人创办，又称法政讲习所。学堂的办学经费来自藩库的拨款和学费，其规模远小于官立法政学堂。学生的学习时间也比较短，8个月就可以毕业。安徽私立法政专门学堂成立于宣统三年(1911年)，由程滨遗和光明甫一同创办，校址在平安岭张刚勇公祠。辛亥革命爆发

① 安徽省教育厅.筹备期中之安徽大学[J].安徽教育行政周刊，1928，1(1)：27.

② 安徽省教育厅.筹备期中之安徽大学[J].安徽教育行政周刊，1928，1(1)：28.

③ 安徽省教育厅.安徽大学近讯[J].安徽教育行政周刊，1928，1(10)：20.

④ 恩铭.为具奏设立法政学堂筹办情形暨章程规则缮单以折钞奏只照[EB/OL].中国第一历史档案馆，2014-3-5/2017-10-16.

⑤ 恩铭.为具奏设立法政学堂筹办情形暨章程规则缮单以折钞奏只照[EB/OL].中国第一历史档案馆电，2014-3-5/2017-10-16.

后，民国政府颁布了《普通教育暂行办法》等法令，规定全国学堂一律改为学校。三所法政学堂随即停办，在校学生并入了安徽私立江淮大学。安徽私立江淮大学成立于1912年6月，由程滨遗募款筹办，属私立大学。大学内开文、法两学院，法学院下分设政治、经济、法律三系，“法学院仍以原法政三个学校学生为主”①。校址原本在双莲寺旧电报局，因为学生众多校舍不足，迁往官办法政学堂旧址。民国二年（1913年），倪嗣冲“兼署安徽民政长”②，控制整个安徽。为扩充军队，倪嗣冲大肆侵占安徽省的教育经费，并下令所有学校停办。当时报道描述：“安徽自去年九月以来，除军政外一切大减削。而首当其冲者，厥惟学务。盖其他政务不过自多而之少，学务直自有而之无也。”③民国三年（1914年），安徽巡按使韩国钧向中央教育部呈文，拟对江淮大学进行改办。四年（1915），私立江淮大学改为公立法政专门学校，校址、校产及图书等皆继承于前者。

安徽省立第一农业学校初名安徽甲种第一农业学校，前身是安徽私立农工学堂。宣统二年（1910年），刘梧冈和程晓苏共同创办了安徽私立农工学堂，不久改其名为高等农业学堂，校址在安庆鹭鸶桥原农工局。刘梧冈以当时的八都湖为校产，学校的经费主要来自于此。“刘自任董事长、程负责教务，设本科及讲习科。”④因校产牵涉到财产纠纷，校产收入大减，学堂的办学经费一度削减。据《安庆市志》（1997年版）所载，高等农业学堂在开办的第二年就停办了。民国元年（1912年），高等农业学堂重办，“改在东门外演武厅复校，设农业、蚕丝两科，并设农场、桑园及养殖场、缫丝厂等”⑤。同年，民国政府颁布“壬子、癸丑学制”，改实业学堂为实业学校。实业学校分甲、乙两种，专以教授农工商业的专门知识。民国二年（1913年），安徽高等农业学堂改为安徽省立第一甲种农业实业学校。该校初设农科、桑蚕科，不久便将蚕桑科归入女子职业学校，另设林牧科。根据民国七年（1918年）的“实业学校普通科目设置”⑥，该

① 安庆市政协文史资料委员会．安庆文史资料教育史资料专辑[M].合肥：安徽省出版局，2000(4)：32.

② 申报馆．七月二十七日临时大总统命令[N].申报，1913-7-30(2).

③ 申报馆．乱后之安徽学务[N].申报，1914-3-24(6).

④ 安庆地方志编纂委员会．安庆地区志[M].合肥：黄山书社，1995：973.

⑤ 安庆地方志编纂委员会．安庆地区志[M].合肥：黄山书社，1995：973.

⑥ 安庆地方志编纂委员会．安庆地区志[M].合肥：黄山书社，1995：303.

校学生所习专业科目有土壤学、肥料学、园艺学、养蚕学等,同时还要学习国文、数学、体操等通修科目。安徽第一甲种农业学校的办学经费主要来自安徽省府拨发,以及自身的校产收入。民国十一年(1922年),民国政府教育部颁布“壬戌学制”,要求将实业学校改为职业学校。民国十二年(1923年),安徽省教育厅宣布全省范围内只保留甲种农业学校一类。安徽省立第一甲种农校改为安徽省立第一农业职业学校。

根据以上推论,以安徽私立农工学堂成立之时为标志,安徽师范大学校史的起始时间可以定在1910年;以安徽法政学堂成立之时为标志,安徽师范大学校史的起始时间可以定在1906年。换言之,安徽师范大学校史的起始时间最早可定在1906年,最迟是1910年。

三、安徽师范大学校史起始时间相关问题释疑

或许有人会问:省立安徽大学建立在安徽敬敷书院,安徽求是学堂在敬敷书院旧址开办,安徽大学堂、安徽高等学堂又是在安徽求是学堂的基础上创建的,安徽敬敷书院、安徽求是学堂、安徽大学堂、安徽高等学堂应该与省立安徽大学有承继关系,如果仅以安徽法政学堂、安徽私立农工学堂为安徽省立安徽大学的最早前身,不就忽略了这几所学校吗？实际上,近些年来,安徽省内一些高校就已经将这些学校纳入了校史研究的范畴中,一些高校甚至确认了这些学校之间,以及这些学校与省立安徽大学之间存在的传承关系。如《安庆师范大学百年稿史》:“1897年,清代安徽办学规模最大、办学时间最长的省学‘敬敷书院’移建于学校菱湖校区内,揭开了百年育人的序幕。1901年,敬敷书院与求是学堂合并成立安徽大学堂,后更名为安徽高等学堂。1902年,改为安徽大学堂。其后这里先后为安徽武备学堂、安徽陆军学堂、安徽省公立法政专门学校、省立安徽大学、国立安徽大学。”[①]以上疑问提得很具体,并有研究成果说明,尚需展开分析。

安徽敬敷书院原名培原书院,院址在安庆府府学东旧魁星楼,顺治九年(1652年)由操江巡抚李日芃捐银二千余两创建。因为李日芃字培原,该书院

① 安庆师范大学校史编写组.安庆师范大学百年稿史[EB/OL].安庆师范大学,(2017-9-19)[2017-10-19].

又是以私人名义创建,所以书院初名“培原”。康熙十年(1671年),安徽巡抚靳辅在考察培原书院后,认为该书院“规模亦宏整,乃沿习既久,旷废不振”①,便饬令知府姚琅加以重修。康熙十五年(1676年),安徽布政使徐国相下令重修书院。雍正十一年(1733年),清政府下令各省建书院,并下发帑金,书院的性质由私人转向官办。安徽知府遵令修葺培原书院,购置田产。“帑金一千两,置腴田一百一十亩,益以历任抚按捐置,各属学田共计三十五顷六十亩有奇,悉归书院,为膏火费。”②乾隆初年(1736年),书院正式更名为“敬敷”。更名以后,敬敷书院在学额和课制的设置上更加完备、细致。道光三年(1823年),安徽巡抚陶澍又为书院添加了膏火费,带头募捐白银4000余两,又将当时的新生州改为书院田产,每年可收银八百两。至晚清时,社会动乱,外有西方国家的侵略,内有农民的起义,敬敷书院的正常办学受到了极大的影响。咸丰三年(1853年),敬敷书院在太平天国运动中被毁,院址所在一片废墟。九年(1859年),曾国藩率军攻克安庆,开始着手恢复当地的教育。③由于书院旧址已经成为废墟,曾国藩在安庆姚家口重建了敬敷书院。光绪元年(1875年),布政使孙依言向巡抚裕禄请求扩建书院,动员社会各界人士向书院捐赠图书。光绪二十四年(1898)“布政司于荫霖,按察司赵尔巽,移建(敬敷书院)于集贤门百子桥,后改为武备学堂”④。武备学堂的经费来自当时的防军支应局和铜圆局,常年经费最多时可达一万八千两。学生毕业考试通常由历任巡抚主持,毕业后多在常备军任职。武备学堂附设有练军一营,所需经费由当时的芜湖米捐项下拨付。练军营计划设兵士三百名,除西医官外,管理人员皆以武备学堂提调、教习及毕业生兼任。光绪三十二年(1906年),安徽巡抚恩铭奏报武备学堂学生已经陆续毕业,准备将该学堂裁撤,专办陆军小学堂。⑤民国七年(1917年),女子蚕桑讲习所在陆军小学堂原址上创办,陆军小学堂不再办。此时的女子蚕桑讲习所已与陆军小学堂大不相同,致力于女子职业教育,两者之间已无内在

① (清)邓廷桢.安徽通志(道光)[M].合肥:黄山书社,2015:179.

② (清)邓廷桢.安徽通志(道光)[M].合肥:黄山书社,2015:180.

③ 朱守良.皖江近现代高等教育人物研究[M].合肥:合肥工业大学,2006:17.

④ 吴景贤.安徽书院志[J].学风,1932,2(4):113-114.

⑤ 恩铭.奏报皖省武备学堂学生逐次毕业裁剪专办陆军小学堂事安徽巡抚恩铭[EB/OL].中国第一历史档案馆,2014-3-5/2017-10-16.

联系。民国九年(1920年),女子蚕桑讲习所与女子工艺传习所合并为女子职业学校。"15年停办,17年春与省立第一工业学校合并为省立第一中等职业学校。"[①]不难发现,女子蚕桑讲习所的后续发展已经完全转向了职业教育,与致力于高等教育的省立安徽大学不存在所谓的承继关系。

安徽求是学堂的创建与安徽敬敷书院的迁建都发生在光绪二十四年(1898),两者的前后传承关系很难成立。1904年9月17日的《申报》刊登了安徽巡抚诚勋的一份奏表,奏表开头这样写道:"再安徽省求是学堂经前抚臣邓华熙于光绪二十二年奏准设立,二十四年闰三月开学。"[②]由此,我们可以知道,在光绪二十二年(1896)安徽就已经准备筹建求是学堂了。但是,1897年9月5日的《申报》又报道了一条书院落成的消息:"安省本有敬敷书院,因基址狭隘,于北门外重为改建,时越一载,工程始竣"[③]。另一方面,1898年4月21日,《申报》在第2版报道:"安徽巡抚邓小赤大中丞度地省垣天台里,起建求是学堂"[④]。1898年11月25日的《申报》在第2版也曾报道:"安徽访事人来函云,皖省抚宪邓大中丞以时局艰难,非培植人才终难为自强之计,于是在省垣先建求是学堂"[⑤]。同年,《申报》还报道了多条求是学堂工程竣工准备验收的消息,可见工程不小。从这些报道中,我们看到的都是这两个学堂工程择新地开建的情况,完全看不到安徽敬敷书院改成安徽求是学堂的说法。一些几乎同时代的史料更是直接断定,敬敷书院被改建成了武备学堂,从而否定了求是学堂与敬敷书院之间的联系。1902年的《大公报》曾报道:"以敬敷书院改为武备学堂,因前建之武备学堂逼近抚署,规模狭隘不足以容名士也。"[⑥]1932年连载于《学风》的《安徽书院志》也这样描述敬敷书院:"二十四年(一八九八),布政司于荫霖,按察司赵尔巽,移建于集贤门百子桥,后改为武备学堂。"[⑦]此外,同时代人的回忆录也持同样的观点。安徽人程滨遗是民国时期著名的教育人士,一直致力于当地的教育事业,创办了二十余所学校。可以说,程本人对于安徽的教育情况

① 安庆市地方志编纂委员会.安庆市志[M].北京:方志出版社,1997:343.
② 申报馆.光绪三十年七月京报[N].申报.1904-9-17(3).
③ 申报馆.书院落成[N].申报.1897-9-5(5).
④ 申报馆.续考学生[N].申报.1898-4-21(6).
⑤ 申报馆.学堂工竣[N].申报.1898-10-25(2).
⑥ 大公报馆.纪安庆学堂[N].大公报(天津版).1902-6-21(5).
⑦ 吴景贤.安徽书院志[J].学风,1932,2(4):113-114.

是十分了解的。他的晚年回忆录《安庆旧影》记载:"二十七年又有改书院为学堂诏,乃改(敬敷书院)为武备学堂,三十二年(1906年)改为陆军小学堂,民国七年(1917年)改为女子蚕桑讲习所"①。综合来看,敬敷书院与求是学堂并没有上下传承的关系,与武备学堂的关系则有待考证。

安徽大学堂、安徽高等学堂与安徽求是学堂之间的联系较为密切,两者有着比较明确的传承关系。光绪二十七年(1901年)二月,安徽求是学堂第一届学生学成毕业。时任安徽巡抚的王之春亲自考核毕业学生,按照求是学堂的章程,上奏为十三名英文、法文学生请奖,拟奖监生及八品翻译官。"是年十月,遵旨查照山东办法,改求是学堂为大学堂,委藩臬两司总办,饬各属选生申送,县各二名,合共百人,为住堂正额。令另设附课生一百二十名,以原在求是学堂肄业者充之,作为师范生。"②光绪二十八年(1902年),清政府颁布了《奏定学堂章程》(癸卯学制),其中要求除京师以外,省城学堂不得称大学堂。安徽大学堂改为安徽高等学堂,并且择新地建校舍。"再皖省高等学堂前因斋舍不敷,限于基地无可开拓,勘得敬敷书院旧址地势垲爽,堪建学堂。"③民国元年(1912),学堂教育已经不能适应民国的新学制以及所宣扬的民主共和思想。根据"学堂"改"学校"的要求,全省学堂停办,安徽高等学堂也没有再重办,高等学堂本科生转入北京大学续读。可以看出,安徽大学堂、安徽高等学堂与安徽求是学堂相承一脉。时任安徽巡抚的诚勋在奏折中评价安徽求是学堂:"参酎中西教法,严定章程"④,这已经突破了旧式书院的教学模式。其后的安徽大学堂和安徽高等学堂都继承了安徽求是学堂的教学理念,"虽求是已归并高等学堂,而先后授课究无二致"⑤。光绪三十三年(1907年),《学部官报》刊载了对于安徽高等学堂的调查表,详细介绍了该学堂的办学情况。在表中,教学科目的设置充分体现了所谓的"参酎中西教法"。安徽高等学堂的教学科目依次为:"经学伦理、中外国文、中外历史、英文、中外舆地、数学,心学、生理、论理、

① 程晓苏.安庆旧影[Z].安庆:安庆市交通局史志办公室,1983(1):415.

② (清)冯煦.皖政辑要[M].合肥:黄山书社,2005:512.

③ 诚勋.奏为皖省高等学堂建造工程完竣事[EB/OL].中国第一历史档案馆,2014-3-5/2017-10-16.

④ 诚勋.奏为安徽高等学堂英文正教习李联璧法文正教习德坤训课期满成效昭著请奖叙事[EB/OL].中国第一历史档案馆,(2014-3-5)[2017-10-16].

⑤ 诚勋.奏为安徽高等学堂英文正教习李联璧法文正教习德坤训课期满成效昭著请奖叙事[EB/OL].中国第一历史档案馆,(2014-3-5)[2017-10-16].

天文地质、地文地质、物理、化学、动植、法律、兵制、动静力、理财。”[①]除经学伦理外，此时的高等学堂所教授的科目已经十分西化。而省立安徽大学正式成立于1928年，与安徽求是学堂、安徽大学堂、安徽高等学堂在时间和空间上都没有直接联系，更难说彼此之间存在所谓的传承关系。

由此可见，安徽敬敷书院、安徽求是学堂、安徽大学堂、安徽高等学堂与省立安徽大学并没有内在的关联。另外，安徽敬敷书院与安徽求是学堂、安徽大学堂、安徽高等学堂之间的关系也并不如传统观点认为的那样紧密。

① 学部.京外学务报告[J].学部官报，1907，2(38)：362-363.

后　记

《安徽师范大学校史研究资料选编》(第一辑)记述了一九二八年之前安徽省内多所具有代表性的学校,对它们的发展情况加以介绍,借以理清它们与省立安徽大学之间的关系,进而明了其在安徽师范大学、安徽近现代高等教育历史发展上的地位。一九二八年以后的有关内容已有我校档案馆进行过专门研究,相关成果业已问世。

为此,本书重点关注了近代安徽比较有代表性的学校,即一九二八年前的敬敷书院、求是学堂、安徽大学堂、高等学堂、存古学堂、安徽武备学堂、师范学堂、法政学堂、农工学堂、省立法政学校、安徽甲种农业学校。将所收集到的相关资料分门别类,以学校为单位分列其教务、活动、人物、相关文学作品等内容,力图能最大限度地再现这些学校的发展历程。本书是一本资料汇编,不带有相应的主观论述,惟期望为相关校史研究提供有价值的原始史料。

本书的资料收集、整理工作始于2017年。在学校党政领导的指导,以及各部门、各学院的大力支持下,安徽师范大学档案馆、校史研究中心陈孔祥、彭劲、朱力、薛芳、侯彤、杜勇、张蓓、鲁春玲和历史与社会学院研究生吴冬冬、郝绵永,历时三年多,先后完成了收集、考证、整理、编校等工作任务。

本书的编写工作得到了中国国家图书馆、第二历史档案馆、第一历史档案馆、安徽省档案馆、安庆市档案馆、芜湖市档案馆等机构的大力支持。安徽师范大学各位领导对该书的编写工作给予了全程指导,并提出了宝贵的意见,使该书得以顺利出版。我们谨在此表示深切的谢意。

有一个问题需要说明:馆藏的敬敷书院、求是学堂、大学堂、高等学堂、存古学堂、武备学堂、师范学堂、法政学堂、农工学堂、省立法政学校、甲种农业学校资料缺失现象严重,我们也曾试图查找补齐,使其能完整展现,但由于各种原因未能如愿,缺少部分,只好暂付阙如。

安徽师范大学的校史有着丰富的内容,值得进行深入的研究。本书仅是提供安徽师范大学校史有关资料的一小部分。由于我们的水平有限,编写又匆忙,缺点和错误难免,恳切地希望读者批评指正。

编 者

二〇二〇年三月